다른 삶은 가능한가

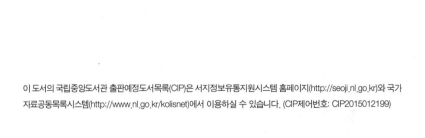

이 도서의 국립중앙도서관 출판예정도서목록(CIP)은 서지정보유통지원시스템 홈페이지(http://seoji.nl.go.kr)와 국가
자료공동목록시스템(http://www.nl.go.kr/kolisnet)에서 이용하실 수 있습니다. (CIP제어번호: CIP2015012199)

# 다른 삶은 가능한가

## 마르크스주의와 일상의 변혁

맑스코뮤날레 조직위원회 엮음

한울
아카데미

# 차례

# 머리말

대회 주제 설정의 배경과 취지

이 책은 2015년 5월 15일부터 17일에 걸쳐 열리는 제7회 맑스코뮤날레 대회의 메인 세션에서 발표될 글 중 일부를 엮은 것이다. 맑스코뮤날레는 '마르크스'+'코뮤니스트'+'비엔날레'의 합성어로, 2003년 5월 창립대회 이후 격년으로 개최되어온 한국 최대 규모의 좌파 연합학술문화제이다. 맑스코뮤날레는 취지에 찬성하는 개인과 단체가 격년마다 대회 조직위원회와 집행위원회를 새롭게 구성하고, 대회 때마다 새로운 주제를 세워 하나의 '메인 세션'과 다양한 '개별 세션'을 조직하는 방식을 특징으로 한다. 이 책에는 이번 대회의 주제인 '다른 삶은 가능한가: 마르크스주의와 일상의 변혁'을 위해 집필된 글 중 10편이 실려 있다.

이번 대회는 그동안 다루어온 거시적인 주제들, '지구화 시대 맑스의 현재성'(2003년, 제1회), '맑스, 왜 희망인가?'(2005년, 제2회), '21세기 자본주의와 대안적 세계화'(2007년, 제3회), '맑스주의와 정치'(2009년, 제4회), '현대 자본주의와 생명'(2011년, 제5회), '세계자본주의의 위기와 좌파의 대안'

(2013년, 제6회)과는 다르게 '일상생활'이라는 미시적인 주제에 초점을 맞추었다. 이렇게 그간의 거시적인 주제에서 미시적인 주제로 초점을 이동한 데에는 몇 가지 이유가 있다.

첫째, 이 주제는 이전의 흐름에서 갑자기 초점을 바꾼 전환이 아니라, 2013년 제6회 대회에서 제안된 주제 '세계자본주의의 위기(분석)와 좌파의 대안'을 일상적인 차원에서 구체화한다는 의미를 갖고 있다. 제6회 대회에서는 3일간의 발표와 토론 결과를 폐막식 때 집약해 대회 개최 이후 처음으로 공동대표단/집행위원회 명의로 '대회 선언문'을 채택함으로써 그간 맑스코뮤날레 내부에서 펼쳐온 다양한 이론적·실천적 과제들을 공동 결의 형식으로 묶어낸 바 있다. 그 선언에서 밝힌 세 가지 실천과제는 "세계자본주의－세계공황－세계혁명 테제와 아래로부터의 사회주의 사상을 새롭게 점검하고 구체화"(과제 1)하면서 "반자본주의/반가부장제제 운동의 대중적 확산을 위한 다양한 실천과 조직화"(과제 3)를 위해 "적－녹－보라 패러다임에 입각한 연대와 새로운 주체 형성을 위한 다양한 실험과 실천에 적극 동참한다"(과제 2)는 형태로 연결되어 있다. 여기에는 지난 10년간 본 대회에서 다양하게 논의해온 마르크스주의적 이론과 실천의 과제를 과제 1과 과제 3으로 압축·계승한다는 의미와 더불어, 이를 "적－녹－보라 패러다임에 입각한 연대와 새로운 주체 형성을 위한 다양한 실험과 실천"(과제 2)으로 확장해나간다는 의미가 동시에 함축되어 있다. 이와 같은 계승과 확장을 위해 다양한 방법이 가능하겠지만, 지난 2년 동안 집행위원회에서는 '아래로부터' '운동의 대중적 확산'을 위해 '새로운 주체 형성을 위한 실험과 실천'의 길을 일상의 변혁에서부터 찾아나가자는 쪽으로 의견을 모아 제7회 대회의 주제를 '다른 삶은 가능한가: 마르크스주의와 일상의 변혁'으로 확정했다.

둘째, 이 주제는 이번에 처음 제안된 것이 아니라 이미 2012년에 제6회 대회의 주제를 선정하기 위한 논의과정에서 여러 단체로부터 제안되었던 것인데, 2010~2012년 사이에 심화·확산되고 있던 '세계자본주의 위기'라는 당면 문제와 '적-녹-보라 패러다임'과 같은 새로운 주제를 먼저 다룬 후 차기에 다루는 것이 좋겠다는 이유로 유예되었다는 점에서, 이를테면 '예약된' 주제라고도 할 수 있다. 제6회 대회에서 천명한 바와 같이 향후 세계자본주의의 위기는 더욱 심화될 것이며 그 대안은 오직 대안적 삶의 가치를 체화한 새로운 주체가 아래로부터 새로운 사회주의를 형성해나가는 길밖에 없다고 할 때, 삶의 저변을 이루는 일상생활 자체부터 반자본적·반가부장적·생태적 가치를 체현하는 장으로 바꿔나가는 길을 구체적으로 모색하지 않을 수 없다.

지난 수십 년 동안 신자유주의적 착취와 폭력의 강도는 높아지는 데 반해 노동자운동과 진보정당운동이 약화 및 해체 일로를 거듭해온 역설의 비밀은 ─ 최근의 여러 비판적 성찰이 주목하듯이 ─ 아무리 국가/자본 권력과 투쟁하려 해도 자본주의적·가부장적·반생태적 습속의 강력한 관성의 힘이 일상생활과 감성 자체에 깊이 뿌리내려 발목을 잡고 있다는 데서 찾을 수 있다고 본다. 이런 깨달음은 마르크스가 「포이어바흐에 관한 테제」에서 누누이 강조했던 '감성적 실천'이라는 토대 자체를 변화시키지 않은 채 국가 및 자본의 구조와 투쟁할 경우 사상누각에 이를 뿐이라는 교훈과 다름없을 것이다. 그렇다고 해서 그동안 이루어낸 복잡한 이론적 연구와 실천적 투쟁들이 무효하다는 것이 아니라, 사회 환경을 변혁하기 위한 이론적·실천적 투쟁들이 유의미하려면 그런 노력들이 반드시 일상생활 속에서 자기와 주변을 변혁하려는 감성적 실천과 일치하고 순환하지 않으면 안 된다는 것이다.

주지하는 바와 같이 마르크스는 「포이어바흐에 관한 테제 3번」에서 "환경의 변화와 교육에 관한 유물론적 교의는 환경이 인간에 의해 변화되며 교육자 자신도 교육받지 않으면 안 된다는 사실을 망각하고 있다. 따라서 이 교의는 사회를 두 부분으로 나누어 하나를 다른 것 위에 놓는 결과를 초래하는 것임에 틀림없다"라고 강력히 비판하면서 "환경의 변화와 인간의 활동 또는 자기변화의 일치는 오직 혁명적 실천으로서만 파악될 수 있으며, 합리적으로 이해될 수 있다"라고 역설한 바 있다. 세계자본주의의 위기와 함께 맞물려 심화되고 있는 좌파운동의 위기를 넘어서기 위해서는 — 비록 늦었더라도 — 이제부터라도 삶의 저변을 이루는 일상의 생활환경의 변화와 자기변화를 일치시키려는 노력에 박차를 가해야 한다. 사회 환경 전체를 변혁해서 대안세계를 만들어가는 거시적 혁명은 당장 실행하기 어렵지만, 스스로 대안적 가치를 발견하고 체화하면서 자기 자신과 일상생활을 변혁해나가는 것은 그 중요성을 깨닫기만 한다면 지금 여기에서 당장 실행에 옮길 수 있는 일이다. 이는 바로 마르크스가 "코뮤니즘이란 우리에게 조성되어야 할 하나의 '상태'가 아니며, 또는 현실이 따라가야 할 하나의 '이상'도 아니다. 우리는 코뮤니즘을 현재의 상태를 폐기해나가는 '현실의 운동'이라 부른다"라고 말했을 때의 '현실의 운동'을 구체화하는 것이 될 것이다.

우리는 현재의 사회상태를 일거에 폐기할 수는 없지만 적어도 우리 자신과 주변의 일상생활에 스며들어 있는 자본주의적·가부장적·반생태적 이데올로기와 습관들을 하루하루 폐기해나가면서 대안적인 가치를 체화하고 실천하는 방향으로 자기 자신과 주변의 일상생활을 변화시키는 실험에 당장 착수할 수 있다. 이와 동시에 이런 실험들을 통해 그간 연구하고 전망해온 거시적인 사회 환경 구조의 변혁과정과 대안적 삶의 방식 및 내용을 조정하고 보완하는 피드백 과정을 시뮬레이션함으로써 실질적으로 "환경의 변화와 자기변화를 일치시키는 혁명적 실천"의 과정에 더욱 밀착하게 될 것이다. 이런 맥락에서 제7회 대회의 주제 '다른 삶은 가능한가:

마르크스주의와 일상의 변혁'은 그간 분리된 방식으로 논의되고 별개로 실천되어온 환경의 변화와 자기변화를 위한 노력을 새롭게 일치시킴으로써 이제까지 본 대회가 다룬 주제들이 너무 거시적이고 추상적인 수준에 머물러 현장이나 대중의 삶과 괴리되었다는 저간의 비판을 넘어서는 적극적인 계기를 제공할 것으로 기대된다.

하지만 국내외적으로 자본의 착취·수탈과 국가의 억압 강도가 날로 극심해지고 민주주의의 최소한도조차 막무가내로 유린되고 있는 현 상황에서 일상의 변혁을 논하는 일은 긴박한 정세를 외면하고 투쟁의 전선에서 후퇴하는 것 같은 인상을 줄 우려가 있는 것도 사실이다. 공장 내에서의 착취를 넘어 광범위하게 자행되는 공공영역의 사유화와 금융화 기제를 통한 직간접 수탈은 물론, 용산 참사와 세월호 참사와 같이 생명 자체를 파괴하는 행위들로 이어지는 자본권력의 폭주 메커니즘을 당장 중단해야 한다는 요청 앞에서 일상의 변혁은 한가한 얘기로 들릴 수도 있기 때문이다. 그러나 이런 파괴행위에 맞선 투쟁이 대부분 일상생활과 무관한 것이 아니라 오히려 일상의 재생산 조건을 사수하기 위한 방어투쟁이라는 점도 다시 생각해볼 필요가 있다. 게다가 방어투쟁은 자본과 권력의 선제공격을 전제로 하기에 주도권을 갖는 투쟁이 아니라는 한계도 있다. 어떻게 하면 이 같은 수세적인 방어투쟁에서 벗어나 운동의 능동성과 자기주도성을 회복할 것인가? 어떻게 하면 일상을 자본이 요구하는 경쟁력 있는 노동력 재생산의 장으로 머무르게 하는 대신, 비자본주의적 생산관계를 만들어나갈 새로운 주체 형성의 실험의 장으로 전화시킬 것인가? 이를 위해서는 노동자-민중이 스스로 대안적인 가치(적-녹-보라적 가치)를 체화할 수 있는 자기변화 및 연대의 문화와 교육을 자치적으로 수행하면서 대안적인 방식으로 새로운 생활조건을 창의적으로 구성하기 위한 장기적인 준비를 병행해야 하지 않을까?

그간 노동자운동과 진보정당운동이 지속적으로 약화되어온 것은 바로 이런 질문에 대한 답을 찾으려는 노력이 불충분하거나 부재했기 때문이라고 할 수 있다. 거의 모든 운동이 수십 년 전의 원점으로 회귀하고 있는 오늘의 상황에서 특별히 다시 주목해야 할 부분이 바로 이런 질문이 아닐까? 일상의 변혁이라는 문제의식에는 이처럼 방어투쟁과 더불어 운동의 능동적인 자기전환이라는 차원이 동시에 포함되어 있기 때문에 특히 현재와 같이 심화된 세계자본주의의 위기의 시대에서 요구되는 일상의 변혁은 곧 '현재 상태와 싸우면서 장기적으로 대안적인 삶의 방식을 건설해간다'는 의미를 가질 수밖에 없다.

하지만 이 정도의 간략한 제시로 이번 대회의 주제를 충분히 설명했다고 할 수는 없다. 상기한 내용은 대회 준비과정에서 있었던 집행위원회의 다양한 토론내용을 요약한 것으로, 앞으로 다채로운 발표와 토론을 통해 본 대회의 주제가 더욱 폭넓고 깊게 논구되는 데 하나의 단서가 되었으면 하는 바람에서 기술한 것에 지나지 않는다.


내용 소개

이 책에 수록된 글 10편은 크게 4부로 나뉘어 수록되어 있다. 먼저 1부 '욕망의 정치경제학과 일상의 금융화'에는 경제학사를 욕망의 관점에서 재구성하고 한국사회를 지배하는 자본주의적 욕망에서 벗어나게 하기 위해 욕망의 규범을 새로 고민해보자는 홍훈의 글, 일상을 현재와 같은 난(亂)리듬의 구조로 몰아온 금융화 메커니즘을 상세히 분석하면서 이를 벗어나기 위해 다른 리듬의 일상을 만드는 실천이 필요하다고 제안하는 강내희의 글, 금융화가 노동자 임금에 대한 직접적인 수탈 기제임을 통계를 통해 입증하면서 이를 가능케 한 자본물신주의 및 신용물신주의에 대한 철저한 비판이 필요하다는 서동진의 글이 수록되었다.

먼저 홍훈은 고전경제학이 화폐를 중시하는 중상주의를 비판하고 사용가치에 대한 욕망의 충족을 경제학의 출발점으로 삼았음에도 한계효용학파는 욕망을 효용성으로, 신고전파는 다시 효용성을 선호체계의 수치화로 추상화하는 방식으로 주류 경제학의 역사가 전개되어왔다고 분석한다. 하지만 선호체계의 불안정성 및 선호체계로 환원 불가능한 욕망의 다양성에 주목해온 행동경제학, 미세경제학, 뇌신경경제학 등과 같은 이단이 형성되면서 현대경제학은 선호체계와 시장조건으로부터 어느 정도 독립적인 욕망이 공존한다는 사실을 외면할 수 없게 되었다고 한다. 이런 현상을 제대로 설명하기 위해서는 욕망과 소비의 '사회성'에서 출발했던 마르크스와 소스타인 베블런(Thorstein Veblen)의 이론으로 돌아갈 필요가 있다고 제기한다. 소비가 사회적 신분과 지위를 표시한다고 보았던 베블런의 논의를 오늘에 적용하면 과시형 소비, 동승효과, 속물효과, 대리소비 등의 소비행태, 가령 강남의 고급과외에 대한 대용품이 전국적으로 확산하는 것, 극단적인 시장주의자나 사회주의자를 선택하고 싶은데 당선 가능성이 없어 중도적인 후보자를 선택하는 경우 등으로 설명할 수 있다는 것이다. 신고전학파가 내세우는 선호나 욕망의 중립성도 마르크스적으로 보면 다원주의가 아니라 실은 돈의 힘을 극대화하는 이념의 은폐와 다름없다는 사실이 확인된다. 마르크스가 자본주의의 특징으로 규정했던 물화는 비인격성으로 나타나며, 노동이 노동력의 소유자와 분리되는 비인격적 경향이 강화되면 신체에 대한 소유권도 물화된다. 이런 비인격성의 확산이 절차적 합리성을 통해 내용이나 실체의 비합리성을 정당화할 수 있다고 간주되기도 하지만, 마르크스 입장에서 보면 그 실질적 내용은 착취와 불평등을 가리는 것일 뿐이다.

이런 관점에서 홍훈은 한국사회의 욕망이 기이하게 교착되어 있다고 분석한다. 자본주의가 발전함에 따라 비인격화나 물화가 확산되었음에도 혈연·지연·학연 등 인간관계에 대한 의존도가 높기 때문에 욕망이 소수로 규격화·위계화되면서 수시로 욕망이나 선택의 쏠림이 발생한다는 것이다. 그는 이런 현상이 부분적으로는 자본주의적 개발독재국가의 탓이라고 보면서도 이 모두를 국가의 탓으로 돌리기는 힘들다고 비판하면서, 해방 이후 현재까지 한국인들은 국민소득과 학교 성적만 목표로 삼고 살아왔지, 각자의 인생에서 다양하게 필요한 것이 무엇인지 알기 위해 노력하지 않았다는 점을 문제 삼는다. 또한 지식인들의 지적인 욕망 역시 우파와 좌파를 막론하고 점수에 따라 대학과 전공이 결정되고, 전공을 벗어나면 정통성을 의심받는 경직성의 제약 및 돈과 권력의 유혹에 취약해져 지적인 쏠림과 배척의 반복 속에서 규격화되어왔다고 비판한다.

홍훈은 욕망체계가 이처럼 획일화되고 규격화된 상황에서는 정치, 금융, 환경에 대한 대안적 체제나 정책을 세울 수 없으므로 규범적인 욕망체계를 설계할 필요가 있다고 역설한다.

그는 이러한 사례로 아리스토텔레스와 현대 심리학자 에이브러햄 매슬로(Abraham Maslow)의 이론을 제시한다. 전자는 덕성스러운 삶과 철학적인 사고를 최상에, 우정을 그다음에, 건강과 재화를 그다음에, 가장 아래에는 화폐를 위치시키는 방식으로 욕망을 위계화한다. 후자는 생리, 안전, 애정, 자긍심, 자기실현의 순서로 욕망의 우선순위를 설정한다. 이때 생리적인 욕구는 개발하거나 육성할 필요가 크지 않은 반면, 자유, 자긍, 자율, 능력, 관계 등 인간적인 욕구는 모두 갖추도록 육성할 필요가 있다는 것이다. 이런 관점에서 그는 그동안 일상생활에서 중요하게 간주되어온 욕망과 필요를 하나씩 다시 검토해 개인과 사회의 차원에서 정당화할 수 있는지를 반추함으로써 분배, 성장, 창의성, 삶의 보람과 행복 등을 고려한 다차원적인 목표를 설계하고, 합의와 교육을 통해 이를 사람들의 욕망으로 내면화하는 일이 시급하다고 역설한다.

홍훈의 글은 오늘날 한국인들의 욕망이 해방 이후 현재에 이르기까지 과시효과와 대리만족(베블런), 물신주의(마르크스), 봉건적 위계구조 등에 의해 제약되어 획일화되고 경직된 형태로 재생산되어왔음을 비판하면서 다차원적인 욕망의 설계 및 합의와 교육을 통해 다르게 욕망하고 다르게 살 수 있는 사회 변화의 전망을 원론적인 수준에서 제시한다는 점에서 이 책에서 총론과 같은 위치에 서 있다.

강내희는 이처럼 획일화된 욕망의 거시적 흐름이 1997년 이후 신자유주의 금융화의 메커니즘에 포섭되면서 구체적으로 어떻게 굴절되고 변질되어왔는지를 다양한 통계와 사례를 통해 현상학적으로 분석하고 있다. 그는 먼저 금융화가 경제학적으로는 "축적의 제도적·법적 맥락과 함께 생산력과 생산관계에서 일어나는 변화에서 야기되는 생산과 유통 간의 균형에 변동이 생기는 것", "이윤이 교역과 상품 생산보다는 금융적 경로를 통해 누적되는 축적 형태"로 정의되지만, 김대중 정권 시기의 금융자유화 정책은 금융자본의 이익을 도모한 것인 동시에 노동자계급에 대한 공격이었다는 점에서 노동, 국가, 자본의 권력관계를 재편하는 정치적 과정으로 금융화를 파악해야 한다고 주장한다.

이로 인한 권력관계의 변화는 1997~2012년까지 15년 사이에 GDP는 약 2.26배 증가한 반면, 가계부채는 약 4.54배, 정부부채는 8.54배나 증가했고, 자살률은 10만 명당 중 13명에서 29명으로 세계 최고 수준으로 올라갔으며, 세계 최고 수준이던 저축은 바닥 수준으로 떨어졌다는 통계로 압축적으로 설명할 수 있다. 이와 더불어 1990년대 초에는 경영 담론을 통해 노동하는 주체들의 자기책임화가 강조되고 1990년대 중반에는 교육 담론을 통해 청소년의 '자율적 선택'이 강조되었다면, 1990년대 말에는 국민 개인을 '신지식인'으로 양성하려는 시도가 이루어지면서 이런 담론들의 상호담론적 효과 속에서 부채의 자산화에 걸맞은 주체화 전략이 부상한 과정을 분석한다.

그는 1983년 말 가입자 수 83만 명에서 2002년 12월에 1억 480만 장, 2013년 1분기에 1억 1,500만 장 수준으로 확대된 신용카드, "경제 활동 인구의 19.5% 수준, 총인구의 10% 수준"에 이르는 508만 명의 주식투자자(2013년 말 기준), 2010년 6경 6,731조 원에 이른 파생상품의 명목거래액, 2011년 말 이미 1,103조 원에 달해 전국 가구 수를 기준으로 가구당 6,100만 원에 해당하는 가계부채 등과 같은 통계를 제시하면서 현재의 경제가 '부채경제'임을 입증한다. 가계부채의 급증과 자살률 증가가 정확하게 일치하며, 오늘날 삶의 모습이 유난히 부산스럽고 번잡한 이유가 한국사회가 개인, 가구, 국가 가릴 것 없이 사상 최대의 빚을 짊어지고 있는 상태와 무관하지 않다는 것이다.

빚진 삶은 금융적 삶이고, 금융적 삶은 위험을 일상화하는 유동적인 삶이다. 투자자 정체성을 갖게 된 사람들이 '위험 관리자'가 되고 자산의 유동화로 자산 가치의 변동과 연동된 위험 관리가 일상사가 되면 삶의 신진대사와 리듬은 더욱 급박해질 수밖에 없다. M-M′ 순환을 강화하는 금융화는 미래할인 관행을 확산시키고, 이와 연동된 각종 사회적 속도를 가속시킴으로써 삶의 속도와 리듬도 가속시킨다. 일상의 리듬이 급박해진 것을 보여주는 좋은 예가 트렌디 드라마의 출현과 댄스음악의 부상이며, "감각에 대한 전면적 공격"은 CCTV, 스마트폰과 같은 새로운 '빛-기계들'을 통해 가속화되고 있다. 또 주식이나 환율이 100만분의 1초 만에 드러내는 등락을 대상으로 거래되기 때문에 초단타매매가 보편화되었으며, 부동산역시 장기 거주보다는 단기 자산증식을 위한 수단이 되었다. 상품의 수명역시 '계획된 진부화'를 통해 짧아졌으며, 일자리 수명의 단축은 연예인의인기가 '15분의 명성'으로 끝나는 것과도 맥을 같이한다.

이런 '일시성의 미학'을 포함한 '일회용 사회'의 여러 경향을 강내희는 모두 금융화의 효과로 진단한다. 일시성의 미학과 탄도학적 훈련의 전면화로 경험적 인식이나 개념적 인식 같은 고차적 의식보다는 하급 의식이 주로 강화된다. 우리의 인지능력은 장기적 전망 없이 '기억된 현재'에 포획되고, 초 단위나 분 단위로 바뀌는 감각과 지각에 더 깊이 의존하게 되며, 삶은 더 분주해진다는 것이다. 삶의 리듬 교란은 세계에서 한국이 가장 심각한데, 한국인의 수면시간은 OECD 국가 가운데 가장 짧은 축에 속하고, 노동시간은 최장을 자랑해 아드레날린이 과다 분비되고 스트레스도 급격히 늘어났으며, 자살률은 세계 최고 수준에 달해 삶의 리듬이 심각한 난조에 빠졌다고 한다.

하지만 강내희는 금융화가 일상의 난리듬을 일방적으로 결정하기보다는 양자가 상호전제의 관계에 놓여 있음에 주목하기를 요구한다. '발제적(enactive) 인지과학'의 관점에서 보면 한 유기체의 인지작용은 외부의 객관적 현실을 표상한다기보다는 그 유기체가 속한 환경과의 상호작용으로 만들어진 역동적 자기생성 현상이기 때문이라는 것이다. 금융화와 일상의 난리듬이 이처럼 상호 발제의 관계에 있다면 금융화를 극복하기 위해 할 일 가운데 우리 자신의 삶에 대한 성찰이 빠질 수 없다. 금융화는 '저들의 것'일 뿐 아니라 '우리의 것'이기도 하며, 대출과정에 자발적으로 참여했다는 점에서 수탈당한 사람들은 자기수탈에 참여한 셈이라는 것이다. 이런 맥락에서 강내희는 금융화를 극복하기 위한 실천은 금융화와 연동되지 않는 방식의 삶을 살고 다른 감각과 다른 리듬을 추구하는 방식으로 전개되어야 한다고 주장한다.

강내희가 "이윤이 교역과 상품 생산보다는 금융적 경로를 통해 누적되는 축적 형태"라는 금융화에 대한 일반적인 경제학적 정의 속에 권력관계의 변화가 내포되어 있다는 사실에 주목하면서 분석을 시작했다면, 서동진은 금융화란 노동자와 개별 가계에 대한 직접적인 수탈이라는 관점에 입각해 동일한 문제를 강내희와는 다른 각도에서 분석하고 진단한다. 서동진은 박근혜 정부의 부채 주도 성장은 지속 불가능한 성장이라며 그 대안으로 소득 주도 성장을 제안하는 문재인의 최근 주장은 "빚을 악으로, 노동을 선으로 대치시키는 것은 동일한 물신주의 안에 머무는 것"일 따름이라고 비판하면서 글을 시작한다. 그가 준거하는 마르크스주의자 코스타스 라파비차스(Costas Lapavitsas)와 파울로 도스 산토스(Paulo Dos Santos)에 따르면 금융화는 자본 축적 및 순환의 체계, 자본주의의 위기 경향(특히 이윤율의 추이)에서 연유하는 것이 아니라 노동자의 삶을 위해 직접적으로 소비해야 할 임금을 이윤의 원천으로 수탈하는 것이라고 정의된다. 이는 자본물신주의의 가장 극단적이고 사악한 형태로서, 노동자 자신의 재생산을 위해 사용가치로 전환해야 할 임금을 가치를 낳는 기치로 둔갑시켜 직접 수탈하는 메커니즘이다. 서동진은 국내 일반은행의 이자 수익이 1992년 10.3조 원에서 2009년 57.3조 원으로 급격하게 성장했는데, 이 중 49.1조 원이 대출채권, 즉 주택담보대출채권에서 나온 이자 수익이라는 점에서 이 사실이 쉽게 입증된다고 주장한다.

그는 대다수의 삶이 금융시장의 위협을 받는데도 이를 낳는 원인인 금융화를 지지하고 금융을 통해 자신의 생존을 보장하려는 역설을 낳는 이 과정은 소득의 수탈이 외려 새로운 소득의 원천으로 둔갑하는 물신적인 전도를 통해서만 일어날 수 있는데, 이런 의미의 금융화는 자본물신주의, 나아가 신용물신주의라 부를 수 있는 물신주의의 논리로 설명될 수 있다고 주장한다. 수입, 소득, 부, 그리고 이들이 물질화된 물적 존재의 형태(이자, 지대, 임금 등)가 어떻게 자본주의적 생산양식의 착취적 사회관계를 은폐하는지를 분석한 마르크스의 『자본 3권』에 따르면, 소득과 부채, 임금과 빚은 서로 대립적이기는커녕 동일한 물신주의에서 비롯된 환상의 성분들이므로 부채에서 소득으로 초점을 이동한다는 말은 동어반복에 불과하다는 사실을 명확히 확인할 수 있다는 것이다.

이런 이유에서 그는 자기조정적 시장경제에 의해 파괴된 사회를 보호하려는 아래로부터의 '사회적인 투쟁'(사회적 경제, 협동조합, 신용조합, 지역통화, 기본소득 등을 내건 운동들)은 제한적일 수밖에 없다고 보면서, 임금수입에 의존하지 않은 채 생존할 수 있는 세계를 만들어내기 위한 투쟁, 화폐와 신용의 물신주의가 만들어낸 삶의 문화적·경제적 조건을 개혁하려는 투쟁, 유럽과 남미에서 확대되고 있는 무료이거나 저렴한 가격에 누구나 이용할 수 있는 공공재를 획득하려는 투쟁이 중요하다고 주장한다. 이러한 투쟁은 작고 사소한 개혁에 불과하지만 물신주의를 비판하는 계기가 될 것이며, 물신주의 비판은 자본주의적 생산양식을 폐지하기 위한 투쟁에 불가결하기 때문이라는 것이다.

서동진의 분석은 강내희의 분석이 다루지 않은 이면, 즉 노동자 임금에 대한 직접적 수탈로서의 금융화의 구체적인 기제 및 이와 결합된 물신주의에 대한 비판을 정교하게 보여준다는 장점이 있다. 그러나 그의 분석과 결론 사이에는 순환논법으로는 결코 채울 수 없는 간극이 있어 보인다. 노동자 임금에 대한 직접적 수탈인 금융화에서 벗어나기 위해서는 자본물신주의를 넘어서야 하는데, 서동진은 "물신주의를 넘어선다는 것은 이런 방식으로 필연적으로 현상(現像)하지 않을 수 없는 사회적 관계 자체를 넘어선다는 것"이며, 사회적 관계를 넘어서기 위해서는 다시 "사회적 관계가 그렇게 나타나는 외양, 즉 물신주의를 제거해야 한다"라고 주장하기 때문이다. 또한 협동조합운동이나 기본소득운동의 한계를 지적하지만, 이 운동들도 그가 제시하는 "임금에 의존하지 않는 생존의 조건을 만들기 위한 투쟁"의 일환일 수 있다는 점에서 모순적일 수 있다. 이런 지점에 대한 활발한 토론이 기대된다.

2부에는 '감성혁명과 일상생활의 정치화'를 주제로 수유너머N의 세 명의 저자의 글, 「대중정치와 정치적 감수성의 몇 가지 체제」(이진경), 「새로운 감성교육과 공감의 공동체」(최진석), 그리고 「공동의 역량을 구성하는 코뮌의 정치」(정정훈)를 실었다.

이진경은 감각과 감성의 분할이 곧 정치라는 자크 랑시에르(Jacques Rancière)의 주장과 감각적으로 수용한 것에 대한 호불호의 판단인 감수성을 결합해 감수성의 정치라는 개념을 수립하고, 이 개념을 사회·역사적 조건에 따라 상이하게 나타나는 대중의 집합적 감수성에 적용해 '정치적 감수성의 체제'라는 독창적인 개념틀을 선보인다. 그리고 어떤 사건이나 대상에 대한 대중적 호오의 판단을 끌어당기는 끌개(attracter)로 작동하는 특이점과 대중의 흐름이 맺는 '거리화의 메커니즘'의 차이에 따라 '숭고의 정치', '재현의 정치', '대의의 정치', '표현의 정치'라는 네 가지 정치적 감수성의 체제를 구별하고, 1970년대 이후부터 현재까지 한국 대중정치의 변화 과정을 상세히 분석하면서 이 네 가지 체제를 칸트, 프로이트, 서사이론을 매개로 다양하게 비교한다.

일례로 칸트식으로 분류하면, 전태일 분신 이후에 등장한 1970년대 노동자 운동과 1980년 광주항쟁, 1987년 6월항쟁으로 솟구친 대중정치의 특징이라고 할 숭고의 정치는 표상할 수 없는 대상으로 인해 기꺼이 고통을 짊지고 자신의 한계를 넘어섬으로써 이념에 부합하려 한다는 점에서 '이념의 초월적 사용'이라고 지칭된다. 반면 김대중에 대한 비판적 지지와 '노사모'로 나타난 재현의 정치는 재현적인 대상과 관련해서 이념의 선을 넘지 않는 방식으로 작용한다는 점에서 '이념의 규제적 사용'이라고 비교된다. 한편 1990년대에 등장한 대의의 정치는 이런 '이념'을 제도적인 요건에 맞춰 사용하려 한다는 점에서 '이념의 제도적 사용'이라고 한다면, 2002년 월드컵 대중과 여중생 추모 촛불시위 이후에 등장한 '표현의 정치'는 이념마저 자신의 감성적 즐거움이나 쾌감에 부합하는 한에서 받아들이고 사용한다는 점에서 '이념의 유희적 사용'이라고 분류된다.

서사적으로는 숭고의 정치가 비극적 영웅을 가시적인 형상으로 갖는다면, 재현의 정치는 모든 것을 통합하고 통일하는 중심으로서의 왕을 형상으로 갖는다. 대의의 정치가 각자의 의사를 대리하고 대행해 제도적 영역에서 말하고 행동한다고 간주되는 의원이나 변호사의 형상을 갖는다면, 표현의 정치는 자기 나름의 취향이나 감각적 선호에 따라 자신이 좋아하고 열광하는 스타의 형상과 상관성이 있다. 노무현-대중의 경우처럼 재현적인 집중이 발생할 때도 있지만 그때에도 이는 영웅이나 왕, 또는 의원이나 변호사가 아니라 스타에 가깝다는 것이다.

이런 비교를 통해 이진경은 각 시대를 특징짓는 감수성의 정치가 가진 장단점을 자세히 비교하는데, 가령 표현의 정치는 자유분방하게 즐거움을 추구하며 다양한 무리가 참여하는 한편, 다른 특이성의 무리와 일정한 거리를 유지하려는 경향이 있어 숭고의 정치처럼 장애와 장벽을 돌파하고 자기를 넘어서게 만드는 힘이 없으며, 재현의 정치처럼 하나로 모이는 데서 분출되는 강한 집중의 힘도 없다. 촛불집회에서도 드러났듯이 강하지 않은 저지나 장벽도 쉽게 돌파하거나 넘어서지 못하며, 응집의 경향을 모아내는 중심화된 특이점이 적절하게 작동하지 않을 경우 표현의 정치 자체만으로는 장애를 넘어서까지 힘을 모으거나 투쟁을 밀고 나가기 쉽지 않으므로 재현의 정치와 결합할 필요가 있다고 분석한다. 그리고 이런 차이로 인해 구좌파들은 이들에게 운동이나 정치에 요구되는 치열함이나 진지함이 있는지 의심했을 것이고, 반대로 새로운 대중은 전통적 집회나 시위, 투쟁의 양상에 거리감을 가졌을 것이다.

그러나 동시에 각각의 체제는 서로 다른 시대로 분리되기만 한 것이 아니라 내용적으로 다른 체제와 혼성되는 경향을 보였다는 점을 강조한다. 월드컵-대중은 유희적이고 무리적인 집합체로 구성된 흐름이었지만 국가 간 대결이라는 형태가 민족주의적 형태를 취하면서 하나의 결속된 흐름을 형성했고, 반미시위나 노무현-대중 또한 하나의 중심적 문제로 결속하는 양상을 취하고 있었다는 것이다. 2008년 촛불집회도 마찬가지여서 무리마다 스타일이 다르고 쇠고기 수입 문제, 교육 문제, 민영화 문제, 대운하 문제 등 관심도 상이했지만, 이명박 정부의 퇴진을 요구하거나 이명박 정부가 표상하는 신자유주의 정책 전반을 비판한다는 하나의 강력한 특이점을 향해 수렴하며 흘러갔다. 따라서 2008년 촛불집회가 별다른 가시적 성과 없이 끝난 것도 표현의 정치 자체의 한계 때문이 아니라, 표현적인 거대한 대중과 이를 저지하려는 정부나 경찰, 그리고 그 충돌을 저지하려고 끼어든 요소들 간의 정세적인 역관계에서 비롯된 것으로 봐야 한다고 주장한다.

반면 철거민 투쟁이던 두리반 투쟁은 표현적 대중의 웃음과 유머의 유쾌한 감응을 바탕으로 음악이나 미술, 영화 등 다양한 활동을 유희적으로 사용함으로써 예술과 운동·정치를 결합했고, 시간과 싸우는 게 아니라 시간을 자기편으로 만들며 싸우는 방법을 창안함으로써 장기농성투쟁을 유쾌한 성공으로 이끌 수 있는 새로운 출구를 찾아냈다고 평가된다. 또한 페이스북을 중심으로 한 소셜 네트워크 서비스(SNS)를 매개로 '새로운' 대중과 노동운동이라는 '오래된' 투쟁을 결합시켜 새로운 연대와 혼합의 지대를 창출했던 김진숙과 희망버스 투쟁은 숭고의 감수성과 표현의 감수성이 만나 성공한 사례로 분석된다.

이진경은 이런 사례들은 표현의 감수성을 지닌 대중과 숭고나 재현의 감수성을 지닌 대중 간에 존재하는 차이가 대립과는 다른 양상으로 결합할 가능성이 있음을 보여준다고 강조한다. 대중의 정치적 감수성은 형성 조건에 따라 상이한 유형으로 나타나기도 하고 종종 대립하기도 하지만 각각의 정치적 감수성은 매우 넓은 변환과 이행의 지대를 가지며 다양한 결합과 혼성의 지대도 갖는다는 것이다. 따라서 진정한 문제는 익숙하지 않은 감수성의 차이를 비난하기보다는 상이한 감수성이 결합될 수 있는 고리나 교차점을 찾아내는 것이며, 적지 않은 시간 동안 형성된 감수성의 체제들을 세대 차이라는 말로 외면하거나 포기하는 대신 이들 간의 적극적 결합을 통해 새로운 운동 창출의 가능성을 찾는 것이라고 주장한다.

이런 분석은 살아 움직이는 대중정치의 역동적 흐름을 계급, 민중, 다중이라는 추상적 개념틀로 분절해서 파악했던 기존의 이해 방식과 다르게, 시대에 따라 상이하게 형성된 특이점과 거리화 기제를 포착해 살아 움직이는 대중적 감수성의 실상에 구체적으로 접근할 수 있게 해준다. 특히 1987년 이후 민주화 운동이 재현의 정치에서 대의의 정치로 이행하는 데 대한 준비가 부재한 가운데 양자가 혼동되거나 겹치는 과정에서 이전의 제약된 조건이 만들어낸 협소한 시야와 고립적 활동 방식이 포괄적이고 연합적인 감수성을 필요로 하는 새로운 합법적 대의 정당의 건설을 크게 방해하는 초기 조건으로 작용했고, 이로 인해 합법정당 건설 시도가 분열과 실패로 반복될 수밖에 없었다는 사실을 잘 알게 해주는 장점이 있다. 또한 '386 정치인'들이 기존의 정당정치 안에 자리를 잡으면서 어떻게 재현의 정치를 대의의 정치와 오인했는지, 역으로 대의의 정치를 통해 재현적 욕망을 소진했는지도 알게 해준다. 이처럼 이진경은 한국 대중정치의 역사를 네 가지 감수성이 가진 정치체제 간의 차이와 혼성이라는 문제틀을 통해 분석하면서 감수성 간의 폭넓은 만남을 통해 새로운 대중정치의 가능성을 모색하자는 현실적인 고민을 제시한다.

한편 최진석은 현재 우파와 좌파를 막론하고 범람하고 있는 감정의 격변과 역설적 동일화라는 한국사회의 지배적 정조가 민주주의와 정치는 물론 일상생활까지 침식하고 파괴하고 있다는 진단 아래, 자연생태와 사회적 생태의 전 지구적 파괴와 붕괴에 직면한 요즈음 공동체를 다시 만들기 위해서는 대중의 물리적 연대뿐만 아니라 정서적 연대가 절실하며, 이를 위해서는 새로운 감성교육과 공감의 공동체에 기반을 둔 일상의 재구성이 시급한 과제라고 주장한다.

그는 레이먼드 윌리엄스(Raymond Williams)의 감정 구조에 대한 분석과 스피노자-들뢰즈의 감응 개념을 연결해 존재능력의 연속적인 변이로서 '체험되고 있는 삶'의 능력으로서의 감응, 나와 타자가 마주쳤을 때 별개의 개체들이 아니라 특수한 무의식적·신체적 관계를 통해 맺는 감응적 관계, 또는 공감적 공동체의 감각이라는 개념을 통해 이 과제를 풀어가려 한다. 이러한 공감적 공동체는 본능 또는 이성적 판단에 의거해 '큰 것'과의 동일시에 따라 성립하는 게 아니라 '불가능한 동일시'에 의해, 즉 '크지 않은 것'이나 '작아지고 있는 것', 나아가 '가장 작은 것'과의 동일시를 통해서만 가능하다는 것이다. 그 예가 도미야마 이치로(富山一郎)가 말한 '겁쟁이들의 연대'로, '큰 것'에 의해 살해당한 타자와 곧 살해될지도 모를 나 사이의 유대이다. 겁쟁이들의 연대는 역사 속 패자들의 마주침이지만 정해진 역사의 길에서 탈주하는 진정 '목숨을 건 도약'이자 '큰 것'의 척도에 순응하지 않겠다는 의지로서, 수동적인 동시에 능동적이고 감성적인 동시에 이성적인 주체화의 길이라는 것이다.

이런 맥락에서 그는 현재 실존하지는 않지만 실존하게 될 '부상하는 공동체', 도래할 사회를 이미지화하는 감정의 구조들의 작동 양상을 다룬 형식인 동시에 본성적으로 시간적 순차성을 단절해 지금-여기와는 '다른' '낯선' 사건을 표현하는 형식인 문학과 예술은 작가와 독자 사이의 감응적 교류로 촉발된 욕망의 정치적 전경화일 수 있다고 주장한다. 이런 전제하에 그는 오늘의 야만적인 신자유주의적 상황에서 감응의 공동체와 겁쟁이들의 연대를 촉진할 수 있는 새로운 감정교육의 사례로 소설 세 편을 분석한다. 이 작품들에서 주인공들은 망자를 놓아 보내지 않고 계속해서 자신의 (무)의식 속으로 호출하고 그에 관해 증언하는 행위를 반복하는, 죽은 자를 자기의 삶 속에 남겨두고 그와 함께 살아가는 감응의 공동적 행위의 사례가 된다는 것이다. 최진석은 이런 감응의 윤리는 정신분석적으로 자신의 결여를 채우거나 타인의 감정을 흉내 내거나 이해하는 게 아니라 타자의 고통 속으로 인입해 들어가는(em-pathy) '느껴진 사유'이자 '사유된 느낌'으로서, 이행을 통해 나와 타자의 연대라는 가산적 종합이 발생하게 되는 행위라고 보면서, 감정교육의 요점을 세 가지로 제시한다.

첫째, 나의 행동이 타자를 위험에 처하게 만들지는 않았는지, 타자의 죽음을 초래하는 것은 아닌지 끊임없이 반문해야 한다. 둘째, 결과에 대한 앎이자 저도 모르게 연루되어 있던 사건에 대한 책임을 무한히 지려는 주체의 윤리적 행동이다. 셋째, 타인의 고통에 대한 공통감각(共痛感覺)이 낳을 적극적이고 긍정적인 계열화에 지속적으로 관심을 갖는 것이다.

최진석은 감성의 변이는 원하는 것보다 훨씬 느리고 미세하게 진행되기에 우리가 할 일은 그저 차분히 감성의 훈련을 실행하는 것이며, 일상생활의 (재)구성이란 감성의 훈련과 공감적 공동성의 창조를 통해 삶을 조금씩 개간하려는 노력이라고 말하면서, "각인의 자유로운 발전이 만인의 자유로운 발전의 조건이 되는 하나의 연합체"로서의 미-래의 공동체는 그렇게 일상을 새로이 구성하는 가운데 실현될 것이라고 믿는다면서 글을 맺는다.

정정훈은 1990년대 소비사회의 일상성에서 양극화 사회의 일상성으로 변모한 오늘의 신자유주의적 상황에 걸맞은 민주주의의 형태가 무엇인가라고 질문하면서, 사냥꾼의 대열에 끼지 않으면 먹잇감이 될 수밖에 없는 현재의 일상성의 질서를 '중단'하는, 봉기적 사건으로서의 민주주의를 다시 모색할 필요를 제기한다. 1990년대에는 자본과 권력에 맞서는 급진정치의 장소로 인식되었던 일상이 오히려 자본과 권력에 의해 장악되어버린 오늘의 상황에서는 급진정치는 이제 일상의 질서를 재구성하려는 기획이 아니라 오히려 일상의 질서를 중지시키는 기획으로 변화되었다는 것이다. 일상성의 정치에서 일상의 흐름을 중지시키고 그 질서를 단절시키는 반(反)일상성의 정치로의 전환이, 또는 일상성의 종말이 민주주의를 위한 또 다른 돌파구로 제시되고 있다는 것이다(벤야민, 데리다, 아감벤, 랑시에르 등). 헌정 형태나 사회 형태로 응고되고 고착될 수 없는 행위의 직접성, 평등과 자유를 제한하고 연합과 결사를 통제하는 지배 권력을 해체하고 전복하는 집단적 봉기의 힘으로서의 민주주의(demokratia), 즉 데모스(demos)의 힘(kratos)이야말로 민주주의의 본원적(radical) 차원이라는 것이다.

하지만 그는 데모스의 힘은 동질적인 것이 아니라 언제나 이질적 다수가 함께 형성하는 공동성의 산물이라는 점을 강조한다. 이는 각자 저항하는 개인들의 산술적 집합이 아니라, 하나의 동일성으로 환원될 수 없는 이질적이고 다양한 개인들이 공동성을 형성함으로써 창출하는 역량, 어떠한 매개나 초월적 명령 없이 직접적인 방식을 통해 정치적으로 표현되는 힘이라고 정의된다. 이런 관점은 민주주의를 혁명적 전통 속에서 사유할 수 있게 만드는 장점이 있다고 평가되지만, 정정훈은 이와 관련해 두 가지 질문을 제기한다. 봉기적 사건으로서의 민주주의는 단지 우발적 계기만을 강조하는, 일상의 중지 속에서 발생하는 사건으로서만 의미 있고 우리가 살아가는 매일의 삶과는 무관한 이례적이고 드문 사건일 뿐일까? 우리가 민주주의 일상성 또는 신자유주의 체제하에서 일상적 관계와 질서의 민주적 구성을 모색할 수 있는 길은 없을까? 이 질문에 대한 답을 그는 스피노자에게서 찾는다.

스피노자에게 연합이란 복수의 개인이 마치 하나의 신체처럼 움직이는 공동관계를 구성하는 것을 의미하는데, 복수의 개체가 능동적이고 의식적으로 연합의 관계를 형성해 구성한 상위의 개체를 정정훈은 코뮌이라고 부른다. 연합이 자연 안에 존재하는 모든 개체의 개체화 방식이라면, 코뮌은 개인들이 능동적이고 의식적으로 상위의 개체인 코뮌을 구성함으로써 공동의 역량을 증대하고 공동의 권리를 확대하는 방식이라는 것이다. 이러한 연합체의 다른 이름인 코뮌을 일상적 관계로 조직하는 것이 지금과 같은 시대에 필요한 일상적 민주주의의 실천 방식이며, 공동체 속에서 연합하는 모든 개인이 자유를 획득하는 데모스의 자기통치 형태라는 것이다.

하지만 다시 정정훈은 봉기적 사건과 코뮌의 구성으로서의 민주주의의 근본원리가 현재의 정치 형태 및 국가와 상충하며, 우리 모두가 국가 속에서 살아가고 있다는 현실을 외면해서는 안 된다는 점을 강조한다. 국가의 원리가 민주주의의 원리와 상충되는 것은 사실이지만 양자는 현실에서 서로에게 간섭할 수밖에 없으며, 코뮌이 국가체제에 위협이 된다고 파악하면 이를 파괴하려 하거나 코뮌을 국가의 법과 제도의 한계 안에서 통제하려는 엄연한 현실적 조건 속에서 코뮌을 구성해나갈 수밖에 없다는 것이다. 궁극적 지향점으로 국가 없는 코뮌 네트워크의 사회를 지향할 수는 있겠지만, 현실에서는 국가 안에서 국가를 넘어서는 민주주의를 고민하면서 국가의 권력 형태에 민주적 벡터를 부여하는 것이 중요한 과제라고 부연한다.

이렇게 봉기적 사건과 코뮌의 구성을 연합의 관점에서 함께 사고하려는 정정훈의 고민은, 이진경의 용어를 빌면, 숭고의 정치와 표현의 정치의 합성을 통해 형식적인 대의정치에 내용적으로 민주적 벡터를 부여하는 방법을 고민하는 것이라고 번역할 수도 있다.

3부 '사회적 재생산을 중심으로 한 일상의 재편'에서는 낸시 프레이저 (Nancy Fraser)의 정의론을 비판적으로 독해하면서 일상에 나타난 여성빈곤의 세 가지 측면을 분석한 이현재의 글과 여성의료협동조합의 결성과정과 활동 내용, 성과 등을 자신의 직접적인 경험을 중심으로 소개한 의사 추혜인의 에세이를 수록했다.

이현재는 사회적 재생산의 장소인 여성의 일상은 문화적 빈곤(무시), 경제적 빈곤(잘못된 분배), 정치적 빈곤(대표 불능) 등이 복합적으로 점철되어 있으며 프레이저가 주장한 바와 같이 세 차원 중 어느 하나로 나머지가 환원될 수는 없지만, 프레이저가 제시한 대안적 개념틀인 위상 모델과 변혁적 개선책 역시 취약점이 있으므로 보완책이 필요하다고 주장한다.

프레이저에 따르면 섹슈얼리티 집단은 가장 문화적인 것에, 계급은 가장 경제적인 것에 근접한다고 구분할 수 있는 데 반해, '여성'은 "2가적(二價的) 집단(bivalent collectivities)"이다. 또 그녀의 정의론에는 정치적 차원을 정의하는 문제, 즉 누가 동등한 상호작용에 참여할 것이며 그들의 목소리를 내는 절차를 어떻게 마련할 것인가라는 정치적 차원의 문제가 포함되어 있다. 하지만 이현재는 프레이저가 여성을 3가적(trivalent, 三價的) 집단으로 명시하는 데까지 나아가지는 않았다면서, 여성을 명시적으로 3가적 집단으로 이해하자고 제안한다. 여성의 경제적 빈곤은 부불노동으로서의 가사노동, 공적 노동에서의 매우 낮은 임금으로 나타난다. 여성의 문화적 빈곤은 남성 중심 문화에서 경험하게 되는 여성 정체성의 비하, 왜곡, 무시, 경멸, 종속 등으로 나타나 여성은 긍정적인 자기이해에 도달할 수 없다. 그는 여성의 정치적 빈곤이 나타나는 이유가 경제적 빈곤이나 정체성 무시로 자신감을 상실한 여성들이 자율적 주체로 자신의 목소리를 내는 정치적 과정의 주체로 참여할 수 없기 때문이거나, 또는 정치적 상호작용의 절차 자체가 남성의 목소리를 위한 형식이라서 여성이 자신의 목소리를 낸다고 해도 그 목소리가 그 형식에 담기지 않을 수 있기 때문이라고 분석한다.

이현재는 이 세 가지 문제를 안티테제적으로 보거나 환원주의적으로 해결하려는 입장은 3가적 집단으로서의 여성 문제를 제대로 고려하지 못한다고 비판한다. 일례로, 필립 반 파리스(Philippe Van Parijs)의 기본소득 제안은 "단지 경제적 불평등만 관찰하기에 결국 자신의 재분배 제안이 갖는 인정효과를 분석하는 데 실패"했으며, 경제적으로는 나아질 수 있으나 가족 내 의사결정의 젠더적 속성과 전통적인 노동의 젠더분업을 약화시키는 데에는 도움을 주지 않는다는 것이다. 또한 인정이론의 경우에도 한 여성이 사랑하는 사람에게서 정서적으로 개별성을 인정받고 사회의 구성원에게서 인지적으로 동등한 법적 권리를 인정받으며 공동체의 구성원에게서 정서적·인지적인 연대를 획득한다고 해도 경제적 빈곤이 해결되는 것은 아니라는 문제가 남는다는 것이다.

이런 소개하에 이현재는 프레이저가 이 세 가지 문제를 동시에 고려하기 위해 사용한 두 가지 모델을 분석한다. 우선, 프레이저의 위상 모델(status model)은 물화(reification)와 대체(displacement)의 위험을 안고 있는 정체성 모델(identity model)을 비판하기 위해 제시된 것이다. 문화적 가치 패턴을 정당화할 수 있느냐의 문제는 그것이 개인의 '참여 동격(participation parity)'의 위상을 가능하게 하느냐에 따라 판단된다. 가부장제가 여성성을 가치폄하함으로써 여성의 위상을 종속시켜 여성이 온전하게 사회적 상호작용에 참여하지 못한다면 참여 동격을 장려하는 방향으로 해체적으로 재구성되어야 하며, 정치적으로 잘못된 분배 역시 위상 종속의 문제가 된다는 것이다. 또한 프레이저가 긍정적(affirmative) 개선책에서 변혁적(transformative) 개선책으로의 전회를 주장한 것은 2가적 집단이 마주치기 쉬운 딜레마를 피하기 위한 것이라고 본다. 재분배의 논리는 젠더를 폐기시키려는 데 반해 인정의 논리는 젠더 특수성의 가치를 인정하려는 것이 바로 2가적 집단이 부닥치는 딜레마인데, 이런 딜레마를 해소하기 위해서는 사회주의적 경제 재구조화와 해체주의적 인정이라는 변혁적 조합을 동시에 고려해야 한다는 것이다.

그러나 이현재는 우선 위상 모델의 한계를 다음과 같이 지적한다. 첫째,

참여 동격이라는 정치적 형식의 우선성은 인정의 내용을 소홀하게 만들 위험을 안고 있기 때문에 위상 모델은 구성원들이 자신의 정체성의 내용을 타자와 공존할 수 있는 긍정적인 내용으로 재구성하는 작업을 포함하도록 보완될 필요가 있다는 것이다. 둘째, 참여 동격의 우선성 주장은 정치적 상호작용의 형식이 젠더 중립적임을 전제로 하고 있으므로 참여 동격은 여성적인 목소리가 들릴 수 있는 내용이 담긴 상호작용의 형식을 함께 고민해야 한다는 것이다.

변혁적 치유책의 경우에도 특정한 정체성에 밀착된 집단의 구성원은 현실과 매우 동떨어진 것으로 보이는 변혁적 치유책을 원하지 않는 경우가 많기 때문에 먼 미래의 유토피아가 아닌, 지금, 여기서, 해당 개인이나 집단이 이미 어느 정도 수행하고 있는 일임을 개념적으로 밝혀주는 작업이 변혁적 치유책에 스며들어 갈 필요가 있다는 것이다. 그 적절한 예로 깁슨-그레엄의 연구를 제시하는데, 이들에 따르면 비자본주의 경제는 사회주의라는 대대적인 변혁을 통해 미래의 어느 순간에 이루어지는 것이 아니라, 이미 지금, 여기, 우리 안에 있다는 것이다. 가령 여성이 일상에서 수행하는 가사노동은 임금노동도 아니고 시장에서 거래되는 것도 아니며 이윤을 자본가가 갖는 기업의 형태를 띠고 있는 것도 아니라는 점에서 비자본주의적 경제라는 것이다. 여성이 주로 참여하는 협동조합이나 마을 공동체의 대안화폐 경제도 그러하며, 심지어 기업도 우리가 생각하듯 그렇게 순수하게 자본주의적이기만 한 것은 아니라는 것이다. 이현재는 이런 방식으로 우리가 조금씩이라도 일상에서 경제 재구조화를 위한 변혁적 관심을 실천하고 있음을 보여주면 해당 집단이 변혁을 자신이 실현할 수 있는 프로젝트로, 또는 자신이 이미 실현하고 있으나 더욱 촉진할 필요가 있는 프로젝트로 이해할 것이라고 주장한다.

이현재의 이런 주장은 앞서 서동진이 협동조합이나 사회적 경제와 같은 운동의 한계를 지적하면서 무상으로 공공재를 얻기 위한 투쟁이 더 적극적인 물신주의 비판의 계기가 될 것이라고 주장한 지점과 대척점을 이루는 것처럼 보일 수 있다. 하지만 비환원주의적인 관점에서 보자면, 물신주의를 비판하고 해체하려는 투쟁과 비자본주의적인 경제적 삶을 일상 속에서 실천하는 프로젝트는 자본주의 사회에서 코뮌주의 사회로의 이행을 위해 동시에 필요한 과제로 이해하는 것이 적절해 보인다.

한편, 추혜인(무영)(이하 추혜인)은 친근감을 주는 에세이 형식으로 ─ 이현재가 결론으로 요구한 ─ "일상에서 경제 재구조화를 위한 변혁적 관심을 실천"하는 구체적인 사례를 소개한다. 그녀가 소개하는, 여성운동과 협동조합운동의 만남으로 만들어진 살림의료복지사회적협동조합은 경제적 빈곤과 문화적 빈곤이 겹친 이중적 빈곤을 동시에 넘어서려는 기획에 속한다고 볼 수 있다. 현재 한국의 의료 시스템은 환자에게 더 많은 검사와 치료 행위를 하면 할수록 의사와 병원이 돈을 버는 행위별수가제에 기반을 두고 있어 서로가 서로를 믿지 못하는 악순환 고리를 만들고 있다. 의사도 높은 학비를 내며 고강도 노동의 수련의와 전공의 기간을 보내야 하고, 의원을 개원하면 각자 알아서 살아남아야 하는 상황이다. 추혜인은 이런 이중적 빈곤을 넘어 신뢰받는 동네 주치의로 살아남을 수 있는 길을 의료협동조합에서 찾았다고 한다.

환자가 건강할수록 의사에게 보상이 돌아가는 구조(금전적인 보상이든, 심리적인 보상이든, 관계적인 보상이든 간에), 시민들이 건강할수록 의사가 더 행복해지는 구조, 환자가 의사를 건강의 안내자로 받아들이는 구조, 의사가 의원을 개원하기 위해 목돈을 은행에서 빌려 허덕이는 대신 주민들이 개원에 필요한 자금을 공동으로 모아서 마련하고 주민들이 의원의 경영을 함께 고민하면서 책임지는 구조가 바로 의료협동조합이라는 것이다. 여기에 여성주의적 관점을 결합시켜 비혼으로 노후까지 건강하게 지내기 위해 서로 돌보는 관계 및 아프지 않도록 예방하는 활동이 필요한 비혼 여성들과 여성 의료인들이 만나 2009년 여성주의 의료생협(준)을 출범시켰고, 2010년 은평구에 살림의료협동조합을 설립해서 2012년 8월 '우리마을 주치의 살림의원'을 개원했다고 한다.

살림의원은 주민들이 함께 돈을 모아서 만들고 같이 운영해가는 의원으로서 모든 개원과정이 주민들의 협동으로 이루어졌다고 한다. 여기서는 의사와 환자가 상호신뢰관계를 기반으로 할 뿐 아니라 주민 스스로가 건강의 주체라는 협동적 건강관에 힘입어 더 많은 협동이 일어나며, 조합원과 환자의 피드백을 받을 수 있어 추적관찰의 기회가 단절되지 않으므로 의사의 실력도 는다고 한다. 또 여성의 몸, 사람의 몸에 대해 함부로 말하지 않고, 쉽게 살을 빼라거나 예뻐지라고 하지 않으며, 환자의 통증 호소를 무시하지 않고, 성정체성을 차별하지도 않으며, 성소수자도 낮은 가격으로 트랜스젠더 호르몬 치료를 받는다고 한다.

2013년에는 '우리마을 건강활력소 다짐'(운동센터)을 개관했는데, 특별한 헬스기구가 없어도 집에서 꾸준히 실천할 수 있는 근력운동과 유산소운동을 중심으로 프로그램이 운영된다고 한다. 이 공간은 어떤 날은 마을 영화관이 되기도 하고, 어떤 날은 협동조합 학교나 여성주의 학교가 열리는 배움의 공간이 되기도 하기에 다짐의 벽에는 이렇게 쓰여 있다고 한다. "기계가 아니라 관계를 통해 건강해집니다." 추혜인은 조합의 활동이 어떻게 다양화될 것인지를 설명하면서 다음과 같은 상상으로 글을 맺는다. "조합원들이 서서히 나이 들어가면 요양원과 요양보호센터를 만들 거고, 치매 노인을 위한 그룹홈을 만들면 나의 노후도 거기에 의탁할 셈이다. 나야말로 돌봐줄 자식이 없는 비혼 여성이잖은가!"

4부 '코뮤니즘 사회의 일상에 대한 상상'에는 자본주의 사회를 넘어선 코뮤니즘 사회에서의 다른 삶을 전망하는 두 편의 글, 노동에서의 해방과 노동을 통한 해방이라는 양면을 지닌 대안적 노동의 원리를 통해 다른 삶을 설계하는 장귀연의 글과 코뮤니즘 사회에서 문화와 일상의 의미 및 위상이 어떻게 변할 것인지를 전망하는 심광현의 글을 수록했다.

장귀연은 역사적 사회주의는 생산 방식과 노동조직의 측면에서 볼 때 생산성과 효율성을 기준으로 노동분업을 채택했다는 점에서 자본주의와 크게 다르지 않았다는 분석으로 글을 시작한다. 생산조직을 국유화해 노동자 인민들을 위해 쓴다면 노동과정은 별 문제가 되지 않는다고 보았다는 것이다. 장귀연은 마르크스가 말한 대로 노동분업이 현존하는 한 계급은 폐지된 것이 아니라는 문제의식하에서 노동의 소외에서 벗어나려 했던 두 가지 역사적 시도, 즉 노동 자체를 최소화하려는 운동(탈노동)과 노동을 소외되지 않게 만들려는 프로젝트(노동의 인간화)를 재검토한다.

1970년대 이후 서구에서는 기술 발전으로 고실업 시대가 시작되었는데, 노동에서의 탈피를 주장하는 탈노동은 기본적으로 기술이 발전함에 따라 고용 감소가 불가피하다는 점을 전제로 한다. 자동화와 정보화는 사무직, 생산직, 서비스직 모두에서 필요 인력을 급격히 감소시킬 뿐 아니라 노동의 질 자체를 단순하고 지루한 미숙련 노동으로 떨어뜨리지만, 발상을 전환하면 일자리 없는 시대는 다른 말로 하면 노동이 필요 없는 시대, 즉 '노동에서의 해방'을 실현할 수 있는 기회라고 볼 수도 있다. 사회적 패러다임을 혁명적으로 바꾸어 노동시간의 대폭적인 축소, 충분한 기본소득의 보장, 비시장적 제3부문과 문화예술부문의 활성화가 가능해진다면 더 적은 노동과 더 많은 여가로 삶을 풍요롭게 할 수 있다는 것이다.

한편 노동의 인간화는 작업 현장의 구체적 노동과정을 변화시켜 노동소외를 극복하려 했던 시도로서, 1970년대부터 스칸디나비아 국가들과 독일을 중심으로 물질적 풍요를 획득한 유럽 노동자계급이 임금과 같은 직접적인 물질적 보상에서 노동생활의 질 향상으로 눈을 돌리기 시작하는 과정에서 시작되었다고 한다. 이 프로젝트는 강력한 노동조합을 배경으로 노동자 경영 참여와 노동과정 재조직을 중심으로 진행되었는데, 기술체계와 사회체계의 동시적 변화 및 기술체계와 사회체계 간의 최적 조합으로 효율을 달성할 수 있다는 사회기술체계론에 의거했다고 한다. 핵심 과제는 분업을 약화시키는 것과 함께 사전에 정해진 지시표 없이 노동자들이 자율적 집단을 형성해 참여와 토론, 협의를 통해 노동의 내용과 방법을 만들어가는 것이었다. 컴퓨터화된 자동화 기술이 노동의 인간화가 추구하는 작업 모델과 조합되면 인간중심적 기술체계를 가능케 하는 바탕이 될 수 있다는 것이다. 스웨덴 볼보자동차의 우데발라 공장이 그 대표적 사례라고 한다.

하지만 장귀연은 이 두 가지 시도 모두 문제가 있다고 비판한다. 먼저, 탈노동주의는 노동의 개념을 협소하게 정의해 자본주의적 임금 노동만을 노동이라고 생각하거나, 또는 자본주의를 벗어난 사회를 상정하더라도 노동은 여전히 자유와 대비되는 의무적이고 수고로운 것으로 간주한다는 것이다. 애초부터 이렇게 의무 대 자유로 이분화하면 개인의 자유로운 활동과 사회적으로 필요한 노동의 결합 가능성은 원천적으로 차단된다. 또한 탈노동주의는 노동을 수고로만 간주하기 때문에 노동을 최소화하는 것에만 집중할 뿐, 노동 자체의 성격을 변화시키는 방법에 대해서는 생각하지 않는다는 것이다. 노동의 인간화 프로젝트 역시 자본이 허용하는 한계 내에서만 시도되었기에 종국에는 스웨덴의 우데발라 공장처럼 프로젝트를 포기하든지 기업 측이 원하는 효율성 기준에 종속되어버리고 말았다는 것이다. 더 근본적인 한계는 작업 현장의 노동과정만 문제시할 뿐 노동의 사회적 분배체계는 염두에 두지 않았다는 점, 큰 틀에서의 사회 변화를 도외시한 채 노동과정의 변화만 추구했다는 점에 있다고 한다.

장귀연은 이런 두 가지 한계를 넘어서기 위해서는 분업의 폐지, 노동의 성격 변화, 노동의 사회적 분배라는 세 가지 측면에서 대안적 노동의 원리를 새롭게 구성해야 한다고 주장한다. 그녀는 마르크스의 저술에서 동시에 발견되는 '노동에서의 해방'과 '노동을 통한 해방'에 대해, 전자는 폐지되어야 할 소외된 노동으로, 후자는 공산주의적 노동 형태로 구분해야 모순적이지 않고 일관성을 가질 수 있다고 제안한다. 노동소외의 원인인 분업의 폐지는 '개개인의 완전한 발현'을 위한 조건으로 마르크스가 일관되게 주장하는 것으로서, 노동과정의 분업뿐 아니라 사회적 분업까지 포함한다. 그녀는 노동의 성격 변화를 올바로 파악하기 위해서는 노고(勞苦, labour)와 노작(勞作, work)의 구분이 필요하다고 주장한다. 노고는 개인과 인류가 유지되기 위해 물질적 생활의 대상을 끊임없이 생산하고 소비하고 재생산하는 활동이라면, 노작은 이미 존재하는 세계에 무언가를 덧붙이는 독창적인 활동이라는 것이다. 노고는 지루하고 반복적이고, 일의 '완성'이 없으며, 어떤 개인이 맡더라도 상관없이 일의 과정과 결과가 표준화되어 개성을 발휘할 길이 없는데, 분업은 이 특성을 이용한 것이다. 반면, 노작의 전형적인 모델은 예술로, 작품은 그 자체로 완성품이자 개인의 개성을 가장 잘 발현할 수 있는 유일무이한 것이므로 인간생활의 유지라기보다는 오히려 인간생활의 확대 또는 발전이라고 할 수 있다. 이 때문에 노동과정에서의 분업 폐지란 노동의 성격을 노고에서 노작으로 바꾸는 것으로 정의되며, 이 과정에서 노동의 인간화 프로젝트에서 얻은 경험들이 유용하게 쓰일 수 있다고 말한다. 나아가 사회적 차원에서도 노동분업을 폐지해 모든 개인에게 하고 싶은 일을 해볼 수 있는 기회를 제한 없이 주어야 한다고 제안한다. 가장 기본적인 조건은 탈노동주의자들이 제시한 것처럼 제한 없는 충분한 기본소득과 노동시간의 대폭적인 단축이다. 필요노동시간은 적을수록 좋은데, 현재 한국 취업자의 총 노동시간을 생산 가능 인구로 나누면 주당 27.5시간만 일하면 된다고 한다. 자본주의적 낭비가 사라지면 필요노동이 줄어들어 사업서비스 및 개인서비스의 상당수, 광고·예술·오락 산업 등은 크게 축소되거나 사라질 것이다. 자동화 기술을 채택하면 역시 노동시간이 줄어 전체적인 필요노동시간은 더 줄어들 수 있다. 반면 노동의 성격을 변화시키기 위해 일정 정도 효율성과 생산성을 희생하면 노동시간은 늘어나겠지만, 그렇더라도 이윤을 추구할 필요가 없으며 사회적 노력을 노동시간을 줄이는 데 집중하면 사회적 필요노동시간은 줄어들 가능성이 높다고 한다. 한편 기피노동의 문제는 인센티브를 주는 방식이나 의무화 방식을 통해 해소할 수 있다고 제안한다.

그녀가 제시하는 이와 같은 발전과정의 최종적인 그림은 노동과 자유가 대립되지 않는 사회이다. 개인들이 노동을 통해 자신의 개성을 발전시키고 실현하는 기쁨을 누리다보면 노동, 취미, 예술의 경계가 없어지고 풍부한 인간의 활동이 사회를 만들게 된다는 것이다. 노동의 인간화 시도와 탈노동주의자들의 아이디어는 많은 부분에 적용될 수 있으며, 현재의 생산력 수준과 과학기술, 행정기술로도 이런 일들이 현실화될 수 있다. 하지만 장귀연은 자본주의 폐지가 대안적 노동원리를 실현하는 충분조건은 아니라면서, 이보다 앞서 다음과 같은 사회제도적 변화가 필요하다고 주장한다. 첫째, 노동의 배분과 조직에 결정적인 영향을 미칠 넓은 의미의 정치제도에 대한 연구가 필요하고, 둘째, 교육제도 역시 노동의 대안적 원리가 실현되는 방식으로 체계화되고 병행되어야 하며, 셋째, 가족의 형태가 어떻게 변할 것인지를 살펴야 한다는 것이다.

장귀연이 분업의 폐지와 노동의 성격 변화를 중심으로 코뮤니즘 사회의 일상을 전망했다면, 심광현은 마르크스의 노동 개념과 연결될 수 있는 윌리엄스의 문화 개념을 중심으로 코뮤니즘 사회에서의 일상의 변화를 시간해방정책과 참여계획문화라는 프레임을 통해 살피고 있다.

심광현은 마르크스의 분석에 기초해 경제적 토대와 문화적 상부구조의 괴리 및 모순적인 관계는 노동분업이라는 특수한 단계에서 나타났다가 노동분업의 폐지와 더불어 사라지는 하나의 '역사적 관계'라고 규정하면서, 노동분업이 폐지될 경우 노동과 문화는 현재와 같은 고정된 직업의 형태로 분리되는 대신 각 개인의 생활과정에서 연속적인 계기로 통합될 것이라고 주장한다. 이렇게 노동과 연속적 계기로 통합될 수 있는 문화의 개념을 정식화하기 위해 그는 윌리엄스가 제안한 '자연적 성장의 육성'으로서의 문화라는 개념을 참조한다. 일반적으로 문화의 내포적인 의미는 '상징형식'[에른스트 카시러(Ernst Cassirer)], '상징계'[자크 라캉(Jacques Lacan)], '밈(meme)'[클린턴 리처드 도킨스(Clinton Richard Dawkins)]이라고 지시되지만, 이 개념들은 언어기호체계의 특수성을 과도하게 강조함으로써 인간과 자연 간에 이루어지는 신진대사의 과정에서 문화를 분리시키는 한편, 계급사회를 관통해온 관념론적 문화 개념, 즉 문화를 토대와 분리된 자율적 상부구조로 인식하는 문화 개념을 극단화한 것일 따름이라고 비판된다.

그는 이렇게 자연과 문화를 단절적으로 인식하는 상징계라는 개념과 달리 윌리엄스가 제시한 자연적 성장의 육성으로서의 문화 개념에서는 자연과의 연속성과 차이가 동시에 강조된다는 점에 주목한다. 상징기호체계는 '육성'의 결과로 획득되지만 '상징계'의 목적은 애초에 자연적 성장을 육성해서 촉진한다는 의미를 가지므로 언제나 자연적 성장이라는 과정과 피드백이 되어야 한다는 것이다. '자연적 성장+인공적 육성'이라는 두 가지 계기가 통합된 이런 문화의 개념은 "인간은 자신과 자연 사이의 신진대사를 자기 자신의 행위에 의해 매개하고 규제하고 통제한다"라는 마르크스의 노동 개념과 일치한다고 분석한다. 이런 관점에서 심광현은 코뮤니즘 사회에서의 문화는 다음과 같은 모습을 취할 것으로 전망한다.

우선, 노동분업과 계급구조가 폐지된 코뮤니즘 사회에서 문화는 자연적 성장의 육성이라는 형태를 취하기 때문에 기존의 상징계 중에서 노동분업을 당연시하면서 자연적 성장과의 분리를 강화해 자립적 형태를 취하던 모든 형태의 이데올로기적인 상징계(종교와 형이상학)는 존립 기반을 상실할 것이다. 각자에게 내재한 잠재력을 전면적으로 발달시키기 위한 넓은 의미의 예술 활동(고급예술과 대중예술뿐 아니라 다양한 형태의 생활예술과 스포츠 활동), 인간과 자연 간에 이루어지는 신진대사에 대한 합목적적인 이해를 증진시키기 위한 다양한 형태의 과학적 연구와 교육 활동, 그리고 이런 활동을 기반으로 인간의 유적 성격[마르크스의 전인(全人, Ganze Menschen)]에 대한 자기이해를 새롭게 성찰하려는 철학적·역사적·인간학적 연구와 교육 활동이 활성화될 것이다. 이는 마르크스가 코뮌주의 사회에서는 모든 활동이 "한마디로 사회적 개인의 발전"을 위한 활동으로 전환된다고 말한 바에 상응한다. 종국적으로 인간과 자연 간에 이루어지는 신진대사의 합목적적인 조절로서의 노동과정과 자연적 성장의 육성이라는 문화과정이 선순환 고리를 이룰 경우 존재론적 관심은 끈 떨어진 연과 같이 허공을 맴도는 형이상학 대신 인간과 자연 간에 이루어지는 (면역적-소화적-신경적) 신진대사의 역사적 변화라는 생태학적 과정 자체로 이동할 것이며, 인식론적 관심 역시 사회적 노동을 통해 확장된 자연과의 신진대사에 기초해 인간 자신의 감성적-지성적-인성적 잠재력을 전면적으로 발달시킴과 동시에 그런 발달과정이 자연과의 공진화를 촉진하는 방식에 대한 탐구로 이동할 것이다.

이런 전망하에서 심광현은 코뮤니즘 사회의 문화와 일상의 변화를 시간해방정책과 참여계획문화라는 프레임을 통해 구체화하려 한다. 자본주의가 봉건적인 공간적 족쇄에서의 해방을 자본주의적으로 편성된 시간이라는 새로운 족쇄로 상쇄시켰다면, 코뮤니즘의 큰 특징은 자본주의적 노동시간에서의 해방이라고 설명된다. 마르크스의 코뮤니즘은 사회적 필요노동시간을 단축시켜 개인들의 예술적·과학적 교양 활동을 위한 자유시간으로 전환시킨다는 의미에서 시간해방을 특징으로 하고 있다는 것이다. 앙드레 고르(Andre Gorz)는 이미 25년 전에 1일 6시간 주 4일로 노동시간을 줄이면서도 노동소득은 줄이지 않고, 자신의 노동시간을 자유롭게 설계하며, 노동 내의 해방을 실현하고, 노동과정 외부에 대한 윤리적·정치생태학적 책임을 지며, 외부와 연대하는 문화적 활동과 자아실현을 위한 미적·예술적·교육적 돌봄 활동에 시간을 사용하는 일상생활의 모델을 제시한 바 있다. 이렇게 코뮤니즘 사회에서는 노동시간과 자유시간이 서로 맞물려 순환하기 때문에 아래로부터의 참여와 협의를 통한 참여계획경제가 아래로부터의 참여계획문화와 맞물려야 한다. 이렇게 되면 남녀가 자유롭게 사회적 노동과 문화 활동에 참여할 수 있을 뿐만 아니라 결혼이 경제적 강압에서 해방될 수 있으며, 가사노동과 육아도 사회적 노동을 통해 공적으로 해결되어 모든 여성은 남성과 동일하게 성적 자기결정권을 가지게 되며, 탈소외된 노동, 탈소외된 여가, 탈소외된 가정생활이 함께 선순환을 이뤄 풍요를 만들어내는 새로운 일상생활이 펼쳐질 수 있다는 것이다.

심광현은 이런 변화 중에서도 트로츠키가 문제 중의 문제라고 칭했던 가족 문제의 해결이 변혁의 성패를 좌우하는 관건이라고 보면서 그 맹아가 현재 진행 중인 가족제도의 해체과정에서 나타나고 있다고 주장한다. 급격한 결혼 인구 감소와 출산 감소, 1인 가구의 증대와 이혼의 증대 등은 여성의 부불노동에 노동력 재생산을 떠맡겨 온 자본주의적 착취의 가장 깊은 토대가 근본적으로 흔들리고 있음을 의미하며, 여성 해방의 전조가 될 수 있기 때문이라는 것이다. 특히 1인 가구가 증대하는 경향이 탄탄한 사회적 안전망과 결합될 경우 ― 사회적 교제의 범위가 직장과 가정으로 양분되고 동질적 집단 속에서의 교류에 한정되는 기존의 경제적 개인주의를 기반으로 한 가족생활과는 달리 ― 혼자 사는 사람은 자기보호를 위해서라도 이질적 집단과의 교류가 필수적이므로 ― 현재 1인 가구의 수가 전체 가구의 50%에

육박하는 스웨덴의 경우처럼 — '사회적 개인'들 간의 다채로운 교류를 통해 개인과 사회가 양립할 수 있는 새로운 문화 발전의 길이 열릴 수 있다는 것이다.

이런 맥락에서 심광현은 기존 가족제도의 해체하에 자라나고 있는 이 새로운 문화가 바로 마르크스가 코뮤니즘 사회를 정의했던 것처럼 "각인의 자유로운 발전이 만인의 자유로운 발전을 위한 조건이 되는 연합체"를 형성하는 동력이 될 수 있다고 주장하면서 적녹보라 연대의 중요성을 재확인하는 것으로 글을 맺는다.

이상으로 10편의 글의 주요 내용을 축약했다. 이렇게 상세히 소개한 것은, '일상의 변혁'이라는 주제가 매우 다층적인 문제들과 복잡하게 연관되어 있어 이를 낯설게 느끼는 독자들의 접근을 조금이나마 용이하게 하려는 의도에서이다. 그리고 이 과정에서 드러난 일부 글들 사이의 이견이 미시적인 일상의 변혁과 거시적인 사회구조의 변혁 사이의 상호연관성에 대한 생산적인 토론을 촉발시켰으면 하는 바람이 있다. 그동안 이행의 문제는 먼 미래의 일로 간주되어온 경향이 있다. 그러나 2013년 대회에서 강조한 바와 같이 — 우리가 원하든 원치 않든 — 낡은 체계의 해체와 새로운 체계의 부상이 교차되는 역사적 이행은 이미 시작되었다. 이번 대회를 통해 이러한 역사적 이행의 성패를 가늠할 시금석이 바로 일상의 변혁에 놓여 있다는 인식이 확산되기를 기대한다.

2015년 5월
제7회 맑스코뮤날레 집행위원회를 대신하여 심광현

# 욕망의 정치경제학과
# 일상의 금융화

# 욕망의 정치경제학과 한국사회의 욕망[*]

홍훈 | 연세대학교 경제학부

## 1. 경제와 주류 경제학: 욕망에서 선호로

이 글을 시작하기에 앞서 논의의 출발점으로 삼기 위해 특정 체제로부터 독립적인 경제의 모습을 제시하려 한다. 경제란 노동, 토지, 생산도구 및 장비로 구성된 자원들을 반복해서 동원하고 고용해 반복적으로 의식주를 생산·분배·교환·소비하는 것이다. 여기서 교환은 물물교환, 선물교환, 부분적인 교환, 전면적인 교환을 모두 포함한다. 사회적 분업에 따라 경제는 여러 산업으로 구성되며 다시 각 산업은 여러 생산단위로 구성된다.

여러 산업이 생산하는 재화는 인간이 지닌 여러 가지 물질적 또는 정신적 욕망이나 필요에 상응한다. 욕망은 사회·역사·문화적으로 진화해 시간

[*] 이 글은 2013년 교육부 재원으로 한국연구재단의 지원을 받아 수행한 연구(NRF- 2013 S1A3A2053799)의 결과물이다.

이 지날수록 질적으로 다양해지고 양적으로 늘어난다. 이에 따라 산업과 재화도 진화해왔으며, 생산에 필요한 기술과 조직, 이를 반영하는 투입산출(관계 및 비율) 역시 변화해왔다.

경제의 운행과정 | 욕망 → 생산 → 분배 → 교환 → 소비

일단 경제학이 중심에 놓는 물질적인 욕망을 중점으로 살펴보면 일반적으로 의식주에 대한 욕망과 필요는 사용가치에 대한 수요를 낳고 생산과 노동은 재화를 공급한다. 그런데 재화와 자원이 시장에서 가격을 통해 평가되고 조정될 때 시장경제는 비로소 수요공급을 이룬다. 이런 수요공급을 통해 재화와 자원은 시장에서 전면적으로 화폐로 교환된다.

애덤 스미스(Adam Smith) 이래 경제학자들은 경제를 가격이 작동하고 화폐가 유통되는 자본주의와 거의 동일시해왔다. 동시에 스미스를 위시한 고전학파는 화폐를 중시했던 중상주의를 비판하면서 화폐가 아니라 의식주를 해결하는 데 필요한 필수품, 편의품, 사치품 등이 진정한 국부라고 일관되게 주장했다. 이에 따라 경제에서 화폐의 존재는 이론적으로나 이념적으로 약화되기 시작했다. 이와 함께 고전학파는 사용가치와 욕망의 질적·기능적 차이를 중시했다.

고전학파에 이어 등장한 한계효용학파는 고전학파와 달리 모든 사용가치의 기능적인 차이를 고려하지 않고 사용가치를 재화로 규정해 효용으로 변환했다.[1] 이는 공리주의에 따라 욕망을 쾌락이나 고통의 회피로 동질화

---

1  재화(財貨, das Gute, good)는 원래 '선(善)', '좋음'을 뜻하는 말로, 물질적인 좋음에 한정되었다. 그러나 최근 들어서는 포괄적으로 좋음을 대신하거나 심지어 안녕(wellbeing) 또는 행복(happiness)을 대신하는 것처럼 보인다.

하고 의식주를 쾌락을 주거나 고통을 피하게 만드는 존재로 규정한 것에 상응한다. 더불어 화폐를 더욱 일관되게 재화와 효용으로 환원해 실질적으로 화폐를 배제했다.

여기서 개인은 단순히 쾌락과 고통을 감정으로 느끼는 것이 아니라 감정을 계산한다는 의미에서 합리적이다. 화폐 자체가 아니라 재화와 재화의 효용을 근원적이라고 여겼으므로 돈이 아니라 감정에 대한 계산이 합리성의 근거가 되었다. 회계사가 돈의 수입과 지출을 계산한다면 한계효용학파의 합리적인 개인은 감정의 수입과 지출로 쾌락과 고통을 계산한다.

한계효용학파를 계승하면서 현대자본주의를 대변하는 신고전학파 경제학(neoclassical economics)은 이런 선호체계와 시장경제의 효율성을 담보하는 균형을 도출하기 위해 욕망을 선호체계로 변형시켰다. 선호체계란 인간의 욕망을 객관적인 기능과 무관하게 주관적인 효용으로 환원하는 데 그치지 않고 이 욕망을 서수적인 효용으로 바꾸고 나아가 현시선호로 만든 결과이다. 이것이 실증경제학(positive economics)의 요체이다.

실증경제학에서는 이런 선호체계와 예산제약이 만나 소비자의 합리적인 선택을 낳는다고 여긴다. 여기서 중요한 것은 소비 자체가 아니라 소비를 위한 합리적인 선택이다. 그뿐만 아니라 생산도 생산과정으로 규정하는 것이 아니라 생산량과 생산요소에 대한 선택으로 간주한다(홍훈, 1998). 이런 선택이 교환을 낳는다고 보아 경제를 시장과, 경제 활동을 교환과 거의 동일시한다. 그리고 소득과 가격에 따른 이런 선택이 수요와 공급을 낳는다고 본다.

선호체계는 신고전학파의 표준이론이 가정하는 선호의 일관성과 이행성 등을 구현하므로 소비자의 선택은 형식논리와 비슷하게 움직인다. 선호체계가 낳는 대체보완 관계와 대체보완 비율은 시장의 소득 및 가격의 변동에 반응한다. 여기서 대체보완 비율은 시장의 가격을 모방한 마음속의 가격과 같으며, 상충관계(tradeoff)는 마음속의 교역(trade)이다. 여기서 욕망과 소비는 시장체제에 부합하도록 선호와 계산적인 선택으로 개조된 것이다. 표준이론은 개인의 선호체계가 안정적으로 주어져 있고 가격기구가 작동하므로 시장경제 또는 자본주의 경제가 효율적이라고 주장해왔다.

시장경제의 균형 | 생산과 분배 ← 교환과 선택 → 소비

경제인과 시장경제 | 선호체계 ← 시장의 경제재 → 산업(공장)


## 2. 행동경제학과 심리학의 비판: 선호에서 다시 욕망으로?

30여 년 전 신고전학파 부근의 비판세력으로 등장한 행동경제학(beha-vioral economics)은 개인의 비합리성을 포괄적으로 지적하면서 선호체계 (R)는 수시로 흔들리거나 R′로 바뀔 수 있다고 반박해왔다. 구체적으로 행동이론은 선호의 확률적이거나 일시적인 불안정성, 부존자원 효과, 맥락특정성, 규정화 등으로 인한 체계적인 선호의 변동과 선호의 역전 등을 지적해왔다(Kahneman, 2003). 가령 머그잔을 구입하기 이전과 머그잔을 소유한 이후는 선호가 일관되지 않을 수 있다. 사람들은 자신의 선택을 정당화하는 경향이 있으므로 자신이 선택한 재화를 좋아하고 이를 높이 평가하게 된다(Simonson, 1989; Shafir, Simonson & Tversky, 1993; Bettman, Luce & Payne, 1998: 207~209). 또한 행동경제학자 중에는 내재적인 선호(inherent prefer-ence)를 내세우는 학자도 있다(Simonson, 2008a, 2008b). 나아가 행동경제학은 선호구성(construction of preference)을 수용한다(Payne, Bettman & Johnson, 1992). 표준이론은 선호가 미리 존재한다고 가정하는 데 비해 이 논리에 따르면 선호는 미리 형성되어 있는 것이 아니라 가격 등 여러 자극

에 따라 시장이라는 현장에서 이런저런 모양으로 구성된다. 더구나 일부 학자들은 재화에 대한 사람들의 평가가 효용이나 소비와는 독립적이라고 주장한다(Carmon & Ariely, 2000; Amir, Ariely & Carmon, 2008; Mazar, Közegi & Ariely, 2014). 재화에 대한 사람들의 평가를 일관되게 효용이나 소비와 연결시키는 신고전학파의 입장에 비춰보면 이것은 상당한 이탈이다.

비록 행동경제학이 명시하고 있지는 않지만 이 모든 것을 고려하면 선호체계 R이나 R′보다 더 근원적인 욕망체계(D)를 설정할 필요가 있다. 이런 인식은 행동경제학이 근거로 삼는 이중체계이론 또는 이중과정이론에 부합한다(Kahneman, 2003, 2011). 이중체계에서 II체계는 숙고, 추론, 계산에 의존하므로 표준이론에 부합하고 선호체계를 반영하며, I체계는 습관, 직관, 본능에 지배되므로 욕망체계에 의존한다고 이해할 수 있다. I체계를 연장하면 이 체계에 의무나 책임, 도덕, 검열, 억압도 포함시킬 수 있다.

특정인의 D는 경제, 사회, 문화, 교육 등의 영향을 받아 형성된다. 특히 가정의 경제 상황 또는 사회적 계급이나 계층이 D에 영향을 미친다. D는 여러 가지 요인에 따라 결정되므로 시장조건에 완전히 부합하는 R과는 어느 정도 독립적으로 존재한다. 욕망체계는 인지적인 부조화(cognitive dissonance)를 줄이기 위해 시장의 가격 및 소득이나 사회적 제약 등에 의해 변형되어 R이나 R′가 된다. 또한 재화는 거래되고 선택될 때는 R이나 R′를 따르지만 일단 구입되면 D에 편입된다. 그렇다면 재화 x의 가치는 R에 속할 때($V_R$)와 D에 속할 때($V_D$) 동일하지 않다.

한 개인의 욕망체계에는 여러 욕망이 상호의존적이며 위계적으로 얽혀 있다. 이런 상호의존성으로 인해 어떤 재화가 일단 특정인의 욕망체계에 편입되면 이 재화의 가치는 그 재화가 시장에서 독립적으로 유통될 때보다 높아진다. 즉, $V_R(x) < V_D(x)$이다. 물론 욕망체계는 사람마다 다르며 같은 사람에게서도 시간이 흐르면서 변할 수 있다. 이 때문에 특정 재화가

모든 사람의 욕망체계에 편입되는 것은 아니다.

표준이론은 시장에서 등장하는 선호체계와 욕망체계를 구분하지 않는다. 표준이론은 모든 경제현상을 시장과 선택 위주로 파악하기 때문에 소비나 생산 등에 자율성을 부여하지 않으며 이들을 모두 시장의 거래나 선택으로 환원한다. 같은 이유로 표준이론은 경제사회를 시장으로 환원하며 인간이나 경제인을 시장의 참여자와 동일시한다. 이 때문에 개인의 욕망도 시장의 거래와 밀착된 선호로 파악한다.

이 입장에서는 가격이 변하면 언제라도 자신이 사용하던 물건을 내놓을 수 있으며 언제라도 다른 물건을 자신의 소비체계에 편입시킬 수 있다. 하지만 이는 시장에 노출되어 시장의 일부가 된 개인을 상정할 뿐 정체성을 지닌 진정한 소비자는 상정하지 않는 것과도 같다. 달리 말해 표준이론은 공리주의에서 출발해 욕망을 시장화하고 이를 다시 선택의 형식논리로 바꿨으므로 욕망의 생성, 재생산, 변형 등을 실질적으로 논하지는 않는다.[2]

표준이론의 이런 편향을 교정하려면 (생산과) 소비에 자율성을 부여하고 시장의 선택체계에서 욕망체계(와 생산과정)를 구분할 필요가 있다. 욕망체계의 상호의존성은 시장에서 선택할 때 소득 및 가격의 제약에서 비롯되는 대체보완(관계와 비율)과 구분된다. 욕망체계는 시장의 가격 및 소득이나 여타 제약조건에 끌려다니면서도 이로부터 어느 정도 독립적이다.

결과적으로 자본주의의 경제주체에게는 시장조건에서 어느 정도 독립적인 D와 이런 조건에 밀착된 R이 공존한다고 볼 수 있다. R은 형식적으로는 이행성이나 일관성을 유지하지만 욕망의 내용을 담지는 못한다. R에 따르면 포도주 한 병보다 두 병이 더 나으며, 포도주 한 병이 x달러이면

---

2  같은 맥락에서 기업이론이 등장하기 이전의 표준이론은 생산과정에 독자적인 성격을 부여하지 않고 생산과정을 생산량이나 생산요소의 선택으로 대체해왔다(홍훈, 1998).

두 병은 2x이다. 그렇지만 이런 선호와 계산 또는 도구적인 이성이 어떤 본능, 윤리, 사회구조, 역사·문화에 배태되어(embedded) 있는지는 D를 통해 비로소 알 수 있다. 외적인 선호와 함께 내재적 선호 또는 깊은 선호를 인정하는 주류 경제경영학의 연구는 여기에 근접해 있다.

D는 한편으로는 R과 조화를 이루도록 압박을 받지만 다른 한편으로는 R과 갈등하거나 대립하며, 단순히 효용 극대화에 그치지 않고 갈망, 불만, 억압의 기억과 역사를 안고 있다. D는 원하지만 R이 원하지 않을 수도 있고, 그 반대의 경우도 존재한다. 물론 불만이나 억압의 내용은 원인에 따라 다르다. 똑같이 굶더라도 기근과 단식의 원인이 다르고, 똑같이 금연을 하더라도 종교적인 이유, 건강 우려, 소득 제약 등 이유가 다 다르다. 하지만 표준이론에서는 동기나 의도가 다른 기근과 단식, 그리고 여러 원인에 따른 금연이 모두 식량이나 담배에 대한 수요 감소로 나타난다.

이러한 이중성에는 선호나 선택을 정당화하는 경향이 포함되어 있다 (Simonson, 1989; Shafir, Simonson & Tversky, 1993; Bettman, Luce & Payne, 1998: 207~209). 그런데 정당화는 일차적으로는 자신의 정체성이나 자긍심을 유지하기 위한 것이지만, 욕망이 어느 정도 사회화되어 있다면 자본주의 사회 자체의 일상적인 재생산과 밀접하게 연관된다.


## 3. 베블런의 비판: 합리적 소비인가, 과시적 소비인가?

행동경제학은 표준이론에 대해 여러 가지 적절한 비판을 제시하면서도 인간의 인지나 욕망 등의 사회성은 별로 인정하지 않는다. 따라서 행동경제학의 논리를 사회적으로 재구성하려는 노력이 필요하다.

단적인 예로 행동경제학은 소득 제약 및 대안의 제시 방식이나 배열이 선호에 미치는 국부적인 영향을 지적함으로써 표준이론이 상정하는 소득 제약과 선호를 나타내는 무차별곡선 사이의 독립성을 비판한다. 만약 계급이나 계층별로 선호나 소득이 구분된다면 소득 제약이나 선택의 대상은 선호나 기호와 더 근원적으로 연결될 수 있을 것이다. 가령 저소득층은 생선회를 먹을 소득도 없지만 생선회를 먹어본 적도 없으므로 생선회에 대한 선호나 기호도 가지고 있지 않다. 생선회에 대한 기호가 없는 것과 생선회를 싫어하는 것은 다르다. 자유를 향유한 적이 없는 노예는 자유에 대한 기호를 가지고 있지 않은 것이지, 자유를 싫어하는 것이 아니다.

욕망과 소비의 사회성은 주로 마르크스와 소스타인 베블런(Thorstein Veblen)에 등장한다. 먼저 베블런은 소비가 사회적 신분과 지위를 드러낸다는 점을 지적한 선구자들 중 한 명이다. 재화이든 상품이든 화폐이든 자신이 필요해서가 아니라 남에게 보이거나 과시하기 위해 획득하고 소비하는 일이 자본주의에서는 흔하다. 베블런의 관점에서는 자동차를 구입해 소비하는 목적이 효용 극대화, 즉 생계유지, 출퇴근, 여행 등과 같은 기능에 있는 것이 아니라 자신의 신분을 알리고 재생산하는 데 있다.[3]

여기에서 타인을 모방하고 과시하는 소비 유형이 등장한다. 과시형 소비, 동승효과, 속물효과, 대리소비 등의 소비 행태가 이러한 예이다. 기업과 방송매체의 광고는 신고전학파가 주장하듯 정보를 제공하는 것이 아니라 이런 사회적 욕구와 사회적 소비를 창출하고 재생산하는 데 기여한다.

이처럼 사회적으로 형성되는 욕망체계는 한편으로 대용재화나 대용품,

---

3   듀젠베리(Duesenberry, 1949)의 상대소득가설(relative income hypothesis), 심리학자 페스팅거(Festinger, 1954)의 사회적 비교(social comparison), 프랭크(Frank, 1985)의 지위재(positional good)는 모두 이에 부합한다. 일부 행동경제학자들(Fehr & Schmidt, 1999)의 사회적 선호(social preference)와 사회학자 보드리야르(Baudrillard, 1972a, 1972b)나 부르디외(Bourdieu, 1987)의 구별 짓기(distinction)도 여기에 가깝다.

유사품, 모조품을 양산한다. 소득이 낮고 가격이 비싸 고기를 사 먹을 수 없는 경우 두부로 대신하는 식이다. '꿩 대신 닭'이라는 속담이 이를 표현한다. 가짜 명품은 이런 대용품의 극단적인 경우이다. 이 경우 명품이 선호체계에서는 범위 밖이지만 욕망체계에서는 범위 안이기 때문에 선택에 영향을 미친다. 명품이 없었다면 명품보다 질이 떨어지는 진품을 선택했을 것이다. 그러나 명품이 있으므로 질이 조금 떨어지는 진품보다 가짜명품을 선택한다. 꿩이 없으면 그래도 꿩에 가까운 닭을 선택하는 것이다.

이처럼 선택집합 안에 있는 재화를 선택하는 데에는 선택집합 밖에 있는 재화가 영향을 미칠 수 있다. 상류층이 소비하는 제품에 대한 갈망은 유사상품에 대한 욕망과 소비를 낳기도 한다. 누군가가 닭고기를 구입했다면 닭고기가 먹고 싶어 구입했을 수도 있지만 소득 제약으로 구입할 수 없는 생선회의 대용품으로 구입했을 수도 있다. 그런데 생선회의 대용품으로 구입한 경우에는 소득 제약과 무관하게 닭고기를 선택한 경우와 달리 단순히 효용을 극대화하는 데 그치지 않고 불만과 억압을 낳는다. 교육광란에 빠져 있는 한국에서는 강남 고급과외의 대용품이 전국적으로 수없이 많다. 선거에서 극단적인 시장주의자나 사회주의자를 선택하고 싶은데 당선 가능성이 없어 중도적인 후보자를 선택한다면 이 역시 대용품이다. 이런 대용품을 선택하면 진품이나 진정으로 원하는 이념에 대한 갈망이 억압된다. 물질적인 욕구 또는 성적인 욕구가 억압되면 특정 연예인이나 노래나 춤을 대용품으로 선택하기도 한다. 이 경우 효용은 진정한 만족이 아니라 대리만족이나 허위만족일 수 있다.

대안의 독립성을 주장하는 표준이론뿐 아니라 맥락의 중요성을 인정하는 행동경제학도 이런 '불가능한 대안'의 영향을 수용하기는 힘들다. 반면 선호체계보다 더 근원적인 욕망체계를 상정하면 불가능한 대안의 영향력을 인정할 수 있다. 명품의 존재로 인한 대용품의 선택은 넓은 의미에서 보면 주어진 선택 상황의 밖에 존재하는 사회적인 맥락의 영향을 보여준다. 아마르티아 센(Amartya Sen)이 선택의 내적인 정합성과 구분해 제시한 외적인 맥락이 이런 인식에 가깝다(Sen, 1993: 498~503).

이런 관점에서 단기적인 이익과 장기적인 이익 간의 갈등뿐 아니라 욕망의 사회성이나 억압된 욕망의 잠재력도 고려할 필요가 있다. 행동경제학, 뇌신경경제학, 미세경제학(picoeconomics)은 모두 개인 차원의 문제를 다루지만 개인의 내부에 존재하는 욕망의 갈등, 충돌, 연기 등을 주제로 삼는다(Ainslie, 1986 참조). 따라서 이들 경제학보다 더 근원적으로 지그문트 프로이트(Sigmund Freud)나 프랑크푸르트학파를 고려할 필요가 있다.

프로이트(2004)는 원초적인 성욕이 억압되어 무의식 속에 잠재되어 있다가 잠잘 때 검열이 약해진 틈을 타서 꿈으로 변형된다고 말한다. 프로이트의 생각을 더욱 발전적으로 이해하기 위해서는 인간의 욕망을 성욕으로 환원하지 않을 필요가 있다. 이것은 마르크스의 노동가치론에서 노동을 더 넓게 해석하는 것과 비슷한 맥락이다. 또한 억압-검열은 낮의 의식과 연결시키고 해방-자유는 밤의 무의식과 연결시키는 이분법을 완화할 필요가 있다. 이 이분법을 완화하면 욕망의 억압이나 검열 및 이에 대한 저항과 발산이 잠잘 때뿐만 아니라 일상적으로도 이루어진다고 생각할 수 있다. 일상생활에서도 억압은 음악, 미술, 연극, 음주가무 등을 통해 어느 정도 이완된다.


## 4. 마르크스의 비판:
### 소비인가, 생산인가? 효용인가, 돈인가? 물건인가, 사람인가?

욕망과 관련해 마르크스가 제기하는 주요 문제로는 다음 두 가지를 생각할 수 있다. 하나는 자본주의 사회에서 인간의 욕망은 효용이나 사용가치와 화폐 중 어느 것을 향하는가이고, 다른 하나는 자본주의 사회에서는 물건에 대한 욕망과 사람에 대한 욕망이 구분되는가이다.

공리주의에서 출발한 한계효용학파와 이에 근거한 신고전학파는 모든 경제 활동이 최종적으로 소비를 지향한다고 여겼다. 이에 따라 재화의 소비를 통해 얻는 효용 극대화가 이윤 극대화를 넘어 경제주체의 궁극적인 목표로 규정된다. 결과적으로 주류 경제학에서 소비자 선택은 마르크스체계에서 노동자 투쟁과 같은 수준의 사회적 기능을 지닌다. 이 점에서는 행동경제학도 다르지 않다. 심지어 제러미 벤담(Jeremy Bentham)으로 돌아갈 것을 강조한다는 점에서 행동경제학이 이 점에 더욱 집착한다고 볼 수도 있다(Kahneman, Wakker & Sarin, 1997).

이는 소비자 선택이나 소득 지출뿐 아니라 외견상 소비와 직접 연결되지 않는 금융자산의 가격이나 경기변동도 소비나 효용 또는 선호에 근거해 설명하는 데서 드러난다. 금융자산의 가격은 자산이 낳는 수익 자체가 아니라 수익으로 구입할 수 있는 재화가 주는 효용에 따라 결정된다고 보는 것이다(Lucas, 1978). 여러 기간에 걸쳐 할인된다는 차이는 있지만 효용으로 전환된다는 점에서 주식이나 사과나 화폐는 모두 동일하다. 소비와 효용의 궁극적인 성격은 미시경제학, 게임이론, 심지어 표준이론을 비판하는 행동이론에서도 반복해서 등장한다.

사람들이 이윤, 임금, 돈을 맹목적으로 추구하는 것이 아니라 소비재에서 얻는 효용을 목표로 삼는다는 것은 경제주체와 자본주의경제에 합목적성과 합리성을 부여한다. 동시에 모든 재화가 효용을 낳고 모든 경제주체가 효용을 추구하므로 사람들의 다양한 욕망은 모두 그 자체로 정당화된다. 이에 따라 '여러 사람의 기호에 대해 판단할 수 없다(gustibus non est disputandum)'는 불가지론, 즉 기호의 중립성이 등장한다(Stigler & Becker,

1977). 기호에 대한 이런 다원주의는 기호의 수평적인 성격도 포함한다. 독서가 춤보다 낮고 고전음악이 대중음악보다 낮다고 사전적으로 판단하는 것은 귀족주의의 잣대이다.

이런 생각은 화폐가 아니라 사용가치가 국부라고 주장한 스미스에서부터 시작된 것으로 보인다. 그는 돈의 범용성(fungibility)이 돈을 중요하게 만드는 것이 아니라 하찮은 존재로 만든다고 여겼던 것이다. 이후로 경제학에서 화폐는 수시로 중요치 않은 존재가 되었다. 이것의 극단적인 모습은 돈과 금융에 대한 실물의 우위를 대변하는 현대 시카고학파의 고전적인 이분법(classical dichotomy)에 잘 표현되어 있다.

비록 이론적으로는 이같이 모든 것을 소비나 효용으로 환원하려고 노력하지만 경제의 목표가 소비라는 주장을 일관되게 전개하는 경우 현실경제에서 여러 장애에 부딪힌다. 이 때문에 경제학자들은 경제주체들이 현실에서 추구하는 것이 재화의 소비나 효용인지 아니면 돈인지를 아직도 확신하지 못한다. 행동경제학이 지적하는 정신적 회계와 지출의 고통, 그리고 화폐환상이라는 오랜 문제에 대한 행동경제학의 새로운 설명에서도 자본주의경제에 존재하는 화폐에 대한 사회적 욕망을 찾아낼 수 있다(Thaler, 1985, 1999; Shafir, Diamond & Tversky, 1997). 주식시장에서 투자와 투기에 열중할 때와 배가 몹시 고플 때 자극받는 뇌의 부위가 동일하다는 뇌신경경제학(neuroeconomics)의 연구 결과도 이를 반영한다(Camerer, Loewenstein & Prelec, 2005: 35~36). 나아가 주식투자에서 성공한 사람들은 남성호르몬 수치가 상승한다는 것도 추가적인 증거이다.

그래서 신고전학파뿐 아니라 행동경제학도 흔히 사람들이 재화뿐 아니라 화폐에서도 직접 효용을 얻는다는 손쉬운 절충안을 내세운다(Barberis, Huang & Santos, 2001: 6).[4] 그러나 재화에서 얻는 효용과 달리 화폐에서 직접 얻는 효용이 무엇인지는 누구도 알지 못한다. 화폐에서 얻는 효용을 더 많은 화폐에 대한 맹목적인 추구라고 보는 편이 훨씬 더 직관에 부합된다. 그런데 이렇게 해석하면 재화에서의 효용과 화폐에서의 효용을 합산할 수 없다. 극단적인 시장주의를 표방하면서도 게르만적인 철저함을 지닌 오스트리아학파는 이런 절충을 용인할 수 없을 것이다(홍훈, 2000: 196~218).

물론 이에 대한 가장 강력한 비판자는 마르크스이다. 그에게는 자본주의의 모든 경제 활동이 소비가 아니라 화폐를 목표로 하는 것이며 사람들은 축재를 갈구한다. 마르크스 입장에서는 (효용이나) 사용가치와 교환가치나 화폐가 그대로 합해질 수 없으며 합해질 필요도 없다. 화폐와 자본의 재생산이 사용가치의 수급을 지배하기 때문이다.

C-M-C와 M-C-M′의 구분은 이를 보여준다. 자본주의에서는 화폐를 추구하는 M-C-M′가 사용가치를 추구하는 C-M-C를 포섭한다. 축재에 대한 욕망이 압도적이기 때문에 개별 사용가치를 얼마만큼 수요하고 공급하는지는 큰 문제가 아니다. M-C-M′에 수반된 화폐와 자본에 대한 숭배, 즉 화폐물신과 자본물신으로 인해 인간들은 돈에 대한 욕망에 끌려다닌다. 그리고 축재는 생존, 생계, 생활과 무관하고 한계를 모르기 때문에 맹목적이다. 조 단위의 재산을 가진 대기업 회장도 여전히 더 많은 돈을 벌려고 노력하는 것만 보더라도 알 수 있다.[5]


C-M-C | 재화에 대한 욕망 → 의식주(효용)

M-C-M′ | 화폐에 대한 욕망 → 축재

---

4  $E[\sum_{t=0}^{\infty} \rho^t \frac{C_t^{1-\gamma}}{1-\gamma} + b_t \rho^{t+1} v(X_{t+1}, S_t, z_t)]$

   이 식에서 앞부분(C_t)은 재화의 소비로 생기는 효용이고, 뒷부분[v(X_{t+1})]은 화폐수익의 이익과 손실에 따른 효용이나 비효용이다. 이같이 두 가지를 뒤섞어놓았다.

5  베블런도 이와 비슷하게 산업과 금융의 구분을 근거로 자본주의를 비판했으나 자신의 체계에 자본주의의 사회구조라는 견고함을 부여하지는 않았다(베블런, 2014: 300~309).

이렇게 보면 신고전학파가 내세우는 선호나 욕망의 중립성은 다원주의가 아니라 돈의 힘을 극대화하는 이념이 된다. 욕망의 중립성은 시장 이외의 장에서는 더 이상 욕망에 대해 묻지 않아 자본주의에서 모든 것을 돈으로 구입할 수 있도록 허용한다. 윤리나 법의 구속에서 벗어난 사치, 배우자, 마약, 매춘, 장기, 아기 등에 대한 욕망은 돈이 얼마나 있는지의 제한을 받을 뿐이다.

마르크스가 제기한 또 다른 문제는 인간과 물건의 관계이다. 이 세상에는 인간이 있고 물건이 있다. 그렇다면 인간의 욕망은 물건에 대한 욕망과 다른 사람에 대한 욕망으로 나뉜다. 재화, 재산, 자원 등은 물건에 속하고, 친척, 친구, 배우자, 연인, 노예나 노비, 하인, 종업원 등은 사람에 속한다. 외견상 돈에 대한 욕심은 전자와, 권력욕은 후자와 관련된다. 또한 인간의 욕망은 인간과 물건의 관계, 그리고 인간과 인간의 관계를 낳는다. 마르크스는 이 모든 것의 물화와 이에 대한 숭배를 자본주의의 특징으로 규정했다. 물건에 대한 욕망에서는 누가 얼마만큼 가지느냐 하는 분배가 문제시된다. 사람에 대한 욕망에서는 이런 분배 문제 외에도 공동체에서 동등한 관계인지 아니면 조직에서 위계적이거나 권위적인 관계인지를 구분해야한다. 프랑스혁명으로 모든 사람이 외견상 동등해진 근대 이후에도 이런 차이는 여전히 고려해야 하는 사항이었다. 마르크스주의뿐 아니라 주류 경제학의 부근에서도 로널드 코즈(Ronald Coase)와 올리버 윌리엄슨(Oliver Williamson) 등이 시장과 위계를 구분해 이를 인정한다.

근대자본주의 이전에는 자신과 동등하지 않은 사람은 물건과 같이 취급되었다. 자본주의 체제의 이념과 이론은 이와 다른 차원에서 물건과 사람을 구분하지 않는다. 자본주의 이념은 개인주의와 이기주의를 표방하므로 타인 자체나 타인의 인격이 아니라 타인이 지니고 있으면서 나에게 주거나 양도할 수 있는 물적인 속성이나 소유물에 관심을 가진다. 이 점에서 특정인이 지닌 재화나 재산, 그의 능력과 생산성, 그의 농담이 주는 즐거움 등은 별로 다르지 않다.

이 때문에 자본주의에서는 물건에 대한 욕망과 다른 사람에 대한 욕망이 명확히 구분되지 않는다. 이들 욕망은 모두 무차별하게 개인의 이익, 즉 효용 극대화나 이윤 극대화에 봉사한다. 이는 사람이 물건이 되기도 하고 물건이 사람이 되기도 한다는 것을 의미한다. 마케팅에서 상표에 대한 소비자의 관계나 애정이 사람에 대한 관계나 애정과 비슷하게 취급되는 현실은 이에 대한 증거이다(Aggarwal & Law, 2005; Lam et al., 2010).

타인이 가진 것 중 내게 필요한 것에만 관심을 두는 행위는 좋게 보면 타인에 대한 존중이고 나쁘게 보면 무관심이다. 이 같은 자본주의 사회에서 인간은 자신이 가진 것으로 존중받을 뿐 인간으로 존중받지는 못한다. 물화는 긍정적으로 보면 비인격성(impersonality)이다. 비인격성은 화폐뿐 아니라 법, 관료조직, 정부의 정책 등에도 반영되어 있다. 눈을 가리고 내리는 판결, 인종·국적·종교·성별을 가리지 않고 오로지 화폐로 매개되는 거래, 혈연·지연·학연과 무관한 관료나 기업의 채용 및 조직 내의 평가, 그리고 특정인을 염두에 두지 않은 정책 등이 모두 이에 해당된다.

이런 흐름에 따르면 거래에서 재화, 화폐, 자본뿐 아니라 인적인 노동도 대상화되고 객체화된다. 따라서 오로지 재화, 노동, 자본 자체의 물적인 속성과 조건만 고려할 뿐, 이들의 소유자가 지닌 인적인 속성은 고려하지 않는다. 물건만 좋다면 누구와도 거래하는 것, 일만 잘한다면 누구라도 채용하는 것, 조건만 좋다면 누구에게라도 돈이나 자본을 빌리고 빌려주는 것이 모두 여기에 해당된다.

무엇보다 인간과 물리적으로 분리되지 않는다는 점에서 노동력의 매매가 비인격성에 가장 부합된다. 그런데 노동이 노동력의 소유자와 분리되는 경향이 더욱 심화되면 신체마저도 사람에게서 분리된다. 매춘, 장기 기증, 입양, 대리모, 인체를 담보로 한 과속운전과 실험 등 금기에 가까운 행위들이 모두 여기에 부합된다. 결과적으로 재산뿐 아니라 신체에 대한 소유권까지 물화되는 것이다. 이는 자본주의 이론과 이념이 강조하는 선택의 자유에 대한 기반을 제공한다.

막스 베버(Max Weber)를 위시해 많은 사람들은 이런 비인격성을 근대 서양의 특징이자 강점으로 꼽으면서 이를 시장경제 또는 자본주의의 기본 요건으로 간주한다. 이것이 기회의 균등, 공정성, 절차적인 합리성을 확보한다고 보기 때문이다. 동시에 이들은 동양에는 비인격성이 정착되지 않았다고 지적한다(홍훈, 2014).

마르크스의 입장에서 보면 비인격성은 자본주의의 조건이기 때문에 자본주의의 모순을 은폐하는 사회적 기능을 지닌다. 구체적으로 보자면 비인격성이나 절차적인 합리성이 내용이나 실체의 비합리성을 정당화한다. 외면적으로는 균등하고 공정한 것 같지만 내면적으로는 착취적이고 불평등하다. 마르크스는 비인격성이 자본주의 사회관계의 물적 성격으로 나타난다고 보았다.

생산과정에서는 교환과정의 비인격성이 더 극단적인 물적 성격으로 나타난다. 생산과정에서 노동자는 기계와 같이 일하고 기계를 위해 일하며 기계와 같이 비용을 발생시킨다는 점에서 기계와 쉽게 구분되지 않는다. 이같이 자본주의의 사회관계는 물적인 관계에 지배되지만 물적 관계로 환원되지는 않는다. 오히려 자본주의의 사회관계는 물적인 관계와 인적인 관계가 변증법적으로 결합한 것이다. 외견상 물건인 화폐와 자본의 배후에는 인간관계와 사회관계가 있다.

자본주의에서 인간이 화폐자본을 욕망하는 것은 곧 화폐나 자본을 매개로 인간들을 다스리려는 욕망을 의미한다. 이전에도 생산수단을 지배하는 것은 사람에 대한 지배를 의미했다. 그런데 화폐자본의 지배는 토지를 지배하는 것보다 익명적인 방식으로 인간을 지배한다. 스미스가 토머스 홉스(Thomas Hobbes)의 권력과 연결 지은 지배노동에는 마르크스도 동의하지만 마르크스는 화폐자본의 매개 등 물적인 성격을 강조한다는 점에서 차이가 있다. 자원으로서의 노동은 물건에 가깝지만 노동력을 보유한 사람을 강조한다면 사람에 가깝다. 스미스가 말하는 지배노동은 양자를 절충한 것이지만 마르크스가 말하는 노동과 노동력은 서로 대립적인 사람과 물건을 변증법적으로 결합한 것이다.

## 5. 한국 경제사회의 욕망에 대한 비판: 개인인가, 관계나 집단인가?

이제 한국사회의 욕망에 대해 논의해보자. 흔히 어딘가 소속되려는 욕구(belonging)는 보편적인 욕구이며, 인간관계를 상실한 사람은 불행하다고 말한다(Baumeister & Leary, 1995; Stiglitz, Sen & Fitoussi, 2009). 이것은 마르크스나 베버가 지적한 바와 같이 자본주의 사회의 비인격성이나 물적인 관계가 극단화될수록 드러나는 한계이다. 그런데 서양에 비해 동양에서 관계, 집단, 맥락이 중요하다는 사실은 설득력이 있다(Markus & Kitayama, 1991; Peng & Nisbett, 1999). 기술 혁신 등에서 보편적으로 조직이나 팀이 중요하다는 주장도 일본이나 한국 등에서 더 설득력을 지닌다(Brewer & Gardner, 1996; Nonaka, 2007).

무엇보다 한국사회에서는 각종 관계와 집단에 대한 개인적이거나 사회적인 욕구가 본능에 가까울 정도로 강렬하다. 말도 많고 탈도 많은 한국사회의 지연·혈연·학연이나 학벌을 기반으로 한 관계와 집단에 대한 욕구가 대표적인 예이다(홍훈, 2012). 이같이 관계와 집단이 중요하므로 한국인은 개인적인 자아와 함께 관계적인 자아와 집단적인 자아도 지닌다.

재화나 상품에 대한 욕망에도 개인적인 차원, 관계적인 차원, 집단적인 차원이 공존한다. 음식을 선택할 때 동석한 다른 사람의 취향을 배려하는 것이나 집단 전체가 함께 하는 회식이 빈번한 것이 이를 말해준다. 옷, 집, 자동차를 고를 때에는 타인에게 자문을 구하는 수준을 넘어 동의를 구하는 경우도 흔하다. 배우자를 선택해야 할 때 친한 주변 사람들이 중요한 역할을 하는 것도 이와 비슷하다. 관계성이나 집단성이 강하므로 페스팅거(Festinger, 1954), 프랭크(Frank, 1985)가 중시한 사회적 비교 및 지위나 서열의 사회적 기능은 한국사회에서 거의 자연스럽다.

물론 이런 서열이나 위계는 한국사회의 미시적 조직이 지닌 권위주의와 비민주성에 토양을 제공하기도 한다. 최근 논란이 된 대한항공의 회항문제는 예외적인 사건이 아니라 한국 기업 내의 위계가 비인격화되지 않았음을 단적으로 보여준다. 그리고 이런 미시적인 조직 내의 비민주성은 1997년 거시적인 차원의 민주화 이후에도 그대로 유지되었거나 심지어 신자유주의 등으로 더욱 심화되었다.

동양인과 한국인의 인식도 관계성, 맥락의존성, 그리고 총체성을 지닌다(Nisbett et al., 2001). 숲속에 있는 물고기의 그림을 보고 미국인은 물고기로 인식하지만 일본인은 상당수 그렇지 않았다. 이것은 서양인은 형식논리와 분석논리를 통해 사물을 분해하는 데 비해 동양인은 변증법을 통해 총체적으로 사고하기 때문이다. BBC나 CNN의 일기예보 담당자와 달리 한국의 일기예보 담당자는 왜 모두 미인인가? 외모지상주의라는 설명은 논외로 하자. 혹시 일기예보라는 정보와 정보의 전달자가 호수와 물고기처럼 분리되지 않기 때문은 아닐까?

한국인이 관계성이나 집단성 또는 맥락성에 의존하는 것은 개인 차원이 아닌 관계나 집단을 통해 자신을 표현하고 자율성을 확인하는 역사·문화적인 이유 때문일 수 있다(Kim & Drolet, 2003). 그러나 동시에 이것이 개인의 욕망 자체나 욕망의 표현을 억압하는 측면도 있다(Suh, 2007). 이는 자신이 진정으로 원하는 바를 고민할 시간이나 여건을 부여하지 않는 사회구조나 환경에 기인하는 것일 수도 있다.

이같이 한국사회는 자본주의 발전에 따라 비인격화나 물화가 진행되었으면서도 혈연·지연·학연 등 인간관계에 대한 의존도가 높다. 한국에서는 물적 관계와 인적 관계가 완전히 어느 하나로 환원되거나 양자가 결합되기보다 공존하는 것으로 보인다. 이 때문에 한국인에게는 물건이나 화폐에 대한 (소유) 욕망이 사람에 대한 (소유) 욕망을 완전히 대신하지 못한다.

한국사회에서는 물건이나 사람에 대한 욕망이 표준화·규격화·획일화되는 경향도 있다. 이는 서열이나 위계의 중요성 또는 권위주의에 기인하는 것으로 보인다. 1970년대 이후 대부분의 한국인에게는 대학, 안정된 직장, 적당한 소득, 집과 자동차, 배우자, 두 명의 자녀가 표준적인 욕망이었다. 일상적으로 식품, 옷, 집, 대학, 배우자 등을 평가하는 객관적인 기준은 이런 경향을 강화시킨다. 한국사회에는 시민사회나 민간부문 또는 기업이 아닌 정부가 관리하는 인허가, 자격증, 고시, 기술자 등의 등급이 많다. 모두가 대학, 그것도 좋은 대학에 가야 한다는 규격이 있고, KS마크·모범식당·모범택시 등의 규정이 있으며, 이런 사람이나 배우자는 좋고 저런 사람이나 배우자는 좋지 않다는 도식적인 합의도 있다.

한국인의 욕망과 이를 충족시키는 재화들은 쉽게 서열화되거나 위계를 갖는 경향이 있다. 재화나 욕망이 서열을 갖는 것은 한국사회가 집단적이면서 위계적이라는 지배적인 견해에 부합된다. 욕망이 소수로 규격화되어 있고 이들 사이에 서열이 있기 때문에 수시로 욕망이나 선택의 쏠림이 발생한다. 특정 영화에 1,000만 명 이상 몰리는 현상이나 특정 색깔이나 옷 스타일이 순식간에 유행하는 것 등은 이에 대한 증거이다. 그리고 이러한 현상을 보여주는 가장 오래되고 가장 전형적인 사례는 학벌과 연결된 대학들이다. 이 경우 무엇을 좋아하는가라는 욕구보다 무엇을 선택할 수 있는가라는 제약 또는 무엇을 실제로 선택했는가라는 결과가 상황을 압도한다. 이런 제약에는 소득뿐 아니라 학교 성적이나 시험 성적도 포함된다.

이런 현상이 일어나는 것은 부분적으로 자본주의나 개발독재국가 탓이다. 상업주의는 다양성을 표방하지만 생리적인 욕구나 말초적인 쾌락으로 치달을 수 있고 화폐 물신에 함몰될 수도 있다. 또한 한국이라는 국가는 개발독재나 관치경제를 통해 여러 규칙이나 기준을 부과해왔으므로 객관성과 함께 획일화가 조장되기도 했다. 그렇다 하더라도 한국인의 욕망이 지닌 위계, 획일성, 쏠림 등을 모두 국가의 탓으로 돌리기는 힘들다.

욕망은 감성적인 요소뿐 아니라 이성적인 요소도 포함한다. 그런데 한국의 사회적 조건과 문화구조로 인해 가정, 학교, 직장에서 욕망을 개발하고 육성하는 장이 제공되지 않는 것이 근원적인 문제이다. 흔히 한국인더러 자신이 무엇을 원하는지 잘 모른다고 비판하는 것이 이러한 증거이다.

우리들은 각자의 인생에서 자신에게 무엇이 필요한지, 자신이 무엇을 원하는지 알기 위해 노력하지 않았다. 해방 이후 한국 경제사회의 구성원 모두에게는 '생계-자립-수출-소득'의 축과 '교육-입시-대학'의 축이 획일적인 목표와 욕망으로 부과되었다고 해도 과장이 아닐 것이다. 수출, 성장률, 일인당 국민소득 등이 압축적인 성장을 지향하는 한국 경제의 목표였다면, 학교 성적은 한국사회의 목표였다. 한국의 가정을 미시적인 단위로 놓고 보면 가장의 월급명세서와 자녀의 성적표가 한국인의 규격화된 욕망을 담고 있다. 올림픽 등 주요 경기에서 획득하는 메달과 등수를 유일한 목표로 삼으면서 이를 참가자의 욕구로 내재화시켜온 체육계도 이 점에서 차이가 없다.

음식, 지식, 직업, 배우자, 인생, 대통령, 국회의원, 정치·경제·사회 체제나 이념에 대한 주관이 부족하다면 정치인이나 관료, 기업, 언론의 지배를 얼마든지 받을 수 있다. 정치, 금융, 환경 등에 대한 대안적인 체제나 정책도 이들에 대한 견고한 욕망 없이는 실현될 수 없다. 물론 최소한의 민주주의와 경제성장은 이 모든 것의 전제조건이다. 이런 전제하에서 규범적인 욕망체계를 설계할 필요가 있다.

자본주의경제에서 사용가치에 대한 교환가치의 지배를 약화시키기 위해서는 사회적인 합의에 따라 규범적인 차원에서 양자 사이의 매개인 욕망체계에 부분적인 위계를 부과할 필요가 있다. 칼 폴라니(Karl Polanyi)가 지적했듯이 이런 생각은 아리스토텔레스로 거슬러 올라간다(홍훈, 2006). 그는 화폐를 경계하면서 욕망과 욕망의 대상들 사이에 목적과 수단의 위계를 설정했다. 덕성스러운 삶과 철학적인 사고를 최상에 놓고, 중간에 우정을 놓았으며, 건강과 재화를 그다음에, 가장 아래에 화폐를 놓았다.

이런 욕망체계는 가격이나 소득의 제약에서 어느 정도 벗어나 본능과 습관, 관습의 영향을 받는다. 동시에 윤리와 도덕, 의무, 정체성, 자율성, 관계성, 자기실현 등 근원적이고 다양한 요소를 추구한다.[6]

시장의 경제인 | 선호 ← 시장의 경제재 → 산업(공장)
민주적 문화시민 | 욕망 → 시민의 사회재 → 정부·지역사회

이런 위계는 에이브러햄 매슬로(Abraham Maslow)의 욕망단계설에도 등장한다(Maslow, 1943). 이에 따르면 인간의 기본욕구는 생리, 안전, 애정, 자긍심, 자기실현의 순서를 지녀 하나의 욕망이 충족되어야 비로소 다음

---

6  독일 역사학파, 존 롤스(John Rawls), 마사 누스바움(Martha Nussbaum), 아마르티아 센(Amartya Sen, 1985, 1987), 아미타이 에치오니(Amitai Etzioni)의 초선호(metapreference), 심리학자 라이언과 데시(Ryan & Deci, 2000)의 자기결정이론(self-determination theory) 등에서도 이와 비슷한 생각을 찾을 수 있다.

단계로 넘어간다. 물론 하나가 완전히 충족된 이후에 다른 욕망으로 넘어가는 것이 아니라 욕망이 어느 정도 충족되면 그다음으로 넘어간다. 또한 사람에 따라서는 우선되는 욕구에 대한 억제가 가능하거나 후순위의 욕구를 전혀 가지지 않은 것처럼 보일 수도 있다.

욕망을 무조건 억압하는 것이 인간의 본성에 맞지 않는다면 욕망을 제대로 개발하고 관리해야 한다. 식량, 성, 물 등 동물과 공유하는 인간의 생리적인 욕구는 개발하거나 육성할 필요가 크지 않다. 반면 자유, 자긍, 자율, 능력, 관계 등 인간적인 욕구는 누구나 갖추도록 육성할 필요가 있다.

그런데 욕망은 단순히 좋고 싫은 계산이나 이를 쟁취할 수 있는 물적인 조건만으로 충족되지는 않는다. 자본주의 경제학을 위시해 그간의 경제학은 물적인 조건이나 물질적인 욕구에 집중했기 때문에 욕망의 개발과 육성을 경시해왔다. 인간에게 여러 사회·문화적인 욕구가 있다면 욕망을 충족하기 위한 능력(competence/capability)이 필요하다. 생산이나 여가 활동에 대한 욕구나 지적인 욕구를 충족하고 향유하기 위해서는 능력이 필요하다(Sen, 1985, 1987; Nussbaum, 2003). 신고전학파처럼 인간의 다양한 활동을 모두 선택이나 교환으로 환원하지 않고 그 자체로 인정한다면 돈의 힘이나 계산능력과 구분되는 활동능력이나 행위능력이 요구될 것이다.[7]

교육을 받으려면 지식에 대한 기호 및 교육을 받을 소득뿐 아니라 교육받을 능력도 필요하다. 음식을 먹을 소득을 갖고 있다는 조건과 음식을 좋아한다는 조건뿐 아니라 음식을 먹거나 술을 마실 줄 아는 능력도 필요하

---

7 말할 나위 없이 후진국에서도 자활이나 자립을 하기 위해서는 능력이 필요하다. 후진국의 저축과 미소금융에 행동경제학적으로 접근하는 일은 단순히 속박기제(commitment devices)를 고안하거나 설정하는 것이 아니라 자활능력을 육성하는 일에 가깝다(Ashraf, Karlan & Yin, 2006; Soman & Cheema, 2011). 또한 산업화된 경제에서 기업이 필요로 하는 기술 혁신에도 선택보다 능력이 중요하다(Nonaka, 2007).

다. 옷을 입을 줄 알아야 하고, 책을 읽을 줄 알아야 하며, 여가를 즐길 줄 알아야 한다. 무엇을 원하는지 아는 데서 그치는 것이 아니라 원하는 것을 소비할 수 있는 능력이 필요한 것이다.

욕구를 육성하고 이를 위한 능력을 개발한다는 관점에서 보면 한국의 교육은 황무지에 가깝다. 학벌사회로 인해 대학 입시를 위한 병영으로 변한 한국의 초·중·고등학교에서는 해방 이후 현재까지 학생들이 원하는 바를 개발하고 육성하려는 시도가 이루어진 적이 거의 없다. 대학에 진학하느냐 또는 어느 대학의 어느 전공을 선택하느냐가 학생과 학부모의 유일하고 획일적인 욕망이다. 경제성장과 산업화로 화폐적인 자본주의가 경제활동의 동인이 되기 이전부터 한국사회에서는 교육과 진학이 유일무이한 사회적 욕망이었다.

소득과 성적에 대한 획일적인 욕망은 극단적인 결과주의의 산물이다. 과정이나 절차가 아닌 결과를 중시하며, 활동이 얼마나 즐거운가보다는 결과가 어떤지에 모든 것을 걸었다. 그리고 과정이나 절차, 활동 자체는 다양한 데 비해 결과는 성적, 소득, 권력 등으로 단순화할 수 있다. 이것은 한국인의 욕망이 표준화 또는 규격화되어 있다는 사실에 부합된다.

그런데 심리학과 최근 경제학에서는 내적인 동기와 외적인 동기를 구분하면서 내적인 동기를 무시한 활동의 문제점들을 지적한다(Deci, 1971; Iyengar & Lepper, 1999; Frey, 1994; Bénabou & Tirole, 2003). 외적인 동기는 돈, 권력, 명예 등 결과나 성과에 대한 보상을 유인으로 활동하는 것을 의미한다. 이에 비해 내적인 동기는 활동 자체를 좋아해서 이를 즐기면서 수행하는 것을 의미한다. 이러한 구분은 아리스토텔레스에 따른 것으로, 이는 활동 바깥에 목적을 둔 생산과 활동 내부에 목적을 둔 실천에 각기 상응한다(홍훈, 2006). 일방적으로 결과를 목표로 삼는 욕망은 결코 자발성, 창의성, 행복을 불러일으키기 힘들다는 것이다.

구체적으로는 우리의 일상생활에서 중요한 욕망과 필요들을 그대로 받아들이지 않고 하나씩 다시 검토해 개인과 사회의 차원에서 정당화할 수 있는지 반추할 필요도 있다. 생존 및 생계, 권력, 돈, 명예는 물론이고, 자율과 자긍심, 능력, 관계, 교육, 자녀, 결혼, 음식, 옷, 집, 자동차, 음주, 흡연, 여행, 노래 등도 그러한 예이다.

우선 박정희 시대 이후 정치·경제적으로 형성된 경제성장이라는 목표와 돈벌이에 대한 욕망을 생각해보자. 이 욕망은 우리에게 각인되어 우리의 일상을 좌우할 뿐만 아니라 대통령 등 정치지도자를 선택하는 데에도 음양으로 영향을 미치고 있다. 물론 경제성장과 일인당 소득의 증가를 무시할 수는 없지만 이것이 계속 한국 경제사회의 유일한 목표여야 하는가? 분배, 성장, 창의성, 삶의 보람과 행복 등을 고려한 다차원적인 목표를 설계하고 합의와 교육을 통해 이 목표를 사람들의 욕망으로 내면화할 필요가 있다.

이만큼 중요한 예로 교육을 보자. 경제학자들은 대부분 교육 수혜자나 교육 수혜자 부모의 선호 또는 욕망을 존중해야 하며 수요공급에 교육을 맡겨야 한다고 주장한다. 1980년 초부터 시행된 대학 정원의 확대는 이런 주장에 대한 실험으로 간주할 수 있다. 그 이후 한국사회의 교육 문제는 개선되었는가, 아니면 악화되었는가? 현재의 교육 현실을 보면 이 욕망은 존중하지 않았어야 한다. 사회성이 높은 욕망일수록 개인의 선택과 시장의 가격기구에 맡겨서는 안 된다.

사실 한국의 경제사회와 경제학 간의 괴리는 재벌 문제에서뿐만 아니라 교육 문제에서도 심각하다. 신고전학파는 교육이 주는 즐거움과 외부효과를 강조하며 교육열을 주어진 것으로 받아들인다. 이와 대조적으로 한국사회와 교육을 연결하는 구조는 학벌 중심의 사회구조 → 대학 진학이라는 전국적인 목표 → 필사적인 입시경쟁 → 공교육의 붕괴와 사교육의 창궐이다. 여기에 교육을 중시해온 역사·문화적인 요인을 추가할 수 있을 것이다. 한국사회의 학부모와 학생들이 지닌 교육열은 이런 사회 환경하에 형성된 경제·사회·역사적인 욕망이다. 따라서 과외공부와 대학 진학은 개인의 선택사항이 아니다. 지금과 같은 상황에서는 사회를 바꿈으로써 욕망을 바꾸어야 한다.

지식인들의 지적인 욕망은 과연 어느 정도로 견고한가? 일반적으로 지적인 욕구는 지적인 능력의 제약을 받으며, 사회적으로는 자본과 국가가 부과하는 제약을 받는다. 그런데 한국에는 입시에 시달리면서 점수에 따라 대학과 전공이 결정되고 원래 전공을 벗어나면 정통성을 의심받는 경직된 인식체계가 형성되어 있다. 이런 지식체계에서는 학자를 위시한 지식인들이 자신의 관심분야를 제대로 육성해서 발전시키고 있다고 장담할 수 없다. 이는 한국의 평균적인 학자가 연구하는 내용이 과연 어떻게 결정되는지를 살펴보면 확인할 수 있다.

평균적인 학자가 지닌 관심분야의 반경은 서양학계에서 연구하고 교육하는 것으로 규정된다. 그리고 자본의 제약으로 인해 기업에서 원하는 것과 정부에서 원하는 것이 추가적인 제약으로 작용한다. 이에 더해 현실 사회에서 필요로 하는 것 중 정계, 관계, 언론에서 중시하는 것이 개입된다.

이런 여러 제약과 유혹하에 연구내용의 연속성을 유지하면서 발전시켜온 학자가 과연 몇이나 될까? 이에 대한 답변이 부정적이라면 지적인 차원에서 우리가 지닌 욕망이나 호기심은 근거가 취약할 수 있다. 물론 지적인 욕구를 하나로 모을 수는 없다. 그렇더라도 각자 어느 정도 오랫동안 유지해온 지적 욕구의 다양성과 이리저리 몰려다니고 밀리는 지적 욕구의 무질서가 같을 수는 없다.

건전한 다양성과 구분되는 무질서는 지적인 쏠림과 배척 또는 폭력을 낳는다. 그리고 이런 일은 적어도 해방 이후 현재까지 반복되고 있다. 이는 우파와 좌파, 제도권과 비제도권에 관계없이 반복되었다. 좌파진영에서 보면 마르크스, 종속이론, 프랑크푸르트학파, 국가독점자본주의, 후기 근대주의 등은 모두 한때 사람들을 모으고 이에 무관심한 자들을 압박하거나 배척하는 근거가 되었다. 이렇게 보면 마이클 샌델(Michael Sandel)이나 토마 피케티(Thomas Piketty)에 대한 관심의 폭주는 자동차, 컴퓨터, 핸드폰, 의상, 헤어스타일, 음식, 영화 관람 등에서 나타나는 쏠림과 다르지 않다.

이제 한국인과 한국사회의 욕망에 대해 진지하게 논의해 정리할 필요가 있다. 이를 위해서는 거대 담론으로 시작하기보다 중요한 일상의 욕망과 욕망의 대상을 구체적으로 하나씩 해석하고 분석할 필요가 있다. 우리가 원하는 정치, 교육, 인생, 여가, 집, 자동차, 음식, 옷, 영화, 음악 등이 그런 것들이다. 그리고 이에 대한 비판과 반성이 이어져야 할 것이다. 물론 이러한 연구는 자본주의 비판, 정신분석학, 한국의 역사·사회·문화에 대한 기존 연구 등을 성찰의 기반으로 삼아야 할 것이다.

# 참고문헌

베블런, 소스타인(Thorstein Veblen). 2014. 『미국의 고등교육』. 홍훈·박종현 옮김. 도서출판 길.

프로이트, 지그문트(Sigmund Freud). 2004. 『꿈의 해석』. 김인순 옮김. 열린책들.

홍훈. 1998. 「현대적인 기업이론과 맑스적인 관점」. 한국산업노동학회. ≪산업노동연구≫, 3권 1호.

_____. 2000. 『마르크스와 오스트리아학파의 경제사상』. 아카넷.

_____. 2006. 「아리스토텔레스의 도덕적인 가계경제와 마르크스의 자본주의 생산경제」. 한국서양고전학회. ≪서양고전학연구≫, 제26집.

_____. 2012. 「한국경제사회, 한국인, 한국교육: 한국형 모델의 이론적인 구성요소들」. 『한국형 모델』. 연세대학교출판문화원.

_____. 2013. 『신고전학파경제학과 행동경제학』. 신론사.

_____. 2014. 「베버의 『유교와 도교』: 한국경제사회에 주는 함의」. 연세대학교 경제연구소. ≪한국경제학보≫, 제21권 2호.


Aggarwal, P. & S. Law. 2005. "Role of Relationship Norms In Processing Brand Information." *Journal of Consumer Research*, 32.

Ainslie, G. 1986. "Beyond microeconomics: Conflict among interests in a multiple self as a determinant of value." J. Elster(ed.). *The Multiple Self*. Cambridge University Press.

Amir, O., D. Ariely & Z. Carmon. 2008. "The Dissociation Between Monetary Assessment and Predicted Utility." *Marketing Science*, 27:6.

Ariely, D., G. Loewenstein & D. Prelec. 2003. ""Coherent Arbitrariness": Stable Demand Curves Without Stable Preferences." *Quarterly Journal of Economics*, Feb.

Ashraf, N., D. Karlan & W. Yin. 2006. "Tying Odysseus to the Mast: Evidence from a Commitment Savings Product in the Philippines." *Quarterly Journal of Economics*, 121:1.

Barberis, N., M. Huang & T. Santos. 2001. "Prospect Theory and Asset Prices." *Quarterly Journal of Economics*, vol. CXVI, Issue 1.

Baudrillard, J. 1972a. "Fétichisme et idéologie: le réduction sémiologique." *Pour une critique de l'économie politique du signe.* Paris: Gallimard.

_____. 1972b. "La genèse idéologique des besoins." *Pour une critique de l'économie politique du signe.* Paris: Gallimard.

Baumeister, R. F. & M. R. Leary. 1995. "The Need to Belong: Desire for Interpersonal Attachments as a Fundamental Human Motivation." *Psychological Bulletin,* 117:3.

Bénabou, R. & J. Tirole. 2003. "Intrinsic and Extrinsic Motivation." *Review of Economic Studies,* 70:3.

Bettman, J., M. F. Luce & J. W. Payne. 1998. "Constructive consumer choice processes." *Journal of Consumer Research,* 25:3.

Bourdieu, P. 1987. *Distinction: A Social Critique of the Judgement of Taste.* translated by R. Nice. Cambridge, Mass.: Harvard University Press.

Brenner, L., Y. Rottenstreich, S. Sood & B. Bilgin. 2007. "On the Psychology of Loss Aversion: Possession, Valence, and Reversals of the Endowment Effect." *Journal of Consumer Research,* 34.

Brewer, M. B. & W. Gardner. 1996. "Who is This "We"? Levels of Collective Identity and Self Representations." *Journal of Personality and Social Psychology,* 71:1.

Camerer, C., G. Loewenstein & D. Prelec. 2005. "Neuroeconomics." *Journal of Economic Literature,* 43:1.

Carmon, Z. & D. Ariely. 2000. "Focusing on the forgone: How value can appear so different to buyers and sellers." *Journal of Consumer Research,* 27.

Deci, E. 1971. "Effects of Externally Mediated Rewards on Intrinsic Motivation." *Journal of Personality and Social Psychology,* 18:1.

Duesenberry, J. 1949. *Income, Savings and the Theory of Consumer Behavior.* Cambridge, Mass.: Harvard University Press.

Fehr, E. & K. Schmidt. 1999. "A Theory of Fairness, Competition, and Cooperation." *Quarterly Journal of Economics,* 114:3.

Festinger, L. 1954. "A theory of social comparison processes." *Human Relations,* 7.

Frank, R. 1985. "The Demand for Unobservable and Other Nonpositional Goods." *American Economic Review,* 75:1.

Frey, B. 1994. "How Intrinsic Motivation is Crowded Out and In." *Rationality & Society,*

94:6.

Iyengar, S. S. & M. R. Lepper. 1999. "Rethinking the Value of Choice: A Cultural Perspective on Intrinsic Motivation." *Journal of Personality and Social Psychology*, 76:3.

Johnson, E. J., G. Häubl & A. Keinan. 2007. "Aspects of Endowment: A Query Theory of Value Construction." *Journal of Experimental Psychology: Learning, Memory, and Cognition*, 33:3.

Kahneman, D. 2003. "Maps of Bounded Rationality: Psychology for Behavioral Economics." *American Economic Review*, 93:5.

_____. 2011. *Thinking, fast and slow*. London: Allen Lane, Penguin Books.

Kahneman, D., J. L. Knetsch & R. Thaler. 1990. "Experimental Tests of the Endowment Effect and the Coase Theorem." *Journal of Political Economy*, 98:6.

Kahneman, D., P. Wakker & R. Sarin. 1997. "Back to Bentham? Explorations of Experienced Utility." *Quarterly Journal of Economics*, 112:2.

Kim, H. & A. Drolet. 2003. "Choice and Self-Expression: A Cultural Analysis of Variety-Seeking." *Journal of Personality and Social Psychology*, 85:2.

Lam S. K., M. Ahearne, Y. Hu & N. Schillewaert. 2010. "Resistance to Brand Switching When a Radically New Brand Is Introduced: A Social Identity Theory Perspective." *Journal of Marketing*, 74.

Lucas, R. 1978. "Asset Prices in an Exchange Economy." *Econometrica*, XLVI.

Markus, H. R. & S. Kitayama. 1991. "Culture and the Self: Implications for Cognition, Emotion and Motivation." *Psychological Review*, 98:2.

Maslow, A. H. 1943. "A Theory of Human Motivation." *Psychological Review*, 50.

Mazar, N., B. Közegi & D. Ariely. 2014. "True Context-dependent Preferences? The Causes of Market-dependent Valuations." *Journal of Behavioral Decision Making*, 27.

Nisbett, R., K. Peng, I. Choi & A. Norenzayan. 2001. "Culture and Systems of Thought: Holistic Versus Analytic Cognition." *Psychological Review*, 108:2.

Nonaka, I. 2007. "The Knowledge-Creating Company." *Harvard Business Review*, July-August.

Nussbaum, M. C. 2003. "Capabilities as Fundamental Entitlements: Sen and Social Justice." *Feminist Economics*, 9:2~3.

Payne, J. W., J. R. Bettman & E. J. Johnson. 1992. "Behavioral decision research: a constructive processing perspective." *Annual Review of Psychology*, 43.

Peng, K. & R. E. Nisbett. 1999. "Culture, Dialectics, and Reasoning About Contradiction." *American Psychologist*, 54:9.

Ryan, R. & E. Deci. 2000. "Self-Determination Theory and the Facilitation of Intrinsic Motivation, Social Development, and Well-Being." *American Psychologist*, 55:1.

Sen, A. K. 1985. *Commodities and Capabilities*, Amsterdam: North-Holland.

_____. 1987. *On Economics and Ethics*, The Royer Lectures, University of California at Berkeley.

Shafir, E., I. Simonson & A. Tversky. 1993. "Reason-based choice." *Cognition*, 49.

Shafir, E., P. Diamond & A. Tversky. 1997. "Money Illusion." *Quarterly Journal of Economics*, 112:2.

Simonson, I. 1989. "Choice Based on Reasons: The Case of Attraction and Compromise Effects." *Journal of Consumer Research*, 16:2.

_____. 2008a. "Regarding inherent preferences." *Journal of Consumer Psychology*, 18:3.

_____. 2008b. "Will I like a 'medium' pillow? Another look at constructed and inherent preferences." *Journal of Consumer Psychology*, 18:3.

Soman, D. & A. Cheema. 2011. "Earmarking and Partitioning: Increasing Saving by Low-Income Households." *Journal of Marketing Research*, vol. XLVIII, Special Issue.

Stigler, G. J. & G. S. Becker. 1977. "De Gustibus Non Est Disputandum." *American Economic Review*, 67:2.

Stiglitz, J., A. Sen & J.-P. Fitoussi. 2009. "Report by the Commission on the Measurement of Economic Performance and Social Progress Paris." http://www.stiglitz-sen-fitoussi.fr/en/index.htm.

Suh, E. M. 2007. "Downsides of an Overly Context-Sensitive Self: Implications From the Culture and Sujective Well-Being Research." *Journal of Personality*, 75:6.

Thaler, R. 1985. "Mental Accounting and Consumer Choice." *Marketing Science*, 27:1.

_____. 1999. "Mental Accounting Matters." *Journal of Behavioral Decision Making*, 12.

Tversky, A. 1972. "Elimination by aspects: a theory of choice." *Psychological Review*, 79:4.

_____. 1977. "Features of similarity." *Psychological Review*, 84:4.

# 일상의 금융화와 리듬 변화
문화정치경제학적 분석과 전망

강내희 | 중앙대학교 영어영문학과/문화연구학과

## 1. 금융화와 일상의 문화정치경제

지난 15년가량 한국사회에서 개인의 일상생활을 가장 강력하게 지배하고 삶의 리듬을 가장 근본적으로 변화시킨 요인 하나를 꼽으라면 신자유주의적 금융화(financialization)가 최우선 순위에 들지 않을까 싶다. 물론 일상에 영향을 미치는 요인은 금융화 외에도 많다. 기술 발달, 새로운 매체 등장, 도시화와 거주환경 변화, 노동시장 변동, 신세대 등장, 소비생활의 중요성 증가 등이 머릿속에 떠오른다. 하지만 최근 들어 일상의 모습을 규정하는 가장 강력한 요인을 금융화에서 찾아야 한다고 보는 이유는 자본주의 사회의 각종 물질대사를 지배하고 이 지배에 따라 일상과 그 리듬을 주조하는 주된 힘이 무엇보다도 축적의 동학이기 때문이다. 오늘날 이 축적을 주도하는 것은 누가 보더라도 금융화이다.

세계 자본주의가 금융화를 핵심적인 축적 전략으로 채택한 지는 40여

년이 지났다. 20세기 중반 이후 현재까지 자본주의 헤게모니 국가로 군림해온 미국은 1970대에 금융화를 신자유주의 축적체제의 일환으로 도입하기 시작해 1980년대에 본격화하기 시작했으며, 1990년대에는 금융화가 대중화 단계에 이르렀다. 금융화는 미국이나 다른 선진자본주의 국가에 국한되어 나타난 경향이 아니다. 신자유주의 축적체제의 구축 및 이와 연동된 금융화의 추진과 전개를 놓고 보면 한때 '주변부 자본주의' 또는 '제3세계' 국가로 간주되던 한국도 헤게모니 국가인 미국과 그리 큰 시차를 보이지 않는다. 한국의 금융화 흐름은 박정희 정권과 전두환 정권이 신자유주의 정책을 도입하기 시작한 1970년대 말과 1980년대 초부터 정책적으로 추진되기 시작했다. 이후 자유주의 헤게모니를 구축한 '87년 민주화 체제'하에서 WTO, OECD 가입 등을 명분으로 민중진영의 저항을 물리치며 본격적으로 추진되던 중 1997년의 외환위기와 IMF 관리체제 가동을 계기로 불가역적으로 강화되는 길을 걸어왔다. 2010년대 중반에 이른 지금 금융화는 명실 공히 세계화를 달성한 것으로 보인다. 금융화는 G20, OECD 국가들을 위시한 지구상 대부분 나라의 경제적 질서, 나아가 이와 연동된 정치적·문화적 질서를 일관되게 — 물론 개별 국가의 사회 조건으로 인한 차이는 있겠지만 — 지배하고 있다. 1997~1998년에 금융위기가 한국을 포함해 동아시아를 휩쓴 것이나, 2007~2008년의 미국발 금융위기와 2010년 이후의 유로존 위기가 세계경제를 강타한 것, 최근 브릭스(BRICs: 브라질, 러시아, 인도, 중국) 등 신흥경제 국가들이 미국이 채택한 양적 완화의 영향을 크게 받고 있는 것이 이런 증거이다.

이 글에서 주목하는 것은 금융화가 축적의 핵심 전략으로 작동하면 일상과 그 리듬은 어떻게 조직되며, 이런 변화는 자본주의적 지배에 대한 대중의 태도에 어떤 영향을 미칠까 하는 문제이다. 이런 문제의식에는 금융화로 주조되는 일상과 그 리듬이 자본주의적 삶의 변혁이라는 측면에서 중대한 함의를 지니리라는 판단이 작용했다. 일상의 리듬은 통상 사회적인 의제와는 무관한 것으로 간주된다. 이는 리듬이 시간과 공간, 그리고 에너지의 사용으로 구성된다는 점에서(Lefebvre, 2004: 15) 자연적인 현상으로만 느껴지기 때문이기도 하다. 하지만 여기서 금융화와 일상적인 리듬의 관계를 살펴보려는 이유는 오늘날 일상의 조직이 금융화와 무관하지 않으며, 일상의 리듬 또한 현 단계 자본주의의 지배적인 축적 전략에 주조되는 측면이 적지 않을 것이라고 판단되기 때문이다. 이런 문제의식은 또한 일상의 금융화에 천착하고 그 리듬의 사회적 함의를 살펴보는 일, 나아가 일상과 그 리듬의 새로운 주조를 기획하는 일이 자본주의를 비판하고 극복하는 데 결코 생략할 수 없는 과제라는 전제를 깔고 있다.

금융화로 인해 한국에서 일상의 리듬이 어떤 양상을 띠게 되었는지 알아보려면 최근 우리 사회에서 금융화가 어떻게 전개되었는지를 살펴봐야 하는데, 이를 위해서는 여기서 말하는 금융화가 구체적으로 어떤 현상을 가리키는지를 규정할 필요가 있다. 금융화는 다양하게 정의될 수 있지만 필자는 이를 '문화정치경제'의 문제설정에 의거해서 이해하려 한다. 문화정치경제란 사회적 실천을 구성하는 주요 층위 또는 심급을 경제와 정치와 문화로 보고, 이들 심급을 상호관련 속에 작동하는 복잡한 전체로 파악하려는 관점이다.[1] 이 복잡한 전체는 크게 보면 토대와 상부구조의 두 심급으로 구성되는데, 상부구조가 상이한 두 개의 심급을 갖는다는 점에서 보면 세 개의 심급으로 나눌 수 있다. 물론 이때 토대를 구성하는 것은 경제 심급이고, 상부구조를 구성하는 것은 정치와 문화, 두 심급이다.[2] 사회

---

1    문화정치경제의 문제설정에 대해서는 강내희(2014: 15~40)를 참조.
2    상부구조에 속한 정치와 문화의 차이는 전자가 '억압적 국가기구'를 장악하고 활용함으로써 작동한다면, 후자는 '이데올로기 국가기구'를 통해 작동한다는 데 있다. 루이 알튀세르(Louis Althusser)에 따르면 억압적 국가기구는 폭력 위주로, 이데올로기 국가기구는 이데

가 토대와 상부구조라는 상이한 층위로 구성되어 있다는 생각은 사회를 하나의 건축물로 간주하는 것으로, 알다시피 마르크스주의 전통에서 나왔다. 마르크스주의가 채택한 '사회 = 건물'이라는 상상 또는 '지형학적 은유'는 경제와 정치와 문화가 맺고 있는 상호관계에 관심을 돌리는 효과가 크며,[3] 부르주아 관념론이 채택한 사회에 대한 상상과는 대비된다. 후자는 경제와 정치와 문화의 세 층위가 각기 따로 자율성을 누리며 작동하는 것으로 설명함으로써 사회적 인과관계의 비판적 이해를 봉쇄했다면, 마르크스주의는 사회가 토대와 상부구조로 구성된다고 인식함으로써 사회적 실천들 간에 중대한 결정관계가 작동한다는 점을 중시했다. 하지만 마르크스주의가 사회를 이해한 방식에도 문제가 없지는 않다. 경제와 정치와 문화 간에 인과성이 작동한다고 보고 이들 간에 결정관계를 설정해 사회를 관계론적 측면에서 살피려고 한 점에서는 사회적 인과성을 총체적이고 비판적으로 이해하는 데 크게 기여했지만, 마르크스주의 전통은 이 과정에서 너무 경직된 관점을 취해 토대란 '결정하는 것', 상부구조란 '결정되는 것'으로 규정해 토대-상부구조론을 단순결정론으로 축소해버렸다는 지적도 받는다. 여기서 경제와 정치와 문화를 '복잡한 전체'로서 파악하는 것은 토대를 구성하는 경제와 상부구조를 구성하는 문화와 정치 사이, 또 상부구조 내의 상이한 두 심급을 구성하는 문화와 정치 사이에 일어나는 '결정'을 일방적이라기보다는 복잡한 상호작용 양상을 띤 과정으로 이해하려는 것으로, 전통적인 토대-상부구조론을 수용하되 이를 단순결정론

---

올로기 위주로 작용한다. 그리고 이데올로기 국가기구는 교회, 노조, 학교, 가정, 매체, 정당 등 복수 형태를 띠지만 억압적 국가기구는 최종적으로 국가권력을 중심으로 작동하므로 단수 형태라는 특징이 있다(Althusser, 2008: 18).

3  '지형학적 은유'란 알튀세르의 표현이다. "모든 사회의 구조를 하나의 토대(하부구조) 위에 두 층의 상부구조가 서 있는 건물로 나타내는 이런 표상이 하나의 은유, 엄밀하게 말해 공간적 은유, 즉 지형학적(topique) 은유임을 확인하기는 어렵지 않다"(Althusser, 2008: 8).

으로 축소하지 않으려는 시도에 해당한다. 이처럼 수정된 사회적 실천심급론을 수용하면 토대와 상부구조 사이에 결정관계가 작동한다는 사실을 인정하더라도 상부구조는 토대로부터 상대적인 자율성을 일정하게 누린다고 간주되어 토대의 영향을 일방적으로 받기만 하는 것이 아니라 나름의 영향력을 토대에 행사하는 것으로 이해될 수 있다.[4]

이와 같은 문화정치경제적 관점을 채택하는 것은 금융화를 이해하는 데 어떤 함의를 지닐까? 금융화를 문화정치경제의 문제설정에 의거해 이해한다는 것은 금융화가 경제적 사안으로만 그치지 않는다는 것, 즉 정치적 사안이기도 하고 문화적 사안이기도 하다는 것을 전제로 한다. 금융화를 경제적 실천의 문제로만 여길 경우에는 금융화가 문화와 정치의 차원에서 작동해 만들어내는 사회적 효과를 도외시할 우려가 있다. 한편 금융화를 총체적인 시각에서 보기 위해 경제와 정치와 문화의 관계라는 측면에서 금융화를 보더라도 '토대와 상부구조의 단순결정론'을 통해 그렇게 볼 경우에는 정치적 층위와 문화적 층위에서 작동하는 금융화 과정이 경제적 층위에서 나타나는 금융화 과정을 수동적으로 반영하기만 하는 것으로 이해될 공산이 크다. 따라서 여기서는 문화정치경제의 문제설정을 채택해 금융화는 경제적 실천이기만 한 것이 아니라 문화적 실천이자 정치적 실천이기도 함을, 나아가 일상에서 작동하는 금융화 역시 이와 같은 복잡한 사회적 과정임을 강조하려 한다. 물론 그렇다고 금융화가 경제적 차원의 문제임을 부정하자는 것은 아니다. 하지만 금융화가 일차적으로는

---

4  문화정치경제를 인수분해하면 한편으로는 문화, 정치, 경제 등으로, 다른 한편으로는 문화정치, 정치경제, 문화경제 등으로, 또 다른 한편으로는 문화적 정치경제, 정치적 문화경제, 경제적 문화정치 등으로 나눌 수 있지만, 이 층위들 간의 복잡한 관계에 대한 논의는 여기서 생략한다. 필자는 강내희(2014)에서 문화정치경제를 이런 식으로 분해해 금융화 현상을 논의한 바 있다.

경제적 문제이고 따라서 경제적 문제로서 변별성을 지닌다고 인정하더라도 여기에는 언제나 정치적 차원 및 문화적 차원이 함께 작동한다는 사실을 잊으면 곤란하다는 것이 이 글의 취지이다.

일상과 그 리듬의 금융화도 같은 방식으로 이해할 수 있다. 일상의 리듬은 시간과 공간, 에너지의 사용으로 구성되므로 자연적인 흐름을 따를 수밖에 없지만, 오늘날에는 일상의 리듬이 금융화와 긴밀하게 연동되어 있고 금융화 시대 특유의 사회적 과정으로 나타난다는 것 또한 부정할 수 없다. 일상과 그 리듬이 사회적 현상이라는 것은 일상의 리듬에도 문화정치경제의 여러 층위 또는 심급이 따로 또는 상호관련 속에서 작동하며, 따라서 그 흐름, 즉 리듬이 주조되는 방식도 이들 심급의 상호작용과 무관하지 않음을 말해준다. 이 말은 일상의 리듬에도 정치적·경제적·문화적 차원이 있으며 이 사실이 자본주의의 재생산 또는 변혁과 관련해 중대한 함의를 지닌다는 것을 의미한다. 일상이 이처럼 사회적으로 구성되는 것이라면 일상을 새롭게 기획할 가능성도 기대할 수 있다. 그리고 오늘날 '금융화한 일상'이 등장했다는 사실은 이런 기획과정에서 중요하게 고려할 점이 무엇인지를 말해주는 측면도 있다. 금융화한 일상이 자본주의 사회 분석과정에서 중요한 대상으로 간주되어 금융화가 일상을 주조하는 방식에 더 많은 주의를 기울여야 한다는 인식이 생기면, 일상과 금융화의 관계를 재조정할 수 있는 방안을 탐구해볼 필요성도 커질 것이다. 이런 점에 주목하는 이유는 물론 일상과 그 리듬이 자본주의적 지배체계의 재생산에서 중대한 역할을 한다고 보기 때문이다. 자본주의 체계는 재생산되지 않으면 장기적으로 지속되지 못하는데,[5] 이 글의 맥락에서 필자는 재생산에

---

5  마르크스는 1868년 루드비히 쿠겔만(Ludwig Kugelmann)에게 보낸 편지에서 다음과 같이 말한 바 있다. "사회구성체는 생산을 하면서 동시에 생산조건을 재생산하지 않는다면

는 일상이 핵심적인 역할을 하며 오늘날은 금융화가 이 일상의 주조에 특히 중대한 역할을 한다는 데 주목하려 한다. 금융화한 일상과 그 리듬을 분석해 작동 방식을 파악해야 하는 이유는 오늘날 일상이 보여주는 리듬이 자본주의적 지배의 재생산 및 변혁과 불가분의 관계를 맺고 있기 때문이다. 이 글은 바로 이런 문제의식의 소산이다.

## 2. 금융화의 문화정치경제

문화정치경제의 관점에서 보면 경제이론에서 제시한 금융화의 정의도 새롭게 이해할 여지가 생긴다. 경제학적 측면에서 볼 때 금융화는 통상 자본 축적이나 가치, 즉 부의 생산에서 "금융시장과 금융제도 중요성의 뚜렷한 증가" 및 "금융 흐름의 양, 속도, 복잡성, 연결성의 극적 증가"와 관련되어 있다(Mahmud, 2013: 474~475). 신자유주의 시대를 맞은 자본주의 사회의 경제적 층위에서 이런 변화가 생긴 것은 무엇보다 자본운동 가운데 이자 낳는 자본의 활동이 강화된 결과이다. 따라서 오늘날에는 자본 축적의 주된 경향을 생산과 유통으로 작용하는 자본의 활동 가운데 유통의 중요성이 과거에 비해 상대적으로 크게 강화된 것으로 보는 견해가 만연해 있다. 몇몇 예를 들어보면, 금융화는 "축적의 제도적·법적 맥락과 함께 생산력과 생산관계에서 일어나는 변화에서 야기되는 생산과 유통 간의 균형에 변동이 생기는 것"(Lapavitsas, 2009: 13), "투자가 생산영역에서 유통영역으로 이동"하는 경향(Isaacs, 2011: 16), "국내 및 국제 경제 활동에서 금융적 동기, 금융시장, 금융행위자, 금융기관의 역할 증대"(Epstein, 2005: 3), "금

---

일 년만 지나도 살아남지 못하리라는 사실을 어린아이도 안다"(알튀세르, 2007: 91).

융 및 금융 공학의 권력 증가와 체계화"(Blackburn, 2006: 39), "경제적 활동 일반이 이자 낳는 자본의 논리와 요구에 종속되는 것"(Fine, 2010: 99), "이윤이 교역과 상품 생산보다는 금융적 경로를 통해 누적되는 축적 형태"(Krippner, 2005: 174) 등으로 규정된다. 보다시피 이들 견해는 대부분 금융화를 경제적 사안으로 이해하고 있다.

금융화가 경제적 측면에서 과연 사실인지부터 먼저 살펴보자.[6] 그레타 크리프너(Greta Krippner)가 살펴본 바에 따르면, 미국의 경우 GDP 대비 산업 분야별 지분은 제조업부문이 1950년대 초 32% 수준에서 2001년에는 16% 수준으로 줄어든 반면, 서비스부문은 10% 수준에서 24%로, 금융·보험·부동산 부문은 12%에서 25%로 늘어났다. 산업별 기업 이윤의 변동을 놓고 보면, 제조업부문의 이윤 비중은 1950년에 거의 50%에 이르렀으나 2001년에는 10%로 축소했고, 서비스부문은 2~3% 수준에서 큰 변동이 없는 반면, 금융·보험·부동산 부문은 1950년에 약 10% 수준이었으나 2001년에는 45% 수준으로 크게 증가한 모습을 보였다(Krippner, 2005: 178~181). 이런 통계는 미국 경제가 말 그대로 금융화를 겪었음을 말해준다.

물론 미국만 금융화를 겪은 것은 아니다. 제이콥 아사(Jacob Assa)의 조사에 따르면, 1970년에는 금융부문에서 부가가치의 20% 이상이 창출되는 OECD 회원국이 프랑스(20.6%)와 멕시코(23.2%)뿐이었으나, 2008년에는 금융지분이 20%가 넘는 나라가 34개 회원국 가운데 28개국으로 늘어났고 15개국은 지분이 25%가 넘었다. 이 목록의 최상위를 차지한 것은 이스라엘, 프랑스, 미국, 영국, 오스트레일리아, 뉴질랜드 등으로, 이들 국가의 금융부문에서 발생한 부가가치는 30%를 넘어섰으며, 한국을 포함한 11개 국가는 2008년에 이르러 금융부문 지분이 과거의 두 배 이상으로 늘어났

---

6  아래 세 문단의 내용은 강내희(2014: 134~136)에서 가져와 수정한 것이다.

다(Assa, 2012: 36). 금융화의 심화는 전체 고용에서 금융부문이 차지하는 비중이 증가한 것을 통해서도 확인된다. 1970~1994년 사이에는 금융부문에 노동력의 10% 이상이 종사한 나라가 하나도 없었으며, 5% 이상의 노동력이 금융부문에 종사한 나라가 아이슬란드(1991년 9.6%), 뉴질랜드(1986년 8.6%), 벨기에(1988년 7.9%), 독일(1991년 7.5%), 오스트레일리아(1970년 7.1%) 5개국이었을 뿐이다. 그러나 2008년에 이르면 금융부문 취업률이 10%를 넘는 OECD 회원국이 23개국으로 늘어난다. 이들 가운데 금융부문 취업률이 15%가 넘는 나라는 스위스, 미국, 이스라엘, 스웨덴, 네덜란드, 오스트레일리아, 캐나다 등 7개국이었으며, 금융화가 크게 심화된 나라는 핀란드, 폴란드, 일본, 이탈리아, 스페인, 룩셈부르크, 한국 등으로, 핀란드와 폴란드의 증가율은 4배, 일본은 5배, 이탈리아는 6배였으며, 스페인, 룩셈부르크, 한국은 무려 9배였다(Assa, 2012: 36).

한국의 경우 IMF 금융위기 이후 급격한 금융화를 겪었는데, 이 결과 "한국 경제의 전체 영업이익에서 금융회사가 차지하는 몫"은 "위기 이전의 15% 이하에서 위기 이후 연평균 30% 수준까지" 올라갔다(지주형, 2011: 351). 한국에서 경제의 금융화가 확산되었음은 주식, 채권, 파생상품, 기획금융(PF), 자산담보부증권(ABS), 주택저당담보부증권(MBS), 자산담보부기업어음(ABCP), 주택저당담보부다계층증권(CMO), 부채담보부증권(CDO), 신용부도스와프(CDS) 등 사람들이 거래할 수 있는 금융상품이 대거 보급된 데서도 알 수 있다. 이들 상품의 거래가 확산됨과 함께 주택을 중심으로 한 부동산 투기와 매매가 일반화된 것도 금융화의 징표라 할 수 있다. 2000년대 들어 상당 기간 부동산시장이 활황을 이루고 투기에 가까운 부동산 매매가 일어난 것은 '금융적 매개(financial mediation)'의 확산을 통해 부동산시장이 금융시장과 긴밀하게 연결되었기 때문이기도 하다.[7]

문화정치경제의 관점은 이상 언급한 변화가 최근 경제적 심급을 중심으로 일어났음을 부정하지는 않지만 이 변화가 정치적·문화적 심급에 상응하는 변화에 따라 촉발되기도 함을 강조한다. 다시 말해 금융화를 사회적 실천의 경제적 심급에서 발생한 중대한 변화로 인정하면서도 이 변화를 자본의 독자적 힘 또는 시장논리에 따라 일어난 것으로만 보지는 않는 것이다. 한국의 경우 금융화가 진전된 것은 무엇보다도 1990년대 말에 형성된 정세 때문이다. 즉, 당시 외환위기로 인해 한국 경제가 구제금융과 긴축을 필요로 한다는 것을 빌미로 1980년대 말 이후 어렵사리 상승시켜 온 노동자 권력을 위축시키는 상황이 전개되었고 이로 인해 자본과 노동, 국가의 관계를 규정하는 정치경제가 새롭게 작동한 결과 금융화가 진전된 것이다. 자본주의 사회에서 국가는 기본적으로 총자본의 수호자 역할을 하기 마련이지만, 특정 시기의 사회적 역관계에 따라서는 노동을 보호하는 복지국가가 되기도 하고 노동을 공격하는 경찰국가가 되기도 하는 상반된 모습을 취한다. 제2차 세계대전 이후 미국 등 선진자본주의 국가들에서 수정자유주의 축적체제가 구축되어[8] 자본이 노동자계급에 일정하게 양보를 한 것은 당시 세계자본주의를 위협하는 현실 사회주의 국가들이 건재했기에 자본과 국가가 노동과 타협할 필요가 있었기 때문이다. 하지만 1970년대부터 신자유주의 시대가 열리면서 금융화와 더불어 노동유연

---

7 부동산시장의 금융적 매개는 신자유주의 금융화의 현상 가운데 하나이다. 전통적으로 금융적 매개를 주관한 주체는 "예금을 기금으로 삼아 대출업을 하던 은행에 국한되었으나 신자유주의 시대에 들어서는 주요 공공 연기금이나 보험회사, 집합투자기구, 금융자문사 및 대행사 등이 주요 참여자로 부상하는 괄목할 만한 변화가 생겨났다. 새로운 금융적 매개행위가 성행함으로써 일어난 일의 하나는 부동산시장과 금융시장이 연계된 것이다"(강내희, 2014: 386).

8 수정자유주의는 포드주의, 사민주의, 착근자유주의 등으로도 불린다. 여기서 수정자유주의를 택한 이유는 이 용어가 한편으로는 19세기의 고전적 자유주의와 두드러진 대비효과를 드러내고, 다른 한편으로는 20세기 후반 이후의 신자유주의와 두드러진 대비효과를 드러낸다고 보기 때문이다.

화, 구조조정, 민영화, 복지 해체, 세계화 등이 새로운 축적 전략으로 등장함에 따라 1960년대 후반부터 자본주의 황금시대가 종결되고 축적조건이 열악해졌으며, 이로 인해 '동의에 의한 지배', 즉 헤게모니 전략을 구사하기가 어려워지자[9] 자본은 노동과 타협하는 대신 노동을 배제하는 전략을 선택했다. 결국 현실 사회주의가 붕괴된 1980년대 후반부터는 노동에 대한 공격이 더욱 강화됐다. 1990년대 말 이후 한국에서 금융화가 급속도로 강화된 것도 노동에 대한 공격이 더욱 심화되고 본격화한 사례이다. 한국 사회는 이때부터 노동자가 자신의 복지와 보장을 위해 임금, 저축, 연금 등에 의존하기보다는 부채와 투자에 의존하도록 만들기 시작했다. 이는 복지가 이제 사회가 보장하는 노동자의 권리나 혜택이 아니라 책임이 되었음을 의미한다.[10] 바로 이 지점에서 금융화가 정치적 실천으로 작동한다고 볼 수 있다. 1990년대 말에서 2000년대 초에 이르는 시기에 김대중 정권은 강력한 금융자유화 정책을 통해 다양한 금융상품을 도입하면서 거래의 제도화를 꾀했다. 당시 정부는 이들 상품의 거래를 활성화하기 위해 주식시장과 부동산시장을 활성화했고, 시장 유동성을 증대시키기 위해 부채의 자산화를 꾀했으며, 이를 위해 금리를 대폭 인하하기 시작했다. 물론 이런 조치는 모두 경제정책으로 포장되었지만 대부분 금융자본의 이익을 도모했다는 점에서, 그리고 무엇보다 노동자계급에 대한 공격의 일환이었다는 점에서 사회적 권력관계를 반영한 것으로 봐야 한다. 당시의 경제정책이 정치적 성격을 강하게 띤 것은 당시는 한국사회의 주요 주체들 간 - 노동, 국가, 자본 - 의 권력관계가 재편되는 시기이기도 했기 때문이다.

---

9    자본주의 황금시대란 1945년 이후부터 1960년대 말까지를 가리킨다. 이 시기는 조반니 아리기(Giovanni Arrighi)가 말한 실물팽창의 시기로, 자본주의적 상품 생산이 순조롭게 이뤄져 경제가 실질적으로 성장한 시기이다(아리기, 2008; Isaacs, 2011; Foster, 2008: 9).
10   이 시기에 '복지(welfare)'가 '노동복지(workfare)'로 전환되기 시작한 것이 단적인 예이다.

금리 인하와 함께 나타난 사회적 지표들 가운데 눈길을 끄는 것은 가계부채의 지속적이고 급속한 증가, 저축률 하락, 자살률 증가 등이다. 가계부채는 김영삼 정권 말기인 1997년 말 211조 원, 김대중 정권 말기인 2002년 말 465조 원, 노무현 정권 말기인 2007년 말 630조 원, 이명박 정권 말기인 2012년 말 959조 원이었고,[11] GDP는 1997년 563조 원, 2002년 720조 원, 2007년 975조 원, 2012년 1,273조 원이었다.[12] 2007~2012년의 15년만 놓고 보면 GDP는 약 2.26배 증가한 반면 가계부채는 약 4.54배 증가한 것이다. 비슷한 시기의 국가부채 증가폭은 훨씬 더 크다. 2013년 9월 기획재정부가 내놓은 예산안에 따르면 2014년 정부부채 규모는 515조 2,000억 원으로 이 규모는 1997년(60조 3,000억 원)보다 8.54배나 증가한 것이다(≪아시아경제≫, 2013.9.27).[13] 이는 15년 남짓한 기간 동안 한국이 국가 차원이나 가계 차원에서 어마어마한 부채 증가를 겪었음을 보여준다. 자살

---

11  이 수치는 한국은행의 공식 집계에 따른 것이다. 하지만 비영리 민간단체(NGO) 등의 부채까지 포함하는 국제기준에 따를 경우 부채 규모는 더 늘어날 수 있다. 실제로 국제기준에 따른 2011년 말 가계부채는 1,103조 원이었다(한국투자증권, 2012.10.15). 2014년 3분기 기준 한국은행이 발표한 가계부채가 1,060조 원이었음을 고려하면 국제기준에 의거한 2014년 가계부채 규모는 1,200조 원을 훨씬 상회할 것으로 추정된다.

12  이 통계는 각종 신문 보도를 참고해 종합한 것이다.

13  "금융감독원 거시감독국이 작성한 '유로존 위기의 시사점과 교훈' 보고서에 따르면 한국의 GDP 대비 국가 총 부채(정부·기업·가계) 비율은 2007년 202%로 처음 200%를 넘어선 뒤 올해(2012년) 6월 말에는 234%까지 높아졌다"(≪중앙일보≫, 2012년 11월 27일 자). 영국계 은행 스탠다드차타드(SC)에 따르면 한국의 국가 총 부채는 2012년 "9월 말 기준 GDP의 232%이며, 오는 2015년에는 255%로 빠르게 증가할 것으로 전망"된다(≪헤럴드경제≫, 2013년 7월 15일 자). 참고로 2010년 국가부채로 위기에 빠진 그리스의 경우 당시 총 부채가 GDP 대비 2.6배였는데, 한국도 이미 비등한 수준에 도달한 셈이다. "한국의 총 부채가 지난해 말 4,500조 원을 넘어선 것으로 나타났다. 2년 전과 비교해 10% 이상 급증한 수치이다. 특히 국가부채와 가계부채가 이 기간 각각 13.9%, 11.5% 늘었다. 자영업자의 경우 부채 증가율이 23.6%에 달했다. 12일 기획재정부가 …… 제출한 자료에 따르면 한국의 총 부채는 2013년 말 기준 4,507조 2,000억 원으로 집계됐다"(≪한국경제≫, 2014년 12월 12일 자).

표 2-1. 1997~2014년 주요 경제지표

| 연도 | GDP | 가계부채 | 정부부채 | 저축률 | 자살률<br>(10만 명당) | 금리 |
|---|---|---|---|---|---|---|
| 1997년 | 563조 원 | 211조 원 | 60조 원 | 15% | 13명 | 20% |
| 2002년 | 720조 원 | 465조 원 | 134조 원 | 2% | 22.7명 | 4% |
| 2007년 | 975조 원 | 630조 원 | 299조 원 | 3.7% | 24.8명 | - |
| 2012년 | 1,273조 원 | 959조 원 | 446조 원 | 2.8% | 29.1명 | 2.75% |
| 2014년 | 1,428조 원<br>(2013년) | 1,060조 원 | 515조 원 | 2% | - | 2%* |

주: -는 자료를 확보하지 못한 항목이며, *는 추정치임.

률도 세계 최고 수준으로 올라갔다.[14] 1997년에 인구 10만 명당 13명이던
자살률은 2002년 22.7명, 2007년 24.8명, 2012년 29.1명으로 늘어났다
(〈표 2-1〉 참조).

〈표 2-1〉에 제시된 지표들을 비교해보면 지난 15년 사이 한국은 금리가
크게 낮아져 금융화가 급속도로 진행되었음을 알 수 있다. 이와 함께 1990
년대 후반까지만 하더라도 세계 최고 수준이던 저축은 바닥 수준으로 떨
어진 반면,[15] 부채와 자살률이 동시에 크게 증가했음을 확인할 수 있다. 여
기서 기억할 점은 이런 변화는 그냥 일어나는 것도, 시장조건 변화에 따라
서만 일어나는 것도 아니라는 것이다. 이런 변화는 총체적인 사회적 역관
계, 특히 생산관계에 따라 야기되고 관리된다. 사람들이 저축보다 부채에
의존하게 되는 것은 물론 경제적 심급에서의 변화와 관련되어 있지만 이
변화는 또한 새로운 사회적 권력관계의 형성, 즉 정치적 조건의 재구축을

---

14 세계에서 자살률이 가장 높은 나라는 리투아니아이다. 한국은 OECD 국가 가운데 자살률
이 가장 높다.
15 2000년대에 들어와서 한국의 저축률은 OECD 국가 중 최하위 수준으로 떨어졌다. 1998년
에는 저축률이 21.6%로 세계 최고 수준이었으나 2010년에는 2.8%까지 떨어져 OECD 평
균인 7.1%를 한참 밑돌았다. 한국보다 저축률이 낮은 OECD 국가는 일본, 호주, 체코, 덴
마크밖에 없다. 저축률에 영향을 미치는 요인으로는 사회복지, 금리, 임금 등이 있다(이은
미·문외솔·손민중, 2011: 1).

필요로 한다. 1997년 외환위기 직후 수년간 한국에서 거대한 노동투쟁이 전개된 것과 그 과정에서 수많은 노동자들이 구속된 것은 당시 정치적 조건이 재구축되는 과정에서 발생한 계급투쟁의 양상이라고 할 수 있다.[16]

금융화가 경제적 차원 및 정치적 차원에서 추진되기 위해서는 적합한 문화적 조건도 마련되어야 한다. 사회적 실천의 경제적 차원에서는 사회적 가치 또는 부가 생산되고 정치적 차원에서는 권력관계 형성을 둘러싼 갈등과 투쟁이 전개된다면, 문화적 차원에서는 의미가 생산되어야 한다.[17] 이때의 의미는 서로 비교되고 교환되는 경제적 가치와는 구분되는 것이자 그 자체로 목적이거나 실존적으로 중요한 가치로, 통상 언어나 기호, 이미지, 상징 등으로 표현되며 사람들 사이에 소통되는 가치이다. 이렇게 보면 금융화를 위한 문화적 조건은 금융화에 적합한 의미생산 체계가 형성되어 사람들이 금융 활동을 의미 있고 가치 있는 것, 중요하고 당연한 것으로 여기게 됨으로써 마련된다고 하겠다. 이런 분위기를 형성하는 데 크게 기여한 요인으로는 1990년대부터 영향력을 미친 일련의 담론을 꼽을 수 있다. 이 무렵 한국사회에는 지식기반 담론, 경영 담론, 경력개발 담론, 자기개발 담론, 역량 담론 등을 통해 개인들의 자기계발을 촉구하는 담론지형이 형성되기 시작했다. 비슷한 시기에 시테크 담론이나 재테크 담론이 확산된 것 역시 같은 맥락으로, 이런 변화로 인해 사람들은 자산 형성 활동

---

16 노태우 정권에서는 노동자 구속자 수가 연평균 395명이었으나 김영삼 정권에서는 126명으로 줄었다. 하지만 김대중 정권에서는 178명으로 늘어났고, 노무현 정권에서는 더 늘어나 연평균 217명이었다(《노동과 세계》, 2006년 3월 23일 자). 민주정부하에서 노동자 구속자 수가 늘어난 것은 이 시기 노동에 대한 공격이 더욱 격화되었음을 의미한다.

17 "아주 대략적으로 말해, 우리들은 경제를 말할 때는 사람들이 물질적 재화를 생산하고 교환하고 소비하는 실천관행에 관심을 기울이고, 정치를 토론할 때는 사회에서 권력을 집중시키고 배분하고 배치하는 관행을 염두에 두며, 문화를 말할 때는 사람들이 서로 소통함으로써 개별적으로나 집단적으로 자신들의 삶을 유의미하게 만드는 방식을 염두에 둔다"(Tomlinson, 1999: 18).

에 더욱 몰두한 것으로 보인다. 1990년대의 경영 담론을 통해 특히 생애 능력의 중요성이 강조되었음을 기억할 필요가 있다. "생애능력이라는 언 표는 핵심역량(core competence), 역량(competence/capability), 인재, 고용 가능성/평생직업능력(employability), 경력개발 등 능력을 가리키는 숱한 다른 담론들과 상호담론성을 형성한다"(서동진, 2009: 110). 이런 상호담론 성의 형성으로 일어난 중요한 변화 가운데 하나는 개인들의 능력이 '역량' 으로, 역량이 '자산'으로 간주되기 시작한 것이다. 이때부터 노동하는 주체 에게는 연공서열이 아니라 개별 역량이 요구되었고, 역량의 육성과 관리, 즉 자신의 자산을 증식시키는 일은 주체 개인의 책임이 되었다.

2001년 12월 BC카드사는 탤런트 김정은을 내세워 "부자 되세요! BC로 사세요!" 하고 사람들을 꼬드기는 TV 광고를 만들어 공전의 효과를 거둔 바 있다. 신용카드로 사는 것이 부자라는 것은 신용카드를 돈처럼 쓸 수 있다는 말, 신용을 담보로 해서 현금을 융통할 수 있다는 말이다. 여기서 도덕관념 등을 이유로 전통적으로 금기시되어온 "부자 되세요"라는 말을 당시 공개적으로 버젓이 할 수 있게 만든 인식기제는 무엇이었을까 하는 의문이 든다. 이 맥락에서 환기하고 싶은 것은 부채도 자산으로 간주된 현 상이다. '부채의 자산화'란 자신의 소득이나 재산이 아닌 것, 자기자본이 아닌 것을 자기자본처럼 굴릴 수 있는 것을 말한다. 신용카드로 현금을 융 통해 쓰는 것도 마찬가지이다. 카드로 살며 부자가 되라는 말은 부채를 자 산으로 간주하라는 말과 다르지 않다. 당시 이런 말이 통용될 수 있었던 것은 1990년대 말부터 다수의 금융상품이 개발되고 이들 상품의 거래 확 산을 돕는 금리 인하 같은 정책적 결정 — 경제 활성화를 이유로 내세웠지만 당시의 사회적 권력관계, 즉 정치적 여건을 반영한 결정이기도 했다 — 이 내려 졌기 때문임을 부정하긴 어렵다.[18] 하지만 여기에 못지않게 당시에는 이 미 새로운 경제적 상상이 부채의 자산화를 위한 문화적 조건으로 작용하

고 있었음을 인식하는 것도 중요하다.[19]

여기서 말하는 '새로운 경제적 상상'은 신자유주의적인 성격을 띤 것으로, 신용카드로 사는 것이 부자 되는 일임을 당연하게 여기는 것이기도 하다. 이런 상상은 물론 당시 다양한 형태의 금융상품을 도입한 시장질서, 이 질서를 지원한 금리 인하 등 금융화 정책을 전제로 하지만, 동시에 이제 자산에는 임금소득과 저축, 연금, 재산뿐 아니라 차입과 부채도 포함된다는 관념과도 통한다. 이런 인식은 사람들이 자기책임화의 담론에 깊숙이 포획된 1990년대부터 이미 작동해왔다고 봐야 한다. 앞서 언급한 대로 1990년대 초에는 시장에서의 경영 담론 등을 통해 노동하는 주체들의 자기책임화가 주로 강조되고 1990년대 중반에는 교육 담론을 통해 청소년을 '자율적 선택자'로 전환시켰다면, 1990년대 말에 이르러서는 국민 개인을 '신지식인'으로 양성하려는 시도가 이루어졌다.[20] 이러한 과정은 시장과 국가 영역에서 일어났지만 모두 새로운 주체 형성 전략이었다는 점에서 중대한 문화적 효과를 발휘하기도 했다. 그렇다면 2000년대 들어 부채의 자산화가 사람들에게 당연하게 받아들여진 것은 이미 자기책임화를 강조하는 강력한 담론지형이 형성된 가운데 1997년 외환위기를 계기로 금융화를 위한 정치·경제적 기제가 더욱 강력하게 작동한 결과라고 할 수 있다.

이상 소략하게 살펴본 것처럼 2000년대에 들어와서 확연해진 일상의

---

18 여기서 정책적 결정은 정치적 세력관계의 투쟁 결과가 반영된 것임을 기억하자.

19 밥 제숍(Bob Jessop)에 따르면 "하나의 경제적 상상은 하나의 기호질서, 즉 특정한 장르, 담론, 양식의 편제이며, 어떤 주어진 사회적 현장, 제도적 질서 또는 더 광의의 사회 구성체에서 일어나는 사회적 실천망에 속한 기호적 계기를 이룬다. 따라서 경제적 상상은 경제와 경제외적 존재조건에 대한 특수한 개념화를 중심으로 다양한 장르, 담론, 그리고 양식을 (재)절합시킨다"(Jessop & Oosterlynck, 2008: 1158).

20 자율적 선택자 양성을 겨냥한 교육 담론, 신지식인 담론에 대해서는 강내희(2014) 8장 4절을 참조.

금융화는 당시 한국의 문화정치경제가 복잡한 전체로서 만들어낸 문화적 실천, 정치적 실천, 경제적 실천이 상호작용하면서 형성한 일종의 복잡계적 창발 현상인 것으로 보인다. 사람들이 엄청난 규모의 부채를 짊어진 것은 그들의 삶이 금융화의 영향권에 포획된 결과이자 경제적 조건이 변화된 결과임이 분명하지만, 이는 정치적이고 문화적인 변화를 반영하는 현상이기도 하다. 이자율이 인하되고 저축률이 하락하는 한편 가계부채와 국가부채가 늘어나면서 자살률이 증가한 현상은 사람들의 일상을 새롭게 만든 중대한 변화가 아닐 수 없다. 문화정치경제의 문제설정은 이런 변화들이 서로 연동되어 있음을 강조하는 관점이다.[21] 이제 이런 인식을 토대로 금융화 흐름 속에서 일상의 모습이 어떻게 바뀌었는지 살펴보려 한다.

## 3. 부채 증가, 위험 관리, 미래할인

금융화의 지배를 받을 경우 대중이 영위하는 일상생활은 어떤 특징을 갖게 될까? 최근 접한 한 칼럼에 따르면 "일상생활의 금융화란 집주인이 당신 문을 두드리는 것 같은 평범한 일도 이제는 수천 마일 떨어진 곳의 수천 명의 투자자와 연루되어 그들이 모두 그 주인에게 더 많은 이윤을 추출하도록 촉구하게 되는 것을 의미한다"(Oakfield, 2014.6.18). 일상의 수많은 일들이 이처럼 생면부지 내외국인의 투자 행위와 연계되어 있다면 오늘날 우리 삶은 금융에 송두리째 지배되는 셈이다. 사실 금융은 전문가의

---

21 그렇더라도 경제가 토대가 되어 상부구조를 '궁극적으로' 결정한다는 사실에는 변함이 없다. 예컨대 한국에서 금융화가 진행되기 위해 '자산'을 중시하는 담론지형이 형성될 필요가 있었다는 것은 문화정치경제의 구성에서 볼 때 경제가 최종 심급에서 지배적인 역할을 한다는 사실을 보여준다.

사안, 아니 전문가조차 제대로 알지 못할 정도로 복잡한 사안인 탓에[22] 금융거래를 지원하는 신용체계의 작동원리를 일반인이 이해하는 것은 결코 쉬운 일이 아니다.[23] 그러나 일상의 금융화가 운위된다는 것은 이제 금융이 민주화했다는 말이기도 하다. 금융의 민주화란 이전에는 금융에 접근하는 일이 사회 엘리트의 특권으로 치부되었으나 이제는 소수민족, 여성, 빈민 등 그동안 금융제도로부터 외면을 당했던 사람들에게도 금융이 허용됨을 가리킨다.[24]

신용체계를 이용한 금융 활동은 이제 한국에서도 일상사가 되었다. 단적인 예로 신용카드 발급이 폭발적으로 늘어난 것을 들 수 있다. 신용카드는 1970년대 말부터 시중 은행이 도입하면서 일반인들이 사용하기 시작했으나 1983년 말까지만 하더라도 가입자 수가 83만 명 정도에 불과했다는 사실이 보여주듯(≪동아일보≫, 1984.3.8) 1980년대 초까지는 사용이 제한되어 있었다. 하지만 1990년대 이후 신용카드 발급 매수는 급증했다. 1989년 7월 500만 장, 1990년 10월 1,000만 장(≪매일경제≫, 1990.10.24), 1995년 12월 2,784만 장(연합뉴스, 1996.3.4), 2000년 8월 4,500만 장으로 늘어나더니 2000년대에 들어서는 폭발적인 증가 속도를 보여 2002년 12

---

22 레오 패니치(Leo Panitch)에 따르면 "신용체계는 엄청나게 복잡하며, 거기서 거래하는 사람들은 우리 대부분은 이해하지 못하는 고도로 복잡한 대수학, 그들 가운데서도 완전히 이해하는 사람은 드문 대수학을 기반으로 움직인다. 그 체계에 속한 어느 누구도 특정 시점에 특정 증서를 누가 보유하는지 완전히 알진 못한다"(Panitch, 2009). 2007~2008년 미국에서 발생한 비우량 주택담보대출 위기로 촉발된 금융위기를 일으킨 CDS의 경우 극도로 복잡하게 설계되고 거래 역시 금융당국의 통제가 닿지 않은 장외거래 형태를 띠었던 것으로 알려졌다.
23 빌 모러(Bill Maurer)에 따르면, 금융파생상품의 경우 많은 사람들에게 아직 비밀이 제대로 풀리지 않았으며 심지어 내부를 들여다본 적도 없는 '블랙박스'로 남아 있다(Maurer, 2002: 19).
24 2007년 미국에서 비우량 주택담보대출 위기가 발생한 것은 이러한 민주화의 결과로 볼 수 있다.

월에는 1억 480만 장으로 1억 장을 초과했다(≪머니투데이≫, 2003.2.24).
이후 2003년 카드대란을 겪고 발급 매수가 감소하는 등 부침을 보였지만,
신용카드 발급 매수는 2013년 1분기에 1억 1,500만 장 수준으로(≪뉴스토
마토≫, 2013.7.19)[25] 인구 5,000만 명 기준 1인당 2장이 넘었으며 전체 경
제 활동 인구 2,500만 명 기준으로는 1인당 4.6장에 이르렀다. 1990년대
이후, 특히 2000년대 초에 신용카드 발급 매수가 폭발적으로 증가한 것은
금융자유화로 이 시기 대중의 금융 활동이 급속도로 빈번해진 것과 궤를
함께한다.

　금융 활동의 활성화를 보여주는 것은 신용카드 사용자 수의 급증뿐만이
아니다. 한국거래소가 조사한 바로는 2013년 한국인 주식투자자 수는 전
년 대비 6만 명이 증가한 총 508만 명으로, "경제 활동 인구의 19.5% 수준,
총인구의 10% 수준"에 이른다(≪뉴스토마토≫, 2014.6.10). 2000년대 초에
이르면 주식 외에도 펀드, 파생상품, 기획금융, 증권, 채권 등 사람들이 거
래할 수 있는 금융상품들이 아주 많아졌다. 한국투자자보호재단이 2011년
10월부터 11월까지 3주간 서울과 수도권, 6대 광역시에 사는 만 25~64세
2,576명을 대상으로 조사해 발표한 바에 따르면, 51%가 펀드에 투자하고
있었다(연합뉴스, 2011.11.28). 2008년 9월 말 기준 펀드의 계좌 수가 인구
4,926만 명의 절반이자 경제 활동 인구와 맞먹는 2,444만 개였던 것에 비
하면 줄어든 수치이긴 하지만 펀드투자자는 여전히 많은 편이다(장영희,
2008.11.24). 파생상품의 경우 투자자 수를 확인할 수 있는 통계를 필자가
아직 찾지는 못했지만, 2010년대 들어 장내거래가 세계 최대 규모라는 사
실로 미뤄보건대 파생상품 또한 주요 관심 금융상품임을 짐작할 수 있다.

---

25　2003년에 카드대란이 발생한 것은 2000년대 초부터 카드 발급 매수가 인구수를 초과하며
　　급증한 것과 무관하지 않다.

금융감독원에 따르면 2010년 파생상품의 명목거래액은 장내거래 5경 2,672조 원, 장외거래 1경 4,059조 원으로 모두 6경 6,731조 원이나 된다 (≪머니투데이≫, 2011.4.14). 기획금융 투자자도 정확한 통계는 없으나 공모형 기획금융의 규모가 2010년 120조 원, 2011년 100조 원에 이르렀고 (≪파이낸셜뉴스≫, 2011.11.20) 상당 기간 'PF 열풍'이 운위될 정도였으니 투자자 수 또한 상당했을 게 분명하다. 이는 근래 들어 한국인 다수가 금융거래에 몰두하기 시작했다는 말로, 앞에서 살펴본 최근의 급속한 부채 증가와 관련이 깊을 것이다.

나이스평가정보의 보고에 따르면, 2014년 6월 말 현재 국내 은행권의 차주(借主)는 1,050만 8,000명, 이들의 부채 합계는 487조 7,000억 원으로, 가계대출 잔액을 차주 수로 나눈 1인당 부채액은 2010년 4,261만 원에서 2012년 4,471만 원, 2013년 4,598만 원, 2014년 6월 말 4,641만 원으로 계속 늘어나고 있다(≪서울경제≫, 2014.12.15). 은행권뿐 아니라 제2금융권 등에서 발생하는 부채까지 포함하면 총 부채 규모는 훨씬 더 클 텐데 국제기준으로 계산한 가계부채의 규모는 2011년 말에 이미 1,103조 원에 달했다(한국투자증권, 2012: 7).[26] 이는 인구를 5,000만 명으로 잡을 경우 1인당 2,200만 원이 넘는 액수이며, 경제 활동 인구 2,500만 명 기준으로는 1인당 4,400만 원이 넘는 액수이다. 2012년 말 전국의 가구 수(1,806만 가구)를 기준으로 계산하면 가구당 6,100만 원에 해당하는 액수이다(≪아시아경제≫, 2014.2.13). 물론 부채가 없는 가구도 있을 터이니 실제 부채를 짊어진 가구의 부채 규모는 훨씬 더 클 것이다.

금융화와 더불어 신용카드 사용빈도가 높아지고 주식, 펀드, 파생상품,

---

26 국제기준을 따를 경우 비영리 민간단체도 포함시켜서 개인부문의 금융부채를 산정해야 한다.

기획금융 등 금융상품의 거래빈도가 높아져 이처럼 엄청난 규모의 부채를 짊어지게 되면 사람들의 일상이 어떻게 바뀔까? 부채 규모가 커졌다는 것은 "대출을 통해 수입보다 많은 지출을 가능케 하는" '부채경제'가 형성되었음을 의미한다(홍석만·송명관, 2013: 34). '카드로 살며 부자 되라'는 권유에 따라 부채를 자산화한 사람들이 많다는 것은 임금이나 저축, 재산 등으로 가지고 있는 돈보다 써야 할 돈이 더 많게 만드는, 즉 빚지고 살아갈 수밖에 없게끔 만드는 경제 질서이다. 일상의 금융화는 그렇다면 부채에 짓눌리는 삶의 전개라고 봐야 한다. 실제로 수많은 사람들이 오늘날 빚쟁이가 되어 전전긍긍하는 삶을 살고 있다.

빚진 존재는 죄지은 존재이기도 하다. 독일어의 'Schuld'는 빚이라는 의미도 있지만 죄의식이라는 의미도 갖고 있다. 빚을 의미하는 영어 'debt'은 누구에게서 무엇을 가져왔다는 뜻을 지닌 라틴어 'debere'의 과거분사형에서 유래한 말로, 따라서 돌려줘야 하는 것을 가리킨다. 남에게서 빌려온 탓에 갚아야 하는 빚 문제를 해결하는 것이 금융이다. 금융을 뜻하는 영어 'finance'에는 '종결'을 의미하는 어간 'fin'이 들어가 있다. 종결짓기, 마무리하기가 돈거래, 다시 말해 금융이라는 형태를 띠게 된 것은 사람들 사이에 일어난 분쟁이나 빚 등의 문제를 돈을 주고 해결하는 관행이 있었기 때문이다. 빚과 죄의식의 관계도 여기서 나왔을 가능성이 높다. 누구에게 잘못을 저지르거나 또는 남의 물건을 훔치거나 빌렸으면 반드시 여기에 상응하는 대가를 치르게 했으므로 빚은 갚아야 할 것을 아직 갚지 못한 것이 되고, 따라서 빚은 부담과 죄의식으로 작용했을 것이다.

빚이 엄청난 심리적 압박으로 작용한다는 것을 보여주는 우울한 징표가 최근 한국에서 나타나고 있는 자살률 급증이다. 한국에서 자살률이 상승하기 시작한 것은 2000년대에 들어선 뒤로, 가계부채 등이 급증하기 시작한 시기와 정확하게 일치한다. 부채 증가와 자살률 증가 사이에 긴밀한 관계가 있다는 것은 2007년 금융위기 이후 미국, 유럽, 캐나다 등 경제적 타격을 받은 나라들에서 자살률이 크게 증가했다는 사실에서도 입증된다 (Stuart, 2014.6.13).

일상은 물론 산 자 위주로 영위된다. 빚을 지고 있더라도 대부분은 생명을 부지하며 살아가고 있다. 하지만 빚을 짊어진 삶은 빚으로 인해 삶의 모습이 바뀔 수밖에 없다. 빚은 한편으로는 사람들에게 죄의식 같은 부담으로 작용해 목숨을 앗아가기도 하지만, 다른 한편으로는 사람들을 그 안에 가둬놓고 안절부절못하게 만든다. 오늘날 삶의 모습이 유난히 부산스럽고 번잡한 것은 한국사회가 개인, 가구, 국가 가릴 것 없이 사상 최대의 빚을 짊어지고 있는 것과 무관하지 않다. 빚진 삶은 금융적 삶이고, 금융적 삶은 위험을 일상화하는 변동성 높고 유동적인 삶이다. 금융화는 랜디 마틴(Randy Martin)의 말처럼 "삶의 모든 영역에 회계 및 위험 관리에 대한 지향성을 주입해 넣는다"(Martin, 2002: 43).

자본주의 체제하에서도 수정자유주의 시대의 삶은 비교적 안정적인 편이었다.[27] 안정된 일자리와 임금소득을 기반으로 하는 저축과 연금, 복지 등의 '보험'을 통해 사람들이 삶의 위험에 대한 보장을 받을 수 있었기 때문이다. 하지만 1970년대 이후 신자유주의적 질서가 수립되고 금융화가

27 자본주의하에서는 "모든 견고한 것은 사라진다"는 점에서(Marx & Engels, 1984: 487) 수정자유주의 시대 역시 자본주의의 한 단계에 불과하므로 변동성에서 자유롭다고 보기는 어렵다. 예컨대 포드주의 체제하의 미국에서 국가 주도의 대규모 사업 진행 등 유효수요를 창출하기 위한 파괴적 창조행위가 빈번했던 것도 변동성의 한 양상으로 볼 수 있다. 따라서 당시의 삶이 안정적이었다는 것은 신자유주의 시대와 비교했을 때 그렇다는 것일 뿐이다. 한국의 경우는 수정자유주의가 제대로 작동하지 않았다는 지적도 가능하다. 수정자유주의가 선진자본주의 국가들을 지배하는 동안 제3세계의 일부 국가에는 발전주의 또는 개발독재가 작동했다. 수정자유주의하에서는 일정한 복지와 사회적 보장이 제공되었지만, 발전주의하에서는 노동에 대한 탄압이 드셌다. 하지만 이런 차이에도 발전주의 국면하에서는 수정주의하에서처럼 대중의 삶이 노동, 임금, 그리고 여기에 기반을 둔 삶의 보험과 보장을 중심으로 영위되었다고 할 수 있다.

지배하면서 대중의 삶은 갈수록 불안정해지고 있다. 노동에 대한 공격 증가와 복지 축소로 인해 대중은 노동과 임금, 저축과 연금, 복지에 기반을 둔 소득만으로는 살기가 어려워져 금융거래에서 나오는 이득을 얻기 위해 노력을 경주해야만 한다.[28] 앞서 확인한 대로 한국에서는 2000년대에 들어 대중의 금융거래 참여가 크게 늘어났는데, 오늘날 대중적 삶이 유동성의 모습을 띤 것은 금융화와 더불어 사람들이 대거 투자자로 전환하고, 보험과 보장을 통한 삶의 위험 '회피'보다는 위험 '관리'를 새로운 삶의 방식으로 채택한 결과일 것이다.

투자자 정체성을 갖게 된 사람들은 무엇보다도 '위험 관리자'가 된다. 브레턴우즈 체제가 붕괴된 이후 새로운 금융질서가 형성됨에 따라 환율과 이자율, 그리고 이들과 연동된 각종 재화가치가 예측하기 어려운 변동을 보이자 위험 관리의 필요성이 증대되었다. 이런 변화가 처음 나타난 나라는 1970년대 초 파생상품과 기획금융을 금융상품으로 새로 도입하고[29] 부동산의 금융적 매개, 즉 부동산시장과 금융시장의 긴밀한 결합을 가능케 한 미국이다.[30] 금융적 매개의 확산은 ABS, MBS, ABCP, CMO, CDO,

---

28  신자유주의 금융화의 지배를 받으면 연금의 형태도 바뀐다. 수정자유주의 시대에는 미국 노동자들이 노후의 재정 안정을 위해서 주로 확정급부형 연금(defined-benefit pension plan)에 가입했으나 신자유주의 시대에는 확정갹출형 연금(defined-contribution pension plan)에 가입하는 경우가 많아졌다. 한국에서 최근 공무원연금을 개혁하려는 방식은 확정 갹출형 연금과 비슷한 상품을 도입하려는 것, 즉 연금시장을 민영화하려는 것과도 같다.

29  파생상품의 역사는 수천 년이 넘지만 금융파생상품이 등장한 것은 1970년대 초이며(강내희, 2014: 199~203) 기획금융이 새로이 활발하게 추진되기 시작한 것도 비슷한 시점이다 (강내희, 2014: 268). 금융파생상품이 한국에 도입된 것은 부산에 거래소가 개설된 1995년으로, 기획금융제도도 같은 해에 처음 도입되었다.

30  부동산의 금융적 매개란 미국에서 1960년대 말부터 패니메이(Fannie Mae), 지니메이 (Ginnie Mae), 프레디맥(Freddie Mac) 등의 회사가 담보대출 유동화 영업을 할 수 있게 된 것을 가리킨다. 유동화는 대부자가 담보대출 풀을 모아 담보대출이 보증하는 채권을 발행함으로써 이루어지며, 이들 채권은 원금 및 이자의 적시 상환을 보증함으로써 투자자에게 판매된다(FCIC, 2011: 39).

CDS, 뮤추얼펀드, 사모펀드, 리츠 등 부동산 관련 새로운 금융상품의 거래 확산으로 이어졌는데, 한국에서도 이미 언급한 대로 1990년대 이후 이들 금융상품이 제도적으로 도입됨으로써 빈번한 투자 행위에 참여하며 위험을 관리하는 투자자 인구가 크게 늘어났다.

금융상품 거래는 기본적으로 이자 낳는 자본의 거래로, 이자 수취를 목적으로 일어난다는 점에서 미래할인 행위이다.[31] 미래에 이자를 받기 위해 돈을 대부해주는 것은 위험을 감수하는 일이라 할 수 있는데, 이때의 '위험'은 이자로 상쇄된다. 이자로 산정되는 위험은 불확실성의 새로운 모습이기도 하다. 전통적으로 불확실성은 미래의 사안으로, 사람으로서는 알 수 없으며 신의 영역에 속하는 것으로 이해되었다.[32] 이슬람권에서는 그래서 돈을 빌리는 사람이나 빌려주는 사람 모두 알라의 관할 아래 미래의 불확실성에 동등하게 노출되어야 한다는 이유로 이자 수취를 금하는 샤리아 금융을 따르도록 하고 있다.[33] 그러나 예컨대 오늘날 거래되는 금융파생상품 규모가 세계적으로 1,000조 달러가 넘는다는 것은 이자를 받을 목적으로, 또는 변동환율로 생긴 상이한 통화시장 간의 환율 차이를 목적으로, 또는 미래의 화폐가치를 예측해 차액가치를 얻을 목적으로 투자하는 일이 극도로 빈번해졌음을 말해준다. 단순평균해도 가구당 6,000만

---

31 1년 기한으로 오늘 100원을 빌려주고 5%의 이자를 받는 것은 1년 후 100원의 가치가 지금의 100원보다 가치가 작다고 여기는 것이므로 미래가치를 할인하는 것과 같다.

32 프랭크 나이트(Frank Knight)가 지적한 바 있듯이, 위험과 불확실성은 개념이 서로 다르다. 전자는 측정 가능하나 후자는 측정 불가능하다(Knight, 1921. Langlois & Cosgel, 1993: 457에서 재인용).

33 코란에서 화폐의 시간가치(이자)인 리바(riba)를 금한 이유는 다음과 같다. "리바는 대부자는 사업 시도에 결부된 위험에서 자신을 보호하도록 해주면서 대출자는 사업 실패와 체납 위험에 노출시킨다. 리바를 없애는 것은 대부자가 위험을 면제받으며 축적을 하지 못하도록 하고 그를 다른 모든 사람과 함께 하느님이 인간을 그 속에서 살게 만든 불확실성의 세계로 던져 넣는다"(Maurer, 2005: 36).

원이 넘는 한국의 가계부채 규모 역시 이런 투자 행위가 이제 일상생활에까지 영향을 미치고 있다는 증거이다. 엄청난 규모의 부채가 발생했다는 것은 거대한 대출이 있었다는 것을 뜻하고, 대출이 많아졌다는 것은 다양한 투자 행위가 일어난다는 것을 뜻하며, 투자 행위가 빈번해졌다는 것은 위험의 관리가 일상화되었다는 것을 뜻한다.

## 4. 금융화와 일상의 리듬 변화

미래의 불확실성을 놓고 위험을 감수하는 투자가 빈번해짐에 따라 부채가 늘고 이 부채를 관리하기 위해 다시 위험 관리에 매진하면 일상은 아무래도 정신없이 바빠지기 마련이다. 이런 변화의 주요 원인은 삶 전반에 변동성이 증가된 데서 찾아야 한다. 이제 비전문가까지 대거 금융상품 거래에 참여하게 된 것은 브레턴우즈 체제가 붕괴된 이후 빈번해진 환율 및 이자율의 변동, 나아가 다른 형태의 다양한 변동에 개인들이 대처해야 하기 때문이다. 변동성에 대한 대처는 유동성을 확보하기 위한 노력으로 이어졌고, 이 과정에서 각종 재화의 성격이 변화되었다. 골동품, 예술작품, 주택 등은 과거에는 그 사용가치로 인해 소유 대상으로서의 '재산'의 의미가 컸으나 지금은 쉽게 유동화할 수 있는 '자산'이 되었다.[34] 개인들이 할부나 대출 방식으로 냉장고, 자동차, 주택 등 고가 상품을 구입하면서 짊

---

34 오늘날 예술에 대한 "투자 게임은 예술이 소비상품보다는 금융자산으로 간주되면서 중대한 변화를 겪고 있다. 예술시장 투기자들은 최근 미술품 구입 및 판매를 위한 헤지펀드와 사모펀드를 조직했다. 이들 펀드는 금융자본주의의 원리를 예술에까지 확장한다"(Taylor, 2011: 12). 주택의 경우 구입비용을 대출해준 은행은 대출담보를 채권으로 전환해 일반 투자자에게 판매할 수 있다는 점에서 주택을 유동자산으로 활용하는 셈이다.

어지는 부채는 채권이 되고 이들 채권은 다시 증권으로 바뀌는 '증권화' 과정을 통해 자산의 유동화는 더욱 강화된다. 넓은 의미의 유동화 경향은 개인의 능력을 자산으로 만드는 데서도 나타나고 있다.[35] 기업에서 '균형성과표(BSC)'가 널리 사용되고 있는 것이 좋은 예이다. 이런 능력 측정 기술이 널리 적용되기 시작하면서 "지식과 학습, 감정적인 상호작용, 몰입과 헌신 등" "기존에는 경제적인 행위로 가치를 평가하지 않았던 다양한 사회적 삶"이 이제는 기업 자산으로 간주되고 있다(서동진, 2009: 198). 균형성과표는 금융자산을 관리하는 포트폴리오가 기업의 관리회계용으로 변형된 형태라고 할 수 있다.[36] 포트폴리오 작성은 개인들의 능력 관리를 위해서도 이용된다. 오늘날 입시나 취업을 위해 자신의 경험, 성적, 능력 등을 깜냥(specs) 형태로 축적하고 있는 젊은 세대의 관행이 좋은 예라고 할 수 있다.[37]

자산의 유동화로 자산 가치의 변동과 연동된 위험 관리가 일상화되면 삶의 신진대사와 리듬은 더욱 급박해질 수밖에 없다. 금융화가 사회적 속도를 증가시키는 이유는 앞서 언급한 미래할인 행위가 광범위하게 확산되었기 때문이다. 미래할인은 미래 시간을 현재 공간에 끌어들이는 행위에 속한다. 할인은 여기서 이자율 적용을 뜻하는데, 이는 대출로 발생하게 될 위험을 확률적으로 계산해 사전에 예방하는 조치이기도 하다. 위험을 확률적으로 산정하는 것은 불확실성 문제에 대한 새로운 대응으로, 시간이 경과해야만 진실을 알 수 있는 문제를 공간의 위치 문제로 이해하는 방식에 해당한다.[38] 금융화로 인해 생활리듬이 급박해지는 이유는 측정 불가능

---

35 여기서 말하는 자산화는 엄밀히 말해 유동자산화 또는 자산의 유동화에 해당한다.

36 관리회계는 회계학적 계산이 조직관리에 활용되는 경우라 할 수 있다.

37 ≪한겨레≫ 보도에 따르면 대한민국은 '스펙 공화국'이다(≪한겨레≫, 2009년 12월 22일자).

한 미래의 불확실성을 확률적 계산이 가능한 위험으로 간주함에 따라 미래를 할인하는 행위가 급증하기 때문이다. 위험이 계산 가능해지면 불확실성과 미래는 가능한 한 피해야 할 사안이라기보다는 기꺼이 모험할 대상이자 공간으로 바뀐다. 금융화와 함께 빈발하는 환율 변동과 이자율 변동, 그리고 이들과 연동된 각종 재화의 가치 변동이 이윤 취득의 기회로 간주되는 것이다. 오늘날 일상이 부산함과 급박함으로 가득 차 있는 것은 이런 점에서 현재 시점의 공간을 확장해 미래에 일어날 일들을 그 속에 '구겨' 넣었기 때문이라고 할 수 있다. 미래할인은 '현재의 확장'으로서, 이를 추동하는 것은 위험을 확률적으로 계산하는 관행이 확산됨에 따라 늘어나는 각종 상품 거래이다. 이 거래는 위험 또는 미래가치를 겨냥하지만 이 거래가 발생하는 시점은 언제나 현재 시점이다. 위험은 늘 "미래의 수사학"을 구사하지만 이렇게 보면 "실제로는 현재를 목적으로" 하고 있으며 "어떤 미래가 획득 가능하다는 약속에 대한 가격 설정 수단"인 것이다(Martin, 2002: 105).[39] 여기서 가격을 설정하는 과정이 바로 할인, 다시 말해 "미래에 일어날 금융 흐름의 현재 가치를 계산하게 해주는 절차"이다(Philibert,

---

[38] 케인스의 제자 조앤 로빈슨(Joan Robinson)은 확률에 입각한 파생상품 거래를 계산 문제로만 간주하는 유효시장이론은 경제학의 평형이론에 해당한다고 보고, 이 이론은 "시간에서 일어나는 과정을 설명하는 데 공간에 기초한 은유를 사용"한다고 비판했다(Robinson, 1973: 255. Maurer, 2002: 27에서 재인용). 금융화 논리가 시간의 공간화라는 것은 옵션가격측정이론인 블랙-숄즈(black-sholes) 모델의 작동 방식에서도 볼 수 있다. 블랙-숄즈 모델은 '무작위과정을 다루는 편미분 방정식'을 활용하며(Maurer, 2002: 21) '효율적 시장' 가설에 따라 옵션상품의 수익유형을 '무작위행보'로 파악한다. 도널드 매켄지(Donald Mackenzie)에 따르면 이것은 옵션의 가격변동을 입자물리학이 다루는 브라운운동과 유사하게 파악하는 셈이다(Mackenzie, 2004: 104~105).
[39] "경제학자들은 위험을 측정 가능한 발생 확률로 정의하지만 불확실성은 측정이 불가능하다. 이 구분은 개념적으로는 유지하기 어려울지 모르지만 측정 행위, 그리고 측정 결과를 가격의 기초로 삼으면 이와 같은 개념적 세부 차이를 고려할 가치가 없을 만큼 그 효과가 크다. 예측과 예견은 맞지 않을 수도 있지만 정량화할 수 있어야 하는 것이다"(Martin, 2002: 104~105).

2006: 138).

　일상의 리듬이 과거와 크게 달라진 것은 그렇다면 금융화가 도입되어 심화된 결과라고 할 수 있다. 이자율 적용, 즉 미래할인 관행이 확산된 것은 위험 관리의 필요성이 늘어났기 때문이고, 위험 관리가 중요해진 것은 삶의 각종 변동성 증가와 이에 대한 대비로 자산 유동화가 빈번해졌기 때문이므로 이 모든 것은 금융화와 연동되어 있다. 근래에 삶의 리듬이 급박해진 것 또한 금융화의 효과에 해당한다. 리듬의 가속화는 금융화로 사회적 속도증가 기제가 광범위하게 작동함으로써 생긴 결과이다. 최근 들어 적시 생산, 수평적 생산, 재택근무, 다품종 소량 생산, 자동화, 주 7일 24시간 서비스, 인터넷 주문, 대리운전이나 퀵서비스, 패션 및 디자인 혁신 등 상품의 생산·유통·소비 흐름에서 가속화 경향이 눈에 띄게 심화되었다. 이런 가속화 현상은 모두 자본의 회전기간을 단축하기 위한 것으로, 이 경향은 금융화로 인해 최근에는 더욱 두드러진 모습을 띠고 있다. 금융화는 물질대사를 지배하는 자본의 운동 가운데 M-M′ 순환을 강화함으로써 미래할인 관행을 확산시키고 이와 연동된 각종 사회적 속도를 가속시킴으로써 삶의 속도와 리듬도 가속시킨다.

　일상의 리듬과 속도는 그렇다면 구체적으로 어떻게 변했는가? 금융화의 지배를 받아 일상의 리듬이 급박해진 것은 대중문화 영역에서 새로운 '속도 장르'가 출현한 데서도 찾을 수 있다. 1990년대 중반 이후 한국 대중문화 영역에서 두드러진 경향은 시각적 요소가 특히 강조된다는 것이다. 트렌디드라마의 출현과 댄스음악의 부상이 이런 점을 잘 보여준다. 트렌디드라마의 특징은 "역동적인 장면 전환"을 통해 빠른 템포를 표현하는 것으로, 이런 효과는 "시각적으로 세분된 시퀀스와 가벼운 카메라 터치를 사용해 등장인물들의 움직임과 감정을 잡아냄으로써" 만들어진다(Iwabuchi, 2004: 267). 클로즈업을 통해 감정을 세밀하게 표현하고 시퀀스와 장면을 빠른 속도로 바꾸면 변화 감각도 자연히 커진다. 다른 한편 서태지와 아이들이 부상한 이후 한국 대중음악에서 지배적 위상을 차지해온 댄스음악은 시각적으로는 급격한 몸놀림을 보여주고 청각적으로는 힙합과 랩의 영향을 받아 타격음과 단절음을 많이 사용함으로써 대중의 감각을 시청각적으로 강타하는 경향이 있다.[40] 이런 특징을 지닌 트렌디드라마와 댄스음악이 오늘날 대중문화의 주요 장르로 등장한 것이 사회적 물질대사의 속도가 증가한 것과 무관하지 않다면 속도증가 기제가 사회적으로 만연한 것에 대한 대응으로 '감각에 대한 전면적 공격'이 나타났다고 이해할 수 있다.

이런 현상을 탄도학이 대중문화를 지배하는 것으로 이해하는 시각도 있다. 발터 벤야민(Walter Benjamin)에 따르면, 문화영역에서 탄도학적 접근을 처음 구사한 것은 그가 "관객을 총탄처럼 가격하고 관객에게 충격을 준 결과 촉각적인 성질을 획득했다"라고 말했던 다다이즘 예술작품이지만 탄도학에 대한 대중적 수요를 충족시킨 것은 영화였다(Benjamin, 1969: 238). 벤야민은 영화와 그림을 대비하면서 후자는 연상과 명상에 기반을 둔 예술의 수동적 소비를 조장하는 반면, 전자는 산만함을 불러일으키면서도 비판적 분석을 가능케 한다고 분석했다. 영화의 산만함은 스크린 위로 끊임없이 새로운 이미지가 흘러내려 관객의 집중을 방해하고 관객의 감각을 '총격'함으로써 영화가 재현되기 때문에 발생한다. 이 총격이 현대인을 교육시키는 효과를 갖는다는 것이 벤야민의 생각이었다. "영화는 오늘날 사람들에게 닥친 삶에 대한 위협 증가에 상응하는 예술 형태이다. 인류가 충격효과를 접할 필요가 있다는 것은 곧 인류를 위협하는 위험에 적응한다

---

40 댄스음악의 현란함은 정좌 자세로 멜리스마를 강조해 소리의 미세한 흐름에 집중케 하는 전통 가곡은 물론이고, 꺾기 창법을 통한 음색의 변화를 강조하며 무대에서 큰 움직임을 드러내지 않는 판소리와 트로트, 또 서정성 깊은 멜로디를 강조하는 발라드와도 크게 다르다.

는 것이다. 영화는 통각기제의 근본적인 변화 – 사적인 실존 범위에서는 대도시 교통에서 행인 각자가 경험하는 변화, 역사적인 범위에서는 오늘날 시민 각자가 경험하는 변화 – 에 상응한다"(Benjamin, 2006: 281). 사람들이 영화를 통해 충격효과에 노출됨으로써 삶의 위험에 적응한다는 말은 영화가 "도시생활에서의 탄도학적 '훈련', 충격을 통한 '인간 감각기관' 교육으로 구성되어 있다"라는 말과도 같다(Costello, 2005: 175).

벤야민은 영화가 새로운 대중적 감각구성 기제로 작용한다고 지적했지만 오늘날 사람들의 감각을 향해 충격을 가하는 대중적 매체는 영화에만 국한되지 않는다. 영화의 경험이 다른 예술의 경험에 비해 대중적임은 분명하나 영화관이라는 분리된 공간에서 경험된다는 점에서 그나마 제한된 별세계라면, 오늘날의 '탄도학적 훈련'은 그런 한계마저 넘어서는 일상적 현상에 속한다. 감각교육이 진정한 의미에서 일상화한 것은 '화면'의 보편화로 탄도학적 충격이 전면화되면서부터이다. 20세기 초의 영화 화면과 20세기 중반의 TV 화면이 극장과 안방이라는, 대중의 접근이 가능하기는 해도 특정한 시간에만 접근할 수 있는 공간에서 펼쳐졌다면, 20세기 말에 새로 등장한 화면은 이런 한계를 뛰어넘어 모든 시공간에서 펼쳐진다는 특징을 갖는다. 화면은 디지털기술을 기반으로 이동식으로 바뀌었고, 이로 인해 사람들은 광섬유 케이블로 서로 연결된 기지국을 통해 전송된 정보를 스마트폰처럼 신체의 일부가 된 화면으로 전달받을 수 있게 되었다. 시공간의 구애를 별로 받지 않는 이런 화면 접속은 PC, CCTV, 스마트폰과 같은 새로운 '빛–기계들'로 가능해졌다.[41]

---

41 2014년 현재 한국 가구의 개인컴퓨터 보급률은 78.2%이고 스마트폰은 84.1%에 이른다 (≪동아일보≫, 2014년 12월 12일 자). 스마트폰 보유율은 직장인의 경우 94%(연합뉴스, 2014년 11월 17일), 20대의 경우 96.2%(연합뉴스, 2014년 7월 3일) 수준이다.

이러한 빛-기계들은 광섬유 케이블이라는 기반시설을 금융거래 기기들과 공유한다. 광섬유는 정보를 빛의 속도로 전달하는 최첨단 물질로서 다양한 시공간 리듬을 규정하는 중요한 '물적' 기반이다. 속도나 리듬, 또는 시공간 변화는 인간적·사회적·비인간적 차원으로 전개되는데,[42] 이들 차원은 광섬유의 광범위한 사용과 함께 이제 근본적인 변화를 겪은 듯싶다. 비인간적 차원에서 광섬유는 우주에서 가장 빠른 빛을 전달하는 물질로 작용하지만, 광섬유의 빛 전달 작용은 한편으로는 금융 거래나 정보 검색을 가능케 해서 사회적 관계를 구축하지만, 다른 한편으로는 사람들의 감수성을 변화시키는 데도 중대하게 작용한다. 광섬유의 광범위한 사용은 오늘날 도시경관을 지배하는 초고층건물의 인텔리전트 빌딩화를 가능케 하고 100만분의 1초밖에 되지 않는 시간차를 활용해 환율이나 이자율 차액을 겨냥한 금융상품의 초단타매매를 가능케 하는 초고성능컴퓨터의 물적 기반이다.[43] 물론 초단타매매는 특수한 전문집단의 예외적 활동이라 하겠지만, 초고속 정보 교환은 미국의 CNN이나 한국의 YTN 채널 하단에 금융관련 정보를 지속적으로 보여주는 등의 방식으로 일상화되어 있다. 금융상품 투자자가 대략 1,000만 명이고[44] 은행 부채를 짊어진 가구가 1,000

---

42 여기서 말하는 '인간적', '사회적', '비인간적' 차원은 알프레드 젤(Alfred Gell)이 제시한 시간 개념화를 원용한 것이다(Gell, 1992). 로라 베어(Laura Bear)에 따르면 "젤의 이상적 유형에서 시간은 세 가지 형태, 즉 아인슈타인의 물리학에서 추적되는 비인간적 시공간 현상, 사회적인 시간 틀, 그리고 개인적 시간 경험으로 존재한다"(Bear, 2014: 15).

43 "초단타매매란 100만분의 1초와 같은 극단적으로 짧은 시간 동안 매수와 매도를 반복하는 거래 방식으로, 각각의 차이 자체는 매우 작지만 워낙 많은 양을 매매하다 보니 결국 큰 수익을 만들어내는 방법이다. 초고속 통신망과 고성능 컴퓨터를 전략적으로 배치하고 알고리듬을 통해 투자하는데, 2010년에는 시장에 극단적인 쏠림을 유발해 다우존스지수가 순식간에 1,000포인트가량 떨어지는 플래시 크래시를 일으키기도 했다"(≪경향신문≫, 2014년 5월 23일 자).

44 2009년 기준 신용평가기관인 한국신용정보의 데이터베이스에 등록된 금융거래 인구는 3,743만 명이었다(≪조선일보≫, 2009년 10월 5일 자). 이 가운데 주식이나 파생상품, 기

만 가구가 넘는다는 사실을 고려하면 한국에서도 이런 정보에 관심을 기울이는 사람들이 넘친다고 봐야 한다. 오늘날 24시간 TV에서 제공되는 금융시장 정보 흐름은 그래서 "세계적 신체(global body)의 심전계"가 되었고 (Martin, 2009: 118), "금융은 일종의 인간 조건 바로미터 같은 것"이 되었다 (Glover, 2010: 3). 금융 정보가 인류의 안녕, 복지, 경제적 능력 등을 가늠하는 역할을 하면 일상의 맥박과 고동 역시 금융으로 측정될 수밖에 없다. 이런 맥박과 고동을 느끼는 것은 개인들의 신체, 특히 감각일 것이다. 이는 금융화로 인해 새로운 감각기관이 형성되고 금융화가 주조하는 삶의 속도에 우리의 감각기관이 종속된다는 것을 의미한다.

금융화가 삶의 속도를 가속시키는 이유 중 하나는 금융화는 갈수록 많은 사람들을 광의의 '차액거래(arbitrage)'에 종사하도록 만들기 때문이다. 차액거래는 시장 간에 존재하는 가격 차이를 겨냥해 수익을 내는 거래로, 주식이나 환율이 100만분의 1초 만에 드러내는 등락을 대상으로 거래되기 때문에 초단타매매를 주요 형태로 삼는다. 차액거래에는 대규모 차입이 동반되기 마련이다. 미세한 가격 차이를 통해 큰 이익을 얻으려면 거래의 '승수효과'를 높여야 하고, 이를 위해 투자 금액을 대규모화해야 하기 때문이다.[45] 고성능컴퓨터를 활용해 알고리즘 매매를 실행하는 차액거래

---

획금융, 부동산 등에 투자하는 인구는, 정확하게 파악되지는 않지만, 1,000만 명은 넘을 듯하다. "한국거래소에 따르면 작년 주식투자자 인구는 502만 명으로 2011년 528만 명 대비 5.1%p 감소했다"(≪아주경제≫, 2013년 7월 22일 자). 2011년 11월 한국투자자보호재단이 서울과 수도권, 6대 광역시에 사는 만 25~64세 2,576명을 대상으로 조사한 결과, 전체 조사대상자의 51.3%가 펀드에 투자하는 것으로 나타났다. 조사대상자 중 펀드투자자 비중은 2009년 49.4%에서 2010년 47.4%로 감소했다가 2011년 다시 50% 이상으로 증가했다(연합뉴스, 2011년 11월 28일). 주식과 펀드 외에 다른 금융상품도 있고 부동산도 ABS, MBS 등의 금융상품으로 매개된다는 점을 고려할 때 국내 투자자 수를 1,000만 명 정도로 추산해도 큰 무리는 없을 것이다.

45 차액거래에 동원되는 차입의 규모가 엄청나다는 사실은 노벨경제학상 수상자들이 설립하고 주로 차액거래에 전념한 롱텀 캐피털 매니지먼트(Long Term Capital Management)가

의 주체는 고가 기기를 갖춘 대형 펀드 회사에 국한되겠지만 광의의 차액거래 관행은 이제 보편화되었다고 봐야 한다. 위험으로서의 자산 관리에 몰두하는 많은 사람들은 갈수록 보유 자산의 가격 등락에 민감하게 대응하며 매순간 최대의 수익을 얻으려 혈안이 되어 있다. 기업에서 균형성과표의 적용 대상이거나 취업을 위해 각종 자격증을 따야 하는 사람들도 자산 관리자라는 점에서 차액거래에 종사하는 셈이다. 차액거래가 광범위하게 이루어지는 시점에 각종 단기실적주의가 확산되고 있는 것은 따라서 우연일 수가 없다.

단타매매, 단기실적주의 현상은 이제 회사와 같이 이윤 창출을 목적으로 하는 조직에만 국한되어 나타나지 않는다. 부동산 시장에서 금융적 매개가 보편화하면서 누구나 관심을 갖는 주택 매입도 갈수록 장기 거주보다는 단기 자산증식을 위한 수단이 되고 있다. 상품의 수명 역시 '계획된 진부화'를 통해 엄청나게 짧아졌다. 오늘날 많은 사람들이 자신의 '인적자본'을 높이려고 각종 자격증 취득에 분주하지만 노동유연화와 함께 구조조정이 빈발하면서 종신 직장을 구하기는 갈수록 어려워지고 있다. 일자리 수명의 단축은 연예인의 인기가 '15분의 명성'으로 끝나는 것과도 맥을 같이한다. 리처드 마스든(Richard Marsden)에 따르면, 그래서 오늘날은 자본의 회전기간을 단축하는 데 필요한 유연적인 생산조직과 밀접하게 관련된 "취향을 조정할 수 있는 즉시성, 일회성, 일시성의 미학"에 지배되고 있다(Marsden, 1999: 10). 이런 일시성의 미학을 포함한 '일회용 사회'의 여러 경향을 우리는 금융화의 효과로 볼 수 있다.

회전기간 단축은 자본의 기본적인 축적 전략이긴 하지만 단기실적주의

---

1998년 러시아 루블화 폭락의 여파로 파산했을 때 연루된 금액이 세계 금융위기를 초래할 정도였다는 데서 잘 알 수 있다.

가 부쩍 강화되는 이유는 자본이 축적되는 방식이 생산과정을 우회하는 M-M' 운동의 강화를 통해 일어나기 때문이다. 이 모든 것은 물론 속도중가 기제가 전 사회적으로 작동하고 있고 삶의 리듬이 엄청난 수준으로 급박해지고 있다는 징표이다.

## 5. 금융화 극복의 전제

삶의 리듬이 극도로 빨라지면서 우리의 인지에도 변화가 온 것 같다. 인간의 인지능력은 감각, 지각, 경험적 인식, 개념적 인식 등 다양한 층위로 구성되어 있다. 하지만 금융화와 더불어 거래의 현재화를 강화하는 대규모 미래할인이 빈발하면서 오늘날은 이들 능력 가운데 개념적 인식보다 감각과 지각의 전면화가 두드러지는 것으로, 다시 말해 경험적 인식이나 개념적 인식 같은 고차적 의식보다 하급 의식이 주로 강화되는 것으로 보인다. 감각기관을 교육하기 위한 탄도학적 훈련이 영화뿐 아니라 일상생활 곳곳에서 실시되고 있는 것도 그런 한 예이다. 탄도학적 훈련의 전면화는 우리의 인지능력이 대부분 이제 '기억된 현재'에 포획된다는 말과도 같다. 기억된 현재란 제럴드 에델만(Gerald Edelman)에 따르면 기억이나 개념, 상상, 언어 등 활용 능력을 지닌 '고차적 의식'이 결여된 동물의 '일차적 의식' 형태에 해당한다(에델만, 2006). 하지만 오늘날 일상적으로 탄도학적 훈련을 받는다는 것은 우리를 동물적 의식 수준에 머물게 하는, 즉 기억할 수 있는 현재에 대한 심상 정도밖에 갖지 못하는 의식 또는 인지 상태에서 벗어나지 못하도록 하는 사회적 기제가 광범위하게 작동한다는 것이다. 감각에 얽매여 살아간다는 것은 삶에 대한 단기 또는 초단기 전망에 얽매여 산다는 것과 다르지 않고, 우리의 인지가 감각과 지각 수준을 벗어나지 못한다는 것은 우리가 삶의 장기적 전망을 제대로 갖추지 않고 살아간다는 것과 다르지 않다.

감각과 지각을 갖는다는 것 자체를 문제로 여길 일은 물론 아니다. 인간의 인지는 동물의 인지와 달리 기억과 개념, 상상 등의 고차적 의식을 갖는다는 특징이 있지만, 생명의 역사과정에서 형성된 신경세포가 보유한 감각과 지각 능력을 그 기반으로 한다. 인간의 고차 의식은 일차 의식과 신경세포 회로에 연결되어 있는데, 전자는 인지의 하향 작용을, 후자는 상향 작용을 일으키기 때문이다(심광현, 2014: 23). 하지만 지금처럼 감각과 지각 능력이 유난히 강화되어 일차 의식은 왕성하게 작용하는 반면, 개념이나 상상 등 고차 의식 수준의 인지작용에 기반을 둔 장기적 전망 능력은 반대로 둔화한다면, 즉 "고차 의식이 마비되고 일차 의식만 활성화되는 형국"이 지배한다면 인간의 능력체계는 부조화를 일으키지 않을 수 없다(심광현, 2014: 26). 금융화로 인해 증가하는 위험에 대응하기 위해 100만분의 1초 간격으로 금융상품 가격을 계산할 수 있는 초고성능 컴퓨터를 동원하는 일은 한편으로는 고도의 인지능력을 동원하는 것이기도 하지만, 다른 한편으로는 우리의 일상적 거래 행위가 신경세포의 무의식적 반응 속도를 닮아간다는 말과도 같다. 오늘날 자산 증식에 몰두하며 단기실적주의에 빠져든 사람들이 얼마나 많은가? 하지만 이와 함께 인지 활동을 주로 감각적 인지 영역에 종속시킴으로써 인간적 삶에 필수적인 장기 전망을 위한 개념적 인식을 발달시키려는 노력은 등한시하고 있는 것도 사실이다.

사람들을 감각적·지각적 인지와 단기실적주의에 빠져들게 만드는 것은 무엇보다도 자본의 회전기간을 더욱 단축시키면서 속도증가 기제가 가속해서 작동하도록 촉구하는 금융화이다. 많은 사람들이 위험으로서의 각종 자산 — 주식이나 펀드, 파생상품 같은 금융상품이나 부동산, 자격증, 외모, 부채 등의 자기자산 — 관리에 몰두하면 할수록 사람들은 초 단위나 분 단위 간격으로 바뀌는 감각과 지각에 더 의존하게 되고 삶은 더 분주해질 것이다. 삶의 리듬 교란은 지금 세계에서 한국이 가장 심각한 상황이다. 오늘날 한국인의 수면시간은 OECD 국가 가운데 가장 짧은 축에 속하고[46] 노동시간은 최장시간을 자랑한다.[47] 이 때문에 아드레날린이 과다 분비되고 스트레스도 급격히 증가했는지 자살률은 세계 최고 수준이다. 이는 금융화와 함께 M-M' 운동이 강화되면서 자본의 회전기간이 극도로 단축되고 각종 속도증가 기제가 난폭하게 작동함에 따라 온갖 위험이 증가해 삶의 리듬이 심각한 난조에 빠진 결과가 아닐 수 없다.

앙리 르페브르(Henri Lefebvre)에 따르면, 일상의 리듬은 단일하게 작동하는 것이 아니라 언제나 복수의 형태, 즉 '다(多)리듬(polyrhythmia)'으로 존재한다. 예컨대 속도증가 기제가 사회 전반에서 강력하게 작동하더라도 유기농산물로 만든 슬로푸드를 찾는 사람들의 식생활과 리듬은 패스트푸드 섭취에 익숙한 사람들과 다르며, 출생이나 생일, 결혼, 질병, 부모상 등 가족 간에 챙겨야 할 대소사의 리듬이나 전통적 명절의 리듬은 자본주의적 생산에서 행해지는 노동의 리듬이나 금융상품 거래의 리듬, 특히 다가오는 이자 지불 및 원금 상환을 위해 동분서주해야 하는 삶의 리듬과는 다르다. 하지만 다리듬 상황에서도 리듬 간에 경향적인 지배가 생겨나기 마련이다. 이 경향은 상반된 두 방향 중 어느 한 방향으로 우세해지는데, 르

---

46  2014년 7월 OECD 발표에 따르면 한국인의 평균 수면시간은 7시간 49분으로, 조사대상 OECD 18개국 중 최하위로 나타났다. 수면시간이 가장 긴 나라는 8시간 50분으로 나타난 프랑스이며, 이어 미국(8시간 38분), 스페인(8시간 34분), 뉴질랜드(8시간 32분) 순이다 (≪아시아투데이≫, 2014년 7월 24일 자).
47  OECD 조사에 따르면 2013년 한국인의 평균 노동시간은 2,163시간으로 OECD 34개 회원국 중 멕시코(2,237시간)에 이어 2위를 차지했다. OECD 평균은 1,770시간이다(연합뉴스, 2014년 8월 25일). 노동시간이 가장 짧은 네덜란드(1,380시간)와 비교하면 한국의 노동시간은 연 783시간이 더 긴데, 이는 8시간 노동일 기준 98일에 해당한다. 2013년에 한국인은 네덜란드인보다 석 달 넘게 더 노동을 한 셈이다.

페브르에 따르면 충돌과 불화가 리듬 간의 관계를 지배하면 '난(亂)리듬 (arrhythmia)'이, 건강한 신체에서처럼 복수의 리듬이 서로 조화를 이루면 '정(整)리듬(eurhythmia)'이 우세해진다(Lefebvre, 2004: 16). 자본주의 사회 에서 지배적인 형태로 작용하는 것은 말할 것도 없이 난리듬이다. 특히 금 융화로 인해 속도증가 기제가 역사상 가장 강력하게 작동하고 있는 오늘 날 일상의 리듬은 더 극심한 난리듬 형태를 띠고 있다고 봐야 한다.

사태가 여기에 이르렀으니 어떻게 해야 할 것인가? 삶의 리듬 난조를 초래한 병인을 찾아내 도려내야 한다는 생각을 품음직도 하다. 2011년 전 개된 '월가점령 운동'은 인구의 1%, 특히 금융세력을 공격의 표적으로 삼 았다는 점에서 시위자 다수가 난리듬의 원인 제공자를 금융화로 생각한 사례에 속한다. 신자유주의 체제에서는 금융화가 핵심적인 축적 전략으로 작용하고 이 전략을 금융세력이 주도한다는 점, 그리고 금융화와 더불어 속도증가 기제가 광범위하게 작동하고 이와 함께 감각과 지각이라는 단기 적 인지능력의 중요성이 강화됨으로써 난리듬이 주조를 이루는 일상이 펼 쳐지고 있다는 점에서 생각하면 사람들이 이런 반응을 보이는 것도 충분 히 납득된다. 하지만 금융화와 난리듬의 관계를 일방적인 인과관계로만 이해하는 것은 경제와 정치와 문화의 관계를 단순결정론에 의거해 이해하 는 것과 크게 다르지 않다. 경제가 최종 심급으로서 상부구조에 속하는 정 치와 문화에 결정력을 발휘한다고 하더라도 상부구조가 언제나 상대적 자 율성을 가지고 토대에 일정한 작용을 할 수 있듯이 일상의 리듬 또한 금융 화에 적잖은 힘을 행사한다고 봐야 할 것이다.

일상의 리듬이 금융화로 인해 더 극심한 난리듬으로 치달을 뿐만 아니 라 반대로 금융화도 일상의 리듬으로부터 영향을 받는다는 것은 두 흐름 이 상호 전제의 관계에 놓여 있음을 말해준다. 즉, 오늘날 일상을 지배하 는 리듬과 감각이 금융화를 전제로 한다면, 역사상 가장 강력한 속도증가

기제를 작동시키고 있는 금융화는 그 나름대로 오늘날의 지배적 감각과 리듬을 동시에 전제로 하고 있는 것이다. 여기서 전제는 경제적 과정으로서의 금융화와 구체적 삶으로서의 일상이 상호 발제(發製)하는 관계에 놓여 있음을 의미한다고 이해할 필요가 있다. '발제적(enactive) 인지과학'의 관점에서 보면 한 유기체의 인지작용은 외부의 객관적 현실을 표상한다기보다는 그 유기체가 자신이 속한 환경과의 상호작용을 통해 만들어가는 역동적 자기생성 현상이다.[48] 이런 관점을 수용할 경우 금융화는 단지 객관적으로 존재하는 외부의 힘이기만 한 것이 아니라 우리의 감각과 습속에 따라 구성된 삶의 환경이기도 하다.[49] 또한 일상의 지배적 리듬과 감각 양상 등 오늘날 드러나는 구체적인 삶의 형태는 또 그것대로 금융화를 환경으로 삼고 이 환경과 구조적으로 접속하면서 그 과정에서 발생하는 섭동에 따라 유발되는 일종의 유기체적 구조 변화에 해당한다.

금융화와 오늘날 지배적인 리듬 형태로서의 난리듬이 이처럼 상호 발제적인 관계라면 자본주의의 현 단계 축적, 즉 신자유주의적 축적의 가장 강력한 전략으로 작동하는 금융화에 대응할 때도 이런 점을 고려해야 하지 않을까? 금융화가 단순인과론에 의거해 상정되는 원인이자 우리의 일상을 지배하는 외부의 객관적이고 기계적인 힘에 불과한 것이 아니라 우리의 삶 속에 이미 전제된 것이라면 금융화를 극복하기 위해 해야 할 일 가운데 우리 자신의 삶에 대한 성찰이 빠져서는 안 된다. 금융화가 일면 '구성된 환경'이기도 하다는 것은 금융화가 우리 삶의 방식에 당연한 것으로 전제

---

48 인지과학의 발제적 관점은 마뚜라나·바렐라(2007), 바렐라·톰슨·로쉬(2013), Thompson (2007) 등을 참조하기 바란다.

49 이때의 구성은 현상학적 의미로 이해된다. 에반 톰슨(Evan Thompson)에 따르면 "전문적인 현상학적 의미로 '구성하다'는 '자각으로 가져오다', '제시하다', '드러내다'를 의미한다. 마음은 사물들을 자각으로 가져온다. 그것은 세계를 드러내고 제시한다"(Thompson, 2007: 15).

되어 있다는 말이자 우리 자신이 금융적 주체로 전환되어 있다는 말이기도 하다. 이렇게 이해하면 금융화는 우리를 빚진 존재가 되도록 강제하는 외부의 힘임과 동시에 우리 자신의 삶의 방식, 즉 갈수록 감각에 의존하며 난리듬을 타는 우리 자신의 행동거지로 인해 초래되는 상황이기도 하다. 그렇다면 금융화는 '저들의 것'일 뿐만 아니라 '우리의 것'이기도 한 셈이다. 금융화가 '우리의' 것이라는 사실은 한국의 경우 금융상품 투자자 수가 1,000만 명 정도로 추산되고, 은행권 부채를 짊어진 가구가 1,000만 가구가 넘는다는 현실이 말해준다. 이렇게 많은 수의 사람들이 강제로 금융거래에 참여하고 부채를 늘리기 위해 강제로 대출을 했다고 볼 수는 없다.

따라서 사회적 신진대사가 가속화되고 급격하게 변화하는 감각과 난리듬이 지배하는 지금의 상황을 극복하고 새로운 삶의 리듬을 구축하기 위해 외부의 자본주의만 저지하면 된다거나 '적은 저 앞의 은행가들'뿐이라고 판단하는 것은 일면적인 상황 인식에 지나지 않는다. 오늘날 자본주의적 축적에 금융화가 핵심적인 역할을 한다는 것은 '금융의 민주화'가 이루어졌다는 것, 다시 말해 더 많은 사람들이 금융화 과정에 참여하게 되었다는 것, 노동자까지도 화폐자본가로 행세하게 되었다는 것을 의미한다. 문제는 '노동자의 화폐자본가화'는 노동자가 자신의 계급 이익에 반하는 행동을 하도록 만든다는 것이다. 데이비드 하비(David Harvey)가 지적하듯이, 자신의 "저축이 자본으로 동원될 경우 노동자는 또한 이자를 받"지만, 이 결과 "노동자는 자신을 착취하는 바로 그 체제의 유지와 강한 이해관계를 가지"게 된다(하비, 1995: 352). 금융화는 이런 점에서 노동하는 주체인 우리가 우리 자신의 적이 되는 과정에 해당한다. 2007년 미국의 비우량 주택담보대출 위기나 최근 한국의 깡통주택 속출 사태가 보여주듯이 이 과정에서 많은 사람들이 수탈당하는 것은 분명한 사실이지만[50] 대출과정에 자발적으로 참여했다는 점에서 수탈당한 사람들은 그저 속기만 한 것이 아니라 자기수탈에 참여한 셈이기도 하다. 이처럼 많은 측면에서 금융화 과정에 자발적으로 참여하고 있다면 이로 인해 수탈을 당하고 고통을 받는다 하더라도 이는 적어도 일면 우리 자신이 실천한 결과이다. 따라서 금융화를 극복하기 위한 실천은 우리 자신의 실천을 바꿔내는 실천과 이어질 필요가 있다. 다시 말해 금융화와 연동되지 않은 다른 방식의 삶을 살고 다른 감각과 다른 리듬을 추구할 필요가 있는 것이다. 이는 우리의 감각과 리듬이 주조해내는 일상의 결에 과거와는 다른 강도로 관심과 주의를 기울여야 한다는 말이기도 하다.

## 6. 결론

정리듬을 회복하기 위해서는 금융화를 지양하는 일이 무엇보다도 필수적이다. 난리듬을 야기하는 결정적인 사회 동력은 각종 속도증가 기제이지만 오늘날 이들 기제의 작동을 가장 강력하게 지배하는 것은 자본의 회전기간을 과거 어느 때보다 더 짧게 단축시키고 있는 M-M' 운동, 즉 금융화 경향이다. 이처럼 금융화가 사회적 리듬을 결정하는 가장 중대한 요인이라면 우리를 옥죄는 난리듬을 극복하고 새로운 정리듬을 구축하려는 과정에서는 금융화를 저지하려는 노력이 결코 생략될 수 없으며 오히려 중심적 위치를 차지해야 한다. 금융화는 오늘날 자본의 회전기간 단축과 이에 따른 사회적 물질대사의 가속화에서 가장 중요한 역할을 맡고 있기 때

---

50 코스타스 라파비차스(Costas Lapavitsas)는 비우량 주택담보대출 위기가 과거 주택담보대출을 받을 수 없었던 가난한 흑인, 히스패닉, 여성이 대출을 받게 됨으로써 일어났다고 보고, 이들이 결국 집을 빼앗기고 만 것을 두고 금융적 수탈로 규정한 바 있다(Lapavitsas, 2009).

문이다.

하지만 이 글을 통해 주목하려 한 것은 우리의 일상이 금융화로 인해 어지러운 난리듬의 지배하에 들어갔다는 사실만이 아니었다. 문화정치경제의 문제설정에 따르면, 금융화의 운동과정은 경제에서 출발해 정치와 문화로 나아가기만 하는 것이 아니라 문화와 정치에서 경제를 향해 나아가기도 한다. 다시 말해 상호결정의 과정으로 구성되는 것이다. 이런 측면에서 보면 금융화는 '최종적'으로는 반드시 경제적이지만, 또한 언제나 이미 정치적이고 문화적인 셈이다. 이는 곧 금융화가 경제와 정치와 문화가 서로 교직되어 사회적 실천망 곳곳에 스며들어 있다는 것, 금융화가 '저들의 것'일 뿐만 아니라 '우리의 것'이기도 하다는 것을 말해준다. 사실 우리는 우리가 일상에서 자연스럽게 가진다고 여기는 감각과 지각의 수준에서까지 금융화를 사회적으로 실천하고 있다.

이런 점에서 오늘날 새롭게 부상한 일상의 금융화와 리듬 변화라는 사회적 현상 및 경향에 주목하는 것은 꽤 의미 있는 일이다. 금융화가 일상을 지배하고, 일상의 미시적 실천이 금융화를 추동하며, 나아가 이 과정에서 새로운 인지적 습속이 형성되어 사람들이 금융적 주체로 전환된다는 것은 신자유주의 시대에 자본주의의 지배가 얼마나 전면적이고 근본적이며 치밀한지를 보여준다. 이 지배의 올가미에서 벗어나는 것은 따라서 결코 쉬운 일이 아니겠지만 새로운 삶을 추구하는 세력이라면 당연히 이 올가미가 작동하는 방식을 제대로 이해할 필요가 있다. 이런 이해는 물론 미시적인 수준의 이해에 속하지만 그렇다고 결여되어서는 안 될 이해이기도 하다.

사회처럼 복잡한 체계에서는 어느 작은 부위에서 일어나는 변이가 큰 변화를 일으킬 수도 있다. 기계가 정밀할수록 작은 부품의 고장으로 전체 체계가 오작동될 수 있는 것처럼 오늘날 작동하는 자본주의적 사회라는 기계에서는 감각과 지각의 새로운 변화가 의외로 큰 진폭을 가져올 수도 있다. 일상의 금융화와 리듬을 분석하는 일은 이런 점에서 우리에게 작지만 의미 있는 새로운 실천의 장을 확보하도록 권유하는 것으로 보인다.

# 참고문헌

강내희. 2014. 『신자유주의 금융화와 문화정치경제』. 문화과학사.

≪경향신문≫. 2014.5.23. "약탈적 초단타매매 계속 용납할 것인가".

≪노동과 세계≫. 2006.3.23. "전국장기투쟁현장 '애끓는 투쟁, 폭발직전'".

≪뉴스토마토≫. 2013.7.19. "만들고 버리고… 줄지 않는 지갑 속 카드".

_____. 2014.6.10. "증시 침체… 주식투자자수 '정체'".

≪동아일보≫. 1984.3.8. "편리하면서도 불편한 '제3의 돈' 백과 '신용카드'의 현주소".

_____. 2014.12.12. "스마트폰 보유율, PC 첫 추월".

≪디지털타임스≫. 2014.12.15. "가계부채에 발목 잡힌 대한민국".

마뚜라나(Humberto Maturana)·바렐라(Francisco Varelra). 2007. 『앎의 나무: 인간 인지능력의 생물학적 뿌리』. 최호영 옮김. 갈무리.

≪매일경제≫. 1990.10.24. "신용카드 발급 1천만매 돌파".

≪머니투데이≫. 2003.2.24. "카드사 작년 하반기 대폭 적자".

_____. 2011.4.14. "지난해 국내 파생상품 거래 6경 6731조원… '급증'".

바렐라(Francisco Varelra)·톰슨(Evan Thompson)·로쉬(Eleanor Rosch). 2013. 『몸의 인지과학』. 석봉래 옮김. 김영사.

서동진. 2009. 『자유의 의지 자기계발의 의지: 신자유주의 한국사회에 자기계발하는 주체의 탄생』. 돌베개.

≪서울경제≫. 2014.12.15. "은행권 대출자 1,050만 명 넘어… 역대 최고 수준".

심광현. 2014. 「인지과학과 스토리텔링: 이야기하기의 존재론과 인식론을 중심으로」. 『제11회 중앙대 대학원 영어영문학과 학술대회 자료집』.

아리기, 조반니(Giovanni Arrighi). 2008. 『장기 20세기: 화폐, 권력, 그리고 우리 시대의 기원』. 백승욱 옮김. 그린비.

≪아시아경제≫. 2013.9.27. "나랏빚, GDP보다 3배 빨리 증가".

_____. 2014.2.13. "주택보급률 102.9%… 상승률 8년 새 최저".

≪아시아투데이≫. 2014.7.24. "한국인 평균 수면시간 7시간 49분, OECD 18개국 중 최하위 "긴 근무시간이 원인'".

≪아주경제≫. 2013.7.22. "작년 주식투자 인구 7년 만에 감소".

알튀세르, 루이(Louis Althusser). 2007. 『재생산에 대하여』. 김웅권 옮김. 동문선.

에델만, 제럴드(Gerald Edelman). 2006. 『신경과학과 마음의 세계』(제2판). 황희숙 옮김.
　　범양사.
연합뉴스. 1996.3.4. "작년 카드 현금서비스금액 1인당 평균 81만원".
_____. 2011.11.28. "올해 펀드투자 늘렸는데… "39%는 손실"".
_____. 2014.11.17. ""한국인 스마트폰 없이 못살아'… 보유율 세계 최고".
_____. 2014.7.3. "20대 스마트폰 보유율 96.2%… 67.3%는 "없으면 안 돼"".
_____. 2014.8.25. "한국인 근로시간 연간 2천163시간… OECD 2위".
이은미·문외솔·손민중. 2011. 「가계저축률 하락 원인 진단과 과제」. 삼성경제연구소. ≪CEO
　　Information≫, 제806호.
장영희. 2008.11.24. "대한민국 펀드에는 곡소리가 넘쳐난다". ≪시사IN≫.
≪조선일보≫. 2009.10.5. "금융위기 이후 예상과 달리 호전된 개인신용등급".
≪중앙일보≫. 2012.11.27. "한국 총부채 GDP 234%… 가계부채 증가속도 너무 빠르다".
지주형. 2011. 『한국 신자유주의의 기원과 형성』. 책세상.
≪파이낸셜뉴스≫. 2011.11.20. "대출확대·공모형PF 지원 등 부동산 활성화 대책 나온다".
하비, 데이비드(David Harvey). 1995. 『자본의 한계: 공간의 정치경제학』. 최병두 옮김. 한울.
≪한겨레≫. 2009.12.22. ""스펙'에 목매는 대한민국".
_____. 2010.3.31. "GDP 1천100조원·1조달러 시대 맞는다".
≪한국경제신문≫. 2014.12.12. "한국 총 부채 4500조 넘었다".
한국투자증권. 2012.10.15. "가계부채 진단과 영향 점검". http://equity.co.kr/upfile/issue/
　　2012/10/13/1350132931348.pdf
≪헤럴드경제≫. 2013.7.15. "한국 총부채 위험수위… 2015년엔 GDP의 2.5배".
홍석만·송명관. 2013. 『부채전쟁: 세계 경제 위기의 진실, 누가 이 빚을 갚을 것인가』. 나름
　　북스.

Althusser, Louis. 2008. "Ideology and Ideological State Apparatuses(Notes towards an
　　Investigation)." On Ideology. London: Verso.
Assa, Jacob. January 2012. "Financialization and Its Consequences: the OECD
　　Experience." Finance Research, vol. 1, no. 1
Bear, Laura. 2014. "Doubt, conflict, mediation: the anthropology of modern time."
　　Journal of the Royal Anthropological Institute, 20(S1).
Benjamin, Walter. 1969. Illuminations. translated by Harry Zohn. Hannah Arendt(ed.).
　　New York: Schocken.

_____. 2006. *Walter Benjamin: Selected Writings*, vol. 4. Howard Eil & Michael W. Jennings(eds.). Cambridge, MA: Belknap Press.

Blackburn, Robin. 2006. "Finance and the fourth dimension." *New Left Review*, 39.

Costello, Diarmuid. 2005. "Aura, Face, Photography: Re-reading Benjamin Today." Andrew Benjamin(ed.). *Walter Benjamin and Art*. London: Continuum.

Epstein, Gerald A. 2005. "Introduction: Financialization and the World Economy." Gerald A. Epstein(ed.). *Financialization and the World Economy*. Cheltenham: Edward Elgar.

FCIC(Financial Crisis Inquiry Commission). 2011. "The Financial Crisis Inquiry Report: The Final Report of National Commission on the Causes of the Financial and Economic Crisis in the United States." http://www.gpo.gov/fdsys/pkg/GPO-FCIC/pdf/GPO-FCIC.pdf

Fine, Ben. 2010. "Locating financialization." *Historical Materialism*, 18(2).

Foster, John Bellamy. 2008. "The Financialization of Capital and the Crisis." *Monthly Review*, April.

Gell, Alfred. 1992. *The Anthropology of Time: Cultural Constructions of Temporal Maps and Images*. Oxford: Berg.

Glover, Richard. 2010. The Financialization of Social Life & the Socialization of Finance." http://richardrglover.files.wordpress.com/2011/03/financialization-of-social-life-and-the-socialization-of-finance-2010.pdf

Isaacs, Gilad. 2011. "Contemporary Financialization: A Marxian Analysis." *Journal of Political Inquiry*. Issue 4(Spring). http://www.jpinyu.com/uploads/2/5/7/5/25757258/contemporary-financialization-a-marxian-analysis.pdf

Iwabuchi, Koich. 2004. *Feeling Asian Modernities: Transnational Consumption of Japanese TV Dramas*. Hong Kong: Hong Kong University Press.

Jessop, Bob & Stijn Oosterlynck. 2008. "Cultural political economy: On making the cultural turn without falling into soft economic sociology." *Geoforum*, vol. 39, no. 3.

Knight, Frank H. 1921. *Risk, Uncertainty and Profit*. Boston and New York: Houghton Mifflin.

Krippner, Greta R. 2005. "The financialization of the American economy." *Socio-Economic Review*, vol. 3, no. 2(May).

Langlois, Richard N. & Metin M. Cosgel. 1993. "Frank Knight on Risk, Uncertainty, and the Firm: A New Interpretation." *Economic Inquiry*, vol. XXXI(July).

Lapavitsas, Costas. 2009. "Financialization, or the Search for Profits in the Sphere of Circulation." Research on Money and Finance Discussion Paper, no. 10.

Lefebvre, Henri. 2004. *Rhythmanalysis: Space, Time and Everyday Life.* translated by Stuart Elden & Gerald Moore. London and New York: Continuum.

Mackenzie, Donald. 2004. "Physics and Finance: S-Term and Modern Finance as a Topic for Science Studies." Ash Amin & Nigel Thrift(eds.). *The Blackwell Cultural Economy Reader.* Malden, MA and Oxford, UK: Blackwell Publishing.

Mahmud, Tayyab. 2013. "Debt and Discipline: Neoliberal Political Economy and the Working Classes." *Kentucky Law Journal*, vol. 101, no. 1.

Marsden, Richard. 1999. *The Nature of Capital: Marx after Foucault.* London: Routledge.

Martin, Randy. 2002. *Financialization of Everyday Life.* Philadelphia: Temple University Press.

_____. 2007. *An Empire of Indifference: American War and the Financial Logic of Risk Management.* Durham and London: Duke University Press.

_____. 2009. "The Twin Towers of Financialization: Entanglements of Political and Cultural Economies." *The Global South*, 3(1).

Marx, Karl & Frederick Engels. 1984. *Manifesto of the Communist Party.* In Karl Marx and Frederick Engels, Collected Works, vol. 6. Moscow: Progress Publishers.

Maurer, Bill. 2002. "Repressed futures: financial derivatives' theological unconscious." *Economy and Science*, vol. 31, no. 1.

_____. 2005. *Mutual Life, Limited: Islamic Banking, Alternative Currencies, Lateral Reason.* Princeton, NJ: Princeton University Press. http://press.princeton.edu/chapters/s7998.html.

Oakfield, Samuel. 2014.6.14. "Wall Street sets its sights on renters." *The Final Call.*

Panitch, Leo. 2009.2.16. "The Financial Crisis and American Power: An Interview with Leo Panitch." *The Bullet* 186. www.socialistproject.ca/bullet/bullet186.html

Philibert, Cédric. 2006. "Discounting the Future." David J. Pannell & Steven G. M. Schilizzi(eds.). *Economics and the Future: Time and Discounting in Private and Public Decision Making.* Cheltenham, UK: Edward Elgar.

Robinson, Joan. 1973. "Lecture delivered at Oxford by a Cambridge economist."(1953)

Oxford: Blackwell. *Collected Economic Papers*, vol. 4.

Stuart, Hunter. 2014.6.13. "Great Recession Linked To 10,000 Suicides." *The Huffington Post*.

Taylor, Mark C. 2011. "Financialization of Art." *Capitalism and Society*, vol. 6, Issue 2, Article 3.

Thompson, Evan. 2007. *Mind in Life: Biology, Phenomenology, and the Sciences of Mind*. Cambridge, MA & London: The Belknap Press of Harvard University Press.

Tomlinson, John. 1999. *Globalization and Culture*. Cambridge, UK: Polity Press.

# 착취의 회계학

금융화와 일상생활 속의 신용물신주의

서동진 | 계원예술대학교 융합예술학과

이자 낳는 자본에서 자본관계는 가장 표피적이며 물신적인 형태에 도달한다. 여기에서 우리는 G-G′를 보게 되는데, 이는 곧 양극을 매개하는 과정 없이 스스로 증식하는 가치이며 더 많은 화폐를 생산하는 화폐이다(마르크스, 2008b: 513).

## 1. 빚과 소득의 정치경제학: 부채 주도 성장에서 소득 주도 성장으로?

신자유주의적 자본주의가 처한 모습을 묘사하려면 이제 더 이상 빚이라는 음산한 유령을 떼어놓을 수 없는 것처럼 보인다. 빚이 자본 간의 거래를 조직하고 다양한 신용 및 신용화폐를 만들어내는 배경이 될 때는 전연 음산하지 않다. 외려 이때는 경제를 더없이 윤활하게 작동시키는 마법의 장치처럼 보인다. 그러나 빚이 한계를 모르는 것처럼 불어나 개인과 가계 및 정부의 부채로 나타날 때면 그 마법은 재앙을 불러일으키는 주문과도 같이 돌변한다. 2008년 발생한 금융위기는 '서브프라임 모기지'라는 희대의 빚에서 시작된 것으로 알려져 있다. 이는 그 빚을 증권화(유동화)함으로써 더 많은 신용을 창출하고 이로부터 엄청난 이익을 얻으려 한 금융자본의 개입, 그리고 여기에 연관된 정치적 제도와 법률, 이를 뒷받침한 정보통신기술 및 금융혁신기법이라는 해괴한 명칭으로 알려진 다양한 금융공학과 테크놀로지가 뒤엉킴으로써 가능한 일이었다. 그렇지만 고도금융을 통한 전례 없는 자본주의의 성장이라는 환상은 빚이라는 유령과 만나 겁에 질린 것처럼 보인다.

한국의 사정 역시 다르지 않다. 한국 경제가 처한 최대의 문제가 가계부채와 정부부채라는 사실은 굳이 경제전문가가 아니더라도 누구나 아는 상식이다. 그리고 사정은 그리 복잡하지 않은 것처럼 보인다. 개인이나 가계, 그리고 정부 모두 너무나 많은 빚을 지고 있으며 그 빚에 대한 부담으로 소비가 줄고 경제가 어려워져 성장 자체를 위협한다는 것이다. 그러자 2015년 초 야당 대표를 맡은 문재인은 부채 주도 성장에서 소득 주도 성장으로 나아가야 한다면서 새로운 경제민주화의 패러다임을 제시했다. 문재인이 제시한 소득 주도 성장론은 '분배'라는 쟁점에 쏠린 잇단 관심과 그를 에워싼 뒤숭숭한 정경에서 비롯된 것이라 할 수 있다. 가난을 못 이겨 자살을 택한 송파 세 모녀 사건은 빈곤의 끔찍함을 증언했다. 피케티의 『21세기 자본』 출간과 반향, 그리고 이를 둘러싼 떠들썩한 논쟁은 분배를 둘러싼 지적·정치적 탐색을 부추겼다. 그리고 야당의 대표를 맡은 문재인은 이른바 부채 주도 성장론에 대응하는 새로운 대안으로 '소득 주도 성장'을 기치로 내걸었다.

소득 주도 성장이란 "가계의 가처분 소득을 늘려 소비능력을 키우고 이를 통해 내수 활성화를 이루겠다는 이른바 '두툼한 지갑론'이 핵심"인 것으로 요약된다(≪경향신문≫, 2015.2.10). 문재인은 2014년 11월 12일 "부채 주도 성장에서 소득 주도 성장으로"라는 주제로 개최된 소득 주도 성장 2차 토론회의 기조발제 원고에서 "박근혜 정부의 부채 주도 성장은 지속 불가능한 성장전략"이라고 성토하면서 "빚내서 집 사고 빚내서 소비하고 빚내서 투자하면 그 귀결은 결국 파산"이고 "부채를 기반으로 경제 활성화를 도모하는 것은 잠시는 달콤할지 모르지만 결국은 다음 정부로 폭탄을 떠넘기는 무모한 짓"이라고 강변했다. 그리고 "진보가 성장에 무능하거나 성장을 소홀히 한다는 편견"은 어불성설이며 김대중 정부와 노무현 정부의 경제성적표가 좋았음을 상기시키고, 성장을 이루면서도 국민 생활의 질을 향상시킬 수 있는 대안으로 '소득 주도 성장'을 제안했다. 이는 그의 말을 빌자면 "가계의 가처분 소득을 높여 중산층과 서민을 살리면서 내수 기반의 성장 동력을 높이는 전략, 즉 더 벌어 더 쓰는 성장전략", "소득이 증가하면 그만큼 소비가 확대되고, 내수가 살면 일자리가 늘면서 성장이 이뤄지는 선순환"을 도모하는 기획이다.

그가 언급한 부채 주도 성장에서 소득 주도 성장으로의 전환이라는 제안은 상당히 그럴싸하게 들린다. 이는 심지어 금융 주도 축적이라는 일부 좌파 경제학자들의 표현을 매우 대중적인 용어로 각색한 것처럼 보이기도 한다. 그리고 이는 금융화된 자본주의의 문제를 둘러싼 학술적인 토론과 논쟁을 알기 쉬운 표현으로 바꾸고 노동자를 비롯한 대다수 근로 소득 생활자에게 위안과 희망이 될 만한 전망을 제시하는 것처럼 들린다. 자본주의가 처한 모순과 적대를 규제하거나 조정하려는 시도는 언제나 특정한 정치적 표상을 수반한다. 이는 착취와 불평등을 초래하는 원인을 특정한 대상(예를 들면, 금융 투기, 부채 등)이나 주체(예를 들면, 약탈적 대부업자, 투기적 해외금융자본가, 자산소득을 통한 부의 축적을 장려하는 정치가 등)에서 찾는다. 그리고 이를 대신할 수 있는 대안으로 지갑을 채워주는 성장, 소득,

일자리 등이 자리한다. 야당 정치지도자의 발언에 따르면 부채인가 소득인가라는 상징적인 대립이 한국 자본주의가 처한 문제를 압축적으로 표상하는 것이다. 우리의 관심은 여기에서 시작된다.

이런 정치적 상상은 명쾌하다. 경제적 곤궁 및 고통과 이를 해결하기 위한 전망은 단순한 표상 속으로 이전된다. 부채 대 소득이라는 대구는 매우 효과적인 듯 보인다. 빚 부담, 소득 감소, 경기 침체, 그리고 저성장으로 이어지는 악순환을 택할 것인가, 아니면 괜찮은 일자리를 얻어 꾸준히 소득을 늘리며 이를 통해 내수를 확대하고 성장 역시 이루는 선순환을 택할 것인가? 이에 대한 답은 불을 보듯 뻔하다. 부채가 아닌 소득이, 부채 주도 성장이 아닌 소득 주도 성장이 나은 것도 당연하다. 게다가 소득 주도 성장이라는 슬로건은 이와 연관된 정책과 법률, 제도 개혁 등으로 구체화될 수 있는 은유의 사슬을 만들어낸다. 소득 주도 성장은 고용과 분배, 수요와 공급 등 일련의 경제적 대상과 결합하며 그 사이에 연관을 만들어낸다. 또한 소득 주도 성장 프로그램은 일을 통해 먹고 살아가는 이들을 변화의 주역이자 수혜자로 내세운다. 이로부터 더욱 평등한 세상을 만들어가는 정치적인 프로그램이 제안된다. 그렇기에 부채 주도 성장에서 소득 주도 성장으로 나아가자는 주장은 자유주의적 야당과 시민사회운동, 그리고 광범한 좌파 정치세력을 유인할 수 있는 정치적·경제적 프로그램으로 여겨진다.

그렇지만 과연 그럴까? 부채와 소득은 서로 대립적인 것일까? 부채 주도 성장에서 경제의 악으로 취급되는 부채는 소득이 스스로 변신한 모습으로 나타날 수 있으며 심지어 어떤 경우에는 그런 전환이 필연적일 수밖에 없다면 어떨까? 부채가 소득의 타자이기는커녕 새로운 자본주의 세계에서 가장 물신화된 부의 화신으로 군림하고 있는 것은 아닐까? 다양한 금융기관(투자펀드, 신용평가기관, 주택대부조합, 소매금융회사, 학자금융자기관,

신용카드업자에서부터 중앙은행, IMF, 세계은행에 이르기까지 잇단 자본주의적 신용의 사슬)과 국가기구, 그리고 산업자본가 집단은 금융에서 부가 나온다는 주문(呪文)을 되풀이했다. 단적으로 그들은 사람들에게 빚을 얻어 집을 사게 했고 소유자 사회(the ownership society)의 오랜 꿈을 실현하고 있다고 자처했다. 그렇게 생겨난 채권은 자산유동화 기관을 통해 다양한 증권으로 탈바꿈했으며 이는 높은 수익을 낳는, 즉 스스로 가치를 낳는 황금 거위와 다름없다고 역설했다. 또한 노동자계급은 주택가격의 상승으로 얻을 수 있는 잠재적 부에 도취되어 신용카드로 즐겁게 쇼핑을 다녔다. 그들은 최신형 휴대전화를 구입하고, 신형 SUV를 몰며, 새롭게 단장한 근교 대형 몰에서 쇼핑을 했을 것이다. 그들은 전에 없던 비상금 주머니를 찼다고 믿었고 비상금이 더 필요하면 다시 계약금이 낮은 새 집을 사면 그만이었다. 초기이자가 낮은 주택대출이 있기 때문이다. 그리고 이를 통해 그들은 돈을 낳는 거위를 또 한 마리 구할 수 있으리라 상상했다. 그리고 이는 뒤에서 밝히겠지만 절대 기만도 아니고 착각도 아니었다. 사실이 그러하기 때문이다.

반면 소득은 어떨까? 부채로부터 부가 나온다는 믿음이 순전히 기만이라면 임금소득, 노동을 통한 대가는 기만에서 벗어난 투명하고 정직한 현실 자체일까? 우리는 오늘날 진정한 부의 원천이자 유일하게 현실 속에 굳건히 뿌리내린 부의 기원이 노동이라는 믿음을 배반당한 것처럼 분노하기 일쑤이다. 빚은 아무것도 생산하지 않고 어떤 가치도 만들어내지 않은 채 오직 노동의 결실에서 자신의 몫을 빼앗아가려는 자들의 폭력이기만 한 것일까? 그렇기에 노동이 스스로 실현하는 것을 가로막는 수렁 또는 장애물이기만 한 것일까? 이런 정치적 상상은 노동에 대한 애착을 더욱 강화한다. 일을 하면 할수록 가난을 면치 못하고 빚을 지고 살아야 한다는 비극적인 플롯은 노동을 더욱 숭고하고 존엄하게 만든다. 그렇지만 빚을 악으로, 노동을 선으로 대치시키는 것은 동일한 물신주의 안에 머무는 것일 수 있다. 이런 등식은 자본주의적 생산양식에 대한 비판을 부의 분배와 불평등에 대한 비난으로 제한하고 과학적인 비판과 전환을 윤리적인 거부로 대신하게 만들 뿐이다.

이 글은 이런 쟁점에 유념하면서 금융화라는 최근의 변화와 그 효과로서의 부채경제를 분석하려 한다. 이를 위해 다음 절에서는 금융화를 금융자본이 노동자 및 가계의 개별 소득을 수탈(expropriation)한 것이라고 정의하고 금융화가 전개되고 나타나는 모습을 간략하게 묘사한다. 다음으로 이러한 금융화가 경제적인 과정이기도 하지만 경제적 삶을 재현하고 체험하게 하는 객관적인 가상, 즉 물신주의와 불가분의 관계라는 점도 밝힌다. 이를 위해 마르크스의 자본물신주의 담론을 참조해 이를 상품 및 화폐 물신주의와 연결하면서 금융화된 경제에서 출현하는 물신주의를 신용물신주의로 규정한다. 이는 금융을 통해 소득을 획득할 수 있다는 환상은 자본과 노동을 각각 소득의 원천으로 생각하는 자본물신주의가 발전된 형태라 볼 수 있기 때문이다. 마지막으로는 분배의 정치가 자본주의 생산양식의 적대적 모순을 제어하고 나아가 이를 폐지하기 위해서는 '전화(transformation)'의 정치와 결합해야 하며, 이를 위해 물신주의 비판과 자본주의 비판이 필수적으로 결합해야 한다는 점을 강조할 것이다.


## 2. 자본물신주의와 신용: 프롤레타리아에서 크레디타리아로?

### 1) 금융화된 세계의 일상 종교

최근 자본주의의 변화를 재현하는 주요한 개념 가운데 하나가 금융화일 것이다.[1] 그렇지만 금융화가 정작 무엇을 가리키는지에 대한 의견은 분분하다. 이를 축적 체제 자체의 전환으로 이해하며 금융 주도 축적이라는 개념으로 부르는 의견(Boyer, 2000)에서부터, 소유자계급의 반격을 통해 경영자본의 헤게모니를 제압하며 금융부문으로 이윤을 만회하려는 경향으로 간주하는 이들,[2] 주주가치의 극대화를 통해 기업의 지배구조를 조정하고 단기적인 이윤을 추구하는 자본 순환의 경향으로 보는 이들, 나아가 일상생활의 금융화라는 개념을 통해 금융화를 신자유주의적 통치성이 전환되는 계기로 보는 이들(Martin, 2002, 2007; Langley, 2008)에 이르기까지 그 범위와 강조점 역시 각기 다르다. 그렇지만 금융화라는 개념이 무엇을 가리키는지 명료하게 규정할 수 없다고 해서 금융화를 쓸데없는 것으로 치부할 수는 없다. 거꾸로 이것이 바로 이 용어의 장점이기도 하다.

금융화는 현실에 대한 술어적인 규정이 아니라 자본주의가 현재 조직되고 전개되는 모습을 규정하기 위한 이론적이고 정치적인 시도이기 때문이다. 금융화는 단지 금융이라는 경험적 대상 세계(은행, 투자은행, 국가, 도소매업자, 개인 소비자, 부채와 선물, 옵션, 파생상품, 월스트리트와 시티, 여의도

---

[1] 금융화를 어떻게 정의할 것인가를 둘러싼 논의를 모두 망라하는 것이 불가능할 만큼 금융화에 대해서는 논의가 많았다. 금융화를 둘러싼 논의를 요약하고 소개하는 대표적인 글 가운데 금융화에 관한 논의의 흐름을 마르크스주의적 입장에서 개관한 글로는 다음을 참조할 수 있다. Thomas Marois, *Finance, finance capital and financialization, Elgar companion to Marxist economics*, Ben Fine et al.(eds.)(Cheltenham, UK & Northampton, MA: Edward Elgar, 2012); C. Lapavitsas, "Theorizing Financialization," *Work Employment & Society*, 25(4), 2011. 금융화를 둘러싸고 비판적 정치경제학 및 문화연구, 지리학, 인류학 등의 분야에서 진행된 논의의 대표적인 경향은 다음 글을 참조할 수 있다. Ismail Erturk et al.(eds.), *Financialization At Work: Key Texts and Commentary*(London & New York, Routledge, 2008).

[2] 제라르 뒤메닐(Gérard Duménil)과 도미니크 레비(Dominique Lévy)의 입장이 대표적이라 할 수 있다. 뒤메닐·레비, 『자본의 반격』, 이강국·장시복 옮김(필맥, 2006); 뒤메닐·레비, 『신자유주의의 위기』, 김덕민 옮김(후마니타스, 2014); 비데·뒤메닐, 『대안마르크스주의』, 김덕민 옮김(그린비, 2014).

등)와 주체(정부, 기업, 금융업자, 노동자, 대중매체 등), 제도(국제금융기구, 중
앙은행, 역외금융, 그림자금융, 미소금융, 금융 관련 시민운동, 여성주의 운동조
직 등) 등을 어떻게 분석하고 표상할 것인가와 관련된 문제로만 국한되지
않는다. 금융은 자본주의를 실현하는 다양한 요인들 사이의 관련과 배치
를 새롭게 조망하도록 이끄는 쟁점이다. 또한 지역사회, 공동체, 국가는
물론 국제관계에 이르는 다양한 사회적·정치적 현실이 조직되고 변형되
는 계기를 파악하도록 만들기도 한다. 유로화와 유로존, 공공부채에 대한
토론 없이 유럽연합(EU)을 생각한다는 것은 더 이상 불가능해진 것처럼
말이다.

이 글에서는 금융화를 정의하면서 마르크스주의자인 코스타스 라파비
차스(Costas Lapavitsas)와 파울로 도스 산토스(Paulo Dos Santos)의 분석을
참조한다(Lapavitsas, 2014, 2009; Dos Santos, 2009b). 그들이 정의하는 바에
따르면 금융화는 지난 수십 년간 선진자본주의 국가와 발전국가에서 나타
난 자본과 노동 간의 착취적 사회관계가 어떻게 발전되었는지를 규정하는
원인 자체라 할 수 있다. 따라서 그들의 입장은 자본주의 축적 및 순환의
체계, 자본주의의 위기 경향(특히 이윤율의 추이) 등에서 금융화를 이해하려
는 입장과 구분된다. 거칠게 말하자면 이들의 생각은 은행을 비롯한 금융
자본은 노동자계급이 생산한 잉여가치(이윤)의 일부를 산업자본가로부터
이자의 형태로 착취하는 것이 아니라 노동자가 자신의 삶을 위해 직접적으
로 소비해야 할 임금을 이윤의 원천으로 수탈하는 것이라 보는 데 강조점
이 있다. 라파비차스가 쓴 책의 제목처럼 "생산 없는 이윤 취득(Profiting
Without Producing)"에 따른 지배라고 할 수 있다. 이런 생각을 좇을 때 우
리는 자본물신주의의 가장 극단적이고 사악한 형태를 발견하게 된다. 노
동자의 임금은 노동자가 자신의 재생산을 위해 사용해야 할, 즉 소비를 통
해 사용가치로 전환되어야 할 가치일 뿐이다. 그렇지만 금융자본은 이를

가치를 낳는 가치로 둔갑시키며 수탈하는 것이다. 물론 이러한 수탈은 소득의 수탈을 외려 새로운 소득의 원천으로 둔갑하는 물신적인 전도를 통해서만 일어날 수 있다. 그리고 이런 점에서 그들이 제시하는 금융화는 자본 물신주의, 나아가 신용물신주의라 부를 수 있는 물신주의의 논리를 설명하는 데 이점을 제공한다.

라파비차스와 도스 산토스가 정의하는 금융화는 간략하게 다음과 같이 요약할 수 있다. 그들은 마르크스주의적 입장에서 1970년대 미국을 중심으로 한 선진자본주의 국가에서 발생한 금융적 이윤의 추이(라파비차스) 및 은행업의 성격 변화(도스 산토스)를 분석한다.[3] 그리고 이로부터 거대 산업 및 상업 기업들이 신용의 원천으로서 은행을 이용하기를 기피하고 대신 공개시장에서 금융 자원을 얻거나 유보 이득에 점점 의지하면서 자기금융(self-finance)을 통하는 경향을 확인한다. 이 때문에 은행은 주거, 교육, 연금 등의 공적 공급이 삭감되는 과정에서 개인대출로 방향을 전환했고, 개별 노동자들에게 새로운 금융 서비스를 제공함으로써 수익의 원천을 찾으려 했다는 것이다. 더불어 공개금융시장에서 상업 은행들이 채권, 증권, 파생상품 등의 거래에 쏠리는 현상이 벌어졌다는 것이다. 결국 그들은 금융화를 자본주의의 착취적 사회관계가 재구조화되는 것으로 인식한

---

3   물론 이는 금융화의 추세가 서구의 발전된 자본주의 국가에만 해당된다는 것은 절대 아니다. 워싱턴 컨센서스 이후 발전국가에 강요된 신자유주의적 개혁은 특히 금융시장의 개방을 강요함으로써 전 세계 금융시장을 미국 헤게모니의 자본주의 체제로 편입시켰다. 특히 유사 세계화폐(world money)로 기능하는 달러의 영향하에서 해외 자본의 금융업 진출은 발전국가에서도 금융화를 폭발적으로 진척시켰다. 그렇지만 여기에서는 노동자 개인 소득과 가계의 수탈을 통한 금융 자본의 이윤 취득이라는 관점을 중심으로 살펴볼 예정이므로 둘 사이의 역사적 지배관계는 뒤로 미뤄두기로 한다. 발전국가에서 나타나는 금융화 경향의 특성(특히 종래의 제국주의와 구분되는 자본의 역흐름 또는 역수출 경향)을 '종속적 금융화(subordinate financialization)'라는 용어를 통해 보려면 라파비차스의 다음 글을 참조하기 바란다. C. Lapavitsas, *Profiting Without Producing: How Finance Exploits Us All*(London & New York: Verso, 2014), pp. 245~255.

다고 볼 수 있다. 그들이 보기에 금융화는 개인의 사적 소득에서 금융 이윤을 직접적으로 수탈하는 방식과 금융시장 영업의 확대를 결합시킨 것이다. 그리고 이를 통해 이윤의 일부, 즉 노동자가 생산한 잉여가치 가운데 일부를 이윤이라는 형태로 수취하는 것을 넘어 노동자의 임금을 빼앗아가는 수탈을 통해 노동자를 지배한다.[4]

이는 발전된 자본주의 국가에서 전개된 추이이지만 한국 자본주의에서도 동일하게 나타나는 과정이라 할 수 있다. 먼저 은행업의 성격이 변화하는 측면에서 한국 역시 동일한 과정이 관철되었음을 확인할 수 있다. 도스 산토스는 "은행 활동에서 일어난 최근의 변화 가운데 가장 의미심장한 측면은 은행 이윤의 원천이 개별 임금소득으로 전환된 것이라 할 수 있다. 은행 대부는 기업 대부에서 가계에 대한 다양한 형태의 소비 및 모기지 대출로 방향을 전환했다. 투자은행의 영업 역시 소매 투자 펀드 서비스에 의해 추동되는 형태가 늘어났다"라고 말한다(Dos Santos, 2009a: 6). 그런데 그가 말하는 내용은 한국에서도 거의 일치한다.[5] 한국은행이 2012년 가계부채의 원인을 진단하기 위해 실시한 조사보고서를 살펴보면 방금 언급한 도스 산토스의 서술과 크게 다르지 않은 경향을 확인할 수 있다(한국은행, 2012). 한국은행의 보고서에 실린 「가계부채 상황에 대한 분석 및 평가」라는 글에서는 가계부채가 급증한 배경으로 금융기관의 운용 방식 변화를

---

4  라파비차스는 이를 '소외(alienations)' 또는 '수용(expropriation)'에 따른 이윤이라고 칭하면서 이를 잉여가치의 분배를 통해 획득한 이윤과 구분한다. 같은 책, pp. 138~168. 이는 공유지의 수탈을 통한 자본의 축적을 설명하면서 이를 신자유주의적 자본주의의 특징이라고 설명한 하비의 분석과 대조적이다. 데이비드 하비, 『신자유주의』, 최병두 옮김(한울, 2007).

5  한국에서 진행되는 은행업을 비롯한 금융자본의 활동 추이는 다음 글들을 참조할 수 있다. 양두용 외, 『외환위기 이후 한국의 금융국제화 진전과 향후 과제』(대외경제정책연구원, 2004); 한국금융연구원, 『한국금융산업발전사』(한국금융연구원, 2014).

꼽는다. 그 글에서는 금융기관의 운용 방식이 크게 두 가지 면에서 변화했다고 분석한다. 먼저 은행의 대출 여력을 확대한 금융기관이 자신의 대출 가용성을 늘린 것(특히 CD 및 은행채 발행의 증대), 다음으로 대기업이 내부 보유를 증대하고 직접금융시장을 통해 자금을 조달함에 따라 은행 경영 전략이 가계대출 우선으로 선회[6]한 것이다(한국금융연구원, 2014: 50~51). 이는 국내의 은행업 발전과 그 추이를 보여주는 다양한 자료를 통해서도 구체적으로 확인할 수 있다.

이런 변화는 무엇보다 국내 일반은행의 이자 수익 변동을 통해 쉽게 파악할 수 있다. 은행의 이자 수익은 1992년 10.3조 원에서 2009년 57.3조 원으로 급격히 성장했는데, 이자 수익 가운데 압도적인 비중을 차지하는 것은 49.1조 원에 달하는 대출채권 이자이다(한국금융연구원, 2014: 96~99). 대출채권은 다양한 종류로 구성될 수 있다. 하지만 여기서의 대출채권 종목이 주택담보대출채권임은 굳이 따로 말하지 않더라도 누구나 상식처럼 아는 일이다.

〈그림 3-1〉은 국내의 가계신용 및 대출의 변동 추이를 보여준다. 2014년 하반기에 한국은행이 발표한 자료에 따르면 2014년 상반기까지 누적된 가계부채 총액은 1,060조 원에 이른다. 또한 OECD가 같은 즈음 발표한 자료에 따르면 한국의 연간 가계부채 증가율은 금융위기 이후 매년 8.7%에 이른다. 이는 가계부채가 전반적으로 감소 추세에 있는 다른 국가들에 비하면 상당한 차이이다. 물론 여기에서 거둬들이는 은행들의 이자 수익, 즉 노동자의 가계소득에서 거둬들이는 수익은 상당할 것이다. 물론

---

6  물론 여기에는 신바젤협약으로도 알려진 바젤II협약 같은 국제금융기관의 규율도 작용한다. 이 협약은 은행이 자기자본비율을 산정할 때 위험도에 따라 비율을 더욱 정교하게 적용하도록 했는데, 가계의 주택담보대출은 자기자본비율 산정 시 위험가중치가 기업대출에 비해 절반이다. 결국 가계부채가 촉진될 수 있는 요인을 제공한 것이다.

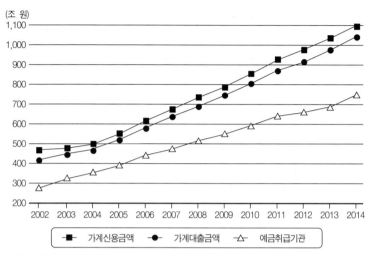

그림 3-1. 2002~2014년 가계신용 및 가계대출 추이

(조 원)

| 가계신용금액 | 가계대출금액 | 예금취급기관 |

자료: 한국은행 경제통계시스템.

은행들은 저금리 기조의 정부 통화정책 때문에 예대마진율이 낮아 이자 수익도 낮다며 불만을 터뜨리지만 바로 이런 조건 탓에 대출을 공격적으로 확대할 수 있었다는 사실은 은폐한다.

주택담보대출로 벌어들인 은행들의 이자 수익은 정확히 확인할 수 없다. 그나마 확인할 수 있는 가장 가까운 자료는 지난 2011년 국정감사에서 드러난 것으로, 이 자료에 따르면 대출채권 가운데 5년(2006~2010년)간 7대 시중 은행이 주택담보대출로 벌이들인 이자 수익은 51조 627억 원에 이르렀다고 한다. 2011년 이후 가계부채, 특히 주택담보대출이 지속적으로 증가해 전체 가계부채 가운데 절반 이상을 차지했음을 감안하면 이역시 상당히 증가했을 것임을 쉽게 짐작할 수 있다. 그리고 이런 이자 수익이 개별 임금과 가계의 소득을 수탈한 것임은 물론 미래에 얻게 될 임금소득을 떼어낸 몫에서 비롯된 것이라는 점은 분명한 사실이다.

다음으로 은행을 비롯한 금융자본이 판매신용 등을 비롯한 소비신용을

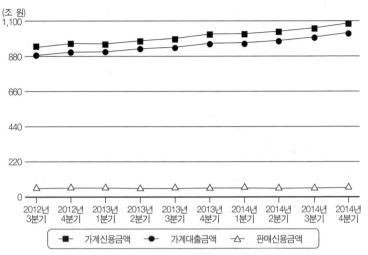

**그림 3-2. 2012~2014년 가계신용 및 가계대출 추이**

자료: KOSIS 100대 지표(2015. 2. 20. 최종 접속).

제공함으로써 소득을 수탈한 경우를 살펴보자. 한국은행 자료에 따르면 일반 가계에서 빌린 돈 또는 외상으로 물품을 구입하고 진 빚의 합인 가계신용, 즉 가계부채는 2014년 3분기 기준 1,060조 3,457억 원이다. 이 가운데 주택담보대출은 445조 1,636억 원, 이를 제외한 일반 대출금 및 신용카드 회사를 통한 현금서비스, 카드론 등의 대출은 277조 7,213억 원, 신용카드로 구매했거나 할부로 상품을 구입한 금액을 합한 판매신용은 57조 4,329억 원이다. 2002년 일어난 카드대란 이후 상당량 축소되었다고는 하지만 판매신용을 통한 금융자본의 이윤 역시 상당한 비중을 차지하고 있으며 또 여전히 증가하고 있는 셈이다. 잘 알려져 있듯이 신용카드 회사들은 판매신용보다는 현금서비스와 카드론의 높은 이자와 수수료를 통한 대출로 상당한 이윤을 취득하고 있다.

특히 소득이 낮은 계층을 중심으로 생계비 마련을 위한 대출 또는 대출 상환을 위한 대출 역시 꾸준히 증가해왔다. 물론 단지 이를 지적하는 것만으로는 불충분하다. 경제학자들이 소비의 하방경직성이라고 부르는 소비 수준의 상승과 재생산 역시 고려해야 한다. 어느 계층에 속했느냐와 관계없이 스마트폰을 사용하는 것이 당연하고 대학교에 진학하는 것 역시 당연한 일로 여겨지기 때문에 노동자는 정보통신, 교육, 의료 등에서 소비를 줄이지 못한다. 그러나 실질 임금의 정체·감소·불안정은 점차 사람들을 부채에 의존하게 만든다. 그리고 부채에 의존하는 것은 거의 일상적인 일이 되고 있다. 아니, 이제 소비생활의 일상의례가 되었다고 할 수 있다. 신용카드, 체크카드를 비롯해 광범하게 발달한 신용구매 수단을 이용하지 않는 이는 거의 없다고 말해도 좋을 것이다. 신용구매는 경제적 시민권의 한 종류로 기능하고 있기 때문이다.[7] 마르크스가 말한 상품의 수평주의와 냉소주의는 이제 신용의 냉소주의와 수평주의로 전환되었다고 해야 옳을 것이다. 상품의 세계는 갈수록 위계화·심미화되며, 소비는 계급적인 구분을 위한 상징적 행위로 전환되고 있다.

2) 재테크하는 주체: 착취의 회계학

그러나 소비의 한계를 극복할 수 있는 방법은 있다. 금융의 수단인 신용이 있기 때문이다. 우리는 자신의 신용을 물질화해주는 다양한 금융 수단을 이용해 소비를 즐긴다. 그리고 이를 매개로 서로 평등해질 수 있다. '지름신'이라는 저항하기 어려운 유혹을 탓하지만 지름신에 굴복한 것은 은근히 자랑이자 미덕이 될 수도 있다. 소비는 자신의 정체성을 실현하는

---

7  경제권이라는 시민권 담론의 한 장르가 화폐 및 금융적 실천과 어떻게 맞물려 전개되는지에 관해서는 미국의 사례이지만 다음의 분석을 참조할 수 있다. J. Harsin, "The lost histories of American economic rights," *Cultural Studies*, 24(3)(2010).

행위이므로 소비의 유혹에 굴복했다는 것은 절욕에 실패했다는 것이 아니라 자신의 욕망과 자유를 실현한 것으로 얼마든지 비춰질 수 있기 때문이다. 2년 약정으로 새로운 모델의 스마트폰을 구입하는 것을 당연한 일로여기는 청년 세대를 유혹하는 길거리의 이동통신사 호객꾼에서부터 해외여행객에게 더 알뜰한 신용카드 결제 방법을 안내하는 저녁 TV 뉴스의 흥분한 기자에 이르기까지 신용을 통한 소비, 즉 부채를 통한 소비는 노동자의 미래 소득을 전유할 수 있는 권리를 장악하고, 이 과정에서 금융자본은 수수료를 비롯한 막대한 이윤을 획득한다. 자신의 생활을 위한 일차적인 수단인 주거의 경우 부채에 의존하는 경향은 더욱 심화된다. 한때 한국적인 특수성으로 분류된 전세제도는 금융화된 소비의 장벽이기는커녕 최근의 전셋값 급등으로 인해 점점 더 부채의 유인으로 자리 잡을 것으로 보인다. 전세자금을 마련한 뒤 자신의 미래 근로소득 흐름을 담보로 추가 대출을 받아 집을 마련한다는 공식은 이제 통하지 않을 듯하다. 수년간 급증하고 있는 임대차 관련 대출(특히 전세대출)의 증가 추세는 전세의 신화를 무색하게 만들고 있다.

이제 입사한 지 만 1년이 다 돼가는 28살 직장인입니다. 고정급여는 300만 원이며 매달 100만 원을 3년 만기 적금에 넣고 있습니다. 나머지 여유자금은 펀드나 주식 등에 투자할 계획입니다. 우선 제 지출내역을 말씀드리면 실손보험 7만 원, 통신비 8만 원, 교통비 10만 원, 용돈 35만 원입니다. 또 5년째 들어둔 연금이 매달 50만 원가량 나갑니다. 취업 전에는 어머니가 대신 넣어주셨는데 취업 후에는 제 돈으로 내고 있습니다. 남는 돈 90만 원가량을 어떻게 굴려야 할지 조언 부탁드립니다. 또 차를 사는 것이 좋을지, 아니면 집을 사는 데 돈을 집중할지 아직 판가름이 서지 않습니다. 여자친구는 아직 없는데 5년 내로 결혼할 계획입니다. 서울 내 빌라 등에 전셋집을

구해서 결혼하는 것을 목표로 하고 있습니다.[8]

인용한 신문기사처럼 재무설계와 관련한 상담기사는 이제 대중문화 현상이 되었다. 재무문화(financial culture)라고 불러도 좋을 문화적 행위의 관습이 일상생활로 스며든 것은 금융화의 주요한 효과 가운데 하나이다. 이런 재무문화는 자기(self)를 상상하고 체험할 때 새로운 시점(perspective)을 마련해준다. 재무상담 TV 프로그램에서 전문가가 인구학적으로 분류된 세대에 따라 재무를 어떻게 설계해야 할지 조언할 때는 결혼, 육아, 노후 등 인생 주기에 따른 변화를 소득과 부채의 흐름하에 파악하는 수사가 그 안에 자리 잡고 있다. 이때 우리는 인생의 흐름을 화폐의 흐름으로 둔갑시켜 응시하게 된다. 또한 이는 불안, 공포, 성취, 안전, 위기감 등 다양한 심리적·미적 표상을 수반하기 마련이다. 미래의 삶의 흐름, 즉 지출과 소비의 흐름에 무관심하거나 대비하지 않은 삶은 불안하고 위태로운 것이다. 재무상담 TV 프로그램에서 전문가가 "재무상태는 마음의 모습"이라는 말을 곧잘 하는 것이 이를 적나라하게 전해준다. 그리고 이러한 심리적 풍경은 수많은 연금저축, 보험, 저축상품 광고에서 보듯 미적인 장면으로 둔갑해서 나타난다.

앞에서 인용한 상담내용에 대해 전문가는 그의 고민을 이렇게 진단한다. "첫째, 여유자금운용에 대한 자산포트폴리오 구성, 둘째, 자동차 구입 고려, 내 집 마련을 위한 재테크에 대한 고민, 셋째, 5년 이내 결혼자금 마련이라는 목표"를 가지고 있다는 것이다. 그리고 흔해빠진 조언이 뒤를 잇는다. 먼저 무조건 수입 가운데 상당 부분을 저축하라는 것이다. 그리고

---

[8] "[맞춤형 재테크] 월 급여 300만원 직장인··· 자금 운용 어떻게", ≪서울경제≫, 2015년 1월 25일 자.

천연덕스럽게 목표로 하는 자금을 저축만으로는 달성할 수 없기 때문에 25만 원은 주택청약종합저축에, 15만 원은 재형저축에 가입하고, 나머지 20만 원은 절세효과를 누릴 수 있는 연금저축펀드와 소득공제 장기펀드에 가입하도록 권한다. "매년 400만 원 한도로 세액공제를 받는 연금저축펀드는 필수"인데, "매년 되돌려 받는 환급금을 재투자해 복리효과도 누릴 수 있으며, 안정적인 MMF부터 채권형, 공격적인 국내주식, 해외주식까지 다양한 포트폴리오 투자가 가능"하다는 것이다. 덧붙여 그는 "일반 펀드 대비 보수도 저렴하고 환매 수수료도 없으며 언제든지 원하는 펀드로 전환할 수 있어 주기적으로 리밸런싱을 통한 자산증식의 좋은 수단"이라고 추어올린다. 그리고 "여유자금 90만 원"을 "적립식펀드"에 투자하도록 추천한다. "원금보장이 되지 않는 투자형 상품이긴 하나 '분산투자, 장기투자, 정기투자'에 충실한 합리적인 투자의 원칙을 지킨다면 변동성을 줄이면서 수익을 추구하는 성공적인 투자의 길잡이가 될 것"이라는 것이다.

이는 재테크와 거리가 먼 이들에겐 좀체 알아듣기 어려운 마법의 세계에서 흘러나오는 중얼거림처럼 들릴 수 있다. 그렇지만 이러한 내용은 거의 매일 신문과 TV, 인터넷 지면을 채우고 있으며, 이른바 재테크에 대한 기술을 조언하는 수많은 자기계발서들을 통해 대중적으로 소비되는 내용이기도 하다. 그리고 이는 금융화의 주요한 추세 가운데 하나인 '소매 투자 펀드 서비스'를 통해 이윤을 더욱 매끈하게 획득할 수 있도록 이끈다. 그러나 이 역시 노동자의 현재와 미래의 임금에서 직접적으로 가치를 이전시켜 금융자본가 및 그들에게 자본을 선대한 산업자본가들이 이윤을 획득하도록 만드는 것이다. 그리고 이러한 추세는 서구 자본주의에 국한되지 않고 한국에서도 폭발적으로 확대되어왔다. 신문의 경제면을 대신해 등장한 '머니'라는 이름의 지면은 현기증이 나리만치 다양하고 복잡한 투자상품과 금융상품에 대한 기사로 가득 차 있다. 그리고 이처럼 자산을 증식할 수 있는 대상은 금, 밀, 석유에서부터 미술작품에 이르기까지 무한하게 확장되었다.

그렇지만 앞의 재무설계를 의뢰한 직장인과 그에게 조언하는 재무 상담가의 대화에 등장하는 회계학적인 언표는 가장 복잡하고 화려한 형태로 물신적 환상을 만들어내는 한편 그 안에 깃든 착취와 수탈은 감춘다. 금융을 통해 취득하는 가치, 즉 이자는 산 노동의 착취에서 생겨난 잉여가치, 즉 이윤의 한 부분으로 여겨질 수 있다. 배당금의 형태이든 이자의 형태이든 간에 형태와 상관없이 이자는 이윤, 즉 잉여가치의 분배에서 비롯되는 것이 일반적이다. 그러나 라파비차스가 명쾌하게 보여주듯이 금융화는 금융적 이윤의 원천을 이윤이 아닌 다른 곳에서 찾는다. 가공자본의 형태로 금융자본가가 취득하는 이윤의 상당 부분은 노동자의 소득, 즉 임금의 현재 가치와 미래에 획득할 가치를 탈취하는 데서 생겨난다. 그리고 금융화는 금융 이윤의 주된 원천을 바로 여기에서 찾는다. 라파비차스는 오랫동안 간과되었던 마르크스의 분석을 참조하면서 오늘날의 금융 이윤은 잉여가치(이윤)를 기업가 이윤과 이자로 분배하는 것과는 관계없이 발생하는 이윤이라 정의하고, 이를 "수탈 또는 소외를 통한 이윤(profit upon expropriation or alienation)"이라고 부른다(Lapavitsas, 2014: 143).[9] 이는 단적으로 노동자와 가계의 개인적인 소득을 금융거래함으로써 획득되는 이윤으로, 잉여가치와는 크게 상관이 없다는 점이 특징이다. 이윤은 생산과정에서 만들어지는 잉여가치를 수탈함으로써 발생한다. 그러나 금융 이윤은 잉여가치의 일부인 이자로만 발생하는 것이 아니라 "소득과 타인들의 화폐 저량(stock)"

---

9  한편, 전유, 비전유, 수탈 등의 개념을 통해서 자본의 형이상학을 비판하는 자크 데리다 (Jacques Derrida)의 개념 역시 수탈을 이해하는 데 도움이 될 것이다. 데리다·스티글러, 『에코그라피: 텔레비전에 관하여』, 김재희·진태원 옮김(민음사, 2002), 34~35쪽.

을 수탈함으로써 발생할 수도 있다(Lapavitsas, 2014: 145).

노동자가 금융거래에 참여하는 경우는 오직 한 가지뿐이다. 임금재를 구매함으로써 생활에 필요한 사용가치를 실현하는 데 사용해야 할 화폐 수입을 현재의 대출이나 이자 지급, 아니면 미래의 연금소득이나 기타 배당을 위해 포기할 때이다. 그러나 사용가치로 실현되어야 할 화폐 수입이 대출, 신용구매 수수료, 이자, 펀드 등을 비롯한 돈의 형태로 대부자본으로 흡수되면 이는 현재는 물론 미래에 만들어질 소득에서도 수탈을 당하는 격이 된다. 간단히 말해 대부자본으로 흡수되는 돈은 가치증식의 결과를 분할하는 것이 아니라 제로섬 게임으로, 가치증식과정과는 상관없이 노동자의 소득을 직접적으로 탈취하는 것이다. 따라서 어떤 이의 말처럼 노동자는 이제 더 이상 프롤레타리아가 아니라 "크레디타리아(creditariat)" 인지도 모를 일이다(Haiven, 2011). 그렇다면 어떻게 이런 일이 벌어지게 되었을까? 이는 바로 소득과 빚을 함께 지배하는 환상, 마르크스의 표현을 빌자면 금융화된 세계에 적합한 새로운 일상생활의 종교인 신용물신주의 가 작동할 수 있었기 때문이다.

금융화의 진행과 함께 국민의 더 많은 구성원이 자신의 경제적 삶의 기초를 금융시장의 주된 참가자들의 의사결정에 의존하게 될 것이라는 전망을 갖게 되었다. 대중 펀드의 확대, 연기금의 주식투자, 그리고 노후 재테크 운동 등을 통해 자산 보유의 대중적 확산이 추진되고 있으며, 그 결과로 자산시장 확대와 대중적 이해관계 간의 연결이 강해진다고 보기 때문이다. 국민 다수의 경제적 삶이 금융시장의 위험에 더 많이 노출되고 있으며, 점점 더 많은 노동자들의 퇴직 후 생활이 금융시장의 변동에 따라 위태로워지고 있다. 그러나 역설적이게도 대중의 경제적 삶이 불안해질수록 대중은 점점 더 불안의 원인인 금융화와 주식시장을 지지하게 될 것이다(유철규, 2008: 162).

새로운 사회적 타협체계는 금융을 지향하는 새로운 소득흐름과 밀접히 관련되어 있다. 이른바 다양한 계급 간 협력을 가능케 하는 **금융적 포섭**이다. 이러한 포섭 형태는 금융을 지향하는 새로운 소득흐름과의 관련 덕분에 더 폭넓은 계급에까지 확장된다. 즉, 중간계급을 포함하는 폭넓은 타협의 구축이 신자유주의 생존의 핵심이다. 중간 소득 노동자에 대한 주식시장 지분분배를 통해 노동 대 자본의 계급갈등을 완화할 수 있다고 가정하는 것이다. 그 대표적인 예가 임금노동자들에게 임금보상을 대체하는 주식의 분배, 스톡옵션, 연금기금의 분배이다(윤여협·최원탁, 2001: 8)(강조는 필자).

인용한 두 개의 글에서 저자들은 모두 빚의 역설을 언급한다. 앞의 글은 대다수의 삶이 금융시장의 위협을 받는데도 이를 낳는 원인인 금융화를 지지한다는 것을, 뒤의 글은 금융을 지향하는 소득흐름이 초래하는 이른바 사회적 타협체계, '금융적 포섭'을 고발하면서 금융을 통한 착취가 외려 금융을 통해 자신의 생존을 보장하는 역설을 낳는다는 것을 지적한다. 그렇지만 이런 역설이 단지 금융상품을 구매하고 투자를 함으로써 안전한 노후를 준비하고 불안한 생활에 대한 걱정에서 벗어나라는 금융업자의 기만 때문에 벌어진 것만은 아닐 것이다. 오늘날의 현상은 마르크스가 비판했던 자본물신주의라는 개념으로 우리를 돌아가게 만든다.


## 3. 자본물신주의의 변종인 신용물신주의

마르크스의 『자본』을 헤겔이 쓴 『정신현상학』과 대조해 '부의 현상학'이라고 읽는 것이 억지는 아닐 것이다. 그리고 부의 현상학이라는 관점에서 자본을 읽을 수 있는 가능성은 『자본』에서의 마르크스의 분석이 완결되는 『자본 3권』에 분명하게 제시되어 있다. 잘 알다시피 마르크스는 『자본』에서 자본주의 생산양식이 어떤 제시(exposition), 표상(representation), 현상(appearance)의 형태로 자신을 드러내는지 매우 꼼꼼하게 설명하고 있다. 그리고 이런 그의 사고방향을 압축적으로 보여주는 것이 바로 '가치 형태' 및 '물신주의'에 대한 서술이다. 특히 그는 『자본 3권』의 마지막 부분인 48장에서 자본주의적 생산양식에서 수입 또는 부가 '현상하는' 세 가지 형태를 자본의 "삼위일체 정식"이라고 정의하면서 이를 분석한다(마르크스, 2008c: 1087~1109). 이때 마르크스는 부의 현상학이라고 부를 만한 관점에서 수입, 소득, 부, 그리고 이들이 물질화된 물적 존재의 형태(이자, 지대, 임금 등)가 어떻게 자본주의적 생산양식의 착취적 사회관계를 은폐하는지 분석한다. 물신주의라는 낯선 개념을 그가 군이 채택한 이유를 밝혀주는 많은 서술이 말해주듯, 물신주의는 착각이나 미망(迷妄)이 아니라 자본주의적 생산양식에서 경제적 삶을 생산하는 과정이 취하는 필연적인 가상(假想, Schein)이라고 할 수 있다. 즉, 물신주의는 주관적인 '착각'이나 '오류'가 아니라 사회적으로 타당한 객관적 사유 형태라고 할 수 있다.

마르크스는 이미 『자본 1권』에서 상품 및 화폐 물신주의를 분석한 바 있다(마르크스, 2008a: 133~148). 이때 마르크스는 '역사적으로 특수한 사회적 형태'인 자본주의적 생산양식에서 인간의 노동생산물이 하필이면 상품이라는 형태를 취하는지, 나아가 구체적으로 유용한 대상인 상품(사용가치)이 왜 동시에 형이상학적이고 신학적인 대상으로서 가치라는 대립적 '형태'를 띠는지(가치-대상성), 그 결과 자본주의적 사회관계가 왜 상품들 사이의 물신적 연관을 통해 '나타나게' 되는지를 폭로한다. 또한 그는 가치의 완성되고 보편적인 형태인 화폐가 등가 형태로 만들어지는 과정과, 이것이 결국 화폐가 더 많은 화폐가치를 낳는 자본에 대한 최초의 단순한 규정(M-M')이 되는 과정을 제시한다. 그러나 상품과 화폐라는 추상적인 규정에 스며 있는 물신주의는 자본주의적 생산양식이 다양한 사회적 실천과 매개된 이후 나타나는 자본물신주의를 통해 더욱 구체화된다. 그리고 일상적인 의식 속에서 상품 및 화폐 물신주의는 자본물신주의라는 형태를 통해 지각되고 체험된다. 이런 점에서 상품 및 화폐 물신주의에 대한 이해는 자본물신주의에 대한 이해를 통해 보완되고 또 재인식되어야 할 것이다.[10]

자본주의적 생산양식은 인간의 구체적이고 무한히 다양한 물질적 생산행위가 추상적인 노동으로 규정됨으로써만, 그리고 인간의 노동생산물이 역사적으로 특수한 사회적 형태인 상품과 화폐라는 가치 형태를 취함으로써만 작동한다. 그러나 자본주의적 생산양식이 현상하는 형태가 우리의 자생적 의식 속에서 나타나는 것은 바로 수입(이윤, 지대, 임금 등)의 원천에 대해 사고할 때이다. 금융화를 가능케 한 객관적인 환상은 바로 이 자본물신주의에서 비롯된다고 볼 수 있다. 그리고 글을 시작하며 말했듯이 소득과 부채, 임금과 빚은 서로 대립적이기는커녕 동일한 물신주의에서 비롯된 환상의 성분들이라 할 수 있다.

마르크스는 "자본-이윤(기업가 수익+이자), 토지-지대, 노동-임금은 사회적 생산과정의 모든 비밀을 포괄하는 삼위일체적 형태"(마르크스, 2008c: 1087)라고 말하며 이를 다음과 같이 설명한다.

---

10 물신주의의 비밀을 이해하기 위해선 자본물신주의를 이해하는 것이 관건이며 이것이 『자본』 전체를 총체적으로 이해하는 데 결정적이라는 사실을 강조하는 글로는 다음의 글들을 참조하기 바란다. M. Heinrich, *An introduction to the three volumes of Karl Marx's Capital*, translated by Alexander Locascio(New York: Monthly Review Press, 2012); H-G. Backhaus, "On the Dialectics of the Value-Form," *Thesis Eleven*, 1(1)(1980); H. Reichelt, "Marx's Critique of Economic Categories: Reflections on the Problem of Validity in the Dialectical Method of Presentation in Capital," *Historical Materialism*, 15(4)(2007).

······ 자본주의적 생산과정은 사회적 생산과정 일반이 역사적으로 규정된 형태이다. 이 사회적 생산과정은 인간생활의 물질적 존재조건을 생산하는 과정이면서 또한 특수한 역사적·경제적 생산관계 속에서 진행되는 하나의 과정[다시 말해 이 생산관계 자체와 이 과정의 담지자들, 그리고 이들 담지자의 물적 존재조건과 이 담지자 상호 간의 관계(요컨대 이들 담지자의 일정한 경제적·사회적 형태)를 생산하고 재생산하는 과정]이다. 왜냐하면 이 생산의 담지자들이 자연에 대해 맺는 관계나 그들 상호간에 맺는 관계, 그리고 그 속에서 그들이 생산을 수행하는 관계, 바로 이런 관계 전체야말로 경제적 구조라는 측면에서 본 사회이기 때문이다. 자본주의적 생산과정은 이 관계들에 선행하는 모든 생산과정과 마찬가지로 일정한 물질적 조건에서 이루어지지만, 이 조건들은 또한 동시에 개인들이 자신의 생활을 재생산하는 과정에서 맺는 일정한 사회적 관계의 담지자이기도 하다. 이 관계들과 마찬가지로 이 관계들의 조건도 한편으로는 자본주의적 생산과정의 전제이고, 다른 한편으로는 자본주의적 생산과정의 결과물이자 소산이다. 이들은 이 생산과정에 따라 생산되고 재생산된다(마르크스, 2008c: 1093~1094).

자본, 토지, 노동! 그런데 자본은 물적 존재가 아니라 일정한 역사적 사회구성체에 속하는 특정의 사회적 생산관계이다. 이 생산관계는 어떤 물적 존재를 통해 표현되며 이 물적 존재에 하나의 독자적인 사회적 성격을 부여한다. 자본은 생산된 물적 생산수단의 합계가 아니다. 자본이란 자본으로 전화된 생산수단을 말하는 것으로, 생산수단 자체가 자본이 아닌 것은 금과 은 자체가 화폐가 아닌 것과 마찬가지이다. 자본은 사회의 일정 부류가 독점한 생산수단이고 살아 있는 노동력에 대해 독립적인 것으로, 바로 이 노동력의 생산물이자 활동조건이다. 이것들이 이러한 대립을 통해 자본으로 인격화된 것이다. ······ 그러므로 이것(자본)은 역사적으로 창출된 하나의 사회적 생산과

정의 요인들 가운데 한 가지가 갖고 있는 일정한(언뜻 보면 매우 신비스러운) 사회적 형태이다(마르크스, 2008c: 1088)(강조는 필자).

여기에서 마르크스가 말하는 바는 분명하다. 자본을 물적 존재, 즉 생산요소(생산수단이나 원료, 또는 그에 해당하는 투입된 금액으로서의 화폐)로 인식하는 순간 자본주의적 생산양식은 더 이상 역사적으로 특수한 사회 형태가 아니라는 것이다. 자본을 물적 존재로 인식하면 물질적 생존, 인간과 자연 사이의 물질대사라는 영원한 자연필연성의 세계가 자본주의 생산양식이라는 특수한 '사회적 형태'에서 어떻게 특수한 형태로 나타나는지를 이해하지 못하게 된다는 것이다.[11] 자본은 오직 가치증식을 위해 자본이라는 물적 형태로만 자신을 나타낸다. 이때 자본이 자신이 투입한 자본을 통해 이윤을 만들어내는 것처럼 노동자는 노동의 대가로 임금을 받으며 토지를 제공한 자본가는 그 대가로 지대를 얻는다는 환상이 만들어진다. 여기에서 우리가 유의해야 할 점은 수입, 분배, 소득의 원천이 바로 노

---

[11] 마르크스가 자본주의 생산양식을 사회 형태라는 관점에서 또는 사회적 관계의 앙상블이라는 관점에서 이해한 것을 두고 이를 마르크스의 핵심적 특징으로 간주하곤 하는데, 이는 마르크스주의의 주된 해석 경향이 아니다. 이를 강조함으로써 마르크스 읽기를 혁신한 이들로는 알튀세르를 비롯한 그의 후계자들, 그리고 가치 형태 분석을 통해 자본의 새로운 읽기를 강조한 아이작 루빈(Isaac Rubin), 1970년대에 이른바 가치형태론적 자본 읽기를 선도한 독일의 신독해 그룹[특히 마이클 하인리히(Michael Heinrich)] 등을 들 수 있다. 이들의 공통점 가운데 하나는 마르크스의 『자본』이 정치경제학 '비판'이라는 점에서 준별될 수 있다고 강조하고 이를 노동가치론과 마르크스의 가치라는 역사적·사회적 형태에 대한 분석의 차이에서 찾는다는 점이다. 이에 관한 대표적인 글로는 다음 글들을 참조할 수 있다. 루이 알튀세르, 『맑스를 위하여』, 이종영 옮김(백의, 1997); Jacques Rancière, "The concept of 'critique' and the 'critique of political economy'(from the 1844 Manuscript to Capital)," *Economy and Society*, vol. 5, no. 3(1976); 아이작 루빈, 『마르크스의 가치론』, 함상호 옮김(이론과 실천, 1989); M. Heinrich, *An introduction to the three volumes of Karl Marx's Capital*, translated by Alexander Locascio(New York: Monthly Review Press, 2012).

동이라는 물신주의는 사회주의 운동을 비롯한 노동자 운동의 역사에서 항시 지지를 받아왔다는 사실이다. 마르크스가 비아냥거리며 말하듯이 "노란색의 대수(對數)라고 하는 것이나 마찬가지로 불합리한 표현"이 바로 '노동의 가격'이다(마르크스, 2008c: 1093). 노동자에게 임금이 자신의 노동의 대가라는 것은 지극히 불합리한 표현이다. 그렇지만 우리는 거의 직관적으로 노동자에게 일할 기회가 주어지지 않는다는 것, 노동자가 자신의 일한 대가를 제대로 받지 못한다는 것, 가치를 만드는 것은 오직 노동임에도 노동은 빈곤을 면치 못한다는 것을 역설한다. 그리고 마르크스는 이를 물신주의라며 맹렬하게 비난한다.

『자본 1권』에서 마르크스가 밝히듯이 노동력과 노동은 다르다. 자본주의는 노동력의 가치에 해당하는 임금을 지불하고 노동력 상품의 가치와 모순되는 사용가치, 즉 자신의 가치 이상으로 가치를 만들어낼 수 있는 그 상품의 사용가치를 착취한다. 이런 탓에 "임금(또는 노동의 가격)이라는 것은 노동력의 가치(또는 가격)의 불합리한 표현에 지나지 않는"다고 할 수 있다(마르크스, 2008c: 1099). 그렇지만 우리는 임금을 노동의 대가로 바라보는 데 지극히 익숙하다. 즉, 자본주의적 생산양식이라는 사회 형태를 바라보는 대신 오직 부와 분배라는 관점을 통해 물질적 생존을 위한 영원한 자연적 삶의 세계로 자본주의를 바라보는 것이다. 이럴 경우 잉여가치란 노동자의 몫에서 빼앗아간 부분으로 정의될 뿐이다. 물론 이런 가정에 선다면 가치는 자본주의 생산양식의 문제가 아니라 노예제이든 봉건제이든 모두 동일하게 적용될 수 있는 개념이 되어버린다. 그리고 자본주의적 착취는 초역사적인 도덕의 문제가 되고 자본주의에 대한 과학적 비판은 윤리적 비판으로 치환되고 만다. 이는 노동자 운동의 역사는 물론 사회주의 운동의 역사에서도 언제나 확인할 수 있는 유혹이었다. 마르크스 역시 자신이 살아 있을 즈음 이러한 윤리적 사회주의 또는 진정한 사회주의라는 이름의 사회주의를 끊임없이 비판한 바 있다. 그러나 19세기 후반에 부와 분배의 사회주의가 미친 영향력은 21세기 금융화된 자본주의에 대한 비판에서 나타나는 분배와 소득의 조합주의적 환상에 견주면 아무것도 아니다.[12]

그렇다면 '수입의 원천'은 어떤 연유로 물신주의의 가장 완성되고 현실적인(actual) 형태라고 말할 수 있을까? 다시 마르크스의 말을 인용해보자.

우리는 이미 앞에서 자본주의적 생산양식과 상품생산의 가장 단순한 범주들(즉, 상품과 화폐)을 언급하면서 자본주의적 생산양식이 사회적 관계(즉, 부의 소재적 요소들이 생산담당자의 역할을 수행하는 사회적 관계)를 이들 물적 존재 자체의 속성으로 전화시키고(상품), 또 더욱 분명하게는 생산관계 자체를 하나의 물적 존재로 전화시켜버리는(화폐) 바로 그 신비화하는 성격에 대해 지적한 바 있다. 모든 사회 형태는, 그것이 상품생산과 화폐유통을 가져오는 것인 한, 이런 전도에 관여하고 있다. 그러나 자본주의적 생산양식에서는, 그리고 그 생산양식의 지배적 범주이자 규정적 생산관계인 자본 아래에서는 이 마법에 걸린 전도된 세계가 한층 더 발전한다(마르크스, 2008c: 1103~1104)(강조는 필자).

더욱이 자본은 연간 노동가치(따라서 노동생산물) 가운데 일부분을 이윤이라는 형태로 고정시키고, 토지소유는 다른 일부분을 지대라는 형태로 고

---

12 자본삼위일체 정식에서 노동이라는 계기에 주목하며 자본물신주의를 분석함으로써 리카르도적 사회주의와 마르크스주의의 차이를 강조하는 패트릭 머리(Patrick Murray)의 글을 참조하기 바란다. Patrick Murray, "The Illusion of the Economic: The Trinity Formula and the 'religion of everyday life'," The culmination of capital: essays on volume three of Marx's Capital, M. Campbell & G. Reuten(eds.)(Houndmills & New York: Palgrave, 2002), pp. 46~72.

정시키며, 임노동은 셋째 일부분을 임금이라는 형태로 고정시킨다. 바로 이런 전화를 통해 이것들을 자본가, 토지소유주, 노동자의 수입으로 변환시킨다 — 그러나 이들 각각의 범주로 전환되는 실체(Substanz) 자체를 창출하지는 않는다 — . 분배는 오히려 이 실체를 현존하는(Vorhanden) 것으로 전제한다. …… 자본, 토지소유, 노동은 생산담당자에게 세 개의 서로 다른 독립된 원천으로 나타나는데, 바로 이들 독립된 원천에서 매년 생산되는 가치(따라서 이 가치가 그 속에 존재하는 생산물)의 서로 다른 세 개의 성분이 발생하고, 이들 원천에서 이 가치의 여러 형태(즉, 사회적 생산과정의 각 요소의 몫으로 돌아가는 수입)가 발생하는 것은 물론, 이 가치 자체(즉, 이들 수입 형태의 실체)도 발생하는 것처럼 보인다(마르크스, 2008c: 1098).

인용한 두 개의 문단은 상품 및 화폐 불신주의와 자본물신주의(또는 이 글의 분석 취지에 맞게 바꿔 말하자면 소득물신주의 또는 신용물신주의)가 동일한 것임을 간략하게 밝혀준다. 이 둘의 공통점은 바로 "가치 대상성(value objectivity)"에 있다고 할 수 있다. 즉, 가치는 사회적 관계임에도 마치 사물이나 어떤 대상 자체의 속성처럼 나타나는 것이다. 노동생산물이라는 물적 존재는 상품 형태라는 사회적 관계와 다르다. 그렇지만 자본주의 생산양식에서 가치는 필연적으로 물적 존재인 것처럼 나타난다. 어떤 노동생산물이든 다른 노동생산물과 교환하기 위해 생산된 것인 한 결국 상품이라는 형태를 취할 수밖에 없다. 그리고 이러한 상품 형태는 모든 노동을 동등화할 수밖에 없다. 이것이 구체적 노동과 구분되는, 자본주의 생산양식에 특유한 노동인 추상적·사회적 노동이다.

그렇지만 이는 더 풍부하게 발전된 경제적·사회적 관계를 거치면서 자본물신주의로 나타난다. 이제 자본이라는 물적 존재는 자체의 가치를 만들어내는 것처럼 보인다. 또한 자본은 노동력을 상품으로 만들어냄과 더불어 노동자에게 자신이 받는 임금이 노동이라는 구체적인 노동의 대가와 다르지 않은 것처럼 느끼게 만든다. 노동자는 자신의 생존과 재생산을 위해 자신이 가진 노동력 상품의 가치를 임금이라는 형태로 지불받았음에도 자신의 노동 전체에 대한 대가를 받은 것처럼 받아들이게 된다. "자본가에게는 그의 자본이, 토지소유자에게는 그의 토지가, 노동자에게는 그의 노동력이 …… 이윤, 지대, 임금이라는 독자적인 수입의 세 가지 다른 원천으로" 나타나는 것이다(마르크스, 2008c: 1097). 그렇지만 이런 식으로 노동을 인식할 경우 이는 "임노동이라는 규정성과는 다른 어떤 사회적 규정성으로 살펴보는 것"이 되고 만다(마르크스, 2008c: 1099). 그렇다면 이는 자본주의 생산양식을 가치관계로 인식하는 것이 아니라 부의 생산과 분배의 문제로 인식하는 끈덕진 환상을 만들어낸다.

이러한 환상은 자본주의가 위기를 맞는 시기에 접어들면서 더욱 왕성한 형태로 나타나고 있다. 노동자의 빈곤이 점차 완화되고 개선된 듯 보이던 역사적 시대가 저물고 실업과 빈곤이 확대되는 것이 누구의 눈에나 뚜렷해지는 시기에 접어들자 물신주의는 더욱 극성스럽게 그리고 더욱 화려한 형태로 자신을 확장하며 나타나고 있다. 그렇지만 앞서 여러 차례 강조했듯이 물신주의는 "착시 또는 미신처럼 하나의 주관적 현상 또는 현실에 대한 잘못된 지각은 아니다. 물신주의는 오히려 현실(특정한 사회적 형태 또는 구조)이 나타나지 않을 수 없는 방식을 구성한다. 이러한 적극적인 나타남[착각(Schein)] 및 현상(Erscheinung)은 그것 없이는 특정한 역사적 조건 속에서 사회생활이 전연 불가능한 매개 또는 필연적 기능을 구성한다. 외양을 제거하는 것은 사회적 관계를 제거하는 것이다"(발리바르, 1995: 92).

그러나 우리의 상식은 이를 끊임없이 부인한다. 우리에게는 어떤 이데올로기적인 기만으로도 제거할 수 없는 유일한 실재이자 가장 구체적이고 생생한 삶의 실체가 노동인 것처럼 보이기 때문이다. 그렇기에 노동은 환상의 적수이자 해독제처럼, 또는 유혹의 사이렌에 자신의 목숨을 내주지 않도록 만드는 체험과 의식의 돛대처럼 여겨진다. 그러나 마르크스가 말하듯이 노동은 "단지 하나의 유령일 뿐인 것"이라 할 수 있다. 이는 노동이 "하나의 추상 이외에 아무것도 아니며, 또 그것만으로 보면 결코 존재하지도 않는 것"이기 때문이다(마르크스, 2008c: 1089). 그러므로 노동으로 살림살이를 개선하고 임금소득으로 더 나은 세상을 꿈꾼다는 것은 자본주의 생산양식을 둘러싼 환상을 연장시키는 데 기여할 뿐이다. 마르크스가 "부의 사회적 요소들 간의 독립화와 화석화, 물적 존재의 인격화와 생산관계의 물화, 일상생활의 종교"라고 말한 것도 바로 이 때문이다(마르크스, 2008c: 1108~1109). 그렇지만 자본물신주의의 편린인 임금소득은 금융화와 더불어 더욱 강화되고 더 화려하게 재주를 넘게 된다. 이것이 바로 신용물신주의이다. 또한 부채가 소득의 타자가 아니라 소득의 또 다른 원천으로 둔갑하는 일이 벌어진다. 이는 바로 노동자에게 소득이 임금이라는 화폐적 형태로 나타나고 이 화폐는 다시 신용이라는 경제적 실천으로 매개되면서 돈에서 더 많은 크기의 돈이 나오는 식으로 또 다른 소득의 원천인 양 나타나기 때문이다.

화폐는 그 자체가 이미 잠재적으로 스스로를 증식하는 가치이며, 그것이 이런 가치로서 대부되는 것이 곧 이 고유한 상품의 판매 형태이다. 배나무가 배를 열매로 맺는 것이 배나무의 속성이듯 화폐가 가치를 창출하고 이자를 낳는 것도 바로 화폐의 속성이다. 그리고 화폐대부자는 자신의 화폐를 바로 그런 이자 낳는 물적 존재로 판매한다. 그러나 그것만으로는 아직 충분하지 않다. 즉, 이미 본 바와 같이 실제로 기능하는 자본까지도 그것이 기능하는 자본으로서가 아니라 자본 자체(즉, 화폐자본)로서의 이자를 낳는 것처럼 스스로 나타난다(마르크스, 2008b: 514~515)(강조는 필자).

G-G´에서 우리는 자본의 무개념적 형태, 그리고 **생산관계가 극도로 전도**
**된 형태와 물화된 형태**를 보는데, 이는 곧 이자 낳는 형태로, 자신의 고유한
재생산과정을 전제로 하는 자본의 단순한 형태이자 재생산과정과 무관하게
자신의 가치를 증식시킬 수 있는 화폐(또는 상품)의 능력이다. 이는 **극히 휘**
**황한 형태로 신비화된 자본의 형태**이다(마르크스, 2008b: 515)(강조는 필자).

마르크스는 이자 낳는 자본의 형태에서 나타나는 화폐의 마법을 폭로
한다. "배나무가 배를 열매 맺는 것이 배나무의 속성이듯 화폐가 가치를
창출하고 이자를 낳는 것도 바로 화폐의 속성"이라는 것이다. 바로 이러한
화폐의 환상은 이제 더 이상 대부자본가의 환상에 그치지 않는다. 노동자
의 임금소득은 바로 화폐라는 형태로 인해 이자 낳는 자본의 환상에 기꺼
이 동참할 수 있는 자격을 얻는다. 예컨대 부동산담보대출은 주거수단을
마련하기 위한, 즉 사용가치를 추구하기 위한 수단이기도 하지만 자신의
생존을 지켜줄 수 있는 유일한 자산이기도 하다. 주거지는 사용가치를 가
지고 있지만 동시에 얼마든지 현금으로 바꿀 수 있는 수단이기도 하다. 나
아가 지속적인 부동산 가격의 상승은 주거지가 화폐를 낳을 수 있는 화폐
로서의 잠재력을 가지고 있다고 확고부동하게 믿도록 만든다. 화폐물신주
의의 환상은 부동산불패의 환상과 함께 서로 즐겁게 춤추는 것이다. 그리
고 이 환상은 이자 낳는 자본의 전유물로 그치지 않고 노동자에게로 전염
된다. 노동자 역시 임금이라는 형태로 자신의 소득을 획득하는 한 임금의
화폐 형태로 인해 이러한 환상에 얼마든지 전염될 수 있다. 어느 투자상품
광고가 천연덕스럽게 말하듯이 스스로 일하지 말고 '돈이 스스로 일하게'
하면 되는 것이다. 그렇기에 "이자 낳는 자본에서는 자본물신성의 개념(표

상)이 완성되어 있다"라는 마르크스의 지적은 이제 임금소득을 통해 부를 얻을 수 있다고 믿는 노동자에게로 확장된다(마르크스, 2008b: 524~525).

노동자는 자신의 신용등급에 따라 보장된 미래의 화폐소득을 미리 당겨 쓸 수 있는 능력을 이용해 신용구매를 한다. 그리고선 신용카드가 제공하는 할인 구매의 이점을 활용해 포인트도 적립하고 부가적인 혜택(이를테면 A 신용카드로 결제하면 할인 혜택이 제공되고, B 체크카드로 5만 원 이상 결제하면 계란 한 판을 거저 주며, C 직불카드로 결제하면 적립금이 두 배로 쌓인다는 식의 혜택)도 누리면서 돈을 벌었다며 흡족해 한다. 그리고 자신의 생존을 위해 사용할 돈을 줄이고 미래에 얻을 자신의 부, 즉 미래에 얻게 될 사용가치를 기대하면서 어느 상품과도 교환될 수 있는 상품의 신, 사회적인 권력을 개인화해주는 바로 그 화폐를 투자한다. 그것이 정기예금이든 연금저축펀드이든 상관없다. 노동자는 이루 헤아릴 수 없이 많은 금융상품(최근 보험상품을 비교하고 구매할 수 있다는 어느 서비스업체의 말을 빌면 보험상품만 해도 1만 5,000여 종에 달한다) 속을 헤엄치며 달콤한 미래의 부를 꿈꾼다. 마치 쇼핑하듯이 매일 새로운 금융상품을 골라주며 구매하도록 추천하는 대중문화적 현상(TV와 신문, 인터넷매체, 다양한 재테크 관련 강좌와 소모임 등을 상기해보라)은 이러한 전환을 더욱 일상화하고 있다. 그리하여 자본물신주의는 신용물신주의와 만나 자본주의적 사회관계를 조직하는 능력을 발휘하고 있다.

물신주의는 위선적이고 잘못된 의식이기는커녕 "주체가 삶의 조건들과 맺는 필연적인 관계의 토대"이므로 자본주의를 유지하는 원리로 작용한다(Milios & Dimoulis, 2004: 39). 물신주의는 주관적인 환상인 동시에 이 환상을 통해 작용하는 객관적인 세계의 편에 선 환상이다. 그러므로 물신주의는 주관적이면서도 객관적이다. 아니, 앞에서 인용한 에티엔 발리바르(Étienne Balibar)의 생각을 빌자면 물신주의는 동시적이고 동연(同延)적이라 할 수 있다. 마르크스가 고전경제학을 두고 말하듯이 고전경제학자들이 경제적 삶을 인식하는 방법은 지극히 타당한 "객관적 사유 형태"였다(마르크스, 2008a: 139). 그렇기에 고전정치경제학은 과학적인 지식인 동시에 필연적으로 환상인 것이다. 그러므로 여기에서 우리가 유의할 점은 물신주의가 '주관적'이지 않은 객관적인 사유 형태라는 사실이다. 그리고 이러한 물신주의는 신용물신주의를 통해 극단적으로 확장된다. 신용은 화폐의 모순(가치척도로서의 화폐와 유통수단으로서의 화폐 사이에 존재하는 모순 또는 전체 상품의 가치 크기를 나타내야 하는 화폐 기능과 유통수단으로서의 화폐 기능 사이에 존재하는 화폐의 근본적인 불안정성이라는 모순)을 해결할 수 있는 잠정적인 수단이기 때문이다. 그리고 이러한 모순은 신용이 담당하는 '지불수단'으로서의 화폐의 기능을 통해 해결된다.[13]

그러나 신용, 즉 신뢰를 향한 믿음과 그 믿음을 구성하는 다양한 장치, 기술, 윤리적 규범이 자본주의적 생산양식 내부에서 직접적·내재적으로 생겨나는 것은 아니다. 신용은 자본주의가 발달시킨 다양한 금융의 관행과 이 관행에 딸린 장치들을 통해 보완해야 한다.[14] 예를 들어 국가에 의한 예금보증 같은 법률적 형태에서부터 펀드·선물·옵션 같은 다양한 금융거래에 대한 국제시장의 인가와 장려, 신용파산 승인을 통한 부채의 보전과

---

[13] 화폐와 신용의 관계에 대한 마르크스의 사유를 이해하기 위해서는 다음의 주요한 이론적 기여를 참조하기 바란다. S. de Brunhoff, *Marx on money*, translated by M. Goldbloom (Urizen Books, 1977); M. Itoh & C. Lapavitsas, *Political economy of money and finance*(New York: Palgrave Macmillan, 1999).

[14] 신용의 사회적 형성과 변화는 사회학과 인류학에서 상당한 관심을 불러일으켰다. 이에 관한 간단한 개관으로는 다음을 참조하기 바란다. B. G. Carruthers & L. Ariovich, *Money and Credit: A Sociological Approach*(Polity, 2010); K. Hart & H. Ortiz, "The Anthropology of Money and Finance: Between Ethnography and World History," *Annual Review of Anthropology*, vol. 43; G. Peebles, "The Anthropology of Credit and Debt," *Annual Review of Anthropology*, vol. 39.

재판매에 이르는 온갖 관행이 없다면 신용은 전개되거나 발전하지 못할 것이다. 따라서 신용은 언제나 국가를 비롯한 비경제적인 사회적 실천의 권력을 동원하고 활용하지 않을 수 없다.[15] 이는 신용이 가진 사회적 토대의 본성에서 비롯된다고 할 수 있다. 그렇지만 이러한 신용의 특성을 과장해서는 안 된다. 최근에는 지불수단이자 축장수단인 화폐의 기능에서 비롯된 신용을 과장하는 주장들을 흔히 접할 수 있다. 신용을 과장하는 이들은 화폐의 본성을 바로 신용에서 찾아야 하며 화폐 역시 신용에 근거해 정의되어야 한다고 주장한다. 이때 자본주의의 모순은 일반화된 상품생산에서 비롯되는 착취적 사회관계, 즉 자본과 임노동 간의 적대적 모순이 아니라 채권자와 채무자의 관계로 환원된다.

그러나 채권과 채무의 관계가 자본주의 생산양식의 사회관계에 우선한다는 발상은 또 다른 형태의 물신주의일 뿐이다. 마르크스가 남긴 물신주의에 대한 가장 유명한 정의는 "인간 두뇌의 산물이 독자적인 생명을 부여받고 그들 간에 또는 사람들과의 사이에서 관계를 맺는 자립적인 모습으로" 나타난다는 것이다(마르크스, 2008a: 135). 반면 신용의 선차성을 주장하는 이들에게는 이 정의가 다시 뒤집힌 모습으로 나타난다. 이들의 눈에는 자본주의가 마르크스가 표현한 것처럼 상품과 화폐라는 '필연적인 가상'을 통해 객관적인 사회 형태로 나타나는 것이 아니라 더없이 투명한 폭력의 세계 또는 빚이라는 영원한 저주에 속박된 삶의 만화경으로 나타난다.[16]

---

15 자본주의적 신용의 사회적 특성을 분석한 글로는 다음을 참조하기 바란다. 데이비드 하비, 『자본의 한계』, 최병두 옮김(한울, 1995); C. Lapavitsas, *Social foundations of markets, money and credit*(London & New York, Routledge, 2003).

16 이러한 주장은 금융위기를 전후해 화폐와 금융을 악마시하는 무정부주의적인 정치적 상상을 통해 큰 반향을 불러일으켰다. 그러나 경제신학 비판으로서의 자본주의 비판이 사회관계로서의 자본주의 비판을 대신할 수 없음은 물론이다. 이런 경향을 나타내는 대표적인 시도로는 데이비드 그레이버(David Graeber)의 저작을 꼽을 수 있다. 데이비드 그레이버,

금융, 나아가 빚을 투명한 폭력이자 저주라고 생각하는 것은 상품 및 화폐 물신주의를 배가한(re-doubling) 형태로 생산하는 것과 다름없다. 상품·화폐·자본 물신주의가 사물들의 관계를 통해 사회적 관계를 나타내며 모든 경제현상을 사물의 자연적·대상적 속성으로 설명하려 한다면, 신용물신주의는 인격적 사회관계 자체에서 물질적 사회관계의 기원을 발견하려 한다. 이런 점에서 사물의 물신주의는 이제 인격적인 주체의 물신주의로 뒤집혀진 채 나타난다. 금융위기를 전후해 신용의 도덕 경제를 비판함으로써 자본주의 생산양식에 대한 비판을 대신하는 것이 윤리적으로 상당히 매력적이었다는 사실은 예상할 만한 일이고 또 불가피한 일이었는지도 모른다. 그렇지만 신용물신주의가 지속되고 증대되며 또 공고할 수 있는 이유는 바로 신용물신주의가 상품·자본 물신주의에서 비롯되었기 때문이다.


## 4. 물신주의를 비판하는 문화정치학

지금까지 금융화된 자본주의에서 나타나는 독특한 형태의 물신주의를 신용물신주의라고 명명하며 마르크스의 물신주의 비판을 통해 금융화된 경제를 향한 혼란을 가늠하려 했다. 신용물신주의는 신자유주의적 자본주의가 초래한 빈곤과 실업, 삶의 불안정성을 토대로 한다. 발전국가로서 남한 자본주의가 꾸준히 만들어낸 환상, 즉 열심히 일을 하면 삶은 언젠가 나아질 것이라는 환상, 노동으로 부가 만들어질 것이라는 (객관적) 믿음은 '워킹 푸어' 같은 냉소적인 개념으로 부정되고 있다. 그렇지만 이러한 부

---

『부채 그 첫 5,000년』, 정명진 옮김(부글북스, 2011). 아울러 다음의 글도 참조하기 바란다. 마우리치오 라자라토, 『부채인간』, 허경·양진성 옮김(메디치, 2012).

의 원천으로서의 노동, 그리고 그 노동의 대가로서의 임금이라는 환상은 금융화를 경유하면서 새로운 물신주의적 형태로 뒤바뀐 채 더욱 공고해진다. 새로운 물신주의는 이자 낳는 자본이 만들어내는 극단적인 형태의 환상에 노동자를 연루시켰다. 노동자는 이제 노동자와 가계의 개인적 소득을 수탈하려는 금융자본의 기획에 포획되고 있다. 그리고 가장 믿을 만한 자산이자 수익의 원천으로 간주된 부동산을 구매하기 위해 부동산을 담보로 대출을 하는 것은 물론, 신용으로 소비를 하고 나아가 배당과 이자로 출산, 육아, 교육, 노후, 건강 같은 삶의 문제를 해결하는 등 투자의 광풍 속으로 휩쓸려 들어가고 있다.

이런 전환으로 인해 자본주의적 생산양식의 모순이 역사적으로 새롭게 전개되고 있다. 그렇지만 지금과 같이 노동자의 임금소득을 탈취하고 나아가 미래의 소득을 압착해 이윤을 얻는 금융자본의 지배에서 벗어나는 방법을 간단히 찾을 수는 없을 것이다. 양극화 또는 극단적인 분배 불평등으로 오늘날 자본주의의 초상을 그리거나 비난하는 것은 윤리적인 멜로드라마를 그려내는 데에는 매우 유용할 것이다. 그러나 이런 생각에 묶여 있으면 자본주의가 상품, 화폐, 자본, 임금, 이자와 같은 '형태'를 통해 물질적 생산을 조직하고 있다는 것을 이해할 수 없다. 또 문제가 되는 불평등의 원인이 바로 사회적 관계의 형태 그 자체에 있다는 사실도 놓치게 된다. 그렇지만 오늘날의 금융화된 자본주의의 운동을 조직하는 객관적이면서도 주관적인 원리는 바로 이것, 즉 자본주의 생산양식의 역사적으로 특유한 사회 '형태'이다. 금융화된 자본주의는 더욱 다채롭고 음험한 형태로 어느 때보다 화려하고 세련되게 자신을 관철한다. 이 때문에 이 글에서는 물신주의라는 개념을 새삼스럽게 참조하고 또 강조하려 했던 것이다.

따라서 오늘날 금융화된 자본주의를 비판하는 일은 수탈자로서의 금융자본가의 전횡과 폭력을 고발하는 데 머물러서는 안 된다. 마르크스는 정치경제학을 비판하는 것과 자본주의 생산양식을 부정하는 것을 동일시했는데, 금융화된 자본주의를 비판하는 일 역시 동일한 사유와 실천의 노고를 요구한다. 물신주의를 넘어선다는 것은 이런 방식으로 필연적으로 현상(現像)하지 않을 수 없는 사회적 관계 자체를 넘어선다는 것을 의미한다. 이러한 사회적 관계를 넘어서기 위해서는 사회적 관계가 그렇게 나타나는 외양을 제거해야 한다. 외양을 제거하지 않은 채 실체를 제거할 수는 없다. 그러므로 금융자본의 수탈이라는 '비합리적 과열'을 제거함으로써 자본주의를 합리화할 수 있다고 믿는 것은 기만일 뿐이다. 금융의 과도한 지배를 제거하고 화폐와 신용의 폭력을 제어한다고 해서 더 생산적이고 안온하며 나름 공정하기조차 했던 자본주의의 세계로 돌아갈 수는 없다. 그리고 자기조정적인 시장경제로 인해 파괴된 사회를 보호하려는 아래로부터의 '사회적인 투쟁'(사회적 경제, 협동조합, 신용조합, 지역통화, 기본소득 등을 내건 운동들) 역시 제한적일 수밖에 없다.

물론 공적으로 공급해야 할 사용가치의 상당 부분을 시장에서 구매해야 하고 자신의 재생산을 위해 임금은 물론 다양한 금융적 수단에 의존해야 할 때 우리는 금융화된 자본주의 속으로 깊이 빠져들고 만다. 자녀를 교육하고 노후의 편안한 생활을 준비하며 예기치 않은 질병에서 자신을 보호하기 위해 우리는 어쩔 수 없이 저축을 하고 투자를 해야 한다. 그렇게 모은 돈은 거대한 대부자본을 이루고 이 자본은 다시 노동자에게 대출을 비롯한 다양한 신용을 통해 공급된다. 그리고 결국 이는 다시 노동자의 개인적 소득을 빨아들인다. 그러므로 시장에서 구매해야 하는 사용가치 대상(주거, 교육, 교통, 보건, 상하수도, 전기, 통신서비스 등)을 공적인 공급 대상으로 만들어내려는 투쟁은 지극히 중요하다. '자기소유 주택＋공적 연금＋개인 펀드'라는 3중벽을 쌓아야 노후가 안전하다는 재무설계 상담가와 금융업자의 능청맞은 서사는 불안과 위태로움에 떠는 이들에게 무척 유혹적이다. 그러나 이는 금융화된 자본주의에 깊이 말려들도록 할 따름이다. 그렇다면 여기에 맞서기 위해서는 무엇이 필요할까? 이를 위해 필요한 것은 금융에 대한 문해력(literacy)을 기르는 시민경제교육이 아니라 임금 수입에 의존하지 않은 채 생존할 수 있는 세계를 만들어내는 일이다. 화폐와 신용의 물신주의가 만들어낸 삶의 문화적·경제적 조건을 개혁하려는 투쟁, 또는 유럽과 남미에서 확대되고 있는 무료이거나 저렴한 가격에 누구나 이용할 수 있는 공공재를 획득하려는 투쟁은 우리에게도 중요하다. 이러한 투쟁은 작고 사소한 개혁에 불과하지만 물신주의를 비판하는 계기가 될 것이며, 물신주의 비판은 자본주의적 생산양식을 폐지하기 위한 투쟁에 불가결하기 때문이다.

# 참고문헌

≪경향신문≫. 2015.2.10. "'소득주도 성장'의 경제정책".

그레이버, 데이비드(David Graeber). 2011. 『부채 그 첫 5,000년』. 정명진 옮김. 부글북스.

데리다(Jacques Derrida)·스티글러(Bemard Stiegler). 2002. 『에코그라피: 텔레비전에 관하여』. 김재희·진태원 옮김. 민음사.

뒤메닐(Gérard Duménil)·레비(Dominique Lévy). 2006. 『자본의 반격』. 이강국·장시복 옮김. 필맥.

_____. 2014. 『신자유주의의 위기』. 김덕민 옮김. 후마니타스.

라자라토, 마우리치오(Maurizio Lazzarato). 2012. 『부채인간』. 허경·양진성 옮김. 메디치.

마르크스, 카를(Karl Marx). 2008a. 『자본 I-1』. 강신준 옮김. 길.

_____. 2008b. 『자본 III-1』. 강신준 옮김. 길.

_____. 2008c. 『자본 III-2』. 강신준 옮김. 길.

발리바르, 에티엔(Étienne Balibar). 1995. 『마르크스의 철학, 마르크스의 정치』. 윤소영 옮김. 문화과학사.

비데(Jacques Bidet)·뒤메닐(Gérard Duménil). 2014. 『대안마르크스주의』. 김덕민 옮김. 그린비.

≪서울경제≫. 2015.1.25. "[맞춤형 재테크] 월 급여 300만원 직장인… 자금 운용 어떻게".

양두용 외. 2004. 『외환위기 이후 한국의 금융국제화 진전과 향후 과제』. 대외경제정책연구원.

유철규. 2008. 「금융화와 한국자본주의: 특성과 전망」. 한국사회과학연구소. ≪동향과 전망≫, 통권 73호.

윤여협·최원탁. 2001. 「금융세계화와 연금제도의 변화와 쟁점: 기업연금 도입을 중심으로」. 『민주노총 사회보장정책워크숍 자료』.

하비, 데이비드(David Harvey). 1995. 『자본의 한계』. 최병두 옮김. 한울.

_____. 2007. 『신자유주의』. 최병두 옮김. 한울.

한국금융연구원. 2014. 『한국금융산업발전사』. 한국금융연구원.

한국은행. 2012. 『부채경제학과 한국의 가계 및 정부부채』.


Backhaus, H-G. 1980. "On the Dialectics of the Value-Form." *Thesis Eleven*, 1(1).

Boyer, R. 2000. "Is a Finance-led growth regime a viable alternative to Fordism? A preliminary analysis." *Economy and Society*, 29:1.

Carruthers, B. G. & L. Ariovich. 2010. *Money and Credit: A Sociological Approach.* Polity.

de Brunhoff, S. 1977. *Marx on money.* translated by M. Goldbloom. Urizen Books.

Dos Santos, Paulo L. 2009a. "At the Heart of the Matter: Household Debt in Contemporary Banking and the International Crisis." Research on Money and Finance. Discussion Paper, no. 11. SOAS.

_____. 2009b. "On the content of banking in contemporary capitalism." *Historical Materialism*. 17.

Erturk, Ismail et al.(eds.) 2008. *Financialization At Work: Key Texts and Commentary.* London & New York: Routledge.

Haiven, Max. 2011. "Finance as Capital's Imagination: Reimagining Value and Culture in an Age of Fictitious Capital and Crisis." *Social Text*, vol. 29, no. 1.

Harsin, J. 2010. "The lost histories of American economic rights." *Cultural Studies*, 24(3).

Hart, K. & H. Ortiz. 2014. "The Anthropology of Money and Finance: Between Ethnography and World History." *Annual Review of Anthropology*, vol. 43.

Heinrich, M. 2012. *An introduction to the three volumes of Karl Marx's Capital.* translated by Alexander Locascio. New York: Monthly Review Press.

Itoh, M. & C. Lapavitsas. 1999. *Political economy of money and finance.* New York: Palgrave Macmillan.

Langley, P. 2008. "The everyday life of global finance: saving and borrowing in Anglo-America." *The everyday life of global finance.* Oxford & New York: Oxford University Press.

Lapavitsas, C. 2003. *Social foundations of markets, money and credit.* London & New York: Routledge.

_____. 2009. "Financialized capitalism: crisis and financial expropriation." *Historical Materialism*, 17(2).

_____. 2011. "Theorizing Financialization." *Work Employment & Society*, 25(4).

_____. 2014. *Profiting Without Producing: How Finance Exploits Us All.* London & New York: Verso.

Marois, Thomas. 2012. *Finance, finance capital and financialization, Elgar companion to Marxist economics.* Ben Fine et al.(eds.) Cheltenham, UK & Northampton, MA: Edward Elgar.

Martin, R. 2002. *Financialization of daily life.* Philadelphia: Temple University Press.

_____. 2007. *An empire of indifference.* Durham: Duke University Press.

Milios, J. & D. Dimoulis. 2004. "Commodity Fetishism vs. Capital Fetishism." *Historical Materialism*, 12(3).

Murray, Patrick. 2002. "The Illusion of the Economic: The Trinity Formula and the 'religion of everyday life'." M. Campbell & G. Reuten(eds.). *The culmination of capital: essays on volume three of Marx's Capital.* Houndmills & New York: Palgrave.

Peebles, G. 2010. "The Anthropology of Credit and Debt." *Annual Review of Anthropology*, vol. 39.

Reichelt, H. 2007. "Marx's Critique of Economic Categories: Reflections on the Problem of Validity in the Dialectical Method of Presentation in Capital." *Historical Materialism*, 15(4).

# 대중정치와 정치적 감수성의 몇 가지 체제[*]

이진경 | 수유너머N

## 1. 정치적 감수성의 체제

감성이나 감각이 대상을 받아들이는 수용의 심급을 뜻한다면, 감수성
이란 호오(好惡)의 분별 속에서 대상을 수용하고 감지하는 것이다. 감성이
나 감각 또는 지각 또한 대상을 있는 그대로 받아들이지 않는다. 가령 지
각이란 우리가 어떤 것을 우리의 '대상'으로 포착하는 것이다. 대상으로
포착한다 함은 "우리가 대상에 부여하려는 명확한 윤곽선을 그리는 것"이
고 이런 방식으로 우리가 그 대상에 행사할 수 있는 어떤 종류의 영향을
행사하는 것이다. 이런 의미에서 감각이나 지각이 포착한 대상이란 "자연
이라는 천에서 지각에 의해 재단된 것이며, 지각이라는 가위는 말하자면

---

[*] 이 글은 《마르크스주의 연구》 제11권(2014)에 실린 필자의 글 「대중운동과 정치적 감수
성의 몇 가지 체제」를 일부 수정한 것이다.

행동이 지나갈 길들의 점선을 따라가는 것"이다(베르그손, 2005: 36~37).

그렇기에 행동의 도식과의 관련 속에서 지각은 대상을 특정한 방식으로 보고 감각적으로 '오려낸다'. 지각 또는 감각으로 대상을 포착한다는 것은 이처럼 지각할 수 있는 것과 없는 것을 분할하는 선을 따라 사물을 재단하는 것을 의미한다. 따라서 감각할 수 있는 것과 없는 것의 분할과 보이는 것과 보이지 않는 것의 분할은 있기 마련이다. 더구나 지각이나 감각이 행동과의 관계 속에서 사물을 대상으로 포착하면 분할의 양상은 행동과 결부된 사회·정치적 맥락에 따라 달라진다. 이런 의미에서 자크 랑시에르(Jacques Rancière)는 감성이란 감각할 수 있는 것과 없는 것의 분할이며 그 분할은 사회·정치적 성격을 갖는다는 사실을 지적한 바 있다(랑시에르, 2008).

감수성은 감성이나 감각이 분할한 것을 한 번 더 분할하며 작동한다. 감수성이란 감각적으로 수용 가능한 것들에 대해 좋다/싫다, 아름답다/추하다 등과 같은 호오의 분별이 다시 한 번 작용하는 양상을 뜻한다. 이는 감각적 대상에 척도에 따른 '자격'의 분할을 더하는 것이다. 가령 인간의 귀는 가청대역의 주파수를 가진 소리는 모두 듣지만 음계를 구성하는 단위에 따라 분절된 소리로 듣는다. 그런데 이런 소리들의 조합을 음악적 소리와 비음악적 소리, 다시 말해 음악으로서의 자격을 갖춘 소리와 자격을 갖추지 못한 소리로 다시 분할한다.[1]

---

[1] 랑시에르는 가시적인 것과 비가시적인 것을 분할하면서 '정치'를 비가시적인 것을 가시화하는 것이라고 정의한다. 이는 감성론/미학(Aesthetics)에서 정치의 문제를 사유할 중요한 고리를 제시한다. 다른 한편 그는 민주주의와 관련해 '자격 없는 자들의 자격을 주장하는 것'이라는 말로 치안과 구별되는 정치를 정의한다. 이런 상이한 정의는 모두 '정치(la politique)'라는 말로 하나로 묶인다(Rancière, 2008: 245~255). 그런데 감성론과 관련해 단지 비가시적인 것의 가시화만으로 정치를 정의하기는 어렵다. 필자는 가시적인 것 안에서 자격을 분할하는 것이 정치가 감성론/미학과 결부해 정의되는 지점이라고 생각한다.

좋다/싫다, 아름답다/추하다 등의 범주는 보이는 것과 보이지 않는 것을 분할한 뒤에 보이는 것에 자격 있는 것과 없는 것의 재분할을 적용할 때 발생하는 '감각적' 판단이다. 이 판단은 감성과 구별되는 감수성의 영역에서 행해진다. 즉, 감수성이란 감각할 수 있는 것 안에서 그 대상을 분할하는 범주들이 다시 한 번 작용함으로써 대상이 수용되는 영역이다. 따라서 감각이나 감성에 비해 이차적인 심급이고, 굳이 말하자면 이중화된 감성이다. 하지만 시간적으로 감성 '다음에' 오는 것이라고 할 수는 없다. 감성에 대한 분별의 범주는 감성과 동시에, 또는 심지어 감성의 대상이 나타나기 이전에 항상-이미 작용하려고 준비되어 있다. 동일한 감성의 체제를 공유하는 사람들도 감수성상에 존재하는 이 호오의 분할이나 구획선이 다르면 다른 가치 판단하에 다르게 받아들인다. 이는 동일한 대상이나 동일한 사건을 사람들이 다르게 받아들이고 다르게 해석하며 다르게 반응하는 이유이다.

그런데 많은 경우 감수성은 개인적이 아니라 집합적이다. 사회·정치적 사건이나 사용하는 매체의 종류, 대중매체를 통해 공유하는 프로그램이나 언어, 유행하는 상품의 디자인 등은 언제나 집합적인 방식으로 공유되고 소비되기 때문이다. 전쟁이나 궁핍을 경험한 세대와 소비의 시대를 경험한 세대, 인터넷을 항상 사용하는 세대와 그렇지 않은 세대 간의 차이는 많은 경우 개인적인 차이를 넘어서 유의미한 집단적 차이를 갖는다. 그리고 이러한 차이는 사회적 현상이나 정치적 사건 등에 대해 다르게 판단하고 다르게 느끼며 다르게 행동하도록 만든다.

이런 점에서 대중과 결부된 현상이 대중의 집합적 감수성과 일정한 상관성을 갖는다는 가정은 경험적이고 직관적인 타당성뿐 아니라 충분한 논

---

감성과 구별해 감수성의 '정치'가 중요한 이유는 이 때문이다.

리적 근거도 갖는다. 즉, 사회적·역사적 조건에 따라 상이한 대중의 집합적 감수성이 존재한다고 할 수 있다. 대중이 갖고 있는 정치적 감수성의 차이는 다른 종류의 대중정치, 다른 종류의 대중운동을 만들어낸다. 따라서 대중의 상이한 정치적 감수성은 상이한 대중정치의 체제를 형성한다고도 할 수 있다. 대중이 가진 정치적 감수성의 차이는 대중정치나 대중운동의 양상을 이해하는 데에도 매우 중요하다. 이는 또한 특정 시기마다 대중정치에 '가담'하거나 '개입'하기 위해, 또는 대중에게 어떤 촉발을 가하기 위해 우리 자신이 어떻게 달라져야 하는지, 우리의 감수성을 어떻게 바꾸어야 하는지를 생각하게 만드는 문제이기도 하다.

그렇다면 대중의 상이한 정치적 감수성에 어떻게 접근할 것인가? 대중의 정치적 감수성을 어떤 방식으로 구별할 수 있을 것인가? 필자는 기존에 우리가 관찰할 수 있었던 대중운동 또는 대중정치를 이런 문제의식하에 검토하고 비교하려 한다.

다음에서 필자는 대중은 특이점의 분포에 따라 상이한 양상으로 변화해 움직이는 하나의 흐름이라는 명제(이진경, 2012)에 입각해 흐름의 양상을 규정하는 특이점의 성격과 작용 방식, 특이점에 대한 대중의 반응 양상을 분석함으로써 어떤 사건이나 대상의 호오를 분별하며 받아들이는 감수성의 작용 양상이 어떻게 다른 방식으로 유형화되는지 분석하려 한다. 이를 위해 대중의 정치적 행동 양상을 끌어당기는 끌개(attracter)로 작동하기도 하고 종종 '중심'이나 '특권적 대상'의 형태를 취하기도 하는 특이점과 대중의 흐름이 맺는 관계의 양상을 구별하려 한다. 이는 특이점이 흐름을 끌어당기는 양상을 보이기도 하지만 그 안에는 상이한 '거리화 메커니즘'이 작용하고 있기 때문이다. 다시 말해 끌개와 거리화의 상이한 양상을 통해 감수성의 차원에서 특이점의 작동 양상을 포착하려는 것이다.

미리 말해두자면 대중과 특이점 사이에서 작동하는 거리화 메커니즘의 차이에 따라 정치적 감수성 체제를 몇 가지로 구별하려 한다. '숭고', '재현', '대의', '표현'이라는 개념이 이 체제들을 구별하는 데 사용될 것이다. 이런 정치적 감수성이 '정치'라고 불리는 특정한 양상의 활동을 규정하는 한 각각의 감수성 체제를 숭고의 정치, 재현의 정치, 대의의 정치, 표현의 정치라고 명명할 수 있을 것이다. 그리고 정치적 감수성 체제를 구별함으로써 대중정치의 상이한 유형도 구별할 수 있을 것이다.[2]

## 2. 숭고의 정치

'숭고의 정치'라고 부를 만한 감수성의 체제가 출현한 것은 1970년 전태일의 분신자살이 계기가 되었다. 이 사건으로 노동자나 민중의 삶에 눈을 돌리는 이들이 소수이지만 나타나기 시작했다. 분신이라는 사건을 통해 시야에 들어온 그들의 삶은 말해야 하지만 입에는 담을 수 없는 어떤 것이었고, 저기 공장에서, 거리에서, 시장에서 명백히 보이지만 결코 보이지 않는 어떤 것이었다. 얼마나 고통스러웠으면 자신의 몸을 불살라야 했을까? 그 고통을 죽어보지 않고서 어떻게 알 수 있을까? 더욱이 동료나 같이 일하는 어린 노동자에 대한 애정, 그리고 "대학생 친구가 한 명 있었으면……" 하는 가슴 아픈 탄식이 그의 절망과 그가 선택한 죽음에 더해지면서 그의 죽음을 통해 드러난 삶은 이해할 수 있지만 결코 충분히 이해할 수는 없는 것이 되었다(조영래, 1983).

이것이 수많은 사람들이 그토록 오랜 기간 노동자의 고통을 이해하기

---

2    물론 여기서 나열한 것은 가능한 대중정치의 모든 유형이 아니라 1970년대 이래 한국에서
     나타난 유형 중 두드러진 유형에 한정된다.

위해, 민중의 삶을 이해하기 위해 공장으로 현장으로 들어갔던 이유였다. 또한 이것은 적어도 1970년대까지는 지식인이나 활동가가 공장에 들어간다는 것이 노동자의 삶에 다가가고 민중의 삶을 이해하겠다는 '도덕적'인 결단을 뜻했고, 자기 스스로를 '노동자화'하는 것, 민중이 되는 것을 중시했던 이유이기도 했다. 노동자들을 조직해서 운동을 하겠다고, 그들의 삶을 바꾸어보겠다고 생각하는 것조차 '어설픈 지식인의 외람되고 섣부른 태도'로 비난받았던 것 또한 동일한 이유에서였다. 이것이 1970년대 이후 노동운동이나 민중운동의 바탕을 이룬 기본적인 정서이자 감수성이었다.

당시에는 노동자나 민중이 겪는 삶의 고통이 운동을 하겠다는 의지를 가진 지식인으로선 도달할 수 없는 무한의 거리 저편에 있었다. 이는 죽음을 통해 환기된 삶이었으므로 죽음이라는 불가능한 체험이 아니고선 도달할 수 없는 무한의 거리 저편에 있었던 것이다. 올바른 삶, 진지한 삶이란 그 거리를 넘어 아마도 도달할 수 없을 그곳을 향해 나아가는 것이었다. 아무리 애를 써도 도달할 수 없는 무한의 거리는 고통스러웠다. 그러나 역으로 무한의 거리와 대결하고 있다는 사실과 도달할 수 없는 삶을 향해 그래도 자신이 나아가고 있다는 사실은, 아니 그 사실만이 고통만큼의 긍지를 갖게 해주었다. 고통에 굴복하지 않고 피할 수도 있는 고통을 피하지 않고 대면한다는 것은 역설적이게도 고통의 크기와 비례해 고통과 대결해 넘어서려는 의지의 크기를 감지하게 해준다. 이것이 수많은 사람들이 고통 속으로 스스로 뛰어 들어갔던 이유였다.[3] 그들은 일종의 '무한자'와 대면하고 있었던 것이다. 아마도 고통 받는 타자를 무한자라고 보았던 에마

---

3  1980년대 연극이나 탈춤 등의 연희적 무대가 언제나 고통으로 인해 쓰러진 자가 고통을 극복하고 일어나서 적과 싸우고 승리하는 양상을 반복했던 것은 이를 소박할 정도로 명확하게 보여준다.

뉘엘 레비나스(Emmanuel Lévinas)라면 이렇게 말했을 것이다. "타자는 신을 닮았다"(Lévinas, 1961).[4]

1980년대에는 다른 계기로 이와 유사한 감수성의 체제가 재출현했다. 바로 1980년에 일어난 광주항쟁 때문이었다. 군사독재정권과 공수부대의 참혹하기 그지없는 탄압과 억압에 대항해 싸우다 죽어간 사람들, 그들이 자신의 죽음을 무릅쓰고 지키려 했던 것 또는 이루려 했던 것은 분명 관념적으로는 '이해'할 수 있는 것이긴 하지만 사실 본질적으로는 죽어보지 않고선 결코 이해할 수 없는 무한의 거리 저편에 있는 것이었다. 광주항쟁이 화제에 오를 때면 빈번하게 들어야 했던 말, "너 광주를 알아?" 또는 "네가 광주를 얼마나 알아!"라는 한마디는 그 무한의 거리를 상기시켜주었다. 그 말은 더 이상 아무 말도 할 수 없게 만들었고 더 이상 다른 것을 할 수 없게 만들었다. '그토록 많은 사람이 자신의 목숨을 걸고 하려 했던 것, 지키려 했던 것이 있는데 나는 겨우 내 살아갈 걱정이나 하고 있단 말인가!'

이해할 순 있지만 결코 충분히 이해할 수는 없는 거대한 고통은 일상적인 삶을 아주 작고 비루한 것으로 만듦으로써 일상적 평범함을 넘어서기 쉽게 만들었다. 일상적인 삶을 아주 가벼운 것으로 만들어버리는 거대한 무거움은 역으로 탄압이나 억압의 무게를 또는 다른 세계를 만들려는 삶에 따라다니는 고통의 무게를 견딜 수 있게 만들었고 기꺼이 짐지게 만들었다. 이는 필자처럼 소심하고 겁 많은 사람조차 돌멩이나 화염병을 들고 거리를 질주하게 만들었고, 추적과 고문의 공포에도 '직업적 혁명가'를 꿈꾸게 만들었다.

---

4   이런 사고는 레비나스가 이미 충분히 보여준 것처럼 분명히 신학적이다. 1970년대는 물론 1980년대 중반까지도 천주교나 기독교가 노동운동이나 농민운동 등 민중운동에 진지한 노력을 기울였고 영향력 또한 매우 컸던 것, 그리고 민중신학 같은 새로운 신학을 만들어낼 수 있었던 것(안병무, 1991; 서남동, 1992) 또한 이와 무관하지 않다.

이러한 대중정치의 양상과 운동의 바탕에 깔려 있는 감수성의 양상은 '숭고'라는 개념으로 요약할 수 있다. 숭고라는 말로 요약되는 집합적 감수성은 1970년대와 1980년대의 운동에 중요한 지반이 되어주었고, 이는 결코 같다고 할 수 없는 두 시대를 하나로 연결해주었다. 1970년대의 운동과 1980년대의 운동이 많은 점에서 달랐지만 양자 모두 이런 의미에서 '숭고의 정치'를 공유하고 있다.

칸트에 따르면, '숭고(Erhabene)'란 우리가 표상할 수 없는 거대한 크기로 인해 발생하는 '미적·감성적(aesthetische)' 현상이다. "단적으로 큰 것을 우리는 숭고하다고 부른다." 단적으로 크다 함은 "일체의 비교를 넘어선 큰 것"을 가리킨다(칸트, 2009: 253). 이는 감각기관의 모든 척도를 넘어서는 힘이나 크기 또는 지성의 추론으로 담아낼 수 없는 힘이나 크기와 대면했을 때 인간이 느끼는 감성적·감정적 사태에 기인한다(칸트, 2009: 263~264). 이는 초감성적인 능력의 존재를 상기시킨다(칸트, 2009: 256). 숭고를 야기하는 대상이란 공포를 야기하는 대상이지만 한편으로는 자신이 그 상황에서 벗어나 있기 때문에 직접적으로 공포를 느끼지는 않는 대상을 뜻한다. 이런 공포감은 우리가 감당할 수 없으므로 동요와 고통을 야기하는 불쾌한 감정이지만 그렇기에 거꾸로 매력적이고 쾌감을 준다(칸트, 2009: 266). 숭고의 대상은 고통을 수반하는 쾌감, 반발을 야기하는 매력 같은 역설적인 힘을 갖고 있는 것이다.

이는 단지 거대한 크기나 자연의 거대한 힘 앞에서만 느끼는 감정이 아니다. 괴테의 비극 『에그몬트』의 주인공인 에그몬트 백작이나 도청으로 들어갔던 광주의 전사들처럼 패배하거나 죽을 것을 뻔히 알면서도 전장으로 향하는 결연함, 또는 앞서 말한 것처럼 죽음이라는 극단의 크기가 아니고서는 결코 드러낼 수 없는 고통이나 억압 또는 꿈과 희망은 모두 숭고의 감수성을 산출한다. 영웅은 죽고 비극은 숭고 속에 남아 그 비극을 보고 듣는 사람들에게 자신의 고통을 자발적으로 감수해 목숨을 걸고 무언가를 하도록 만든다. 이것이 숭고의 범주가 작동하는 고전적인 비극의 감성적 메커니즘이다. 이러한 감수성이 무겁고 비장한 정서를 갖는 것은 자명한 일이다.

숭고의 감수성 또는 숭고의 정치는 앞서 말했듯이 사람들에게 고통 없이는 넘을 수 없는 장벽을 쉽게 넘어서게 만들고 무언가를 하는 데 수반되는 고통을 기꺼이 짐지게 해준다. 이러한 과정은 자신의 한계를 넘어서도록 추동한다. 숭고한 대상들은 "일상적인 평범함을 넘어서도록 인간의 정신력을 고양시켜 주"고, 자신을 가로막는 거대한 힘과 위력 앞에서 그 힘과 자기 자신을 견주어볼 수 있는 용기를 촉발시키며, 저항능력을 발견하게 해주기 때문이다. 이는 역으로 어떤 위력 앞에서 자신이 감당해야 할 사명의 숭고함을 느끼게 해주며, 사명감을 위해 고통을 자발적으로 감수하려는 마음의 상태를 야기한다(칸트, 2009: 271). 이는 숭고의 정치가 갖는 가장 강력한 힘일 것이다.

요컨대 숭고의 정치는 고통이나 억압의 '크기'가 표상능력을 초과할 때 발생하는 감수성의 정치이다. 이 크기는 아무리 다가가도 결코 도달할 수 없는 거리와 동형적이다. 특이점과 대중 간의 무한한 거리, 아무리 다가가도 결코 축소될 수 없는 무한의 거리는 숭고의 정치를 특징짓는 일차적인 관계이다. 바로 이 무한의 거리가 자신의 한계와 대면하게 만들고 자신을 넘어서려는 '초월'의 욕망을 가동시킨다. 무한의 고통은 이러한 초월의 욕망 또는 초월의 시도를 통해 쾌감으로 전환된다. 이 쾌감은 자신을 넘어서는 데서 비롯된 쾌감이자 고통스러운 상황을 기꺼이 감수하는 데서 비롯된 쾌감, 희생을 자처하는 데서 비롯된 쾌감이다. 고통을 수반하는 쾌감과 반발을 수반하는 매력은 숭고의 정치를 밀고 가는 감응이자 감수성이다. 이러한 감수성은 고통과 무력감을 수반하는 비장한 투쟁의 감정으로, 승리의 가능성이 전혀 보이지 않는데도 싸우러 가는 영웅의 비극적 정조로 표현된다.

숭고의 정치에서 대중의 흐름은 하나의 방향을 취하지만 하나의 점으로 귀속되지는 않는다. 특이점은 보이지 않는 거리 저편에 있다. 가시적인 목표가 보이지 않는 상황은 오히려 목표를 향한 흐름을 지속시킨다. 강한 억압이나 탄압을 받는 경우에도 이 흐름은 소멸되지 않으며, 오히려 더 강해지기도 한다. 이러한 억압이나 탄압이 야기하는 고통의 크기가 클수록 숭고의 감수성은 더욱 강한 열정으로 변환되기 십상이기 때문이다.

이 흐름은 잠행적으로 지속되다가 억압적인 체제에 빈틈이 보이거나 균열이 발생하는 순간 폭발적으로 가시화된다. 박정희 체제의 말기적 증상이 나타나던 1979년 말부터 전두환의 쿠데타로 강력한 억압의 체제가 수립된 1980년 5월 17일까지의 시기에 출현한 대중운동이 이를 정확하게 보여준다. 또한 잠행하던 흐름이 특정한 사건을 계기로 가시화되면서 촉발될 때, 그러면서 하나로 결집되는 양상을 취할 때 상황은 매우 급진전된다. 박종철 고문치사 사건과 이한열 최루탄 치사 사건에 전두환의 호헌조치 선언이 더해지자 정권의 강력한 탄압에도 대중의 분노가 광범위하게 터져 나오며 시작된 1987년 6월항쟁이 이런 경우이다.

## 3. 재현의 정치

숭고의 정치에는 사람들이 동일시할 가시적인 대상이 없다. 1970년대를 지배한 숭고의 정치는 전태일의 죽음을 계기로 시작되었지만 전태일이 동일시의 대상이라고는 말할 수 없다. 심지어 전태일을 상징적인 인물로 표상할 때조차 전태일이라는 인물은 그의 표상 저편에 있는 노동자의 삶을 지칭하거나 또는 표상할 수 없는 어떤 것을 지칭하는 존재였다. 말할 수 없는 것, 표상을 넘어서 존재하는 것은 하나의 대상으로 가시화될 수 없으며, 따라서 이를 가시화하는 대상도 가질 수 없다. 이는 광주항쟁 또한 마찬가지였다. 광주항쟁과 관련해서 몇몇 인물이 거명되곤 했지만 그들 역시 동일시의 대상은 아니었다. 광주라는 이름조차도 전태일과 마찬가지로 표상할 수 없는 어떤 것의 존재를 상기시키는 대상이었지, 동일시할 대상이나 모델은 결코 아니었다. 대중의 흐름을 끌어들이는 끌개는 가시적인 영역 바깥에, 즉 가시적인 영역의 절대적인 외부에 있었다.

이와 달리 재현의 정치는 대중의 욕망이나 희망을 표상하는 특정한 대상을 갖는다. 대중의 욕망이나 희망은 다양해서 나름대로 다른 색조와 방향을 갖고 있다. 하지만 이러한 욕망이나 희망은 자신을 특정한 대상에 투여하고 그 대상과 자신을 동일시하는 역할을 하기도 한다. 심지어 자신을 투여하는 대상에 따라 자신의 욕망이나 희망을 재규정하기도 한다. 이 대상은 대중의 흐름이 쏠리는 특권적인 특이점이다. 다른 특이점도 있을 수 있지만 특권적인 특이점은 다른 특이점을 모두 무력화시키거나 자신에게 포섭하는 매개항으로만 가동된다.

이처럼 대중의 정치적인 소망이나 욕망이 특정한 대상으로 집중되고 그 대상에 따라 욕망이나 소망이 재현될 것이라는 믿음이 대중 흐름의 양상을 규정할 때, 다시 말해 특정 대상에 따라 대중의 욕망이 재현되고 대변되는 방식으로 운동 또는 정치가 전개될 때 이를 '재현의 정치'라고 말할 수 있다. 여기서의 대상은 대중의 정치적 감응이나 감정을 대신하는 대체물이자 대중의 흐름을 모으고 끌어들이는 일종의 초점이다. 이는 자신의 욕망과 정치적인 에너지를 재현한다고 간주되는 대상에게 자신의 에너지를 집중하고, 역으로 그 대상의 정치적 행동에 따라 자신의 행동이나 욕망을 재규정하기도 하는 대칭적인 프로세스를 포함한다. 전자가 대중이 가진 욕망의 흐름이 특이점으로 초점화되는 과정이라면, 후자는 그 초점에서 욕망이나 활동의 흐름이 방사되는 대칭적인 과정이다.

가령 김대중은 1997년에 대통령으로 당선되기 이전의 20~30년간, 아니 대통령으로 당선된 이후조차도 적어도 호남의 대중에게는 자신들이 받아야 했던 차별과 설움을 대변하는 인물이자 자신들이 갖고 있던 꿈과 희망 또는 욕망을 정치적으로 대변하고 표상하는 특권적인 인물이었다. 김대중은 그들의 삶과 설움, 꿈과 소망을 정치적으로 재현하는 인물이었다. 더구나 그는 이미 1970년경부터 뛰어난 정치적 능력과 영향력을 '인정받은' 탁월한 인물이었고, 또한 그렇기에 박정희 정권이 가하는 반복되는 죽음의 위협을 감내해야 했던 특별한 인물이었다. 광주항쟁을 이른바 '김대중 내란음모사건'으로 둔갑시켜 내란음모 혐의로 김대중에게 사형선고를 내린 일은 특이점으로서 그가 갖고 있는 인력의 강도를 더욱더 강화했다. '호남'이라는 말로 명명되는 대중의 정치적인 모든 욕망과 에너지는 김대중이라는 인물로 집중되었다.

한편 박정희 시대 이후 김대중이 겪어야 했던 고초와 수난, 그리고 거기에 굴하지 않는 태도 때문이겠지만 호남 지역을 넘어서 민주적 정치의 욕망을 가진 많은 사람들에게도 그는 새로운 정치적 가능성과 희망을 표상하고 재현하는 매우 중요한 대상이었다. 여기에 더해 그가 겪은 수난과 고통은 말할 수 없이 큰 민중의 고통을 향하고 있던 숭고의 정치적 감수성과 때로는 섞이고 때로는 나란히 가면서 공감과 연대의 흐름을 형성했다. 이러한 현상은 특히 기독교 계통의 민중운동이나 당시까지만 해도 조직적 형태를 갖추지 못하던 학생운동 출신의 청년운동가들에게서 두드러졌다. 광주항쟁에 대한 정치적 책임으로 그에게 사형을 선고한 사건은 이러한 공감과 연대의 흐름에 다시 한 번 충분한 이유를 제공했다. 이것이 1987년 이후 선거 때마다 운동권에서 이른바 비판적 지지가 반복적으로 출현한 이유였다.

이는 숭고의 정치에 속하는 영역과 재현의 정치에 속하는 영역이 부분적으로 중첩되어 있음을 뜻한다. 이는 숭고의 정치가 재현의 정치와 혼합되는 지대, 또는 하나가 다른 하나로 이행하는 지대가 있음을 뜻하는 것이기도 하다. 양자는 동일하지 않으며 개념적으로 구별되어야 하지만 양자가 섞이는 인접성도 있다. 앞서 말했듯 숭고의 정치는 가시적인 대상이 없으므로 보이지 않는 어떤 것을 향한 '초월'의 욕망에 의해 추동된다. 그런데 가시적인 대상이 없기 때문에 표상할 수 없는 것을 표상하는(represent) 대상으로 가시적인 대상을 대체하려는 욕망이 작동한다. 비가시적인 것을 가시적인 것으로 대체해 상징화하려는 욕망은 대중정치나 대중운동에서 쉽게 발견된다. 그리고 가시적인 특정한 대상이 없기 때문에 가시적인 대상을 표상할 가능성이 있다면 어떤 것이라도 그 자리에 들어설 수 있다.

그러나 이 경우에조차 그 대상은 표상 불가능한 것을 표상하기에 '진정한' 표상이 아니라는 논란과 비판을 피하기 힘들다. 이로 인해 숭고의 정치 안에서는 재현의 대상에 대한 지지가 항상 논란거리가 될 수밖에 없다. 숭고의 정치에서 발원한 운동의 영역에서는 재현의 대상에 대한 지지조차 좋든 싫든 '비판'이라는 형식을 동반할 수밖에 없는 것도 이 때문이다. 김대중을 둘러싸고 운동권 안에서 오랫동안 논란이 지속되고 김대중에 대한 지지가 실제로는 분명한 지지였으면서도 항상 '비판적 지지'라는 형식으로 언표된 것은 이런 이유에서였다.

재현의 정치는 인물을 재현의 대상으로 삼는 정치로만 국한되지는 않는다. 대중의 욕망이나 소망이 투여된 존재라면 어떤 것도 재현의 대상이 될 수 있다. 가령 그 대상은 당이나 노동조합 같은 조직일 수도 있고, (상실된) 조국 같은 기표일 수도 있다. 어떤 것이든 하나의 대상으로 욕망이 집중되면서 정치적 힘이 가시화되려 한다면 우리는 재현의 정치가 가동되고 있다고 볼 수 있다. 예를 들어 1980년대 한국의 노동운동을 이런 방식으로 이해할 수 있다. 노동자의 삶을 이해하기 위해, 노동자가 되기 위해 공장에 들어갔던 1970년대와 달리 1980년대 이후 '위장취업'해 공장에 들어간 활동가들은 공장에 잠행하면서 노동조합 건설을 꿈꾸었다. 여기서의 노동조합은 말 그대로 '시작이자 끝'이었다. 노동조합은 원래 노동운동의 시작을 뜻하지만 그 시기엔 노동조합을 만드는 것 자체가 매우 지난한 과정을 요구했으므로 그 자체가 목표가 되는 경우가 일반적이었음은 잘 알려진 사실이다.

이 경우 노동조합은 노동자들의 집단적인 이익을 대변하며 자본가와 교섭하는 기능적이고 대의적인 조직으로서의 의미보다는 자본가의 일방적인 명령과 권력에 저항해 노동자 자신의 자립적인 의지를 표상하는 상징적인 의미가 훨씬 더 컸다. 노동조합을 만든다는 것은 자본이 일방적으로 제시하는 상황을 노동자 대중이 더 이상 그대로 받아들이지 않겠다는 의지의 집합적인 표현이었고, 자본가의 요구를 그대로 받아들이지 않고 자신이 말하고 싶은 것을 말하겠다는 의사의 집약적인 상징이었다. 혼자서는 무력하기 짝이 없는 노동자가 자본가 앞에서 당당하게 말할 수 있도록 힘을 주는 것이 노동조합이었다. 즉, 노동조합은 노동자가 가진 의지의 조직적 재현이었고, 노동운동이라는 이름으로 욕망이 집중되는 특권적 대상이었다. 이는 노동운동의 처음이자 끝을 뜻하는 단일한 초점이었다.

노동조합 설립이 대대적으로 본격화된 1987년 6월 이후에도 이러한 상황은 한동안 본질적으로 달라지지 않았다. 노동조합을 위한 공간이 급속히 확장되긴 했지만 여전히 노동조합이나 노동운동은 국가적 '치안'이라는 관점에서 다루어졌고 항상 강력한 탄압을 상대해야 했기 때문이다. 다만, 다른 것은 노동자의 힘과 의지를 재현하는 노동조합의 위상이 기업 내부에서 전국적 차원으로 확장되었다는 사실이다. 전노협이라는 형태로 가시화된 이후에도 노동조합은 자본가 단체와 교섭하는 조직이나 국가적 '협치(governance)'의 상대가 아니었다. 당시에는 조직의 존재조차 공식적으로 인정받지 못했는데, 이런 점에서 역으로 존재와 존속 자체가 운동의 중요한 목표였다.

이런 상황을 미루어볼 때 1980년대 한국의 노동운동에서는 노동조합이 기업에서나 전국적으로나 노동자의 힘과 의지를 결집하고 재현하는 중심 또는 초점이었음이 분명하다(김창우, 2007; 김영수 외, 2013). 노동조합은 노동자와 노동운동 대중의 힘과 욕망을 모으는 끌개였고, 노동운동 대중의 흐름을 모으는 특별한 대상이었다. 이 시기 노동자에게 '정치'는 언제나 노동조합을 향해 가는 욕망의 흐름 또는 운동의 흐름이라는 형태로 존재했다. 이 흐름은 노동조합이 가시적으로 있든 없든 노동조합을 통해 존재하고 노동조합을 향해 가동되는 것이었다. 노동자들의 정치적 감정과 감응은 노동조합이라는 대상과의 동일시를 형성했고, 노동자들의 힘과 욕망은 그 대상을 향해 분출되었다. 노동자들의 힘과 의지는 노동조합으로 모이고 역으로 노동조합에서 재현된 노동자들의 의사는 노동자 대중에게 확산되고 받아들여지는 대칭적인 프로세스가 노동자 대중과 노동조합이라는 대상 사이에 존재했다고 할 수 있다.

따라서 1980년대의 노동운동은 재현의 정치였다고 해도 무방하다. 물론 노동조합이 앞서 언급한 것처럼 하나의 인물 같은 단일성을 가진 것은 아니었지만 대중의 힘과 의지가 모이는 특이점이었고 그 특이점을 집약해 드러내는 재현의 상징적인 대상이었음은 분명하다. 그것은 개인과는 다른 차원의 탁월한 대상이자 무력한 개인들의 힘과 의지를 모아 강력한 힘으로 전환시키는 특권적 중심이었고, 그렇기에 개개인이 자신과 동일시하는 대상이었던 것이다.

이처럼 재현의 정치는 정치적인 욕망을 하나로 집중해 가시화하며, 이를 통해 '현실적인' 돌파구를 찾는다. 숭고의 정치가 갖는 힘이 도달할 수 없는 무한의 거리에서 직접적으로 나온다면, 재현의 정치가 갖는 힘은 모든 에너지와 욕망이 집중되는 초점을 매개로 나온다. 재현의 정치는 방사의 과정을 통해 대중의 욕망을 동일화한다. 이런 점에서 재현의 정치는 명확하게 하나의 중심을 가지며 '하나여야 한다'. 이 중심을 통해 대중의 정치적 감수성은 규정되고 통제된다. 대중과 재현적 대상 사이에는 평범한 존재와 탁월한 존재, 통상적인 존재와 특권적인 존재 사이만큼의 거리가 있다. 그러나 이 거리는 대중이 재현적 대상을 동일화함으로써 무화된다. 즉, 이 거리는 무화되기 위해 존재하는 거리인 것이다. 숭고의 정치가 결코 무화될 수 없는 방식의 거리화를 통해 작동한다면, 재현의 정치는 무화되는 방식의 거리화를 통해 작동한다.

재현의 정치에서 대중이 느끼는 기쁨이나 슬픔, 쾌감이나 불쾌감은 재현적인 특권적 대상을 통해 매개된다. 탁월한 재현자를 통해 자신의 욕망을 보는 것은 기쁨 또는 쾌감을 주고, 재현자가 겪는 고통이나 불행은 자기 삶의 고통이나 불행으로 소급되면서 슬픔과 분노, 또는 불쾌감을 느낀다. 개인적으로는 무력하기 짝이 없던 자신의 힘이 특정 대상을 통해 다른 많은 대중의 힘과 합류하면서 집합적인 힘을 발휘한다는 것, 좀 더 정확히는 그 집합적인 힘에 참여한다는 것은 대중에게 또 다른 기쁨과 쾌감을 준다. 바뤼흐 스피노자(Baruch Spinoza)라면 이를 신체들이 결합되어 발생하는 능력의 증가에 따른 감응이라고 말할 것이다. 반면 이러한 통합을 저지하거나 방해하는 요인에 대해서는 분노나 불쾌감을 느낀다. 그래서 그 대상 ─ 인물이든 노동조합 같은 것이든 ─ 에 대한 비판은 강한 감정적 반발을 야기한다. 이는 강력한 통일성의 계기로 작용하지만 동시에 이견이나 비판을 허용하지 않는 획일성을 뜻하는 것이기도 하다.

재현의 정치에서 대중운동은 이 매개의 중심을 만들고 그 중심으로 힘과 의지를 모아내며 이를 통해 함께 움직이고 함께 행동하는 것을 뜻한다. 역으로 그 매개의 중심이 아니면 어떤 것도 현실적인 힘을 가질 수 없으며 어떤 것도 정치적이지 못하다고 느끼게 된다. 재현의 정치는 탁월한 재현적 대상을 통해 자신을 보기 때문에 동일시할 수 있는 재현적 대상이 없으면 무력함에 빠지고 이런 매개적 중심 없이는 방향을 찾지 못한다. 이러한 양상이 정치를 사유하고 정치적 행동을 선규정하는 감수성을 형성한다.

## 4. 대의의 정치

오해하지 말아야 할 사실은, 재현의 정치는 제도화된 절차에 따라 어떤 대표를 선택하고 그 대표를 지지하는 것이 아니라는 점이다. 즉, '재현'의 정치는 '대의'의 정치와는 다르다. 재현의 정치는 반드시 특정한 인물에 대한 지지가 아니며, 대의제라는 제도적 경로를 통한 지지도 아니다. 또한 이러한 지지가 이해관계를 대변하는 것과 무관하지는 않지만 이해관계로 환원되지도 않는다. 자신의 이해나 욕망, 소망 등을 재현한다고 믿는 대상에 대한 추종과 동일시는 빈번하게 이해관계를 넘어서기 때문이다. 어떤 대상이 자신의 욕망이나 이념, 소망이나 이해 등을 표상한다는 감정이나 감응, 또는 판단을 통해 그 대상에게 이끌리고 역으로 그 대상이 자신의 욕망 등을 재현한다는 동일시가 작동할 때 대중은 재현의 정치적 감수성 속에 있다고 할 수 있다.

반면 대의의 정치는 제도화된 정치적 공간 안에서 어떤 의사나 이해를 대변하는 자 또는 대변하겠다는 자가 대행적으로 활동해 대중의 의사를 관철하는 것으로, 제도와 법으로 이미 주어진 지위와 권리 및 절차를 전제하며 이러한 권리의 교섭과 재분배를 포함한다. 이와 달리 재현의 정치는,

앞서 예로 든 시기의 노동운동이 그렇듯이, 주어진 권리를 제대로 행사할수 없을 경우 권리에 대한 욕망으로 가동되는 경우가 적지 않다. 대의의정치는 합법적 제도와 절차에 따라 모든 과도한 열정이나 행동을 조절하고 규제하는 식으로 '거세'하는 반면, 재현의 정치는 욕망과 감정, 감응에따라 발동하므로 많은 경우 '쏠림'이 수반된 과도한 열정이나 행동을 동반한다. 이런 점에서 재현의 정치에서는 대의의 정치와 달리 감응 또는 감정이라는 요인이 매우 중요한 역할을 한다.

따라서 재현의 정치에서는 재현적인 욕망의 대상이 쏠림과 집중을 야기한다는 점에서 그 대상을 '초점'이라고 표현할 만한 끌개이자 '매력적'인특이점이라고 할 수 있지만, 대의의 정치에서는 '대표자' 또는 '대변자'가특별히 예외적인 경우가 아니고는 이러한 매력적인 끌개로 작동하지 않는다. 대의의 정치에서 대행자는 '빈자리', 즉 누구든 선출되는 자라면 들어갈 수 있는 자리로 존재한다. 선거는 그 빈자리에 들어갈 인물을 선출하기위한 절차이다. 대중의 욕망이 빈자리로 쏠리는 현상은 있을 수 없다. 이런 점에서 선거로 채워야 하는 빈자리는 그 자리에 들어가길 갈망하는 자들에게는 욕망을 끄는 특이점일지 모르지만 대중에게는 특이점도 끌개도아니다.

그 자리에 들어갈 수 있는 사람은 원칙상 피선거권을 갖는 모든 사람이다. 대중에 속하는 이는 누구나 들어갈 수 있다. 물론 대중이 열광적으로지지하거나 선출하는 사람이 간혹 있기도 하지만 이런 경우는 예외적이다. 대부분 그 자리에 들어가는 사람은 누구로도 대체 가능한 한 사람에불과할 뿐이다. 원칙상 대중 누구든 그 자리에 들어갈 수 있다는 점에서빈자리와 대중 사이에는 양자를 본질적으로 다른 위상으로 분리시키는 특별한 간격이나 거리가 없다. 따라서 그 거리를 무화시키기 위해 자신을 움직이게 만드는 동일화도 없다. 다만, 덜 나쁜 선택지를 골라 어쩔 수 없이

지지해야 하는 부정적인 선택의 자유와, 통계적 다수에 따라 선택되었기에 자신 역시 대표성을 인정해야 하는 제도적으로 '보장'된 동일성이 있을 뿐이다. 대표로 선출되었기에 대중과 다르다고 가정하는 허구적 거리가 있거나, 자신이 선출했기에 그가 대의하는 것이 대중 자신의 입장을 대변한다고 가정하는 허구적 동일성이 있을 뿐이다.

대의의 정치에서 대중은 통계적 다수성(majority)을 형성하는 하나의 원소이자 통계적 다수성에서 동질적인 의사를 갖는 것으로 간주되는 몰적(molar)인 집단일 뿐이다. 이런 의미에서 대의의 정치에는 본질적으로 대중이 결여되어 있다고 할 수 있다. 대의의 정치에 있는 것은 '군중' 또는 '개체군(population)'일 뿐이다.[5] 이 군중의 흐름은 그나마도 합법적 제도와 제도적 절차로 만들어진 고체화된 수로와 정해진 길을 따라 흐를 뿐이다. 따라서 여기에는 대중의 감정적 쏠림과 결부된 특별히 강한 기쁨이나 슬픔의 감응이 없다. 통계적 다수성에 속해 있음을 확인하는 데서 오는 약간의 쾌감, 또는 승부의 결과에서 오는 일시적인 쾌감 또는 불쾌감 정도가 있을 뿐이다. 후보가 아닌 투표자가 선거의 '패배'에서 느끼는 감정은 자신이 뽑으려 했던 대상에 대한 감정적 동일시와는 거리가 멀다. 감정 없는 동일성, 감응이 제거된 '대결'이 있을 뿐이다. 이는 사실 대의의 정치가 요구하는 바이기도 하다. 대의의 정치는 대중적인 감정적 쏠림을 '과도함'과 '낭비'로 간주하며, 이를 최대한 축소하기 위해 선거운동상에 다양한 제한을 가하는 경향이 있다. 대의의 정치에서 중요한 것은 오직 선거를 통해 얻는 '결과'뿐이다.

따라서 애초에 관심과 열정이 있던 사람들도 그것이 거세된 과정에서는 관심을 잃거나 무감해지기 십상이다. 예컨대 〈그림 4-1〉의 국회의원

---

5 대중과 군중의 구별에 대해서는 이진경(2012: 20~22)을 참조할 것.

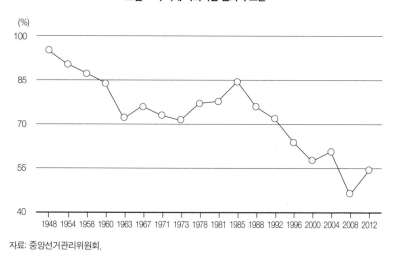

그림 4-1. 역대 국회의원 선거 투표율

자료: 중앙선거관리위원회.

선거 투표율의 추이는 일종의 투표율의 경향적 저하를 보여주는 사례이
다. 국회의원 선거에 어떤 욕망을 갖고 몰두하는 사람들이 있다면 선출 결
과에 직접적인 이해관계가 크게 걸린 사람들뿐이다.

따라서 대의의 정치라는 말에는 정치에 대한 무관심과 무감함 같은 감
정이 포함되기 십상이다. 승리도 패배도 흥분하지 않고 덤덤하게 받아들
이는 절제된 무감함, 대표로 자임하고 나선 자가 누구인지도 잘 모르는 채
반은 습관으로 반은 의무감으로 갖는 관심, 또는 대표로 나선 자가 전혀
마뜩치 않아도 다른 당파나 반대자들을 지지할 순 없어서 그런 당파들을
비판하는 의미로 누군가를 지지해야 하는 불가피한 계산(지지 않기 위해서
나 나빠지지 않기 위해 '부정의 부정' 형식을 선택하는 것)이 대의의 정치의 특
징이다. 이런 감정의 지속은 종종 정치에 대해 냉소적인 거리를 만들어내
기도 한다.

한국에서 1987년은 아마도 이런 대의의 정치가 그나마 실질적인 의미
를 갖고 새로 시작된 하나의 기점이었다고 할 수 있다. 그런데 알다시피

당시 대의의 정치는 정치적 공간 및 정치적 권리가 부재한 데 대한 항의와 대결의 열정이 분출되었던 6월항쟁이라는 혁명적 사건과 동일한 지점에서 시작되었다. 그 이전에는 대통령을 뽑을 권리조차 없었기에 이 권리를 행사하고 싶다는 욕망과 자신의 욕망을 투여한 재현의 정치가 중첩되는 혼합의 지대가 존재했다. 6월항쟁은 이러한 대의의 정치가 가동되는 합법적이고 제도적인 공간을 창출해냈다. 그리고 새로이 시작된 대의의 정치의 가능성을 실험하고 그 속에서 운동의 방식 자체를 바꾸려는 많은 시도들이 가동되었다. 이로 인해 한동안 대의의 정치는 적극적인 의미에서 새로운 정치적 관심과 새로운 정치적 감수성을 만들어냈다. 이는 적어도 한동안은 새로운 정치적 공간을 만들어가는 열정과 그런 열정에 추동되는 대중을 포함하고 있었다.

민중후보의 대통령선거 참여는 당시까지 합법적 공간 바깥에서 운동하던 이들에게 대의의 정치의 가능성을 시험하는 첫 번째 무대였다. 그런 만큼 거기에는 이전의 재현의 정치에 담겨 있던 열정이, 투쟁의 승리를 통해 획득한 새로운 공간이 주는 기쁨의 감응이, 새로운 가능성을 실험하는 기대와 즐거움의 감응이 포함되어 있었다. 집회는 물론 모여서 대열을 짜고 행진하는 것도 불가능하던 시기에는 집회이든 시위이든 성사되지 않더라도 참가하기 위해 간다는 행위 자체가 중요했고 그렇게 모여든다는 사실 자체가 강한 긴장을 주었으나, 이전과 달리 서울 한복판, 광장이나 거리에 모여 대대적인 집회를 열고 정치적인 주장을 할 수 있게 된 지금은 그러한 사실 자체가 주는 기쁨의 감응을 상상하기가 그다지 쉽지 않을 것이다.[6] 그러나 이런 시도들이 몇 년마다 한 번씩 반복되고 그러면서도 결과상 별다른 진전을 만들어내지 못하자 기쁨의 감응이나 열정은 필연적으로 점차

---

6 〈그림 4-1〉에서 1985년에 투표율이 상승한 것은 이런 사실의 지표이다.

소진되고 약화되었다.

이를 계기로 합법적인 정당을 만들려는 활동 역시 본격화되었다. 이전 시기에는 사회주의적 정당을 만들려는 시도가 곧 비합법적 형태의 전위당을 만드는 것을 뜻했다. 이는 부재하는 것을 만들려는 욕망, 혁명적 정치의 조직적 중심을 만들려는 욕망의 표현이었다. 이런 욕망하에 앞서 말한 의미를 지닌 재현의 정치를 발견하기란 그리 어려운 일이 아니다. 사람이 아닌 당이 재현적인 욕망의 초점이었던 것이다. 반면 합법적인 형태의 사회주의 대중정당을 만드는 것은 합법적인 공간에서 주어진 절차에 따라 표를 모으고 대중의 의사를 대리하는 대의적인 정당을 만드는 것을 뜻한다. 이는 당과 관련된 태도나 활동이 재현의 정치에서 대의의 정치로 전환되었음을 뜻한다.

하지만 이는 단지 당의 법적 형태나 조직 형태가 달라지는 것만으로는 결코 충족될 수 없다. 가령 이전 운동의 일반적인 정서가 비합법적인 조건에서 목숨을 거는 용기와 비장함을 필요로 했고 지하 활동으로 야기되는 은닉과 잠행의 무겁고 어두운 감수성을 지녔다면 이러한 정서가 공개적이고 외연적인 활기, 당당함 등의 감수성으로 전환되어야 했다. 즉, 비합법 정치조직의 협소하고 정파적인 감수성은 합법적 대중정당의 포괄적이고 연합적인 감수성으로 변환되어야 했다. 그러나 조직 형태나 활동 형태의 변화는 고심하면서도 감수성의 전환이 필요하다는 생각은 그다지 깊이 하지 못했던 듯하다. 여기에 더해 이처럼 감수성의 전환을 준비하거나 진행하기 위해서는 적지 않은 시간이 필요한데, 알다시피 대의의 정치를 위한 합법적인 공간은 그럴 시간 없이 갑자기 주어졌다. 따라서 협소한 공간에 기인하는 협소한 정파적 감각이 지속되었고, 이는 포괄적인 연대를 필요로 하는 합법적 정당의 건설에 치명적인 독으로 작용했다. 조직 간 또는 조직 내 분리와 활동의 고립을 요구했던 이전의 정세로 형성된 정파적 감각, 제약된 조건이 만들어낸 협소한 시야와 고립적 활동 방식은 새로운 대의적 정당의 건설을 크게 방해하는 '초기조건'이었다.

이런 조건하에 합법적 정당을 건설하려는 시도는 분열과 실패를 반복했다. 사회주의 정당과 결부된 운동 전체가 심지어 지금까지도 정체와 대립, 분열과 분리에서 벗어나지 못하는 것은 이와 무관하지 않다. 정당뿐 아니라 노동조합같이 한때는 재현의 정치의 대상이었으나 대의적인 조직으로 변화한 조직도 상황은 크게 다르지 않다.

이와 다른 차원에서 김대중 같은 이른바 정치인을 중심으로 하는 대의의 정치가 본격적으로 가동되기 시작한 것도 1987년 이후이다. 대의의 정치가 불가능하던 조건이 변한 것은 직업적 정치인들이 새로이 정치의 무대로 나서는 계기가 되었다. 이로 인해 이른바 '3김 시대'가 다시 시작되었다. 이것이 단지 이전에 중단되었던 대의의 정치가 재개되는 데 그치지 않은 이유는 대중운동에서 재현의 정치에 특히 깊이 연루되어 있던 김대중 때문이었다. 즉, 김대중은 단지 한 사람의 직업 정치인에 머물지 않았던 것이다. 그를 통해 자신의 욕망과 관심을 재현하려 했던 사람들은 자신의 욕망과 관심을 대의의 정치로 그대로 이전시켰고, 이로 인해 재현의 정치와 대의의 정치는 일정 부분 포개지고 중첩되었다. 직업적 정치인에 대한 지지와 대중운동을 하나의 정치로 연결하려는 시도에 대한 비판이 반복되었지만, 이는 동시에 양자를 포개면서 연속성을 강조하는 전략 또한 반복되었음을 뜻한다.

재현의 정치와 대의의 정치가 포개지고 중첩되는 지대는 재현의 정치, 또는 재현적인 욕망을 대의의 정치로 이전 또는 치환하는 통로를 점차 형성했다. 달리 말하면 이는 운동에서 직업정치로 옮겨가는 '일반화된' 통로를 제공했다. 알다시피 이른바 386 정치인들은 이 통로를 통해 기존의 정당정치 안에 자리를 잡을 수 있었다. 이러한 과정은 재현의 정치를 대의의 정치와 동일시하는 오인의 과정을 포함하고 있었고, 역으로 대의의 정치를 통해 재현적인 욕망을 소진시키는 과정을 내포하고 있기도 했다.

대의의 정치가 일반화된 조건에서는, 그리하여 재현을 욕망하게 만드는 결여나 부재가 빈자리를 채우는 선거로 치환된 조건에서는 재현의 정치가 자체의 동력을 잃고 약화되어 대의의 정치로 대체되기 쉽다. 그러나 대의의 정치를 가능하게 하는 합법적인 공간, 이른바 제도적 민주주의나 절차적 민주주의의 공간이 형성된 지 그리 오랜 시간이 지나지 않았음에도 대의적 정치의 관념이 대중운동 전반에 급속히 확산된 데에는 재현의 정치와 대의의 정치가 겹쳐진 지대를 형성했던 김대중과 그를 통해 자신의 욕망과 관심을 정치적으로 재현하려 했던 대중이라는 두 요소가 결정적인 역할을 했다고 할 수 있다.

대의의 정치와 짝을 이루는 것은 법적인 절차나 소송을 통해 어떤 사안이나 관심을 해결하려는 태도이다. 법적인 소송은 알다시피 피고를 대신하는 변호사와 국가를 대신하는 검사라는 법적 대리인의 규제되고 제도화된 '투쟁'이자 이를 중재 또는 심판하는 중립적 매개자의 결정에 승복하는 과정이다. 여기서도 모든 열정적인 흐름은 거세되어 정상성의 척도에 따른 분별의 언어게임으로 전환되고 대립과 투쟁은 대행자 간의 코드화된 대결로 대체된다. 그리고 최종심의 결정은 관련된 당사자의 무조건적인 승복을 요구한다.

이러한 태도가 대중운동으로 확산된 것은 민주화운동이 승리해 집권했다는 오인이 일반화되었던 1997년 이후였다. 운동과 투쟁으로 해결해야 할 문제를 처음에는 전술적 요소의 하나였던 법적인 소송에 맡겨놓고 그 판결에 승복함으로써 운동 자체가 해소되는 아이러니를 가장 극명하게 보여준 것은 '새만금'을 둘러싼 투쟁이었다. 대중적 힘이 유례없이 광범하고 강력하게 응집해 오랜 기간 지속되었던 운동이었으나 대법원 판결 하나로 중단된 이 사태는 운동이나 투쟁이 법적 게임이 되면 어이없는 결과를 빚는다는 사실을 가장 잘 보여주는 사례라 하겠다(정정훈, 2007).

주어진 몫에 따라 공정하게 몫을 분할하고 분배하는 것, 이것이 이런 법적 게임의 명시적인 목적이다. 랑시에르의 구별에 따르면(랑시에르, 2008) 이는 정확하게 정치(la politique)가 아닌 치안(la police)의 영역에 속한다. 이는 그런 소송에 대응하는 대의의 정치가 사실은 이미 정치가 아닌 치안의 영역에 속함을 시사한다. 사실 재현의 정치는 많은 경우 주어지지 않은 몫을 요구하기 위해서나 말할 수 없는 것을 말하기 위해 재현적인 대상을 욕망의 대상으로 취하므로 단순히 치안에 속한다고 할 수 없다. 반면 대의의 정치는 제도적 합법성에 포함된 전제들을 항상－이미 가동시킨다. 참여할 법적 자격이 있는 자들이 자신들에게 주어진 권리를 통계적 다수성의 형태로 가동시켜서 바라는 결과를 획득하는 것, 그리고 이러한 프로세스의 결과를 정당한 것으로 받아들이고 이 결과에 승복하는 것은 틀림없이 주어진 몫의 분배를 다투는 치안의 과정임이 분명하다.

이런 의미에서 재현의 정치와 대의의 정치가 포개지는 영역은 결정적인 오해와 혼동을 야기하는 곳이라고 말할 수 있다. 이는 정치와 치안이 포개지고 겹쳐지며 동일시되거나 혼동되는 지대이자, 정치의 문제를 치안의 문제로 착각하게 만들고 치안의 방법이 정치의 방법이 될 수 있다고 착각하게 만드는 오인의 지대이다. 또한 역으로 재현의 정치를 대의의 정치로 오인해 재현과 결부된 대중적 욕망이나 관심을 '운동이 아니라는' 의미에서 '정치'로 간주하게 하는 지대이기도 하다. 또한 이는 재현적인 감수성과 대의적인 감수성이 갖는 인접성과 더불어 양자가 상호전화될 수 있는 가능성도 보여주지만, 여기에는 일정한 비대칭성이 있는 것처럼 보인다. 왜냐하면 재현적인 욕망이 대의적인 형태로 전환되기는 매우 쉬운 반면, 대의적 관심이 대의의 정치를 벗어나서 재현의 정치로 나아가는 경우는 그다지 찾아보기 어렵기 때문이다.


## 5. 표현의 정치

　2002년은 한국 대중운동의 역사에서 또 하나의 뚜렷한 전환점을 매우
확실하게 보여준 해였다. 월드컵-대중, 여중생 추모 반미시위-대중, 그
리고 노무현-대중이라는 매우 다른 정치적 성격의 강력한 대중의 흐름이
전면적으로 부상했고, 이런 대중의 흐름이 새로운 정치의 중심적인 계기
가 될 수 있음을 보여주었음은 주지하는 바이다. 정치적 성격이나 대중의
흐름을 끌어들였던 이슈의 내용은 매우 달랐지만 당시 존재했던 것은 하
나의 흐름으로서의 대중이었다. 하나의 흐름이 상이한 방향으로 상이한
특이점을 향해 흘러갔던 것이다. 그렇기에 또한 그 대중은 서로 다른 특이
성을 갖는 세 개의 다른 대중이었다고 해야 할 것이다. 즉, 상이한 특이점
에 의해 규정된다는 점에서만 서로 다른 대중이었다. 요컨대 하나의 흐름
이 특이점에 따라 아주 다른 특이성을 갖는 대중이자 상이한 양상의 대중
으로 변환되며 존재했던 것이다.

　이후 2004년에는 노무현 탄핵에 반대하는 대중의 흐름이 격렬한 양상
으로 출현해 노무현을 겨냥해 공격했던 보수세력의 공격을 뒤엎어 무력화
시켰고, 2008년에는 5개월 넘게 이어진 촛불집회로 이명박 정부를 궁지에
몰아넣음으로써 대중이 정치의 명실상부한 중심으로 부상했다. 2012년
안철수라는 한 인물을 뜻밖의 정치인으로 만들고 대통령선거의 중심적인
인물로까지 밀고 간 것 역시 바로 이 대중이 흐름이었다. 이러한 대중의
출현이 인터넷과 휴대전화 등 새로운 통신망(흐름의 공간)의 중심적인 위
상과 결부되어 있음은 긴 설명을 필요로 하지 않는다.

이 새로운 양상의 대중은 규모나 빈도 면에서 예전과 다를 뿐 아니라 운동의 방식이나 감수성 면에서도 예전과 아주 다른 양상을 보여주었다. 월드컵-대중이 출현했을 때만 하더라도 이것이 대중운동이나 정치와 관련되었다고 생각했던 사람들은 거의 없었다. 그들은 대중운동이라고 말하기엔 전혀 진지하지 않았고, 정치적이라고 말하기엔 너무나 비정치적이었기 때문이다. 그들은 그저 재미있는 것을 하는 철없는 대중, 생각 없는 대중일 뿐이었다. 그러나 그 대중은 여중생들을 추모하는 부름에 불려나왔을 때는 운동과 무관한 대중이 아니라 보수파들에게 반미성향을 우려하게 만드는 진지한 운동-대중임을 보여주었고, '바보 노무현'의 비정치적 정치를 위해 모여들었을 때는 강력한 정치적 대중임을 보여주어 모든 정치인을 당혹하게 만들었다. 탄핵반대시위나 2008년 촛불집회는 이들이 강한 의미에서 대중운동과 대중정치를 직접적으로 실행하는 존재임을 더없이 명확하게 보여주었다.

그런데 여중생 추모시위처럼 죽은 이를 기리는 운동을 할 때에도 그들은 1980년대처럼 자신의 고통을 감내하면서(목숨을 걸고!) 어딘가를 향해 돌진하는 감응과는 거리가 있었고, 숙연하고 진지하긴 했지만 그들에게서 느껴지는 감정은 결기에 찬 비장함보다는 슬픈 연민에 가까웠다. 권력에 의해 죽은 희생자를 기리는 유사한 사안이었음에도 이전과는 다른 감수성을 갖고 있었던 것이다. 노무현에 매료된 대중의 흐름 역시 노무현이라는 재현적인 대상에 쏠려 하나의 중심화된 강력한 힘을 만들어냈지만 탁월한 대상에 대한 존경의 감정과는 달리 바보같이 우직한 동료에 대한 사랑의 감정에 가까웠고 그렇기에 범접하기 힘든 권위나 탁월한 대상이 주는 거리감보다는 인접한 이웃이 주는 친근감이 더 강했다(김정란 외, 2003). 이 또한 재현의 정치에서 초점이 갖는 위상과는 다른 면모라고 하겠다.

이전의 대중과 다른 특징을 좀 더 확실하게 보여주었던 것은 2008년 촛불집회의 대중이었다. 이들은 경찰과 대치한 상황에서도 즐겁고 유쾌한 감응을 갖고 시위의 장을 축제적인 놀이로 만들어버렸고, 능동적으로 참여할 때에도 어느 하나의 중심을 향해 쏠리기보다는 무리마다 특이한 참여의 형태를 창안하고 이를 드러내길 즐기는 방식으로 참여했다. 이들은 숭고의 감수성과도, 재현의 감수성과도 아주 다른 감수성을 갖고 있었다. 덧붙이자면 이들이 대의적인 정치에는 거의 관심이 없었다는 것은 역으로 이들이 대중의 요구를 제도적인 결과로 만들려는 의지도 통로도 없었다는 비판을 통해 아주 명확하게 알 수 있다. 이러한 차이가 차벽 앞에서 5개월 동안 '놀' 수 있었던 이유이자 경찰이나 상대와의 충돌에 연연해하지 않았던 이유이며, 연인원 100만 명이 넘는 사람이 5개월 동안 싸웠는데도 아무것도 얻은 게 없었던 이유이기도 하다. 새로운 혁명성의 담지자라는 평가(조정환, 2009)와 운동성이 의심스러운 대중(당대비평 기획위원회, 2009)이라는 상반되는 평가는 이런 점에서 동일한 이유에 기인한다고 할 것이다.

2008년의 대중은 숭고의 비장한 감정을 갖고 보이지 않지만 어딘가 있을 해방의 꿈을 향해 고통을 감수하며 전진하는 대중이 아니었으며, 자신의 소망을 재현하는 중심적인 대상에 열광하는 대중 또한 아니었다. 그렇다고 자신들의 문제의식에 대한 제도적인 성과를 얻기 위해 대의적 대변자를 찾는 대중도 아니었다. 이보다는 주어진 사건이나 사안에서 자신들이 느낀 감응을 나름의 방식으로 창안해 표출하려는 욕망이 두드러진 대중이었다. 그들은 호감에 따라 어떤 대상에 이끌리기도 했고 반대로 어떤 대상을 분노나 미움으로 비판하면서 거리를 만들어내기도 했다. 이 경우에도 하나의 특정한 대상에 집중하기보다는 표현적인 특이성을 추구하면서 남과 다른 거리를 만들어내려 했다.

그렇기에 촛불집회의 대중은 함께 모여서 시위하거나 행진할 때조차도 동일한 대열, 동일한 움직임을 이루기보다는 표현적인 특이성을 무리별로 드러냈고, 그렇기에 내부에서 분할되고 분산되는 경향도 가졌다. 이들은 특이점이 복수라서 특이점 간의 거리가 쉽게 소멸되지 않았다. 함께 모이고 함께 시위하고 함께 행동할 때에도 표현적인 독자성을 드러내는 무리로 움직이기에 모여서 하나의 대중을 이루는 경우에도 그들은 언제나 무리화된 대중의 '양자적 흐름'(Deleuze & Guattari, 1980: 264)이라는 양상을 취했다. 양자적인 불연속을 갖고 있던 촛불집회의 대중은 특이적인 무리 간의 감응이 전염되는 가운데 서로 변화하면서 하나의 '일관성'을 이루어 전체 대중의 특이성을 형성했다.

이들이 보여준 대중정치의 형상은 '표현의 정치'라는 말로 요약해도 좋을 것이다. 표현적인 특이성의 창안과 표출, 이러한 표현적 특이성 사이에 거리를 만들고 유지하려는 욕망, 표현적 차이를 즐기는 유희적 감정, 표현적 취향으로 무리를 짓는 경향, 이에 따른 무리적인 결속과 무리로의 분산, 이것이 표현적 대중을 특징짓는 감수성을 형성한다. 숭고의 정치나 재현의 정치에서는 거리화가 무화되어야 할 것으로 존재하고 무화될 수 없는 경우에조차 무화되는 방식으로 작동하는 것과 달리, 표현의 정치에서 거리화는 남들과 다른 거리를 만들어내는 방식으로 작동한다. 여기서는 거리가 긍정과 창안의 대상인 것이다.

이러한 감수성이 비장함과는 반대로 가벼움과 유쾌함의 방향을 취하는 것은 쉽게 이해할 수 있을 것이다. 칸트와는 약간 다른 의미에서 '무관심의 관심' 또는 '목적 없는 합목적성'을 특징으로 한다는 점에서 이들에게서 높은 미적 감수성을 발견할 수 있다. 이들에게는 거짓을 폭로하는 진실성 이상으로 자신이 즐겁게 몰두할 수 있는 유쾌한 기쁨과 재미가 중요하고, 탁월한 대상에 스스로 동일시하는 것보다는 자신이 느낀 것을 나름의 차별적 스타일로 표현하는 것이 중요하다.

표현적인 창안으로 자신을 드러내려는 것이므로 목숨을 거는 결단이나 각오 같은 것은 그다지 필요 없으며 그런 결단에 요구되는 부담을 감수하는 일도 별로 없다. 그러므로 숭고의 정치처럼 자신을 넘어서게 만드는 '초월적 힘'(넘어섬의 힘)이나 재현의 정치처럼 어느 하나의 중심으로 모여드는 '집중화된 힘'과는 거리가 멀다. 그래서 각오나 결단 없이 쉽게 시작하기도 하고 쉽게 중단하기도 하면서 시작이나 중단에 특별히 어떤 의미를 부여하지 않으며 거기서 어떤 특별한 성과를 찾아야 한다고 생각하지도 않는다.

## 6. 정치적 감수성의 유형과 혼성적 체제

### 1) 네 가지 유형의 비교

표현의 정치에서 활동이나 행동에 결정적인 역할을 하는 것은 이념보다는 직접적인 감성 또는 감각이다. 표현의 정치에서는 즉각적으로 반응하고 감성적으로 판단하며 감성적인 방식으로 자신의 생각이나 감응을 표현한다. 이념이 진지한 역할을 할 때조차도 그 이념은 유희적인 성격을 갖는다. 역으로 이념은 즐겁고 재미있는 것인 한에서만 힘을 발휘한다. 칸트의 어법을 약간 비틀면 이를 다음과 같이 표현할 수 있을 것이다. 숭고의 정치는 사람들이 표상할 수 없는 대상으로 인해 기꺼이 고통을 짊지고 자신의 한계를 넘어섬으로써 이념에 부합하려 한다는 점에서 '이념의 초월적 사용'이라고 한다면, 재현의 정치는 재현적인 대상과 관련해서 이념의 선을 넘지 않는 방식으로 작용한다는 점에서 '이념의 규제적 사용'이라고 할 수 있다. 대의의 정치는 이런 '이념'을 어떤 경우에도 제도적인 요건에 맞춰 사용하려 한다는 점에서 '이념의 제도적 사용'이라고 한다면, 표현의 정치는 이념마저 자신의 감성적 즐거움이나 쾌감에 부합하는 한에서 받아들이고 사용한다는 점에서 '이념의 유희적 사용'이라고 할 수 있다.

프로이트식으로 하자면 이렇게 표현할 수 있을 것이다. 숭고의 정치가 쾌락원칙을 넘어 고통을 기꺼이 감수하면서 반복적으로 어떤 벽을 넘어가게 하는 타나토스에 의해 추동된다면, 재현의 정치는 남다른 탁월한 욕망의 대상에 자신을 동일화하려는 대상적 에로스에 의해 추동되고, 대의의 정치가 거세를 부인하기 위해 제도화되고 사물화된 것에 리비도를 투여하는 페티시즘에 가깝다면, 표현의 정치는 남과 다른 자기 나름의 방식에 대한 욕망이라는 점에서 주체적 에로스 또는 나르시시즘적 욕망에 가깝다고 할 수 있다.

숭고의 정치가 비극적 영웅을 가시적인 형상으로 갖는다면, 재현의 정치는 모든 것을 통합하고 통일하는 중심으로서의 왕을 형상으로 갖는다. 대의의 정치가 각 개인의 의사를 대리하고 대행해 제도적 영역에서 말하고 행동한다고 간주되는(그들이 개인의 의사를 대행해 대표한다고 간주하는 재현의 역설 때문이다) 의원이나 변호사의 형상을 갖는다면, 표현의 정치는 자기 나름의 취향이나 감각적 선호에 따라 자신이 좋아하고 열광하는 스타의 형상과 상관성이 있다. 표현의 정치에서도 노무현-대중의 경우처럼 재현적인 집중이 발생할 때도 있지만 그때에도 이는 영웅이나 왕, 또는 의원이나 변호사가 아니라 스타에 가깝다.

또한 숭고의 정치가 초월과 극복, 고통의 감수라는 형태에서 힘이 나온다면, 재현의 정치는 하나의 중심으로 집중하는 데서 힘이 나온다. 대의의 정치는 수적·통계적 다수성에 힘의 원천이 있다면, 표현의 정치는 질적 다양성과 유희적 반복에 힘의 원천이 있다고 할 것이다. 이는 표현의 정치가 갖는 강점과 약점을 동시에 보게 만든다. 표현의 정치는 즐겁고 기쁜 감응 속에서 작동하기 때문에 쉽게 가동되며, 표현적 다양성을 창출할 수 있는 조건이 주어지면 장기적으로 지속될 수 있다. 하지만 한편으로는 분산적이며 다른 특이성의 무리와 일정한 거리를 유지하려는 경향이 있다. 따라서 숭고의 정치처럼 장애나 장벽을 돌파하고 자기를 넘어서게 만드는 힘이 없으며, 재현의 정치처럼 하나로 모이는 데서 분출되는 강한 집중의 힘도 없다. 따라서 촛불집회에서 보듯 그리 강하지 않은 저지나 장벽도 쉽게 돌파하거나 넘어서지 못한다. 1980년대에 운동을 했던 좌파들이 유희적 성격의 대중, 표현적 다양성을 즐기는 대중에게 느낀 공허감은 이와 무관하지 않다.

그렇다면 표현의 정치가 장벽을 넘어 구체적이고 가시적인 결과를 획득하는 것은 불가능한가? 그렇다고는 말할 수 없을 것 같다. 왜냐하면 무리로 분산하는 경향이 있다고 해서 상이한 특이적 무리들을 하나로 결합하는 대중적 결속을 배제하지는 않기 때문이다. 가령 월드컵-대중은 유희석이고 무리적인 집합체로 구성된 흐름이었지만 하나의 중심을 향해 결속되는 경향을 가졌던 것 또한 분명하다. 국가 간 대결이라는 형태가 민족주의적 형태를 취하면서 하나의 결속된 흐름을 형성했던 것이다. 반미시위나 노무현-대중도 마찬가지였다. 이들은 모두 무리적 결속을 즐기는 표현의 정치를 가동시켰지만 하나의 중심적 문제로 결속하는 양상을 취했다.

사실 2008년 촛불집회도 이 점에서는 마찬가지였다고 할 수 있다. 무리마다 다른 방식으로 표현했고 쇠고기 수입 문제, 교육 문제, 민영화 문제, 대운하 문제 등 상이한 관심을 갖고 있었지만 이명박 정부의 퇴진을 요구하거나 이명박 정부가 표상하는 신자유주의 정책 전반을 비판하는 하나의 강력한 특이점을 향해 수렴하며 흘러갔다. 이런 점에서 표현의 정치가 언제나 분산의 경향을 갖는다고 말하기는 어렵다. 2008년 촛불집회가 별다른 가시적 성과 없이 끝난 것은 표현적인 거대한 대중과 이를 저지하려는 정부나 경찰, 그리고 그 충돌을 저지하려고 끼어든 요소들의 구체적인 관계 속에서 이해해야 한다. 즉, 한계라고 지적되는 것조차 2008년 촛불－대중 자체에 내포된 문제라기보다는 정세적인 요인들에 훨씬 더 긴밀하게 결부된 문제라는 것이다.

### 2) 대중정치의 혼성과 변환

대중의 정치적 감수성은 사회·역사적 조건에 따라 상이한 체제를 이룬다. 지금까지 우리는 숭고, 재현, 대의, 표현이라는 개념으로 대중이 지닌 정치적 감수성의 상이한 유형을 구별했는데, 숭고의 정치와 재현의 정치, 재현의 정치와 대의의 정치 사이에는 인접성과 이행의 계기가 존재하며, 동시에 상이한 정치적 감수성이 혼합되는 양상도 보인다는 것을 이미 살펴보았다. 이런 혼합과 이행의 양상은 다른 유형 사이에서도 어디서나 발생할 수 있다. 예컨대 이상의 개념을 염두에 두고 2002년 이후의 대중정치의 양상을 다시 유심히 살펴보면, 표현의 정치가 다른 유형의 대중정치로 변환되거나 다른 것과 혼합되어 혼성적인 체제를 이룬다는 사실을 알수 있다. 월드컵－대중의 경우 그것이 표현적인 대중이었음은 분명하지만 대표팀을 통해 진행되는 국가 간 대결이라는 게임의 형식을 지니고 있었으므로 사실은 재현의 감수성과 결합되어 있다고 할 수 있다. 하지만 표현적인 대중의 무리가 표현적인 대중인 채로 남아 있으면서 대표팀이라는 재현적인 대상과 결합했다는 점에서 통상적인 재현의 정치와는 다르다. 즉, 월드컵－대중은 본질적으로 표현의 정치와 재현의 정치가 혼합된 혼성적 체제였던 것이다.

여중생 추모시위－대중의 경우 그 자체로는 숭고의 정치와는 다른 감수성을 갖고 있었지만 사안의 성격으로 인해 표현적인 대중의 흐름이 숭고의 감수성과 결합해 연민의 감수성으로 변환되었다. 죽음에 이른 고통이란 언제나 표상할 수 있는 한계를 넘어선 것이다. 그러나 이 경우에도 1970년 대나 1980년대의 숭고의 정치와는 달리 "죽음으로 미리 달려가 보게" 하는 결연한 감응이나 목숨을 거는 고통을 감수하며 돌파하는 비장한 감응보다는 연민과 애도를 주조로 하는 숙연함의 감응이 지배적이었다. 이는 한편으로는 이러한 추모의 대중적인 표현이 금지되지 않았기 때문이며, 다른 한편으로는 대중의 흐름이 인터넷을 통해 표현적인 특이성을 형성하는 방식으로 진행되었기 때문이다. 이는 이보다 몇 달 앞선 3월에 동일한 여중생 추모시위를 시도했던 구좌파의 무거운 시위는 대중을 끌어들이지 못했던 반면, 동일한 사안임에도 인터넷상의 가벼운 제안은 대중의 흐름을 형성했다는 사실과도 무관하지 않다.

　노무현-대중의 경우 또한 표현의 정치가 재현의 정치와 결합되어 초점 같은 특이점을 가동시키는 강력한 집중화의 힘을 발휘했다고 할 수 있다. 노무현-대중이 결속한 이유는 희망 또는 욕망을 오직 하나의 특별한 대상에 투여했던 1980년대 김대중-대중과는 다르다. 김대중-대중은 박정희 체제가 만들어낸 호남지방의 사회·경제적 소외와 결부된 이해관계나 욕망에 따라 결속되었다면 노무현-대중은 그렇지 않았다. 노무현은 지역주의를 넘어서려 했다는 점에서 특별한 지역적 이해관계나 욕망과 무관했고, 스스로 운동권을 자처했지만 노동자나 농민 같은 특정한 계급의 지지를 받았던 것도 아니었다. 그리고 김대중처럼 이러한 욕망이나 이해를 실현해줄 탁월한 권위가 있었던 것도 아니다. 반대로 '바보스러운' 우직함이나 기존의 정치판에서 찾아보기 힘든 비권위적이고 비계산적인 방식이 사람들을 감동시켰고, 그 감동이 호감과 애정으로 변형되어 급속히 전염되면서 기존 정치에 식상해 있던 사람들의 욕망을 빠르게 끌어들여 강력하고 거대한 대중의 흐름을 형성했다. 이렇게 형성된 흐름은 노무현이라는 인물이 기존의 정치판에서 새로운 방식의 정치를 가동시키고 실현해주리라는 기대로 변환되었고, 이런 점에서 그는 대중의 욕망을 재현하는 하나의 중심으로 부상했다.

그러나 여기서도 재현의 정치를 가동시킨 일차적인 흐름 또는 재현의 정치로 변환된 이후로도 계속 기저를 형성한 흐름은 표현적인 욕망이었다. 표현적인 욕망은 재현의 대상을 통해 무언가를 구현하려는 특별한 정치적 욕망을 갖고 있지 않았고 금지와 결여가 만든 공백도 갖고 있지 않았다. 이보다는 자신을 던질 수 있는 무언가를 찾는 욕망이나 서로를 이해하고 반겨주며 도와주는 사람들을 찾는 욕망이 끌개로 작용해 기존 대의의 정치에서 욕망을 철회한 상태이던 이들을 끌어당김으로써 대중의 흐름을 형성했다. 알다시피 노사모의 경우 이런 동호인 성격의 모임으로 시작해 회원들을 강력하게 끌어들였으며, 그 결과 정치조직으로서는 유례없는 강력한 자발성을 발휘했다. 노사모라는 조직 안에 다른 동호회 성격의 모임이 많았던 것도(김정란 외, 2002) 이와 무관하지 않다.

이런 욕망이 일차적이었기에 노무현은 재현적인 중심이면서도 김대중과 달리 범접하기 힘든 탁월한 권위를 갖는 것이 아니라 좋아하기에 지지하고 좋아하기에 끌린 스타 같은 특이점을 갖고 있었다(노사모가 팬클럽 성격을 갖고 있었음은 잘 알려진 사실이다). 요컨대 노무현-대중은 표현적인 감수성의 대중과 노무현이라는 재현적인 중심이 결합함으로써 두 가지 유형의 대중정치가 혼성된 체제를 구성했다고 할 수 있다. 이는 숭고의 정치와 재현의 정치가 혼성된 김대중의 경우와 비교된다.

널리 알려졌다시피 2008년 촛불집회의 대중은 무리로서의 성격과 표현적 특질이 다른 어느 경우보다 확연했다. 또한 여기서는 유희적 성격, 즐거움과 재미라는 감응이 중심적인 역할을 한 것 역시 이론의 여지가 없다. 참가한 무리가 워낙 많고 다양한 데다 시위가 거리축제적인 성격이 강하다 보니 전체적인 흐름이 있음에도 특이점 주위로 모인 무리들의 분산성이 확연했다. 그렇지만 어느 정도 시간이 지나면서 집회를 위해 사람들이 모이게 되었고 대책회의가 그 집회를 주도하는 일종의 결집점의 역할을 하게 되었다. 대책회의가 대중 전체의 지도부 역할을 자임한 것이 아니고 실질적으로 그런 역할을 할 수 있었던 것도 물론 아니지만 분산적인 무리들을 하나로 모이게 만드는 중심점이었음은 부정하기 힘들다.

하지만 대책회의는 실제 진행에서 대중의 흐름이 모여드는 자연발생적인 집중의 지점에서 종종 비껴나거나 그 지점을 거슬러서 비난을 받기도 했다. 이는 역으로 대중적으로 응집하는 힘을 저지하는 역할을 했다.[7] 더 결정적인 것은 대중의 투쟁의 파고가 최고조에 달했던 6월 10일 이후 이명박 정부에 20일까지 미국과 재협상하겠다는 입장을 표명하지 않을 경우 '정권 퇴진 운동'으로 전환하겠다고 했지만(이는 사실 대중운동이 이미 명시적으로 나아가고 있던 것을 한참 늦게야 받아들인 것이다), 정해진 시한까지 정부가 이에 대한 응답을 하지 않았음에도 자신들이 표명한 투쟁을 진행하지 않았다는 사실이다(김광일, 2009: 120~122). 이는 수세에 몰리던 정부가 역으로 대중을 향해 밀고 나오는 반전의 계기를 제공했다. 이런 점에서 대책회의는 무리적인 대중이 하나의 중심으로 결집할 수 있는 위치를 확보했음에도 주저하고 망설이다 집중력을 분산시키거나 응집을 저지하는 역할을 했다고 할 수 있다.

전체적인 평가에는 논란의 여지가 많지만 촛불집회의 무리적 대중이 정부를 상대로 벌인 투쟁에서 하나의 응집된 성향을 보인 것은 사실이며, 이런 응집의 지점을, 즉 일종의 중심화의 지점을 대책회의가 차지했던 것

---

7  가령 5월 하순이 되면서 대중들이 '이명박 퇴진'을 외치며 행진을 시작했을 때는 결국 다양한 이슈들이 '이명박 퇴진'이라는 요구로 집약되고 있었지만 대책회의에서는 이를 받아들이기를 거부했고 상당한 기간 동안 이 지점을 비껴나 쇠고기 문제로 이슈를 제한하려 하면서 역으로 비껴남과 분산을 야기했다(김광일, 2009: 95~97).

은 분명하다. 만약 대책회의가 대중의 이런 의지를 받아들이고 대중의 흐름이 정권 퇴진으로 응집할 수 있도록 중심적인 특이점 역할을 했더라면 대책회의는 대중에게 재현적인 중심이 될 수 있었을 것이다. 하지만 대책회의는 처음부터 어떤 욕망이 투사될 수 있는 재현적인 인물이나 조직이 아니었고 당이나 노조같이 대중을 하나로 모을 대의적인 조직도 아니었다. 대책회의가 수많은 시민단체의 연합체였다는 점에서 대책회의는 그 자체로 대중의 성격을 갖는 협의체였다. 물론 시민단체들과 촛불-대중은 작동하는 양상이나 감응·행동·사고가 전염되는 양상도 다르다는 점에서 동형성이나 상응성을 상정할 수는 없다. 역으로 이런 차이 때문에 주어진 상황 속에서 다른 경로, 다른 감각, 다른 행동이 서로를 촉진하거나 저지하거나 충돌하기도 했고, 때로는 비스듬히 교차하면서 만나거나 헤어지기도 했다.

이런 점에서 사실 대책회의가 촛불-대중에게 재현의 대상이 되거나 재현의 정치를 가동시킬 가능성은 처음부터 적었다. 그럼에도 대책회의가 상대적으로 응집점이 될 수 있었던 것은 대중이 이런 응집과 결속을 필요로 했다는 뜻이 아닐까? 그렇다면 이는 표현적 대중이 그저 무리적이며 탈중심화되어 있다는 관념에 근본적인 질문을 제기하는 게 아닐까? 무리적인 대중이 표출하는 표현의 정치는 단지 무리로 분산되는 경향만 갖는 게 아니라 그 역시 자신이 상대로 삼는 적을 향해 하나로 응집해가는 경향이 있음을 뜻하는 게 아닐까? 그렇게 부상한 응집의 매개는 적극적으로 대중의 힘을 응집하는 역할을 충분히 할 수 있다. 아마도 이 지점에서 재현의 정치로의 전환 또는 재현의 정치와의 결합이 필요했던 것일지도 모른다. 이를 통해 표현의 정치가 지닌 유희적 방식은 비정치적이거나 반정치적인 것이 아니라 정권을 겨냥한 비판과 공세의 형태를 취한다는 점에서 정치적일 수 있음을 강조해야 한다. 유희적이고 무리적인 다양한 양상이 가담

함으로써 정권 전체를 겨냥한 투쟁의 흐름으로 결집되었다는 데서 이를
알 수 있다.

그러나 역으로 이처럼 응집의 경향을 모아내는 중심화된 특이점이 적
절하게 작동하지 않을 경우 표현의 정치 자체만으로는 장애를 넘어서까지
힘을 모으거나 투쟁을 밀고 나가기가 쉽지 않다는 사실에도 주목해야 한
다. 이는 가령 1987년 6월항쟁이 보여주는 것처럼 숭고의 정치에서는 실
질적인 중심이 없거나 명시적인 중심이 지도력을 행사하지 못하더라도 대
중의 투쟁이 한계지점을 넘어서까지 나아갔다는 사실과 대비된다.[8]


## 7. 결론에 대신해

2002년 이후 새로운 양상으로 출현한 대중은 표현의 정치적 감수성을
바탕으로 한다. 표현의 감수성이 숭고의 감수성이나 재현의 감수성과 다
르다는 것은 분명하지만 그렇다고 표현의 감수성을 지닌 대중이 비정치적
이라고 할 수는 없다. 2002년의 여중생 추모시위나 대통령선거에서는 대
중이 숭고의 감수성이나 재현의 감수성을 바탕으로 하는 이전 세대 대중

---

8  물론 이는 2008년 6월 29일의 폭력진압이 계속 진행되었더라면, 다시 말해 대중을 폭력에
   서 보호하기 위한 미사나 예배 같은 종교집회가 경찰과 대중의 격돌을 저지해 양자를 분
   리하지 않았더라면 어땠을까 하는 질문은 접어둔 것이다(이 사건의 부정적인 효과에 대해
   서는 고병권(2008)을 참조). 6월 29일의 폭력진압 기조가 그대로 진행되었을 경우 촛불집
   회의 대중이 폭력을 피해 달아나거나 해체되었을 것이라고는 결코 생각하기 어렵다. 폭력
   진압은 시위를 근본적으로 새롭게 비약시켰을 것이고, 필경 폭력진압에 수반될 수밖에 없
   는 처참한 피해와 고통으로 인해 시위는 숭고의 정치로 전환되거나 표현의 감수성과 숭고
   의 감수성이 결합해 작동하는 새로운 국면으로 들어갔을 것이다. 따라서 표현의 정치를
   분산하는 경향이나 표현의 정치가 가진 유희적 성격을 어떤 '고유한 본성'처럼 대응시키기
   는 어렵다고 해야 할 것이다.

과는 매우 다른 양상의 흐름을 형성했지만 통상 운동이나 정치라고 명명되는 성격을 갖고 있다는 것은 분명했다. 2008년 촛불집회에서의 대중 또한 자족적이라는 이유로 여러 가지 비난을 받기도 했지만 쇠고기 문제에서 시작된 시위를 민영화 및 의료 영리화 반대, 대운하 사업 반대 등의 여러 가지 이슈로 확장시켰고 결국 이명박 퇴진을 요구하는 정치적 시위의 성격을 확연하게 드러낸 바 있다.

그럼에도 2002년 이후의 대중과 그 이전에 운동하던 이들의 감수성이나 감각이 아주 다르다는 점 또한 부정할 수 없다. 이런 차이로 인해 구좌파들은 가령 2008년 촛불집회 대중이 정말 운동이나 정치에 요구되는 치열함이나 진지함이 있는지, 운동을 성과로 만들어가는 힘이 있는지 의심했을 것이고, 반대로 새로운 대중은 전통적 집회나 시위, 투쟁의 양상에 거리감을 가졌을 것이다. 특히 2008년 촛불집회가 끝나고 난 후에는 전통적인 의미의 운동과 대중 간의 간극이 표현적 대중의 무력함과 재현적 정치의 비대중성의 형태로 나타나 서로 대립하는 양상을 보이기도 했다.[9] 이는 치안의 벽을 넘어서 운동을 전복이나 변혁으로 나아가게 만드는 '초월'이나 '집중'의 힘과, 운동을 즐기고 다양화하며 인터넷 같은 통신수단을 통해 새로운 통로로 확대해가던 표현적 '감염'의 힘 간의 차이가 대립적인 항으로 분리됨을 뜻하는 것이기도 했다.

그런데 일종의 철거민 투쟁이던 두리반의 투쟁은 표현적 대중의 웃음과 유머의 유쾌한 감응을 바탕으로 음악이나 미술, 영화 등 다양한 활동을 유희적으로 사용함으로써 예술과 운동·정치를 결합했고, 시간과 싸우는

---

[9] 촛불집회에 나선 대중을 비판하는 입장을 지나칠 정도로 뚜렷하게 표명한 것은 당대비평 기획위원회(2009)이다. 반대로 조정환(2009)은 이런 비판에 대해 네그리·하트의 '다중'이라는 개념을 바탕으로 반박한 바 있다.

게 아니라 시간을 자기편으로 만들며 싸우는 방법을 창안함으로써(유채림, 2012), 패배했을 땐 물론이고 이기더라도 상처와 피로감에 절기 마련인 장기농성투쟁을 유쾌하게 이끌 수 있는 새로운 출구를 찾아냈다. 이는 유쾌함과 가벼움이라는 감응으로 즐기는 방식의 투쟁이 비장함이나 결연함과는 아주 다른 종류의 새로운 돌파력을 갖고 있음을 보여준 사건이었다. 투쟁의 장을 즐거운 표현적 공연의 장으로 만들어버림으로써 농성장은 의무감에 찾아야 할 장소가 아니라 즐기기 위해 찾는 장소가 되었고, 이는 시간의 무게를 버티고 견뎌내는 투쟁이 아니라 시간을 우군으로 삼는 투쟁이 가능함을 보여주었다.[10] 이러한 가능성은 사실 2008년 전개된 유례없이 긴 지속력을 가졌던 촛불집회 때에도 이미 나타났지만 당시에는 가시적 성과가 부재함에 따라 촛불집회의 효과와 힘도 냉소 속에 무의미한 것으로 치부되었다.

이와 더불어 표현적 대중은 자신의 새로운 신경망이자 무기로서 소셜네트워크 서비스(SNS)를 찾아냈고 이를 새로운 전달과 감염의 공간으로만들었다. 트위터와 페이스북을 중심으로 한 SNS는 무엇보다 강력한 힘을 발휘하면서 '새로운' 대중과 노동운동이라는 '오래된' 투쟁이 결합한 새로운 연대와 혼합의 지대를 창출했는데, 그 대표적인 사례가 김진숙과 한진중공업의 크레인 농성투쟁이다(허소희 외, 2013). 앞서 싸우던 동료들이 죽어간 장소인 크레인에 올라가 목숨을 걸고 매달린 김진숙과 그 밑에서 농성한 한진중공업 노동자들의 감수성은 전통적인 숭고의 감수성을 바탕으로 하고 있었다. 이들은 적지 않은 기간 동안 고립되어 투쟁했지만 이들

---

10 두리반의 성공사례를 가장 적극적으로 받아들인 곳은 제주도 강정마을이었다. 강정마을은 2007년부터 이미 6년 이상 해군기지 반대투쟁을 지속해왔는데(이주빈, 2011), 2011~2012년경부터 그들은 춤과 노래, 공연 등을 시위에 적극적으로 끌어들이며 웃음과 유쾌함에 기반을 둔 연대 방식을 도입했다.

의 투쟁이 SNS를 통해 '새로운' 대중과 접속되면서, 그리고 여기에 연예인 김여진 같은 이들이 가세하면서 한진중공업 사태는 새로운 대중의 특이점이 되었다. 희망버스에는 언제나 노동운동에 관심을 갖고 있는 오래된 좌파만 탄 것이 아니었다. 희망버스는 오래된 좌파와 새로운 대중이 섞이는 새로운 잠재성의 지대였으며 이전에 대립적이라고 생각했던 두 항이 결합되거나 혼합되거나 연대할 수 있는 새로운 가능성의 장이었다.[11]

이런 사례들은 표현의 감수성을 지닌 대중과 숭고나 재현의 감수성을 지닌 대중 간에 존재하는 차이가 대립과는 다른 양상으로 결합할 가능성이 있음을 보여준다. 대중의 정치적 감수성은 형성조건에 따라 상이한 유형으로 나타나기도 하고 종종 대립하는 별개의 체제로 형성되기도 하지만 각각의 정치적 감수성은 매우 넓은 변환과 이행의 지대를 가지며 다양한 결합과 혼성의 지대도 갖는다. 따라서 익숙하지 않은 감수성을 지닌 대중의 약점을 비난할 것이 아니라 감수성의 차이를 이해하고 상이한 감수성이 결합될 수 있는 고리나 교차점을 찾아내야 한다. 그래야만 적지 않은 시간 동안 형성된 감수성의 체제들은 세대 차이가 난다는 이유로 외면되거나 포기되는 것이 아니라 반대로 적극적인 결합을 통해 새로운 운동을 창출할 수 있는 가능성을 찾는 계기가 될 것이다.

---

11 이처럼 새로운 연대와 혼합의 지대가 없었다면 격렬한 투쟁과 진압 이후 고립된 채 많은 이들이 절망 속에 죽어갔던 쌍용자동차의 투쟁(홍세라 외, 2009; 공지영, 2012)이 뒤늦게 대중적 흐름과 결합하기는 어려웠을 것이다.

# 참고문헌

고병권. 2008. 「혁명 앞에서의 머뭇거림: 2008년 촛불시위의 발발과 전개」. 『부커진R 2』. 그린비.

공지영. 2012. 『의자놀이』. 휴머니스트.

김광일. 2009. 『촛불항쟁과 저항의 미래』. 책갈피.

김영수 외. 2013. 『전노협: 1990~1995』. 한내.

김정란 외. 2002. 『유쾌한 정치반란, 노사모』. 개마고원.

김창우. 2007. 『전노협 청산과 한국 노동운동』. 후마니타스.

당대비평 기획위원회. 2009. 『그대는 왜 촛불을 끄셨나요?』. 산책자.

랑시에르, 자크(Jacques Rancière). 2008. 『정치적인 것의 가장자리에서』. 양창렬 옮김. 길.

베르그손, 앙리(Henri Bergson). 2005. 『창조적 진화』. 황수영 옮김. 아카넷.

서남동. 1992. 『전환기의 민중신학』. 한국신학연구소.

안병무. 1991. 『민중신학 이야기』. 한국신학연구소.

유채림. 2012. 『매력만점 철거농성장』. 실천문학사.

이주빈. 2011. 『구럼비의 노래를 들어라: 제주 강정마을을 지키는 평화유배자들』. 오마이북.

이진경. 2012. 『대중과 흐름』. 그린비.

정정훈. 2007. 「87년체제와 새로운 권력의 테크놀로지: 시민사회와 사법-기계」. 『부커진 R 1』. 그린비.

조영래. 1983. 『전태일 평전』. 돌베개.

조정환. 2009. 『미네르바의 촛불』. 갈무리.

칸트, 임마누엘(Immanuel Kant). 2009. 『판단력 비판』. 백종현 옮김. 아카넷.

허소희 외. 2013. 『종이배를 접는 시간: 한진중공업 3년의 기록』. 삶이보이는창.

홍새라 외. 2009. 『연두색 여름: 쌍용자동차 가족대책위원회 이야기』. 한내.

Deleuze, Gille & Félix Guattari. 1980. *Mille Plateaux*. Minuit.

Lévinas, Emmanuel. 1961. *Totalité et infinité Essai sur extériorité*. Martinus Nijhoff.

# 새로운 감성교육과 공감의 공동체

탈근대적 일상의 구성에 관한 시론

최진석 | 수유너머N

## 1. 감성능력의 파괴와 사회의 가능성

얼굴을 가린 교복 차림의 남성이 한 손으로는 어묵을 베어 문 채 다른 손으로는 손가락 기호를 만들어 정면을 가리키는 사진 한 장이 2015년 새해 벽두부터 한국사회를 발칵 뒤집어 놓았다. 이 사진은 극우적 성향을 거침없이 드러내던 일간베스트저장소(일베) 사이트에 게재된 것으로, 이 남성이 만든 기호는 그들 사이에서 통용되던 일베 사이트의 상징적 표식(o과 ㅂ 모양)이었다. 단원고 학생을 가장한 20대 남성은 단지 "주목받고 싶어서" 한 일이라고 진술했지만 주목받고 싶어 저지른 일치고는 사회적 파장이 너무 컸다. 범인이 구속되고 선처를 비는 그의 어머니의 사연이 회자된 직후 '특대어묵 배달'을 내세운 또 다른 사진이 게시되었고, 그런 식으로 세월호 희생자와 유가족을 모욕하는 행위는 지금까지도 공공연히 이어지는 실정이다. 양식 있는 세간의 공분이 확산될수록 이를 비웃는 반작용도 커지고 있다. 유사한 사건이 반복될 때마다 타자에 대한 증오 발언 및 행위의 수위나 정도도 점점 강화되는 것이다. 도대체 이 사회에 무슨 일이 일어나고 있는 것일까?

한국사회의 이상증후가 증오라는 부정적인 양태로만 표출되는 것은 아니다. 올해 3월 5일 아침 세종문화회관에서 주한 미국대사 마크 리퍼트 (Mark Lippert)가 피습당한 사건을 상기해보자. 공격 당사자의 의도가 어떤 것이었든 물리적 공격이라는 행위의 비극성에 이어진 역사의 희극성은 우리의 실소를 유도하기에 충분하다. 미국과의 우의관계에 아무 문제가 없음을 증명하기 위해 '난리굿판'이 벌어진 것이다. 리퍼트가 입원한 병원 앞에 보수적인 시민단체와 종교단체들이 모여서 쾌유를 비는 기도회를 열고 부채춤 공연과 발레 공연을 벌이는가 하면, 어떤 이는 (리퍼트가 애견가라는 사실을 아는지 모르는지) 개고기를 선물로 전달하기도 했다. 해외순방을 마치자마자 병문안에 나선 박근혜 대통령은 예전에 자신이 공격당했던 경우와 리퍼트의 사례가 비슷하다는 사실을 은근히 강조했고, ≪조선일보≫는 여기에 대해 '5가지 기연'이라며 두 사건 사이의 유사성을 요란스레 보도했다. 이어서 각계각층의 고위인사들은 물론 일반인들 역시 병문안을 와서 거듭 '죄송스러움'을 표하고 '완쾌'를 기원했으니 환대도 이만한 환대가 없었다. 이는 앞서의 증오감정과는 전혀 다르거나 무관한 감정적 양태일까?

감정의 과잉과 유동, 또는 극단화의 우파적 사례들로 글의 문을 여는 것이 다소 편파적으로 보일 수 있으니 반대편의 경우도 이야기해보자. 진보나 좌파의 증오감정을 확인하는 일은 어렵지 않다. 당장 인터넷 포털사이트의 정치기사에 붙은 댓글들을 읽어보라. 보수우익적인 댓글들 못지않은 과격한 증오감정이 범람하는 양상을 목격할 수 있을 것이다. 한두 줄로 끝나는 댓글이라 해도 표현수위나 감정적 농도는 우파의 '부도덕'에 못지않다. 이를 진보정치가 현실적으로 후퇴해 있는 상황에서 새어나오는 단말마적 감정의 해소라 경시하기에는 그 징후가 예사롭지 않다.[1]

　이런 사례들이 통념적이고 단편적이라고 생각된다면 더욱 정치적이고 일반적인 사례들을 떠올려보자. 기성세대, 특히 진보·좌파적 입장의 기성세대가 청년세대에 던지는 비난은 어떠한가? 기성세대의 비난에 따르면 현재의 이십대는 고도자본주의 사회가 제시하는 소비주의에 물들어 물질적 욕망에 사로잡혀 있으며, 사회적 존재로서의 책임감에는 둔감한 세대이다. 과거 1980년대 운동의 경험이 남겨준 연대의식과 사회변혁에 대한 숭고한 열망은 생계형 이기주의에 질식해 사라졌으며, 그 결과 민주주의와 정치적 주체의식도 함께 붕괴해버렸다(엄기호, 2010: 13).[2] '비겁해진' 청년세대에게 쏟아지는 냉소적인 시선은 그 비판이 애정 어린 충고의 형태를 취한다 해도 단절과 거리의 격벽을 쌓는다는 점에서 이미 부정적인 감정과 다름없다. 제아무리 좋은 말을 갖다 붙여도 이러한 비판은 이질성에 대한 배척감정이고, 증오의 이면인 것이다. 이런 식의 감정의 범람과 역설

---

1　진보와 좌파의 정서적 편벽은 직설적인 화법보다 태도, 즉 '나는 이미 알고 있다'라는 지적 오만에서 비롯된 경우가 많다. 형식이 어떠하건 진보와 좌파 역시 타자에 대한 경멸을 뒤로 감춘 우월감정으로 무장해 있는 것이다. 이 때문에 오히려 진보와 좌파는 대중의 정치적 감정 문제를 다룰 때 무능함을 드러낸다. 강준만, 『싸가지 없는 진보』(인물과사상사, 2014), 제3장.

2　저자는 이러한 비난이 좌우파를 막론하고 기성세대, 곧 근대적인 양적 성장에만 길들여진 세대가 취하는 부당한 입장이라 분석하고 있다. 비슷한 구도에서 '괴물이 된' 청년세대의 문제가 우리 시대 전반의 성장주의에서 비롯되었다고 비판한 책으로는 다음을 참조할 것. 오찬호, 『우리는 차별에 찬성합니다』(개마고원, 2013). 이는 단지 세대갈등의 문제가 아니다. 자기계발이라는 빛 좋은 개살구를 앞세우는 자율적 성장의 논리는 미래를 상실한 청년들에게 도착적인 증오와 숭배의 감정을 심어놓기 때문이다. 전자는 약자를, 후자는 강자를 향한 것인데, 세월호와 리퍼트에 대한 감정적 표현의 양가성이 바로 여기 있지 않은가? 가난하고 버림받은 아이들이라는 이유로 특혜를 누릴지도 모르는 약자에 대한 증오와 초강대국 미국이라는 강자에 대한 숭배는 동전의 양면에 지나지 않는다. 감정에서도 극과 극은 통한다.

적 동일화야말로 현재 한국사회의 지배적인 정조라 해도 과장은 아닐 듯하다.[3]

조금 극단적이다 싶은 사례들로 이 글을 시작하는 이유는 지금 한국사회에서 일어나고 있는 격심한 감정의 동요를 실감나게 공유하기 위해서이다. 감정변이야 어느 시대든 어느 장소에서든 일어나기 마련이지만 현재 우리가 목도하는 감정의 격변은 민주주의와 정치의 저변을 심각하게 훼손하는 방식으로 진행되고 있기에 문제적이다. 이는 정치체제나 제도적 차원뿐 아니라 그 근저의 일상생활까지 침식하고 파괴하는 양상을 띠기에 더욱 심각해 보인다. 일베의 사례에서 극적으로 드러나듯, 타자와 함께 할 수 있는 감수성, 즉 공감능력의 상실은 사회의 가능성 자체에 커다란 의문을 제기하고 있다. 어떤 마음의 구조를 통해 타자에게 다가갈 수 있는지 알 수 없을 때, 의무감이나 시혜의식에서가 아니라 연대의 심성을 통해 타지와 마주할 수 있는 능력이 결여되었을 때는 이성과 합리의 기제가 아니라 차라리 감성의 능력으로서의 공감(empathy)이 결여된 것이라고 보지 않을 수 없다.[4] 이 능력이 확보되지 않고는 일상생활은 물론이요 민주주의와 정치, 더 근본적으로는 사회의 가능성조차 온전히 떠올릴 수 없을 것이다.

지난 몇 년간 '재난'이 한국사회의 화두로 떠올라 논의의 대상이 된 것

---

3  일베 현상을 둘러싼 혐오의 감정은 이미 하나의 사회적 정서로 자리 잡았다. 이는 일베가 공격의 대상으로 삼는 여성과 호남, 진보에 대한 감정일 뿐만 아니라 일베에 대한 대항적 감정이기도 하다. 이러한 혐오의 유동은 숭배/멸시나 열광/증오의 양가적 분열을 겪지만 궁극적으로는 하나의 감정적 흐름이자 그 변이와 다름없다. 일베와 반(反)일베는 기묘한 거울상을 통해 공통된 감정을 교환하고 있다. 필자는 이 점에서 일베가 촛불의 쌍생아라는 주장이 크게 틀리지 않는다고 본다. 박가분, 『일베의 사상』(오월의 봄, 2013), 232~237쪽.

4  감정, 감성, 감수성 등에 대한 어원학적 구별은 일단 피하도록 하자. 개략적으로 말해 이 글에서는 분노나 사랑, 혐오 등과 같이 구체적으로 명명 가능한 정서상태를 감정(feeling 또는 emotion)이라 칭하고, 이보다 심층에서 현상의 개별적 감정상태를 가능하게 만드는 근거로 제시된 지각과 감각능력, 감수성(sensibility)을 감성이라 부르도록 하겠다.

도 이러한 맥락에서 사회의 재구성에 관한 논의를 재개하기 위함이었다. 자연생태를 포함해 사회적 생태의 전 지구적 파괴와 붕괴에 직면한 요즈음 공동체를 다시 만들기 위해서는 대중의 물리적 연대뿐 아니라 정서적 연대도 절실하기 때문이다. 공감과 동정, 연민 등이 다시금 지식사회에서 의제화된 이유가 여기에 있다.[5] 그러나 역사적으로 볼 때 정서를 통해 대중을 하나로 묶어내고 공동체를 건설하려는 시도는 사실 근대성의 전형적인 프로젝트이기도 하다. 계몽주의적 교육학을 반복함으로써 공감의 능력과 연대의 실마리를 회복하려는 시도가 벌써부터 무망해 보이는 것은 그래서이다. 공감능력과 연대의 감정은 강제로 주입되거나 훈육될 수 없다. 일상생활과 정치, 민주주의의 여러 차원에 걸쳐 위기에 봉착한 이러한 감정을 (재)구성하기 위해서는 근대적 프로젝트와는 다른 방식과 다른 의미를 경유한 실천이 필요하다. 공감의 감성교육이란 새로운 실천적 감성을 말하되 종래의 역사적·사회적 형식과는 다른 방식으로 감성적 실천을 수행해야 할 것이다. 일단 이러한 문제의식을 마음에 새기며 이 글을 시작하도록 하자.

## 2. 근대국가의 감성정치학: 동원된 감정 또는 국가와의 동일시

감정이 관건일 때 우리는 흔히 감정을 대수롭지 않다고 무시하거나 불가피한 잉여로 기각해버리곤 한다. 사적이거나 개인적인 것으로 치부해

---

5  가장 최근에 읽은 글은 신형철, 「감정의 윤리학을 위한 서설1」, ≪문학동네≫, 82호(2015년 봄호), 404~421쪽인데, 공감과 동정의 문제의식에서 출발해 개인과 사회가 어떻게 만나야 하는가를 질문한 좋은 글이라고 생각한다.

공적 사안으로 다룰 필요가 없다고 보는 탓이다. 하지만 사회적 과정은 감정을 포괄할 뿐 아니라 감정에서 발원한다. 감정은 사회적 관계 속에서 배태되며, 사회의 구조와 주체를 변형시키는 방식으로 작동하는 것이다(바바렛, 2009: 13).[6] 그러므로 감정을 사적 개인이나 본능의 차원으로 축소시켜 이해하는 것은 감정이 연원하는 사회적 감수성의 토대를 배제함으로써 현실의 동학(動學)을 이해할 수 없게 한다. 이성과 감성을 말끔하게 분리시켜 합리와 비합리로 나누어 사고하는 것이야말로 지극히 근대적인 편견과 다름없다.

근대성의 특징을 철저하게 이성적인 계산 가능성에서 찾는 상식과 달리(베버, 2002: 46~47) 근대사회는 대중의 감성에 대한 적극적인 개입과 함께 성립되었다. 예컨대 1648년 조인된 베스트팔렌 조약은 통상 근대적 국제관계 및 영토적 주권국가를 태동시킨 사건으로 기록되어 있지만, 동시에 이 조약은 안전사회에 대한 대중의 정치적 개념화가 시작된 기점이었다. 안전이라는 사회적 감정이 정치적으로 확보됨으로써 근대성이 역사 속에서 유의미한 구조를 획득하게 된 것이다. 예컨대 국제법을 통해 국경선으로 구획된 영토 내부의 안전지대를 보장하게 되었으며, 안전지대 안쪽에 있는 사람들은 국가를 매개로 정신적·신체적 안전감을 획득해 국민으로서의 자기정체성을 갖게 되었다. 애국심과 내셔널리즘은 소속된 공동체에 대한 애착감의 기술어(記述語)로 고안되었고, 국가적 안전이라는 관념은 "공동체적 공감과 관용을 가능하게 하는 사회적 연민"과 불가분의 관계를 형성했다(베레진, 2009: 73~74).[7] 이와 같이 근대사회는 감정적 유대감

---

6  이성이 판단을 선도하고 감정이 뒤따른다는 통념과 반대로 모든 판단은 대개 선입관에 기반을 둔 감정적 선택에 따라 최초의 진로가 결정된다. 소소한 일상의 행동에서부터 고도로 합리화된 이성적 사유에 이르기까지 인간은 감정이라는 독재자과 함께 있는 것이다. 강준만, 『감정독재』(인물과사상사, 2013), 5~12쪽.

없이는 성립할 수 없었다.

국가라는 동일한 울타리에 소속된다는 것은 이웃과 맺는 결속감정을 다져준다. 즉, 타자를 동포라는 이름의 동일자로 환원시켜준다(반면, 울타리 바깥의 타자들은 비동일자로 배제된다). 이는 인식보다 감성에 기반을 둔 동일화이다. 같은 언어, 전통, 역사, 문학 등으로 표지된 근대의 문화적 낭만주의는 내셔널리즘과 결합되어 동일성의 감성을 대중에게 배양해놓았다. 근대의 대중사회(popular society)가 곧 국민국가(nation-state)와 포개질 수 있는 이유가 여기에 있다. 이처럼 근대적인 국가사회는 일종의 감정적 공동체로서 "감정에너지를 표출하는 특정 시기 동안 개인들을 경계 지어진 공적 공간 속에 결합"시켜왔다(베레진, 2009: 75). 앤더슨이 '상상의 공동체'를 통해 입증했듯, 신문과 잡지, 교통 및 통신 등으로 연결된 국가 내부의 단일성과 일체성은 동질적인 국민감정을 만드는 데 불가결한 요소였다. 이런 식으로 국가를 표상하게 해주는 다양한 사회적 제도와 장치는 국민의 의식과 더불어 (무)의식적인 공통 감성을 길러냈다(앤더슨, 2002).[8] 이와 같은 감성의 두터운 토대가 배양되지 않았다면 '동원의 시대'는 불가능했을 것이다. 근대국가는 처음부터 감성의 정치적 사용에 입각한 권력장치였던 셈이다.

근대사회에서 대중의 감성은 국가적 통합을 목표로 견인되고 조형되었다. '국민감정'이라는 표현이 시사하듯, 하나의 국민은 하나의 공통된 감정 분모를 공유한다고 인식하는 것이다.[9] 이는 배워서 아는 인식적 앎 이전의

---

7  베레진은 안전국가를 지향하거나 이탈하는 유동적 사회를 감정 공동체라 부르지만, 안전국가 자체도 하나의 감정적 공동체로서만 존립한다고 해야 옳을 것이다. 한편 연민(pity)과 동정심은 사회적 연대의 원천으로 루소가 지목한 감정상태이다. 장 자크 루소, 『인간불평등기원론』, 주경복 외 옮김(책세상, 2003), 81~82쪽.

8  우리가 개별화되고 특수화된 감정상태가 아니라 이러한 감정이 가능한 근거이자 (무)의식적 토양인 감성을 문제 삼는 것도 이런 역사적 과정 때문이다.

감성, 즉 무의식적 앎이라 할 만하다. 이에 따르면 한국인은 적어도 국가적 사안에서는 통일된 관점과 감각을 갖는 게 당연하고, 그렇지 않으면 국민으로서의 자격에 문제가 있다고 비난받는다. 예컨대 한·일 간의 영토분쟁에서 독도는 이론적 인식의 대상이기에 앞서 감정적 동일화의 대상이다. 제아무리 합리적인 논증을 펼쳐도 거기에 감정적 동일시가 누락되어 있으면 냉소와 비판의 위협을 감수해야 한다. 같은 맥락에서 금메달을 '빼앗긴' 김연아의 패배는 국가의 패배이자 그 국민인 자신의 좌절로 전환되어 이 사실에 분노하지 않는 자는 의심의 대상이 되지 않을 수 없다. 이때에는 물론 한국인이라는 소속감, 공통적 감성, 집단적 감정이 동일시의 효과이자 전제로 작동한다. 전체로서의 국가와 그 일부분인 나를 불가분의 관계로 결합시키고 동질적인 일체로 표상하는 것, 상상적 동일시로서의 이데올로기가 작동하는 지점이 여기이다. 다양한 이데올로기적 심급, 곧 일상생활에서 마주치는 여러 가지 (준)제도적 형식과 관례에 따라 조형된 감성이 여기서 등장하며(알튀세르, 2007: 354~355),[10] 이 감성은 전체적으로 국가라는 이름의 사회체제를 재생산하기 위한 (비)물질적인 메커니즘으로 기능한다.

국가체제와 같은 물적 기구와 자신을 동일시하는 것은 사실 자연스러운 현상이다. 자기보다 '큰 것'에 스스로를 일치시킴으로써 자아의 안전과 지속을 보장받고 선택과 행위의 스트레스를 감소시키는 것은 생물학적 본

---

9  한국의 지역감정에서 드러나듯 집단적 감정은 통합의 기제일 뿐만 아니라 통치의 수단이기도 하다. 즉, 감정은 효과적인 통치를 위해 조장되기도 하고 촉진되기도 한다. 김헌태, 『분노한 대중의 사회』(후마니타스, 2009), 174~189쪽.

10  일상의 통제와 규율화는 본질적으로 미시적이고 비가시적인 장치들에 크게 의존한다. 이는 이론적이기보다 실천적이며, 대중의 태도에 호소하는 감각적인 힘이다. 조지 모스, 『대중의 국민화』, 임지현 외 옮김(소나무, 2008), 36쪽. 벤야민식으로 말하면 정치를 미학화·감각화하는 것이다.

능이기 때문이다. 근대 국민국가의 합리성과 짝을 이루는 파시즘 체제는 국가와 개인의 동일시가 부정적으로 급진화된 결과였다. 그러나 이러한 부정적 급진화는 강제에 의해서라기보다 사회적 조건에 따라 자발적으로 추구되었음을 기억해야 한다. 가령 독일 대중이 나치즘에 경도된 것은 나치의 속임수나 음모 때문이 아니라 당대 독일의 사회적 조건에서 대중의 욕망이 파시즘을 향해 나아갔기 때문이다. 그래서 히틀러에게 열광했던 독일 대중은 기꺼이 이렇게 외쳤던 것이다. "나는 국가이며, 당국이며, 회사이며, 민족이다"(라이히, 2006: 89). 권위와의 동일시 또는 '큰 것'에 대한 욕망은 그것이 자기 자신이라고, 자신과 동일한 것이라고 자발적으로 선언하게 만드는 물질화된 이데올로기와 다름없다.

프로이트가 개인의 심리가 근본적으로 사회의 심리에 연결되어 있다고 주장했던 것도 유사한 맥락에서였다. 개인은 '큰 것'인 집단에 귀속되려는 경향을 갖는다. '작은 자아'는 더 큰 덩어리의 집단적 자아(민족, 국가 등)에 합체됨으로써 정신적·신체적 안전을 누리려 한다.[11] 그러나 이렇게 합일된 집단은 비합리적이고 예측 불가능한 행동양태에 곧잘 빠져든다. 문명이 개별화의 산물인 반면, 야만은 기원적으로 집단의 것이기 때문이다. 지금도 꾸준히 회자되는 귀스타브 르 봉(Gustave Le Bon)의 이론을 세련된 방식으로 보완하면서 프로이트는 이렇게 말했다.

집단은 충동적이고 변덕스럽고 성급하다. 집단은 거의 전적으로 무의식

---

11 여기서 '크다'는 것은 1차적으로 '작은 자아'에 대한 상대적 크기를 가리킨다. 하지만 자아의 이러한 확대 욕망이 언제나 자기보다 '더 큰 것'에 정향되어 있다면 이는 사실상 '가장 큰 것'에 대한 욕망이 아닐 수 없다. '큰 것'에 대한 지향을 전체주의나 파시즘에 대한 욕망과 겹쳐 생각할 수 있는 부분이다. 따라서 이 글의 논의는 최상급의 '큰 것'과 반대되는 '가장 작은 것'과의 동일시로 나아갈 것이다.

의 지배를 받는다. …… 집단은 이미지로 사고한다. 이미지는 연상작용으로 또 다른 이미지를 불러일으키며, 이미지와 현실이 일치하는가를 이성의 작용으로 검증하는 경우는 결코 없다. 집단의 감정은 단순하기 이를 데 없고 지극히 과잉에 넘쳐 있다. 따라서 집단은 의심할 줄도 망설일 줄도 모른다. 집단은 곧장 극단으로 치닫는다. 의심이 표현된다 해도 당장 명백한 확신으로 바뀌고, 약간의 반감도 격렬한 증오로 바뀐다. …… 집단은 너그럽지 못하고 편협하며 권위에 순종적이다. 집단은 힘을 존경하며 …… 심지어는 폭력을 요구하기까지 한다. 집단은 지배당하고 억압당하기를 원하며, 집단의 우두머리들을 두려워하고 싶어 한다. 집단은 기본적으로 철저히 보수적이다. …… 집단의 지적 능력은 개인의 지적 능력보다 항상 낮지만, 집단의 윤리적 행동은 개인의 윤리보다 훨씬 낮게 떨어질 수도 있는 반면 개인의 윤리보다 더 높이 올라갈 수도 있다. …… 집단은 환상을 요구하고, 환상 없이는 견디지 못한다(프로이트, 2003: 83~86).[12]

프로이트의 진술을 대중에 대한 불신과 비난으로 점철된 부르주아 이데올로기나 엘리트주의로 매도하기는 어렵지 않다. 하지만 우리의 착안점은 다른 데 있다. 비록 집단에 대해 비합리주의와 반지성주의, 나아가 (거의 동물적 수준에 비유함으로써) 비인간주의적 혐의를 덧씌웠음에도 프로이트는 근대사회의 원 구조를 꿰뚫어보고 있기 때문이다.

집단, 곧 대중적 행동의 주축은 논리가 아니라 감정이며, 이는 무의식과 충동으로 야기되고 서로 간에 전염된다. 이는 언어의 형식보다 이미지에 의지하는 힘이고, 과잉으로 흘러 극단화되곤 한다. 대중의 회집이 곧잘 폭력사태로 비화되는 것도 그래서이다. 또한 대중을 사로잡는 것은 합리적

---

12 번역은 문맥에 맞춰 수정했다.

인 설득이 아니라 모종의 비합리적인 환상이다. 빌헬름 라이히(Willhelm Reich)와 질 들뢰즈(Gilles Deleuze), 펠릭스 가타리(Félix Gattari)를 선취하는 프로이트의 통찰은 대중의 동학이 이성보다는 감성에, 의식보다는 무의식에, 논증보다는 욕망에 있음을 발견했다는 점에 있다. 이는 다시 '리비도적 관계'라 명명되는데(프로이트, 2003: 118~119), 사회가 자신과 타자의 동일시를 가능하게 만드는 감성적 유대로 세워진다는 뜻이다. 동일시는 타자를 동일자로 오인하게 만드는 사회발생의 무의식적 장치이다.

문제는 이러한 동일시가 동정이든 공감이든 국가라는 '큰 것'의 매개를 통해 간접적인 방식으로 이루어졌고, 근대사회에서 이러한 경향은 안전에 대한 보수적인 태도로 구조화되었다는 사실이다. 국가의 감성정치학은 이를 명확히 인식하고 있었고, 이에 따라 대중에 대한 통제와 동원의 전략을 구사해왔다. 하지만 프로이트는 여기서 수수께끼 같은 역설을 하나 던진다. 집단의 윤리감각은 개인의 수준보다 낮지만 가끔 개인을 초월하는 수준으로 고양된다는 것이다. 어떻게 이런 일이 가능할까? 비주체적이고 감정에 휘둘리기 쉬운 대중에게 윤리(정의)는 불가능한 대상이다. 대중은 '큰 것'을 따라가려는 경향을 갖기 때문이다. 하지만 이러한 경향은 비인식적이며 따라서 충동이라 이름붙일 만한 힘으로서, 역으로 '큰 것'의 인도를 벗어날 수 있는 잠재성을 갖는다. 프로이트의 단언대로 비합리적이고 무의식적 충동이기에 역설적으로 '큰 것'이라는 '이성적' 선택을 비껴갈 잠재력을 보유하는 것이다. 마치 혁명이 그런 것처럼 말이다.


## 3. 공감의 공동체: 감정의 구조 또는 일탈하는 감성의 분기선

윤리를 이성이 아닌 감성으로 세울 수 있다는 주장을 칸트가 듣는다면 사색이 되어 손사래를 칠지도 모를 일이다. 하지만 헤겔의 관점에서 보자면 칸트의 윤리는 정확히 말해 도덕(Moralitaet)에 가까우며, 이성과 감성의 결합에 기초한 윤리는 인륜(Sittlichkeit)이라 할 수 있다. 그러나 헤겔에게 인륜은 이성과 감성의 직조를 통해 만들어진 민족 및 국가로 수렴되는 것이므로 우리는 여기에서 한 걸음 더 나아가야 한다. '큰 것'을 매개로 삼지 않고 윤리를 모색하는 것, 이는 이성이냐 감성이냐의 양자택일로 풀 수 없는 문제이자 조화로운 절충으로도 해결할 수 없는 문제이다. 감성이나 이성은 어쩌면 양자택일 이외에는 어떤 판단도 불구로 만들어버리는 근대적 사유의 고질적인 표상일지도 모른다.

사회의 집합적 차원에서 작동하는 감성의 유동은 분석적·계량적 조작의 대상이 아니다. 집단적 감정의 흐름에 대해 전염이나 감염 같은 병리학적 비유를 동원하는 것은 집단적 감정의 흐름이 명확히 분절 가능한 논리적 프로세스에 따르지 않으며 의식의 차원으로 환원될 수 없음을 반증한다. 개인에게나 집단에게나 감성은 (무)의식적 과정에 따라 작동하며, 욕망의 문제와 긴밀히 결부되어 있다.[13] 일상의 습관과 관습, 준규범화된 습속과 의례가 감성의 본원적인 장으로 부각되는 이유는 앞서 살펴보았듯 이러한 관습이 근대사회에서 대중정치학의 지배소로 조명되는 이유와 다르지 않다. 명철한 공적 행위가 요구되는 경우에도 이러한 관습은 일상의 미분화된 영역을 관류하며 가동된다. 지극히 개인적이고 사적인 감정조차 사회적 관계 속에서 배태되므로 일상의 감성이 배제된 채 공적인 정치사회가 성립할 수는 없다.

---

13 우리가 주목해야 할 것은 사회적 배치로서의 감성의 배치이다. 감성은 심리단위이자 문화단위이며 사회단위이기 때문이다. 이 세 단위의 계열화는 정신분석에 힘입은 바 큰데, 이는 개별적·집단적 자아의 (재)구성이 무의식을 경유할 수밖에 없음을 인식했기 때문이다. 에바 일루즈, 『감정자본주의』, 김정아 옮김(돌베개, 2010), 제1장 참조.

레이먼드 윌리엄스(Raymond Williams)에 따르면, 이성과 명확히 구분할 수 없는 감성의 이러한 특징은 우리의 체험이 결코 완료되지 않기에 생겨나는 것이다. 우리는 자신의 사고와 행위를 반추할 때 늘 과거시제를 통해 체험을 완결된 것으로 표상하며 언어적으로 분절시켜 개념화하지만 실제로 생동하는 삶의 체험은 결코 종료되지 않으며, 따라서 과거시제 속에 봉인되지 않는다(윌리엄스, 1982: 160~161).[14] 모든 의식은 사회적인 것이라고 언명할 때 이 말의 진의는 경험은 완결되지 않으며 따라서 고정될 수 없고 명확하게 인식될 수 없다는 것이다. 이는 감성의 문제에서 더욱 진실한데, 개념이 사후적이고 공식적으로 성립하는 반면 감성은 현재진행적이고 비공식적인 차원에서 지속되는 체험인 까닭이다. 삶이 지속된다면 감성 역시 그 토양 위에서 지속될 수밖에 없으며, 합리성의 규제를 넘어 그 운동을 유지해간다. 이것이 감성의 실천 또는 실천하는 감성이다.

실천적 의식은 거의 언제나 공식적 의식과 구분되는데, 이는 단순히 자유나 통제의 상대적인 정도와만 관련된 문제가 아니다. 왜냐면 실천적 의식은 체험되고 있는 것으로 단순히 '간주되는' 것이 아니라 '실제로' 체험되고 있는 것을 가리키기 때문이다. …… 실천적 의식은 진정 사회적·물질적 특성을 띠면서도 완전히 명료하며, 규정지어진 활동으로 자라나기에 앞서 맹아적 국면에 있는 일종의 감정 및 사유이다(윌리엄스, 1982: 164).

명료하게 의식되고 개념화되는 경험이 공식적 의식에 속한다면, 완결되지 않는 체험에 속하는 것은 실천적 의식, 즉 비공식적 의식이다. 하지

---

14 『이념과 문학』의 원제는 *Marxism and Literature*(1977)이며, 본문의 번역은 영어본을 기초로 수정해서 인용했다.

만 이러한 구별은 '이성 대 감성'의 통념적인 대립으로 환원되지 않는다. 윌리엄스에 따르면 실천적 의식이란 이성의 개념적 인식과 대립하는 심성 능력, 즉 감성 자체가 아니라 이에 선행하는 '맹아적 국면'에 놓인 감정이자 사유이다. 달리 말해 실천적 의식이란 이성과 감성의 분별된 심성능력 자체를 가능하게 만드는 체험의 토대로서의 감성능력을 가리킨다. 여기엔 감정과 사유가 혼재되어 작동하며, 이러한 혼성성으로 말미암아 우리의 경험은 본래적으로 이성과 감성의 두 국면을 포괄하는 체험으로 성립된다. 즉, 이성적인 것과 감성적인 것의 이분법적 구분은 실천적 의식이라는 혼성적인 원 체험 이후에 나타나는 심성능력의 구분이라는 의미이다. 그런데 실천적 의식이라 지칭된 이 혼성적 체험의 장은 단지 카오스적 혼재 상태에 머무르지 않는다. 이는 일종의 전(前)의식적 구조를 가지며, 의식적 실천을 위한 (무)의식적 욕망과 충동, 경향의 강도를 형성한다. 윌리엄스에 따르면 감정의 구조들(structures of feeling)이란 이처럼 우리의 느낌과 감각, 신체지각에 깊이 뿌리내린 (무)의식 차원을 포괄하는 폭넓은 지각의 원리인 셈이다.[15] 따라서 '실천적 의식'은 '실천적 (무)의식'이라 바꿔 읽어도 좋을 것이다.

우리의 논의대상은 충동·억제·어조 등을 이루는 특징적인 요소로, 의식과 관계의 특수화된 감응적 요소들(affective elements of consciousness and relationship)인데, 이것들은 사유와 대비되는 감정이 아니라 느껴진 사유이자 사유된 느낌이다. 다시 말해 이 요소들은 생동적이고 상호관련적인 연속성하에 놓여 있는 현재적인 실천적 의식인 것이다. 우리는 또한 이러한 요소

---

15  이런 의미에서 'feeling'은 개별적이고 인지 가능한 감정의 한 상태가 아니라 이를 가능하게 해주는 (무)의식적 감수성의 토대 자체라고 보아야 옳을 것이다.

들을 하나의 '구조'로서 — 상호관련적이면서도 긴장관계에 있는 특정한 내적 연관들을 지닌 하나의 집합으로서 — 규정짓고 있다. 우리는 이로써 여전히 과정 속에 놓여 있는 하나의 사회적 체험을 규정짓고 있는 것이다. 그런데 이 체험은 종종 사회적인 것으로 인식되지 못하고 사적인 것, 유별난 개인의 것, 또는 심지어 고립적인 것으로도 간주된다(윌리엄스, 1982: 166).

이성과 감성을 앞서는 이러한 구조가 왜 중요한가? 무엇보다도 먼저 '이성 대 감성'이라는 근대적 이분법을 돌파하기 위해서이다. 이러한 이분법에 얽매이는 한 우리는 개인과 대중의 관계 역시 이와 유사한 이분법으로 재단하는 함정에 빠지기 쉬우며, 양자택일의 방식으로 이성과 감성 중 어느 한쪽에만 판단의 진리치를 실어줄 수밖에 없다. 예컨대 프로이트가 그랬듯이 개인-이성, 대중-감성과 같은 식으로 말이다.

유기체로서의 자아가 '큰 것'과 자신을 동일시해 생물학적 개체성을 보존·유지하려는 행위는 지극히 '합리적'일 수도 있다. 하지만 이러한 합리성은 프로이트가 냉소적으로 지적하듯 자기보존의 욕망에서 연원한 것으로서 피지배의 욕망과 겹쳐 있다. 이러한 즉물적인 수준의 합리성을 넘어서기 위해서는 온전히 이성에만 따르지 않는 힘, 그러나 동시에 이성과 연결된 힘으로서의 감성을 고려해야 할 것이다. 물론 이는 윌리엄스가 지적한 것처럼 이성 대 감성의 이분법 이전에 존재하는 토대로서의 감정의 구조이다. 일견 이 구조는 감성적인 것과 이성적인 것이 뒤섞여 있어 카오스처럼 보이지만, 바로 이러한 혼성성으로 인해 '큰 것'과 합치하려는 즉물적인 합리성을 이탈하는 잠재성을 보유한다. 즉, 이는 '느껴진 사유이자 사유된 느낌(thought as felt and feeling as thought)'으로서 항상 다른 구조들로 변이하는 힘이다.[16] 윌리엄스가 이 역학을 감정의 구조'들'이라고 복수형으로 명명한 것은 이 때문이다. 단 하나의 구조에서 여러 감정이 연역되는 게 아니라 수많은 분기선을 따라 무한히 파생되는 감정의 결집과 생성이 감성을 해명하는 진정한 관건이다.[17]

혼히 상반되는 심성능력의 두 차원으로 분류되는 이성과 감성을 함께 사유하는 게 가능할까? '느껴진 사유'이자 '사유된 느낌'이 수사학적 형용모순이 아니라 삶의 실제적 양상이라면 이를 어떻게 설명할 수 있을까?

스피노자를 빌려 들뢰즈는 이러한 삶의 양상 또는 능력을 감응(感應, affect) 또는 정동(情動)이라 부른다. 이것은 비재현적인 사유의 양식이라 할 수 있는데, 지나가버려서 종결된 게 아니라 지금-여기서 끊임없이 지속되는 변이의 양태를 가리키기에 재현될 수 없는 것이다. "감응은 관념의 지적인 비교로 환원될 수 없다. 살아 있는 추이, 즉 어떤 정도의 완전성에서 또 다른 정도의 완전성으로 이행하는 것으로 구성된다"(들뢰즈 외, 2005: 32).[18] 앞서 윌리엄스가 체험은 과거시제를 통해 완결된 것으로 표상할 수 없으며, 감정의 구조들이란 이러한 체험을 길어내는 "상호관련적이면서도 긴장관계에 있는 특정한 내적 연관들을 지닌 하나의 집합"이라고 명명했던 것을 상기해보자. 들뢰즈가 감응이라 부르는 것이야말로 이 감정의 구조들이 아닌가?

감응은 고정된 이성적 범주나 동일성의 재현장치가 아니다. 감응은 '살아 있는 추이'로 변이의 체제에서 작동하며, 변이가 실존의 본성인 까닭에 하나의 존재능력으로 지칭된다(그래서 이성적 또는 감성적 존재자가 분별하기

---

16  이 글에서 주안점을 두는 '감성'이란 이처럼 이성 대 감성이 대립하기 이전의 차원, 즉 경험이 가능한 근본적인 근거이자 잠재적 토대를 가리킨다.

17  20세기 초까지도 감성과 이성의 절대적인 구별은 가능하다고 생각되지 않았다. 오히려 양자가 뒤섞인 혼란스러운 표상이 일반적이었는데, 감(수)성(sensibility)은 사유와 감정 사이의 유동상태를 나타내는 단어로 통용되고 있었다. 레이먼드 윌리엄스, 『키워드』, 김성기 외 옮김(민음사, 2010), 430쪽.

18  번역은 문맥에 맞춰 수정했다.

'이전'의 능력인 것이다). 감응은 변이, 즉 존재능력의 연속적인 변이로 '체험되고 있는 삶'이라 할 수 있다. 따라서 감응은 인식 이전의 신체적 상태에서 최초로 드러나며, 감응이 발생하는 순간에 벌어진 타자와의 만남을 '흔적'으로 각인하고 있다. 다시 말해, 감응은 나와 타자의 만남 및 관계에서 촉발된 감각이며, 따라서 애초부터 타자와의 공감을 전제로 성립한 감수성이다. 그러므로 이러한 감응에 기초한 관계란 본래적으로 타자와의 공동적 관계라 할 만하다. 우리가 타자에 대해 갖는 감정과 사고, (무)의식적인 감각 등은 우리가 이미 타자와 모종의 관계 속에 돌입해 있기 때문에 불거져 나온 감성의 효과라 할 수 있으며, 이 점에서 나와 타자는 감응적 관계 또는 공감적 공동체를 항상-이미 형성하는 중이라고도 할 수 있다.[19]

흥미로운 사실은 이러한 공감적 공동체는 이성적 판단에 의거해 자신을 '큰 것'과 동일시함으로써 성립하는 게 아니라는 점이다. 전술했듯, 국가와의 동일시는 안전을 담보로 '큰 것'에 예속되는 것과 다르지 않다. 이는 궁극적으로 자신을 파괴하는 결과를 낳고 말 것이다. 즉물적인 개체의 보존은 달성할 수 있어도 장기적으로 볼 때 예속과 노예화를 벗어날 수 없는 까닭이다. 자기보존을 위해 '이성적'인 선택을 했다고 생각할지 모르나 실제로는 자기파괴의 치명적인 선택을 한 것이나 마찬가지이다. 신체적 공명에 의거한 이러한 만남은 이성적 인식 너머의 문제이며, 일종의 느낌[感]에 의지할 수밖에 없다. 이런 느낌은 체계적인 과정으로 소유할 수 있는 것이 아니라 사태를 주시하고 관찰하는 노력을 통해, 감성능력의 배양

---

19 감응의 관계 또는 공감의 공동체는 '함께-있음(être-en-commune)'에서 발원한다. 우리가 그 관계를 특정한 무엇으로 판별하고 규정짓기 이전에 함께 존재한다는 현사실성 자체가 이미 공동성을 형성하고 있는 것이다. 이러한 공동체는 근대적 의미에서의 '큰 것'을 중심으로 결합한 집단이 아니다. 하나의 비조직으로서의 조직이자 결속 없는 결속체로서의 이러한 관계, 즉 공동체는 '가장 작은 것'으로서의 타자에 대한 공감을 통해 감지되고 구성된다. 장 뤽 낭시, 『무위의 공동체』, 박준상 옮김(인간사랑, 2010), 200~212쪽.

을 통해 습득해야 한다. 들뢰즈가 감응을 '능력'으로 명명하는 이유도 마찬가지이다. 이는 사물을 외관과 과거시제에 따라 완결된 형태로 판단하는 게 아니라 변이의 과정에서 어떻게 작동하는가에 따라 잠재성을 타진하는 능력이다(들뢰즈 외, 2005: 47~48).[20] 우연한 만남과 이로써 벌어지는 혼성작용의 좋음과 나쁨만이 윤리의 기준이 된다. 스피노자와 들뢰즈에게 윤리란 좋은 마주침과 나쁜 마주침, 힘의 증대와 감소로 언명되는 것이지, 가시적이고 절대적인 척도에 의지하는 명령이 아니다. 문제는 '큰 것'인가 '작은 것'인가가 아니라 '좋은 것'인가 '나쁜 것'인가에 있다.

논의가 까다롭게 여겨진다면 감응과 공동체에 대한 다른 설명을 끌어와 보자. 노동계급의 혁명성은 어디서 오는가? 한 세기 전이었다면 의당 이는 첨예화된 계급의식이라 답해야 옳으리라. 자본주의 사회체제에서 노동자들의 처지와 입장을 이성적으로 자각하고 계급적 연대감으로 하나의 공동성을 형성하는 것, 이를 계급혁명의 전제로 우선 정립해야 했을 것이다. 그러나 실제로 이러한 계급의식은 불가능하다. 왜냐면 모든 의식은 이성적 판별 이전의 감성에서 연원하며, 그것은 첨예하게 분별되고 대립되는 게 아니라 지속적인 감염과 혼성, 상호침투를 통해 '오염'되기 때문이다. 더구나 개인이 사회 속에 선 자리에 따라 그가 가질 수 있는 의식성의 수준은 천차만별이고, 개인의 의식성을 노동계급이라는 단일한 틀 속에 완벽히 묶어낼 수도 없다. 이런 것이 상정된다면 이는 '과거시제'로만 '재현 가능한' 박제화된 감정에 불과하다(라클라우·무페, 2012). 타자와의 동일시를 통해 동일자의 공동체를 상상하는 것은 자신(들)이 '큰 것'에 귀속되어 있다는 확신에서 비롯된 망상이자 억압기제이기 십상이다. 근대 국민

---

20  경주마와 짐수레 말은 같은 말이라는 점에서 동일하게 분류되지만 능력의 차원에서 본다면 전자는 레이싱 카와 같고 후자는 일하는 소와 같다.

국가의 사례는 말할 것도 없이 노동자 연대라는 깃발 아래 억압된 타자들(여성, 어린이, 소수자 등)을 우리는 얼마나 많이 목격해왔는가? 오히려 진정한 연대는 불가능한 동일시를 통해, 즉 '크지 않은 것'이나 '작아지고 있는 것'에 대한 공감을 통해 가능한 게 아닐까? 나아가 '가장 작은 것'과의 동일시야말로 이성과 합리에 근거한 근대적 인간학에 역행하는 진정한 연대의 조건이지 않을까?[21]

　도미야마 이치로(富山一郎)는 '겁쟁이들의 연대'에 대해 이야기한 적이 있다. 겁쟁이란 누구인가? 바로 도망치는 자이다. 왜냐면 폭력이 자기 곁에 당도해 곧 나를 살해할 위협을 가하기 때문이다. 폭력의 예감, 이는 오직 감성의 차원에서 나에게 먼저 지각된다. 내 곁에서 누군가 죽어가고 있을 때 그의 눈동자에 비친 나를 목도함으로써 내게 닥칠 죽음을 감각하는 식이다. 그런데 여기서 하나의 윤리적 역설이 발생한다. '큰 것'에 의해 살해당한 타자와 곧 살해될지도 모를 나 사이에 유대가 형성되는 것이다. 다시 말해 지금 닥치진 않았으나 도래할 위협으로 나의 죽음이 예고되고 그럼으로써 앞서 죽은 자와 지금 살아 있는 나 사이에 공감대가 형성되는 것이다. 죽어가고 있는 자 또는 죽은 자와의 관계. 이 '가장 작은 것'들과의 동일시가 바로 겁쟁이들의 연대이다.

　겁쟁이들의 연대는 역사 속 패자들의 마주침이며, 결코 자신을 '큰 것'과 동일시할 수 없는 자들만이 맺을 수 있는 감응적 관계를 가리킨다. 이웃한 망자와 나의 불가능한 동일시만이 역설적으로 내게 현재로부터 도망갈 힘

---

21　이 글의 마지막까지 계속 논의하겠지만, '가장 작은 것'과 함께-있음, 함께-함의 가능성이야말로 자본주의적이고 국가주의적으로 경도된 근대적 공동체를 넘어설 수 있는지에 대한 우리 시대의 질문일 것이다. '가장 작은 것', 즉 역사에서 패배당하고 버려진 존재나 보이지 않게 가려지고 배제된 자들과의 불가능한 동일시가 가능할 때 비로소 윤리도 공동체도 새로운 터전을 찾게 될 것이다. 공감의 감성교육이라는 이 글의 주제는 이를 탐색하는 징검다리가 되어야 한다.

을 주는데, 겉보기와 달리 이는 항구적인 패배로 귀결되지 않는다. 오히려 살해당한 망자의 다음 차례로 순차적으로 죽음에 이르는 것이야말로 패배일 것이다. 의연하게 죽음을 기다리기보다 망자와의 교감하에 '역사의 수순'에서 빠져나가는 것은 결정된 패배에서 빠져나가는 행위가 될 수 있다. 정해진 역사의 길에서 탈주하는 것이야말로 진정 '목숨을 건 도약'이 될 터이기 때문이다. "역사는 결기한 자들에 의해 그려지는 것이 아니라 도망친 자나 전향한 자로 간주되는 겁쟁이들로부터 탄생하는 것은 아닐까? ……목숨을 건 행동을 포함한 겁쟁이의 연대"(도미야마 이치로, 2009: 8).

'겁쟁이 되기'는 주어진 상황을 무조건 회피하라는 요구가 아니다. 이런 행위야말로 타자와의 공감적 공동성을 파기하고 단독성의 어둠에 빠지게 만든다. 폭력에 노출되고 죽음을 예감하는 자들이 서로 공감하고 연대하는 것, 즉 자신과 타자라는 '가장 작은 것'들 사이의 불가능한 동일시를 이루는 것이야말로 '큰 것'의 척도에 순응하지 않겠다는 의지로 전화될 수 있다. 이는 수동적인 동시에 능동적이고 감성적인 동시에 이성적인 주체화이다(랑시에르, 2013: 120).[22] 타자에게 내가 살해당할지도 모른다는 두려움은 내가 또 다른 타자를 살해하게 될지도 모른다는 두려움과 겹쳐짐으로써 온전히 윤리적 역설에 도달하는 것이다. 나아가 또 다른 타자를 내가 이미 살해했을지도 모른다는 두려움, 여기에 기인한 고통의 예감은 '큰 것'과 나를 동일시하지 않도록 저지하는 윤리의 문턱이지 않을까? 집단의 윤리가 개인의 윤리를 초월하는 방식으로 고양되는 프로이트의 역설이란 이것이 아닐까?

---

[22] 불가능한 동일시란 고유한 이름을 갖지 않는, 따라서 변이하고 생성 중인 주체화이다.

## 4. 예시적 정치로서의 문학과 윤리적 공통감각

감성이 중요하다는 표명은 더 이상 낯설지 않다. 이른바 포스트모던 시대를 거치며 우리는 논리적 사고보다 감각적 지각이 더 원초적이며, 근대의 합리적 주체란 허구에 불과할 뿐 실상 있는 것은 파편화된 감성적 주관일 뿐이라는 사실을 학습해왔다. 이 점에서 앞선 감성론적 논의들은 어쩌면 이미 아는 내용을 한 차례 정리하고 반복한 것인지도 모른다. 하지만 이렇게 아는 것과 이를 실제로 지각하고 실천하는 것은 아주 다르다. 이 역시 이미 아는 것일 수도 있으나 우리에게 늘 문제적으로 제기되는 것은 이렇게 아는 것을 감히 실천하지 못한다는 점이다.

윌리엄스의 감정의 구조들은 과거시제로 이미 해소된 문제가 아니라 지금-여기서 해결되어야 하거나 해결 중인 문제들을 지속적으로 제기한다는 점에서 유효하다(심광현, 2010: 35~36). 이로써 감정의 구조들은 현재 실존하지는 않지만 실존하게 될 '부상하는 공동체'를 이미지화한다. 이는 미래(futur)가 아니라 미-래(avenir)에 속한 공동체,[23] 도래할 사회의 이미지인 것이다. 문화적 가설로서 감정의 구조들이 예술과 문학을 적극적인 투시적 스크린으로 삼는 이유가 여기에 있다(윌리엄스, 1982: 167). 문학과 예술은 감정의 구조들이 작동하는 양상을 일상생활에서 가장 구체적이면서도 실감나게 다루는 형식인 동시에, 본성적으로 시간적 순서에 따라 현전하게 될 미래가 아니라 이러한 순차성을 단절해 지금-여기와는 '다른' '낯선' 사건(미-래)을 표현하는 형식이기 때문이다. 이는 헛된 공상이나 백

---

23  전자는 시간적 순차성과 계기성에 따라 규정되는 '예상 가능한' 미래시제인 반면, 후자는 이와 같은 시간적 연쇄를 단절과 도약을 통해 전변시킴으로써 끌어내는 '예측 불가능한' 낯선 시간을 가리킨다. 요컨대 미-래란 사건적으로만 도래하게 될 타자의 시간이다.

일몽이 아니라 이를 투사하는 작가(표현자)와 독자(수용자) 사이의 감응적 교류로 촉발된 욕망의 정치적 전경화이다. 문학과 예술이 예시적 정치(prefigurative politics)로서 우리를 감동시키는 것도 그래서가 아닐까?

감응의 공동체와 겁쟁이들의 연대. 이 단어들의 조합에서 지난 시대의 거대한 집단적 통일성이나 목적의식으로 충전된 노동자들을 떠올릴 필요는 없다. 우리의 일상은 훨씬 소소하고 개별적인 의식과 행위들로 쪼개져 있다. 다만, 각자로서 각자의 삶을 영위하는 일상이 우리를 꼼짝없이 지배하고 있는 것이다. 어떤 의식적 깨어남이나 인식적 통찰이 우리를 함께 하도록 촉발하는 게 아니라 알 수 없는 두려움, 불길한 예감, 그리고 타인의 고통이 갑작스럽게 들이닥칠 때 우리는 비로소 저 단어들의 무게를 실감하게 된다. 이런 의미에서 이 주제를 다룬 문학작품 세 편을 함께 읽어보도록 하자. 첫 번째 작품은 황정은의 단편소설 「웃는 남자」이다.

어떤 일에 관해 오랫동안 생각해온 한 남자가 있다. 그는 자신이 살아가는 방, '암굴'이라 할 만한 공간에 스스로 갇혀 죽지도 살지도 않은 일상을 영위하는 중이다. 될 수 있으면 모든 일이 단순해지도록 가구도 식기도 없이, 벽에 그림 한 장 걸지 않은 채, 불도 밝히지 않은 방 속에 스스로 유폐된 것처럼 머물러 있다. 시간이 흐른다는 것은 저녁 무렵 현관의 불투명한 유리 너머에 있는 가로등이 사람이 지나갈 때마다 잠시 켜졌다가 이내 꺼지는 것으로 알 수 있을 따름이다. "누구도 지나가지 않는 밤이란 없다. 어느 밤이든 어느 순간에 문득 가로등은 켜지고 다시 꺼진다. 나는 세 개의 문 너머에서 밤새 그것을 지켜보며 생각한다. 그 일을 생각한다." '그 일'이란 대체 무슨 일일까?

'그 일'에 관해 생각할 때마다 "열에 서너 번의 빈도로" 떠오르는 것은 아버지이다. 혈연적으로만 생부일 뿐 실상 타인과 마찬가지의 존재이다. 목수로 일했던 아버지는 손님들에게 주문을 받아 탁자나 서랍장, 문짝 등을 만들어 팔았는데 "가족을 위해서는 무엇도 만들어주지 않았다". 어떤 감정적 온기도 나눈 기억이 없는 걸로 봐서 통상 언급하는 '화목한 가족'도 아니었던 듯싶다. 아니, 어쩌면 생계에 바쁘고 지친 우리 현대인들의 일상적 모습이 그럴지도 모른다. 아무튼 주인공의 아버지는 "이제 늙었고 당신이 잘못했다는 말을 들으면 화를 내는 사람이 되었다." 왜 그렇게 되었는가? 굳이 심오한 까닭을 찾을 필요도 없이, "어쩔 수 없"기 때문이다. 따져보면 자기의 잘못을 찾을 수도 있겠지만, 그래서 어쩌자는 말인가? 우리 모두가 그렇듯, 지나간 일들을 되돌릴 수도 없는데 잘잘못을 가려서 뭘 어쩐단 말인가? "이제 와 모든 걸 다시 생각해보는 것은 그처럼 나이를 먹어버린 사람에겐 너무 가혹한 일이 될 것이다."

아버지에 대한 기억을 제외하고 주인공은 "자고 먹고 싸고 생각한다. 생각하는 것을 하고 있을 뿐이다. 잠이 오면 자고, 잠에서 깨면 내 자리에 앉아 생각한다." 오로지 생각, '그 일'에 관한 생각만이 그의 존재이유라는 듯, 그는 생각한다. 인간에서 동물로, 동물에서 다시 무생물로 환원된 듯 그는 이제 무엇이 될 수 있을지 궁금할 지경이다.

'그 일'이란 동거하던 여자친구 디디의 죽음이다. 생의 별다른 의미도 낙도 없던 그에게 디디는 "처음으로 내가 아닌 다른 사람을 행복하게 만들고 싶다고" 생각하게 만들어준 존재였다. 그런 디디가 죽었고, 혹여 거기에 자신의 잘못이 있지 않았는가를 끊임없이 되새기는 게 바로 주인공의 '생각'이다. 그가 의심하는 잘못이란 무엇인가? 어느 날 퇴근하고 돌아오는 그와 디디가 버스를 함께 타고 있던 평온한 일상에 문득 사건이 벌어진다. 버스와 승합차의 충돌, 그리고 신체에 가해진 타격. "작은 유리조각들과 빗물, 차가운 빗물이 바늘처럼 얼굴로 튀어 나는 나도 모르게 눈을 감았고 …… 다른 차원의 소용돌이에 휘말린 것처럼 버스가 크게 회전했을 때 …… 어깨에 메고 있던 가방을 있는 힘껏 붙들었지. 그 짧은 순간 ……

나는 디디가 아니고 가방을 붙들었지. 가방을." 여자친구가 아닌 가방을 붙들었던 것. 그것이 그가 '그 일'에 관해 끝없이 생각하는 이유이다. 그것은 '이해할 수 없'는 일이며 결코 '단순해지지 않는' 일이다.

가방 대신 디디를 붙잡았다고 그녀가 살았으리란 보장은 없다. 가방을 꼭 붙잡은 것은 그 안에 귀중품이나 큰돈이 들어서도 아니었다. 가방은 이런저런 일상의 잡다한 사물들로 채워져 있을 따름이었다. 그런데 왜 그는 디디가 아니라 가방을 붙잡았던 것일까? 이게 과연 후회의 대상이 되기는 한 걸까? 여기서 아버지의 일화가 소개된다. 목공소에서 헐값에 일하던 직원이 교통사고를 당했다. 구급차에 태워져 병원으로 이송하던 중 직원은 자꾸 무언가를 말하려고 애쓴다. 가만히 있으라고 제지해도 직원은 듣지 않는다. "뭐라고 자꾸, 말하려고 안간힘을 쓰는 거야. 가만히 있으라고 해도, 가만히 있으라고 해도. 그래서 내가 아, 닥치라고, 가만히 좀 이렇게 닥치고 있으라고 열불을 냈단 말이지. 그랬더니 나를 한 번 끔벅 보더니 그다음부턴 말을 안 해. 눈을 감아. 그리고 바로 파래졌지." 말을 멈춘 직원은 의식불명인 채로 사망한다. 그의 부인이 찾아와 아버지에게 마지막 유언 같은 게 있었는지 묻지만, 말하려던 직원을 제지한 아버지가 들은 게 있을 리 없다. 물론 그는 그 직원이 죽을 줄 몰랐을 것이다. 어떤 이성적 판단 또는 말하지 않는 게 생존에 도움이 될 거라는 판단도 없었다. 아무 생각도 하지 않았던 것, 그냥 막연하게 제지했던 것이 후일 유족에게 망자의 말을 전하지 못하는 결과를 빚었고, 그것이 그가 후회하는 유일한 원인이었다.

주인공과 아버지가 맞부딪혔던 사건은 비극이지만, 일상에서 아주 예외적인 일도 아니다. 우리가 만일 그런 일을 겪었다면 대개 망각해버리든지 또는 어떤 식으로든(대개는 애도의 방식으로) 자신을 위로하며 스스로를 보존할 이유를 발견했을 것이다. 하지만 주인공은 애도와 타협하지 않고,

자신을 죽을 정도로 몰아가며 '그 일'을 반추한다. 작품에서 그가 어떤 생각들을 하는지, 그 내용이 무엇인지는 거의 드러나지 않는다. 그 과정을 재현하는지, 합리화하는지, 자책에 빠져 있는지 독자는 알 수 없다. 아니, 그런 것들이 중요한 게 아닐지도 모른다. 오히려 놓치지 말아야 할 점은 그가 끊임없이 그 일을 생각하고 있다는 것, '그 일'을 벗어나지 못하는 것은 현실의 부적응이자 우울증의 심도를 보여주는 것이지만, 다른 한편으로는 우울증적 주체로서 주인공이 보여주는 저항의 한 형식처럼 보이기도 한다. 즉, 망자를 잊지 않고 놓아 보내지 않고 계속해서 자신의 (무)의식으로 호출하는 것. 이에 관해 증언하는 것. 그 목적 없는 행위만이 죽은 자를 태연히 떠나보내지 않고 그를 자신의 삶 속에 남겨두고 그와 함께 살아가는 공동적 행위가 아닐까? 타자들을 배제하지 않고 불러들이고 함께-하는 감응의 공동체는 여기서 비롯되는 게 아닐까?

두 번째로 함께 읽어볼 작품은 「양의 미래」로, 역시 황정은의 단편소설이다. 이 소설의 주인공은 평범하다 못해 아무런 특징도 잘 드러나지 않는 젊은 여성이다. 오랜 시간 암 투병을 한 어머니와 그 뒷감당을 도맡은 아버지, 자기 자신마저 폐결핵으로 언제 죽을지 모르게 지쳐가는 신세라는 점에서 사회적 타자라 보아도 틀리지 않겠다. 낡은 아파트 단지의 상가건물 지하층에 입점한 서점에서 일하며 생계를 이어가는 그녀는 일상의 규범이나 습속에 대해 아무런 감각이 없다. 십 년째 병치레를 하느라 무력해진 어머니, 그런 어머니를 병 수발하느라 남성성을 상실한 왜소한 아버지. 주인공은 차라리 부모의 죽음을 바랄 지경이며, 장래에 아이를 낳을 희망이나 의지도 없다. 그 아이가 자기처럼 고생만 하며 무의미하게 삶을 반복할지도 모른다는 두려움 때문일 것이다. 서점에서 만난 남자친구 호재는 학력 때문에 제대로 취업이 되지 않자 그녀를 떠나고, 함께 일하는 명문대 출신의 알바생 재오는 인간관계를 신뢰할 수 없는 것으로 만들어버리는 일종의 무감각 또는 마비상태를 드러내고 있다. 주인공은 삶을 이어갈 만한 어떤 감정적인 유대의 끈도 갖고 있지 않은 것이다.

그러던 어느 날, 웬 소녀가 서점에서 근무하는 그녀에게 다가와 담배를 사려고 한다(그즈음엔 서점에서도 담배를 팔았다). 학생에게는 담배를 못 판다는 대답에 그녀는 바깥에서 어른들이 심부름을 시킨 거라고 항의하고, 이를 거부하는 주인공에게 바깥의 남자들이 직접 와서 무례한 태도로 담배를 사간다. 주인공은 밖에서 남자들과 시시덕거리는 소녀를 한동안 바라보는데, 아무리 봐도 그건 자연스러운 모습이 아니었다.

> 그건 정말 이상한 광경이었다. 이상하다고 생각할 게 별로 없어 보였는데도 그랬다. 단지 모여 서서 이야기를 하고 있을 뿐이었는데 말이다. 그 남자들과 소녀는 너무 무관해 보였다. 나는 그들이 잘 아는 사이는 아닐 거라고 생각했고 그 생각 때문에 마음이 불편했다. 손가락 끝으로 계산대를 두드리며 나는 망설였다. 지금이라도 저 문 밖으로 나가서 소녀에게 물어볼까. 그 남자들과는 어떤 관계냐고, 어디서 어떻게 만났느냐고 물어볼까. 그걸 물어볼 권리가 내게 있나. 그냥 경찰에 신고를 할까. 신고를 해서 뭐라고 할까. 어떤 여자아이가 남자들과 이야기를 하고 있어요. 그런데 그게 신고를 할 정도로 죄인가. 죄나 되나. 죄가 되더라도 그걸 신고할 의무가 내게 있나. 나중에 해코지라고 당한다면 어떡할까. 서점은 항상 여기 있고 나는 매일 여기로 출근할 수밖에 없는데 앙갚음의 표적이 된다면?
>
> 나는 관두자고 마음먹었다. 성가시고 애매한 것투성이였다. 그들이 본래부터 알던 사이일 거라고 여기는 것이 편했다. 누가 알겠나. 나는 남의 일에 참견할 정도로 한가롭지 못하다(황정은, 2013: 25~26).

주인공의 이런 의혹과 이에 대한 반응이야말로 지극히 자연스럽다. 우리는 타인의 일에 함부로 간섭하지 않는 것이 일상의 예절이자 지혜라고 배워왔다. 게다가 남의 일에 함부로 개입했다가 봉변을 당하는 것은 무엇보다도 수치스럽고 또 두려운 일일 게다. 그러나 사건이 벌어진다. 진주라는 이름으로 밝혀진 소녀가 실종되고 목격자들의 진술이 이어지면서 주인공이 그녀와 접촉했던 마지막 증인으로 소환되었던 것이다. 하지만 주인공이 무슨 말을 할 수 있겠는가? 진주가 사라질 줄 미리 알지도 못했고 자기의 일상을 간신히 연명하는 데 급급했던 그녀에게 남의 아이를 지켜볼 의무 같은 게 있었을 리 없다. 하지만 세상은 이런 사정을 봐주지 않는다. "내가 그녀를 마지막으로 목격한 사람이었다. 비정한 목격자. 보호가 필요한 소녀를 보호해주지 않은 어른. 나는 그게 되었다."

참을 수 없이 괴로운 것은 성치 않은 모습을 한 진주의 어머니가 매일같이 찾아와 주인공에게 진주에 대해 똑같은 질문을 던지는 것이었다. "그녀는 나에게 그때 무얼 하고 있었느냐고 물었다. 마지막엔 언제나 그렇게 물었다." 자신이 벌이지 않은 일에 대해 죄의식을 갖고 책임감을 느끼는 것처럼 고통스러운 일은 없을 것이다. 그러나 또한 자신이 그 일에서 전적으로 무죄하다고 주장할 수 없을 때 고통은 배가된다. "아줌마, 어쩌라고요. 내가 얼마나 바쁜지 알아요? 내가 여기서 얼마나 많은 일을 하는지 알아요? 날씨가 이렇게 좋은데 나는 나와 보지도 못해요. 종일 햇빛도 받지 못하고 지하에서, 네? 그런데 아줌마는 왜 여기서 이래요? 재수 없게 왜 하필 여기에서요. 내게 뭘 했느냐고 묻지 마세요. 아무도 나를 신경 쓰지 않는데 내가 왜 누군가를 신경 써야 해? 진주요, 아줌마 딸, 그 애가 누군데요? 아무도 아니에요. 나한텐 아무도 아니라고요." 이것은 현실이 아니라 환상 속에서 내지른 분노이자 하소연이다. 실상 그녀 자신이 언제나 '아무도 아니'었고 지금도 '아무도 아니'다. 아무도 아닌 내가 왜 아무도 아닌 타인에게 죄의식을 느끼고 타인을 책임져야 하는가? 자기의 짐도 제대로 짊어지지 못하는 자가 왜 타인의 짐까지 짊어져야 하는가? 끝내 주인공은 서점으로 돌아가지 못하고 또 다른 일을 찾아 생계를 이어간다. 바뀐 것은 없는 듯하다. 사람들 틈바구니에서 그녀는 여전히 수치스러운 일을 겪기도 하고 참아내다가 못 견디겠으면 그곳을 떠나 새로 일을 시작한다. 하지만 바뀐 게 있다. 여전하지만 변화한 것. 그것은 그녀가 진주에 관한 소식에 계속해서 귀를 열어두고 있다는 것이다.

> 나는 여전하다.
> 그리고 가끔, 아주 가끔, 밤이 너무 조용할 때 진주에 관한 기사를 찾아본다. 어딘가에서 진주를 찾았다는 소식을 말이다. 유골이라도 찾아냈다는 소식을 밤새, 당시의 모든 키워드를 동원해서 찾아다닌다.
> 나는 이런 이야기를 어디에서고 해본 적이 없나(황정은, 2013: 33).

그녀는 왜 이런 부질없는 짓을 하는 걸까? 영화에 나오는 것처럼 적극적으로 사람들을 만나거나 증거를 수집하는 것도 아니고, 단지 기사를 검색해보는 것만으로는 극적인 반전이 일어날 수는 없다는 것을 우리는 잘 안다. 스스로를 위안하기 위해서도 아니고 남 보기에 그럴 듯한 의식적 반성행위도 아니다. 그냥 편집증적 증상처럼 보일 수도 있다. 아니면 충동적이고 강박적인, 자기도 알 수 없는 행위처럼 보일 수도 있다. 하지만 어쩌면 이는 내가 연관된 타인의 죽음 또는 도미야마 이치로식으로 말하자면 나보다 앞선 타인의 죽음에 대해 그의 망막에 비친 내 모습을 목격하고 느낀 감응의 결과가 아닐까? 이는 다음 차례로 내가 죽을 수도 있다는 것 또는 내가 그를 죽였을지도 모른다는 것에서 연유한 '가장 작은 자'들의 공감이 아닐까? 다가오는 폭력 앞에 함께-있기에 가능한 공동성 말이다. 「웃는 남자」의 주인공이 돌이킬 수 없는 '그 일'을 계속해서 반추하고 떠올림으로써 타자를 결코 보내지 않는 것과 마찬가지로, 「양의 미래」의 주인공은 사라진 소녀를 망각 속에 묻어두지 않는 행위를 강박적으로 반복하고 있는 게 아닐까? 오직 그것이야말로 타자와 함께-하는 삶이자 타자와의 공동성을 이어가고 감응의 공동체를 구성하는 유일한 방법이 아니겠는가?

세 번째로 읽어볼 작품은 조해진의 단편소설 「빛의 호위」이다. 이 작품의 주인공은 잡지사 기자이다. 어느 날 그는 주로 분쟁지역에서 보도사진을 찍는 사진작가 권은을 인터뷰하게 된다. 이 자리에서 권은은 몇 가지 수수께끼 같은 암시를 던지는데, 어릴 적 친구가 준 카메라를 통해 사진에 입문했다는 얘기나, "태엽이 멈추면 멜로디도 끝나고 눈도 그치겠죠"라는 알 듯 말 듯한 얘기를 한 것이 그렇다. 하지만 바쁜 일상을 살아가는 우리에게 늘 그렇듯 이런 대화는 아무런 족적을 남기지 못한 채 사라졌다. 후일 주인공은 내전이 진행 중인 시리아로 떠나는 권은과 다시 자리를 갖는데, 여기서 그녀는 자기가 존경하는 사진작가 헬게 한센(Helge Hansen)의 다음과 같은 명언을 그에게 들려준다. "전쟁의 비극은 철로 된 무기나 무너진 건물이 아니라 죽은 연인을 떠올리며 거울 앞에서 화장을 하는 젊은 여성의 젖은 눈동자 같은 데서 발견되어야 한다. 전쟁이 없었다면 당신이나 나만큼만 울었을 평범한 사람들이 전쟁 그 자체이니까."

전쟁과 같은 참화에서 죽어간 자들은 물론 비탄의 대상이다. 그런데 그들을 기억하는 남아 있는 자들이 없었더라면 그들은 더욱 빨리 자취도 없이 사라져버렸을지 모른다. 살아남은 자들의 존재의의는 통속적인 드라마의 대사처럼 '계속 살아남는' 게 아니라 망자들을 기억함으로써 삶을 죽음과 교차시키는 것, 삶 속에 깃들인 타자의 죽음을 유지시키는 것일지도 모른다. "나는 생존자이고, 생존자는 희생자를 기억해야 한다는 게 내 신념이다." 역시 한센의 말이다.

죽은 자에 대한 기억. 이것은 내 곁에서 죽어간 자의 눈동자에 비친 내 모습을 기억하는 것만큼이나 고통스럽고 두려운 일일 것이다. 생물학적인 안정과 일상의 안전을 위해서는 그런 부정적인 기억들은 하루빨리 잊어버리는 게 훨씬 유익할지도 모른다. 하지만 이는 '큰 것'과 자신을 동일시하는 행동과 다름없다. '가장 작은 자'들을 밀어내고 '큰 것'과 자신을 합치시킴으로써 안전하게 보장된 미래를 소유하는 것이다. 내 앞에서 죽어가는 자의 고통에 무감해질 때 나는 다음 차례로 다가올 나의 죽음을 예감할 수 없다. 감응이 불가능할 때 나의 죽음의 순간은 다만 단독자의 죽음이 되며, 여기에서는 아무런 공감도 연대도 생겨날 수 없을 것이다. 겁쟁이가 된다는 것은 타자의 죽음이 나의 죽음과 연결되어 있으며 죽은 자의 삶이 산 자의 죽음과 다르지 않음을 지각하는 데 있다. 이는 '큰 것'과의 동일시와 정반대로 진행되는 '가장 작은 것'과의 동일시이자, 안전감을 추구하는 생물학적 존재로서는 결코 자연스럽지도 이성적이지도 않은 선택에서 발원하는 불가능한 동일시, 즉 윤리적 공감이라 할 수 있다.

정신분석적인 죄의식과는 다르게 타인의 고통을 내 것으로 삼는 것은 결코 자신의 결여를 채우는 행위가 아니다. 타인의 고통을 함께-하는 것은 단순히 타인의 감정을 흉내 내거나 이해하는 게 아니라 타인의 고통을 공감하는 것, 즉 타자의 고통 속으로 인입해 들어가는 것(em-pathy)이다. 하지만 그것이 구체적이면 구체적일수록 고통은 묘사 불가능해지고 공감은 표현할 수 없는 역설에 빠져든다. 도미야마 이치로는 이 역설을 "이야기된 담론으로는 구성될 수 없는 의미의 영역"이라 부르며, 말하려고 하면 할수록 더욱 의미가 붕괴되어 부상하는 '공백'이라 부른다(도미야마 이치로, 2002: 102~103). 하지만 이 공백은 허무가 아니라 이성적인 논리로는 납득할 수 없는 장소, 오히려 감성을 통과해 감각해야 할 지대를 가리킨다. 이 지대는 앞서 논급한 '느껴진 사유'이자 '사유된 느낌'의 영역일 터인데, 이는 감성적으로 밝혀지면서 점차 이성적인 인식으로 나아가는 흐름의 이행적인 지대라 할 만한 불투명한 역설의 영역이다. 이것이 결여가 아닌 이유는 이러한 이행을 통해 나와 타자가 연결되는 공감의 공동성이 마련되기 때문이다. 즉, 나와 타자의 연대라는 가산적 종합이 발생하게 되는 것이다.

다시 소설로 돌아가 보자. 사실 주인공과 권은은 초등학교 시절의 동창생이었다. 권은은 가난한 집안의 불쌍한 아이였고, 주인공은 그녀와 같은 반 반장이었다. 권은이 연락도 없이 나흘간 결석하자 담임은 반장과 부반장에게 그녀를 찾아가 상황을 살펴볼 것을 주문했는데, 부반장이던 여학생은 피아노 교습을 이유로 동행을 거절했고 반장이던 주인공만 혼자 그녀를 찾아간다. 아버지가 돈 벌러 몇 달간 집을 비운 사이에 홀로 집을 지켜야 했던 권은은 값싼 동정을 거부하고 자기 처지를 비밀로 해줄 것을 요구한다. 주인공은 비밀을 지켜주기로 하지만 그것은 알 수 없는 책임감이 되어 그를 심리적으로 압박하는 요인이 된다. "그날 이후 나는 권은이 죽을지도 모른다는 상상에 자주 빠져들곤 했다. 권은이 죽는다면, 하고 가정하는 것만으로도 숨이 막혀왔다. 어떤 날은 같은 반 아이들이 나 때문에 권은이 죽었다고 수군거리는 환청을 듣기도 했다."

설령 권은이 죽는다 해도 그게 열세 살짜리 아이의 책임이 될 리는 없으나 생의 위협에 처한 타인의 모습은 그를 유사한 고통의 위협에 빠뜨린 게 틀림없다. 그리고 이러한 고통이 바로 그를 타인과의 공감적 동일시로 나아가게 만든 것이다(파머, 2012: 192). 만일 그가 '큰 것'과 자신을 동일화했다면, 예컨대 피아노 교습을 받으러 갔던 부반장처럼 행동했다면 권은에게 개의치 않았을 것이며 이로써 심리적 안정감을 누릴 수 있었을지도 모른다. 하지만 주인공은 '가장 작은 것'을 선택했다. 이는 타자의 무게를 자기에게 똑같이 올리려는 행동이긴 하지만, 의식적이고 이성적인 판단에 연유한 게 아니라 무의식적이고 감성적인 공유를 통한 것이었다. 이를 일종의 '윤리적 공통감각(共痛感覺)'이라 불러도 좋을까? 윤리적 공통감각이란 지금 타인이 겪는 고통이 만일 그가 짊어지지 않았다면 나 자신에게 얹혔을 수도 있는 고통이라는 두려움이자 여기에서 발생하는 공감을 의미한다.[24]

"누가 시키지도 않았지만" 주인공은 권은의 방을 몇 차례 더 찾아간다. 어떤 의무감이나 의협심 때문이 아니라 "숨이 막혀오고 환청을 듣는 게 싫어서"였다. 그렇지만 단지 자기 자신을 달래기 위해 그녀의 누추한 방을 반복적으로 방문한 것은 아니었으리라. 권은이 괜찮으니 떠나라고 등을 떠밀 때까지 그는 그녀의 방 안을 서성거렸고 불안과 자책에 시달려야 했다. 그러던 어느 날, 주인공은 자기 집 안방에서 우연히 필름카메라를 발견하고 "일말의 주저도 없이" 무작정 그걸 품에 안고 권은의 방으로 뛰어든다. 어린 그의 눈에 카메라는 "중고품으로 팔 수 있는 돈뭉치로 보였기" 때문이다. 하지만 그녀는 카메라를 팔지 않았는데, 이유는 주인공의 판단을 넘어선 것이었다. "그녀에게 카메라는 단순히 사진을 찍는 기계장치가 아니라 다른 세계로 이어지는 통로였으니까. 서터를 누를 때 세상의 모든 구석에서 빛 무더기가 흘러나와 피사체를 감싸주는 그 마술적인 순간을

---

24 신형철도 비슷한 맥락에서 황정은의 「상류엔 맹금류」를 읽는다. "누군가는 반드시 똥물을 마셔야 하는 세계일 때, 내가 마시지 않고 있다면 다른 누군가가 마시고 있다는 뜻이다. 이런 세계에서는 '가해자일 때' 죄책감을 느끼는 것이 아니라, '피해자가 아닐 때' 죄책감을 느끼게 된다. 누구나 이렇게 느끼는 것은 아니다. ⋯⋯ 이 감각을 '윤리학적 통각(痛覺)'이라 부르고 싶다. 프리모 레비(Primo Levi)식으로 말하면 "가라앉은 자와 구조된 자가 있는데, 누군가는 구조된 자가 단지 운이 좋았을 뿐이라고 말하고, 다른 누구는 구조된 자들이 자신의 목숨을 지켜낸 영웅이라고 말한다. 그런데 그때 윤리학적 통각의 소유자들은 이렇게 말한다. '구조된 자들은 결국 도망친 자들이다.' 그리고 그들은 자신들이 이 세계에서 구조되었다고(즉, 도망쳤다고) 생각하면서 아파한다". 신형철, 「감정의 윤리학을 위한 서설1」, 421쪽. 비겁자가 되어 도망치는 것, 이는 도망을 통해 역설적으로 죽은 자들과 공감의 공동체를 이루는 게 아닐까? 오직 그렇게 함으로써만 망자들을 잊지 않고 지금-여기의 공동체에 함께하도록 만들 수 있지는 않을까?

그녀는 사랑했을 테니까."

주인공에게 카메라는 기껏해야 돈으로 교환되는 무의미한 사물이었지만 권은에게는 고통스럽게 내버려진 삶을 다른 방식으로 전환시킬 수 있는 의미의 충전체였다. 이러한 변환은 주인공이 결코 의도하지 않았고 미리 생각하지도 않은 것이었으므로 우연하게 발생한 사건의 지위를 갖는다. 두 사람 사이에는 논리적으로 설명되지 않는 기이한 공감이 발생하고, 일종의 공동적 관계가 드러나기 시작했다.[25] '나-카메라-그녀'의 계열은 이후 삶의 궤적을 바꾸어버린다. 절망에 빠져 "이 방을 작동하게 하는 태엽을 이제 그만 멈추게 해달라고, 내 숨도 멎을 수 있도록" 갈구하던 권은은 카메라 선물 덕분에 생의 의지를 갖게 되고 살아갈 힘을 얻었기 때문이다. 훗날 그녀가 주인공에게 쓴 편지는 이렇게 끝맺음하고 있다. "반장, 사람이 할 수 있는 가장 위대한 일이 뭔지 알아? 누군가 이런 말을 했어. 사람을 살리는 일이야말로 아무나 할 수 없는 위대한 일이라고. 그러니까…… 그러니까 내게 무슨 일이 생기더라도 반장, 네가 준 카메라가 날 이미 살린 적이 있다는 걸 너는 기억할 필요가 있어." '빛의 호위'란 나-카메라-그녀의 계열이 만들어낸 감응, 그들을 에워싼 공감의 색조를 뜻하는 말일 것이다.


## 5. 자본주의 너머의 일상을 구성하는 감성교육

19세기 프랑스의 문호 귀스타브 플로베르(Gustave Flaubert)는 『감정교육(L'Éducation Sentimentale)』(1869)에서 욕망과 사리판단이 조화를 이루지

---

25  단일하고 특정한 코드로 고정된 공동체(共同體)가 아니라 함께-함, 함께-운동함으로서의 공-동체(共-動體)를 염두에 두자.

못함으로써 몰락하는 한 세대를 그리려 했다. 이것이 1789년 발발한 프랑스대혁명 이후 19세기 초까지 이어진 프랑스 현대사의 감정구조였던 것이다. 이성과 합리를 내세웠던 근대의 지평에서 감성이 어우러진 조화로운 발전은 청년 세대에게 긴요하고도 불가결한 요청으로 여겨졌다. 이 과제가 근대의 가장 유력한 문화적 매체인 문학의 과제로 주어졌던 것은 새삼 놀랄 일도 아니다.

하지만 근대적 관점에서 이성과 감성의 조화란 어디까지나 이성의 발전 과정에서 감성이 완전히 누락되지 않도록 신경 쓰는 것, 이성의 구조를 가동시킬 때 감성이 필요한 제 역할을 다하도록 독려하는 것에 지나지 않았다. 이를 사회윤리적으로 번역하면 고도로 발달한 자본주의적 일상에서 부르주아지들은 최소한의 인간적인 면모를 상실하지 않도록 노동자와 빈민들에게 동정과 연민을 느껴야 한다고 충고하는 것일 게다. 나아가 시혜를 받은 노동자와 빈민들이 감사의 마음을 갖도록 예의범절을 갖추게 만드는 것이 부르주아 사회의 감정교육이었을지도 모른다. 지난 세기까지 이러한 절충안은 그럭저럭 지켜졌을지 모르지만 신자유주의적 경쟁과 승자독식의 구조가 확립되고 체면치레 없는 약육강식의 세계가 도래하면서 근대적 윤리는 더 이상 작동하지 않게 된 듯하다.

이 글의 서두에서 언급했던 일베 어묵 사건으로 돌아가 보자. 이미 한국사회의 기형적이고 파행적인 사회 문제로 대두된 지 오래인 일베는 일시적이고 산발적인 하류문화가 아니다. 이들은 2000년대 이후 대중문화와 대중운동의 첨단에 자리한 SNS를 기반으로 광범위한 영향력을 행사하는 집단으로 등장했으며, 각종 정치적 현안에 자극적이고 도발적인 의사표현을 해왔다. 세월호 사건 이후로는 폭식투쟁 등에서 보이듯 현장으로까지 행동범위를 넓히는 사회세력으로 급부상하고 있다. 물론 이들의 주장이 시민사회에서 공론화되기에는 터무니없거나 지나치게 폭력적이어서 그 자체로 현실성이 없어 보이기도 한다. 또한 인터넷 밖에서는 결집력과 실행력이 현저히 줄어들고 주동적인 주의주장이 일관성을 갖추지 못한 경우가 많아서 실제적인 위협이 안 될지도 모른다. 그러나 양식 있는 공론 형성을 저해하고 무엇보다도 민주화 세력과 그 역사를 전면 부정하는 과격한 행태를 보이고 있어 위험성을 완전히 무시할 수 없는 것도 사실이다.

일베 어묵 사건에서 우리의 주의를 요하는 것은 그들만의 기호로 인지되는 일베 표식, 즉 손가락으로 ㅇ과 ㅂ을 만들어 대중에게 전시함으로써 자기들만의 공동성을 확보하고 일종의 공동체 구성의 쾌감마저 누리고 있다는 사실이다. 더구나 일베가 뚜렷하게 관철되는 이론적 체계 없이 기성세대와 기득권 세력, 과거 민주화 세력에 대한 반감과 증오심으로 뭉친 집단이라는 점에서 그들의 공동성은 감성 또는 공감에 기반을 둔 것 같다. 본론에서 분석한 바와 같이, 탈근대적인 새로운 공동성이 감성의 토대 위에 공감을 통해 이루어지는 것이라면 일베와 같은 부정적 감정구조로 결속된 집단이나 이러한 조건을 갖춘 집단처럼 위험한 것은 없다. 지난 몇년간 일베의 사례가 그러했듯, 이러한 집단적 심성은 결코 인위적으로 파괴되지 않고 사라지지도 않을 뿐 아니라 사회적 저항이 심할수록 부정적으로 강화될 소지가 높다.[26] 하지만 자세히 살펴보면 이러한 집단화 현상에는 근대의 기묘한 반복이 내재해 있다. 일베의 감성적 연대를 구성하는 구심점은 바로 '큰 것'에 대한 동일시, 곧 국가에 대한 전적인 애착과 숭배에 있기 때문이다(양기만, 2014: 112~113). '큰 것'과의 동일시는 분자적 운동의 다양성을 갖지 못하며 거대집중화의 시기가 지나면 지리멸렬해질 공

---

26 사이트 내에서는 적어도 형식적으로는 누구든 '평등하게' 글을 남길 수 있고 감정노동 없이 자유롭게 관계를 형성할 수 있으며 사회적으로 어떤 지위에 있든지 자기의 존재감을 온전히 인정받을 수 있기에 일베의 형제애는 대단히 견고하게 구축되어 있다. 독특한 상호인정의 윤리가 그들 사이에 존재하는 것이다. 박가분, 『일베의 사상』, 128~129쪽.

산이 크다. 왜냐면 '큰 것'과의 동일시는 '큰 것'보다 '가장 작은 것'들을 감싸 안지 못하고, 이로써 '작은 것들'의 집합으로 재생될 잠재성이 희박하기 때문이다.[27]

우리에게 새로운 감성의 교육이라는 과제가 요청되어 있다면 지금은 이를 왜 수행해야 하는지, 그리고 수행하는 방식이 어떠해야 하는지를 새삼 고민해봐야 하는 시점이다. 이는 당연히 한 세기 반 전에 플로베르가 구상했던 것과 같은 형식의 교육학일 수는 없다. 감성은 이성적 체계로는 강제되거나 주입될 수 없는 감수성의 훈련에서 비롯되며, 신체성과 욕망, 무의식에 대한 감성능력을 배양함으로써 길러지기 때문이다. 똑같은 방식은 아니겠지만, 본문에서 다룬 소설 세 편의 문제의식을 다시 음미하는 것은 새로운 감성교육에 대한 사유의 전환점을 제공해주지 않을까?

아마도 세 가지 지점에서 우리는 감성의 교육에 관해 논의할 수 있을 것이다. 첫째, 감성교육은 무엇보다도 생각하는 힘을 버리지 않는다는 것이다. 물론 여기서의 생각이란 온전한 계산 가능성으로서의 합리적인 사고를 뜻하지는 않는다. 어쩌면 나의 행동이 타자를 위험에 처하게 만들지는 않았는지, 나의 행동이 타자의 죽음을 초래하는 것은 아닌지 끊임없이 반문하는 사고를 뜻한다. 원인으로서의 자기 자신을 안다는 것은 어떤 구체적인 내용을 길어내는 것일 수도 있으나 소설의 주인공이 보여주듯 이러한 사고행위 자체를 지치지 않고 반복하는 것이 핵심이다. 내가 맺고 있는 타자와의 관계를 소홀히 하지 않고 지속적으로 불러내는 힘은 우리 삶을 감싸고 있는 수많은 계산할 수 있는 것과 계산할 수 없는 것의 관계에 대

---

27 큰 것에 휘둘리지 않는 작은 것들의 연합인 코뮌의 문제의식은 '중앙집권적 당이냐, 혁명적 전쟁기계냐'라는 분열분석의 질문이기도 하다. 펠릭스 가타리, 『분자혁명』(푸른숲, 1998), 82~86쪽.

해 거듭 생각해보도록 만든다. 이로써 감히 생각할 수 없는 것, 계산되지 않는 것, 보이거나 들리지 않는 것을 느낄 수 있어야 한다.[28]

둘째, 결과에 대한 앎이자 타인과의 관계에 대한 온전한 책임이다. 함께-있음이라는 현사실성 자체가 이미 나를 단독자로서 타인들과 분리된 채 실존하도록 만들지 않는다는 것이다. 따라서 타인의 과거, 현재, 미래가 모두 나와의 관계 속에서 생성되는 현실임을 온전히 지각할 필요가 있다. 이는 타자들에 대해 무한한 죄의식을 갖고 살라는 뜻이 아니다. 지금-여기라는 특정한 시공간에 내가 처해 있다는 것은 타자를 대신한 것이며, 그 대신함의 현사실성은 나의 사고와 행위를 좋은 관계를 생산하기 위해 사용하도록 명령한다. 이것이 '사건적 관계'인바[29] 지금-여기에 내가 타자와 함께-있다는 사실은 현재 벌어지고 있는 이 사건적 관계에서 내가 자유로울 수 없음을, 역설적으로 그 사건에 연루되어 있음을 자인함으로써만 내가 자유로울 수 있음을 보여준다. 수년이 지난 후에도 실종된 진주의 소식을 끊임없이 탐문하는 「양의 미래」속 주인공의 행위는 자기도 모르게 연루된 사건에 대한 책임을 자신이 무한히 지려는 주체의 윤리적인 행동이다.

셋째, 타인의 고통에 대한 공감, 즉 공통감각이 낳을 적극적이고 긍정적인 계열화에 지속적으로 관심을 갖는 것이다. 하다못해 도덕교과서조차 타인의 불행에 민감해야 한다고 가르치는 현실이지만 실제로 우리는 고통받는 타인에 대해서는 TV에 비친 모습조차 잘 견뎌내지 못한다. 나보다

---

28  랑시에르라면 감각적인 것의 (재)분할이라 불렀을 이러한 생각하기는 감성의 훈련이 결코 이성적 사유와 분리되어서는 안 된다는 것을 일깨우고 있다. 자크 랑시에르, 『감성의 분할』, 오윤성 옮김(도서출판b, 2008).

29  미하일 바흐친(Mikhail Bakhtin)에 따르면 이 세계 속에 '있음'이라는 사실 자체가 이미 사건적 관계를 구성한다. 우리는 이것과 무관하다고 잡아뗄 아무런 알리바이를 갖고 있지 않다. 최진석, 「행위와 사건」, ≪인문논총≫, 71(3)(2014), 45~75쪽.

우월한 것, 더욱 신장된 나에 대한 환상을 갖게 해주는 '큰 것'과 동일시되지 않기 때문이다. 간혹 타인의 고통에 시선을 돌리고 유심히 관찰하며 때로는 동정을 표하더라도 이는 그들의 아픔에서 내가 분리되어 있다는 안전감에서 비롯된 경우가 많다.[30] '가장 작은' 타자와 자신을 동일시하기란 어려운 일이다. 고통 받는 타인의 다음 차례가 바로 내가 될 것이라는 예감을 갖고서 그의 아픔을 공감한다는 것은 결코 쉬운 노릇이 아니다. 하지만 타인에 대한 감수성과 공감능력은 바로 이러한 절박한 아픔의 순간, 즉 그의 고통이 곧 나의 고통이 될 것이라는 위기감이 아니고서는 제대로 공유되지 않는다. 새로운 감성교육, 곧 공감능력의 훈련이란 타자의 고통에 거리를 둔 채 관심을 갖는 일을 중단하는 것, 그의 아픔에 직접 개입할 수 있도록 자신의 감수성을 열어놓는 게 아닐까? 나아가 이러한 감수성의 개방이 야기하는 사고와 행동의 계열이 '좋은 마주침'이 될 것임을, '빛의 호위'가 되어 타자와 내가 맺는 공감의 공동체를 에워쌀 것임을 믿는 게 아닐까? 설령 내게 밝혀지지 않은 방식이나 내가 알지 못하는 과정으로 내가 수혜를 받지 못할지라도 그 빛이 공동체를 감쌀 것이라는 믿음의 감각 없이는 우리는 어떠한 행위도 할 수 없을 것이다.[31]

글을 맺을 때가 되었다. 새로운 감성교육을 주제로 글을 쓰기 시작해

---

30 "우리가 보여주는 연민은 우리의 무능력함뿐만 아니라 우리의 무고함도 증명해주는 셈이다. 따라서 (우리의 선한 의도에도 불구하고) 연민은 어느 정도 뻔뻔한(그렇지 않다면 부적절한) 반응일지도 모른다. 특권을 누리는 우리와 고통을 받는 그들이 똑같은 지도상에 존재하고 있으며 우리의 특권이 (우리가 상상하고 싶어 하지 않는 식으로, 가령 우리의 부가 타인의 궁핍을 수반하는 식으로) 그들의 고통과 연결되어 있을지도 모른다는 사실을 숙고해보는 것, 그래서 전쟁과 악랄한 정치에 둘러싸인 채 타인에게 연민만을 베풀기를 그만둔다는 것, 바로 이것이야말로 우리의 과제이다." 수전 손택, 『타인의 고통』, 이재원 옮김(이후, 2004), 154쪽.

31 믿음은 감정의 본질적인 기반이다. 마사 너스바움, 『혐오와 수치심』, 조계원 옮김(민음사, 2015), 59쪽.

감성교육이 공감의 공동체를 향해야 한다는 확신으로 마쳐야 할 때, 나는 오히려 이 시도가 아직 시론에 불과함을 강하게 느낀다. 왜냐면 지금 말하고 있는, 그리고 읽거나 듣고 있는 당신들이 과연 새로운 감성을 받아들일 수 있는지, 그렇게 변화하고 있는지 알 수 없기 때문이다. 물론 우리는 지금-여기서도 지속적으로 서로 영향을 주고받고 있으며 사건적 관계 속에 변형되고 있다. 그러나 이는 비가시적이며 비지각적인 존재의 변형이므로 우리가 이러한 변형을 명확히 알거나 느낀다고 말할 수는 없다. 감성의 변이는 우리가 원하는 것보다 훨씬 느리고 미세하게 진행되기에 우리가 할 일은 그저 차분히 감성의 훈련을 실행하는 것뿐이다. 이는 우리 각자에게 먼저 맡겨진 과제이며, 공감을 통해 더욱 강화되고 확대될 수 있는 능력에 달린 문제이다. 아마 일상생활의 (재)구성이란 감성의 훈련과 공감적 공동성의 창조를 통해 삶을 조금씩 개간하려는 노력이 아닐까? "각인의 자유로운 발전이 만인의 자유로운 발전의 조건이 되는 하나의 연합체"(마르크스·엥겔스, 1990: 421)로서의 미-래의 공동체는 이처럼 일상을 새로이 구성하는 가운데 실현될 것이라 믿는다.

# 참고문헌

가타리, 펠릭스(Félix Gattari). 1998. 『분자혁명』. 푸른숲.

강준만. 2013. 『감정독재』. 인물과사상사.

_____. 2014. 『싸가지 없는 진보』. 인물과사상사.

김헌태. 2009. 『분노한 대중의 사회』. 후마니타스.

너스바움, 마사(Martha Nussbaum). 2015. 『혐오와 수치심』. 조계원 옮김. 민음사.

도미야마 이치로(富山一郎). 2002. 『전장의 기억』. 임성모 옮김. 이산.

_____. 2009. 『폭력의 예감』. 손지연 외 옮김. 그린비.

들뢰즈, 질(Gilles Deleuze) 외. 2005. 「감응이란 무엇인가?」. 『비물질노동과 다중』. 서창
현 외 옮김. 갈무리.

라이히, 빌헬름(Willhelm Reich). 2006. 『파시즘의 대중심리』. 황선길 옮김. 그린비.

라클라우(Ernesto Laclau)·무페(Chantal Mouffe). 2012. 『헤게모니와 사회주의 전략』. 이
승원 옮김. 후마니타스.

랑시에르, 자크(Jacques Rancière). 2008. 『감성의 분할』. 오윤성 옮김. 도서출판b.

루소, 장 자크(Jean Jacques Rousseau). 2003. 『인간불평등기원론』. 주경복 외 옮김. 책세상.

마르크스(Karl Marx)·엥겔스(Friedrich Engels). 1990. 「공산주의당 선언」. 『칼 맑스 - 프리
드리히 엥겔스 저작선집 1권』. 김세균 감수. 박종철출판사.

모스, 조지(George Mosse). 2008. 『대중의 국민화』. 임지현 외 옮김. 소나무.

바바렛, 잭(Jack Barbalet) 엮음. 2009. 「서론」. 『감정과 사회학』. 박형신 옮김. 이학사.

박가분. 2013. 『일베의 사상』. 오월의 봄.

베레진, 마벨(Mabel Berezin). 2009. 「안전국가: 감정의 정치사회학을 향하여」. 『감정과
사회학』. 박형신 옮김. 이학사.

베버, 막스(Max Weber). 2002. 『'탈주술화' 과정과 근대: 학문, 종교, 정치』. 전성우 옮김.
나남출판.

손택, 수전(Susan Sontag). 2004. 『타인의 고통』. 이재원 옮김. 이후.

신형철. 2015. 「감정의 윤리학을 위한 서설1」. ≪문학동네≫. 82호(봄호).

심광현. 2010. 「세대의 정치학과 한국현대사의 재해석」. ≪문화/과학≫, 62호(여름).

알튀세르, 루이(Louis Althusser). 2007. 「이데올로기와 이데올로기적 국가장치」. 『재생산
에 대하여』. 김웅권 옮김. 동문선.

앤더슨, 베네딕트(Benedict Anderson). 2002. 『상상의 공동체』. 윤형숙 옮김. 나남출판.

양기만. 2014. 「일베는 반-사회적인가?」. ≪문화/과학≫, 80호(겨울).

엄기호. 2010. 『이것은 왜 청춘이 아니란 말인가』. 푸른숲.

오찬호. 2013. 『우리는 차별에 찬성합니다』. 개마고원.

윌리엄스, 레이먼드(Raymond Williams). 1982. 『이념과 문학』. 이일환 옮김. 문학과지성사.

_____. 2010. 『키워드』. 김성기 외 옮김. 민음사.

일루즈, 에바(Eva Illouz). 2010. 『감정자본주의』. 김정아 옮김. 돌베개.

조해진. 2014. 「빛의 호위」. 『겨울의 눈빛: 제4회 문지문학상 수상작품집』. 문학과지성사.

최진석. 2014. 「행위와 사건」. ≪인문논총≫, 71(3).

파머, 파커 J.(Paker J. Palmer). 2012. 『비통한 자들을 위한 정치학』. 김찬호 옮김. 글항아리.

프로이트, 지그문트(Sigmund Freud). 2003. 「집단심리학과 자아분석」. 『문명 속의 불만』. 김석희 옮김. 열린책들.

황정은. 2013. 「양의 미래」. 『양의 미래: 2014년 제59회 현대문학상 수상소설집』. 현대문학.

_____. 2014. 「웃는 남자」. ≪문학과 사회≫, 107호(가을).

# 공동의 역량을 구성하는 코뮌의 정치[*]

정정훈 | 수유너머N

## 1. 소비사회의 일상성에서 양극화 사회의 일상성으로

일상(everyday life)이라는 문제의식이 한국사회의 급진적 정치학의 사고지평 속으로 유입된 것은 이른바 민주화 이후 1990년대라는 시공간에서였다. 이때의 민주화란 일차적으로 민주화운동의 힘에 의해 오래된 군부독재정권이 물러나고 민간정부가 출현해 군부독재정권 시기에 구비되었던 억압적 제도들이 민주적 성격을 가진 것으로 일정하게 변화되는 국면을 뜻한다. 그러나 이는 또한 1989년에서 1991년에 걸친 시기에 소련과 동구에서 역사적 사회주의가 종말을 고하고 자본주의 정치제로서 민주주

---

[*] 이 글은 ≪문화/과학≫ 80호(2014)에 실린 필자의 글 「민주주의의 직접성, 데모스의 봉기적 사건과 연합된 역량의 결사체」를 일상의 문제 틀 속에서 전면 재구성하고 수정·보완한 것이다.

의(즉, 자유민주주의)가 전 세계적으로 지배적 정치 형태가 되었다는 의미를 동시에 담고 있다. 다시 말해 오랜 민주화 운동에 힘입어 이 땅에 시작된 민주화란 변혁운동이 모색해온 민중의 민주주의가 아니라 자유민주주의가 지배적인 통치 형태로 작동하기 시작했음을 의미한다.

세계사적 맥락에서는 역사적 사회주의가 해체되고 한국사적 맥락에서는 문민정부를 표방하는 자유민주주의 정권이 들어선 상황은 전통적 민중운동 또는 변혁운동의 쇠퇴와 시민운동을 비롯한 신사회운동의 등장을 야기했다. 이러한 맥락에서 진보운동과 급진정치에 이론적으로 복무하던 지식인들과 이론가들은 마르크스주의를 비롯한 종래의 대문자 이론으로는 포착되지 않는 다양한 지배의 전략과 저항의 거점을 고심하는 한편, 새로운 투쟁의 전선을 찾아내기 위해 새로운 사유의 자원을 탐색하기 시작했다. 이렇게 해서 욕망, 쾌락, 성, 정체성, 소비, 대중문화, 소수자, 식민성, 주체성 등이 새로운 정치적 사유의 대상으로 자리매김했고, 이를 이론화하는 이른바 '포스트' 담론이 등장했다.

일상 또는 일상성이라는 개념 역시 이 같은 정치적·사회적·지적 맥락 속에서 진보적 이론과 실천의 맥락 안으로 유입되었다. 일상이 바로 생물학적 개인이 특정한 방식으로 사고하고 행동하는 주체로 기능하는 지대이자 지배의 전략이 가장 세밀하게 관철되는 공간이며, 이에 대한 저항적 실천이 이루어지는 장소라는 문제의식이었다. 일상이야말로 미시적 수준에서 작동하는 권력과 지배에 대항하는 투쟁이 전개되어야 하는 적합한 장소였던 것이다. 민주주의 역시 국가권력을 전복하고 제도를 바꾸는 문제 이전에 개인의 주체성이 형성되는 일상적 관계의 수준에서부터 실천되어야 하는 것, 즉 일상적 관계를 민주화하는 미시적인 실천들로 이해되었다. 심지어 혁명이라는 역사적 무게가 담긴 단어조차 일상을 바꾸는 것이라는 의미로 통용되기도 했다.

그러나 진정한 민주주의와 해방을 위한 실천이 이루어져야 할 공간으로 주목받은 당시의 일상은 어떤 맥락에 놓여 있었을까? 1990년대의 일상은 어떤 경제적 조건하에 영위되고 있었을까? 주지하다시피 1990년대는 한국의 경제에서 소비사회적 성격이 본격화되는 때였다. 1980년대 삼저호황의 효과 속에서 이미 시작되었던 한국적 소비사회는 1990년대에 이르러 만개했다. 그 시절의 일상은 상대적인 경제적 풍요에 기반을 둔 일상이었다.

그러나 오늘 우리가 일상을 다시 이야기하는 이 시점에서의 일상의 맥락 및 경제적 조건이 소비사회에서의 일상의 맥락 및 경제적 조건과 같을까? 연구자들은 말할 것도 없고 언론에서조차 지적하듯이 현재 한국사회는 불평등이 심화된 양극화 사회이다. 노동인구의 절반가량이 비정규직 상태에서 불안정한 삶을 살아가고 있고, 다수의 청년들은 실업상태에 놓여 있으며, 대다수의 자영업자들은 생계유지조차 힘겨운 상황을 견디고 있다. 부유한 인구와 가난한 인구 사이의 경제적 격차는 더욱 벌어지고 있을 뿐만 아니라 이른바 '갑질'이라는 말로 표상되는 사회·경제적 강자가 약자에게 부리는 횡포 역시 날로 강화되고 있다. 이러한 조건하에 우울증을 겪는 사람은 지속적으로 늘어나고 있으며, 개선의 가능성이 보이지 않는 힘겨운 상황을 견디지 못하고 스스로 생을 마감하는 사람들의 수는 OECD 국가 중 최고가 된 지 오래이다.

이것이 IMF 구제금융 사태가 발발한 지 20년이 되어가는 지금의 상황에서 고찰해야 하는 일상의 모습이다. 지그문트 바우만(Zygmunt Bauman)의 표현을 빌자면 이 시대를 살아가는 평범한 사람들의 일상은 "최소한 사냥꾼의 대열에 끼어 있도록 노력하라. 그렇지 않으면 사냥감이 될 수밖에 없기 때문이다"(바우만, 2010: 166)라는 명령을 따라야 하는 사냥꾼 사회의 일상이며, 이는 사실상 비상이 일상이 되어버린 상태이다. 일반적으로 신자유주의라고 명명되는 작금의 사회·경제적 질서는 대중의 일상을 마치 사냥터의 삶처럼 만들고 있다. 이러한 사회에서 경제적으로 안정되고 타인에게 인정받는 삶이란 타인을 사냥하는 데 성공하는 삶이며, 적어도 사냥감이 되지 않기 위해서라도 사냥꾼으로 살아가는 삶이어야 한다.

그렇다면 일상의 삶이 사냥터가 되어버린 신자유주의 체제하에서 민주주의란 무엇일까? 많은 논자들이 지적하는 바와 같이 신자유주의 체제는 국가의 억압기구적 성격을 강화해간다. 즉, 국가적 수준에서 시민의 민주주의적 권리가 제한되고 인권을 보장하는 민주적 제도들이 쇠퇴하는 오늘날의 상황에서 일상의 민주주의를 고민하는 것이 의미 있는 것일까? 연성화된 국가권력의 유연한 통치와 일상의 삶을 관리하는 미시적 권력관계의 그물망에서가 아니라 노골적으로 시민의 권리를 박탈하고 대중을 배제하며 노동자들을 과잉 착취하는 신자유주의 체제에서 민주주의의 문제를 일상의 맥락에서 다시 생각한다는 것은 어떤 것일까?

## 2. 신자유주의적 통치에 포획된 일상

### 1) 신자유주의적 통치성과 일상성

미셸 푸코(Michel Foucault)의 말대로 통치(government)는 항상 어떤 합리성(rationality)의 틀 안에서 작동한다(푸코, 2011). 신자유주의적 통치는 무엇보다 주체들이 특정한 방식으로 행동하도록 인도하는 환경을 구축함으로써 이루어진다. 이는 개개인의 신체를 장악하고 구체적으로 규율하는 권력이 아니라 개인들이 유동하는 상황에 스스로 알아서 대응하게 만드는 권력이다.

이러한 지평(신자유주의적 통치성의 지평 — 인용자)에서는 차이의 체계가 최적화되는 사회, 변동하는 절차에 그 장영역이 자유롭게 열려 있는 사회, 개인이나 소수자의 실천에 관용을 보이는 사회, 게임 참가자와 관련해서가 아니라 게임의 규칙과 관련해서 작용하는 사회, 마지막으로 개인을 내적으로 종속화하는 유형의 개입이 아니라 환경적 유형의 개입이 행해지는 사회의 이미지, 관념, 주체-프로그램이 나타납니다(푸코, 2012: 365).

신자유주의 통치성은 개인의 신체가 아니라 신체의 품행이 형성되는 환경에 개입하는 권력이다. 그 권력은 변화하는 상황에 개인이 최적화된 방식으로 적응하고 대응하는 방식, 즉 품행을 형성하고 인도하는 권력이다.

경쟁은 이러한 품행을 구성하는 합리성의 핵심이다. 사회를 시장의 모델에 따라 구축하고 개인들의 행위 방식을 기업을 조직하고 운영하는 합리성에 따라 조절하는 것이 신자유주의적 통치합리성의 핵심인 것이다. 즉, 신자유주의 국가에서 통치의 합리적인 틀은 무엇보다 경쟁이다. 이때의 경쟁은 단순히 주어진 자연적 질서가 아니라 통치가 적극적으로 구성하고 보장해야 하는 합리성의 틀이다.

이처럼 신자유주의 체제하에서는 사회는 경쟁의 공간이 되며 개개인은 하나의 기업이 된다. 신자유주의는 경쟁을 사회의 작동원리로 설정하기 때문에 경쟁에서 패배하는 이들은 더 이상 사회적 연민의 대상이 되지도 못한다. 경쟁에서 패배하는 것은 철저하게 개인이 무능하고 근면하지 못한 결과이며 개인의 실패는 스스로 책임져야 하는 도덕적 실패가 된다. 오히려 경쟁에서 패배한 이들을 사회가 공적으로 부조하는 것은 일종의 도덕적 해이를 초래한다는 논리로 단죄 당한다. 그리고 이 패배한 자들은 배제되거나 주변화된다.

설혹 경쟁의 게임에서 탈락하지 않고 일정하게 경제적 안정성을 확보한 사람이라 하더라도 이 체제 내에서는 지속적으로 경쟁을 수행해야 한다. 마치 CEO가 다른 기업들과의 경쟁 상황 속에서 기업을 경영해 이윤을 창출하듯이 각 개인은 타인과의 경쟁이라는 상황 속에서 자신의 삶을 경영하고 자신의 목표를 성취하는 주체가 된다. 자신의 인생을 하나의 기업으로 인식하고 자기 자신을 경영하는 주체, 즉 기업가적 주체가 바로 신자유주의적 주체인 것이다. 다시 말해 신자유주의 체제는 경쟁의 원리를 주민들로 내면화하게 만듦으로써 그들을 주체화한다. 이렇게 탄생한 주체성의 이름이 기업가적 주체인 것이다. 푸코가 신자유주의적 주체성의 계보학을 추적하며 주목했던 호모 에코노미쿠스는 오늘날의 기업가적 주체, 즉 경쟁을 내면화하고 스스로를 경쟁에서 승리할 수 있도록 최적화해나가는 자기경영의 주체와 동일한 존재이다(푸코, 2012: 319).

이러한 신자유주의적 개인들의 내면에는 깊은 불안이 자리 잡고 있다. 아직 경쟁에서 탈락하지 않은 이들일지라도 신자유주의 사회 안에서 살아가는 이상 자신이 언제 경쟁에서 패배할지 모른다는 불안을 안고 살아갈 수밖에 없다. 이들이 열중하고 있는 자기계발이나 각종 금융상품을 활용한 재테크는 이러한 불안감의 또 다른 발로이다. 신자유주의적 통치성을 관통하는 합리성인 시장적 경쟁의 원리는 다수 인구의 삶을 끊임없이 불안정하게 만든다. 각 개인들은 이러한 불안정한 상황을 극복하고 더 많은 성과를 달성하려고 스스로 노력하는 주체가 된다. 즉, 기업가적 주체가 되는 것이다. 개인을 기업가적 주체로 만들어내는 신자유주의적 통치성이 오늘날 일상을 규정하는 하나의 조건이 되고 있다.

## 2) 신자유주의 국가의 억압성

하지만 신자유주의적 국가가 반드시 관용적이고 자유를 보장하며 환경에만 개입하는 방식으로 작동하는 것은 아니다. 신자유주의 국가는 매우 억압적인 성격의 권력이기도 하다.[1] 많은 사회과학자들은 신자유주의 국가를 경험적으로 분석함으로써 신자유주의 국가의 억압적이고 권위주의적인 성격을 지적하고 있다. 신자유주의는 여기에 저항하는 사회운동이나 대중적 반발에 직면할 경우 강력한 권위주의 국가의 면모를 드러낸다.

집단적 개입을 추구하는 사회운동에 봉착할 경우 신자유주의적 국가는 때때로 억압적으로 개입하게끔 강제됨으로써 신자유주의가 고양하려는 바로 그 자유를 부정한다. 그러나 신자유주의 국가는 이러한 상황에서 한 가지 비밀무기를 배열할 수 있다. 즉, 국제 경쟁과 세계화는 개별 국가들 내에서 신자유주의적 의제에 반대하는 운동을 규율하기 위해 사용될 수 있다. 만약 이것이 실패하면 국가는 신자유주의에 대한 반대를 진압하기 위해 설득 및 선전, 또는 필요하다면 적나라한 폭력과 경찰력을 사용해야 한다. …… 즉, 자유주의적(확장하면 신자유주의) 유토피아 프로젝트는 궁극적으로 권위주의에 의존함으로써 유지될 수 있다. 대중의 자유는 소수의 자유를 위해 제한될 것이다(하비, 2009: 93~94)(강조는 필자).

하비는 신자유주의적 국가의 핵심에는 궁극적으로 권위주의적 통치 방식이 자리 잡고 있음을 지적한다. 자유의 증진과 수호를 국가의 중요한 정책적 목표로 내걸고 있음에도 신자유주의 국가는 그 자유를 부정하는 적나라한 폭력과 경찰력에 궁극적으로 의존하는 권위주의적 성격을 가지고

---

1 물론 푸코 역시 이 문제를 분명하게 인식하고 있었다. 푸코에게는 신자유주의 통치성이 생명권력의 성격을 갖는 것이었다. 그런데 이때 생명권력은 반드시 생명의 육성과 강화라는 방식만으로 작동하는 것이 아니라 '죽음-권력'으로 작동하기도 한다는 사실을 그는 지적한 바 있다. 미셸 푸코, 『사회를 보호해야 한다』, 박정자 옮김(동문선, 1998), 291~303쪽.

있다는 것이다. 신자유주의에 저항하는 움직임에 마주할 때 국가의 억압적 얼굴이 드러난다.

신자유주의 국가의 권위주의적 또는 억압적 성격에 대해서는 스튜어트 홀(Stuart Hall) 역시 대처 정권의 통치 방식을 분석하면서 지적한 적이 있으며,[2] 바우만 또한 사냥꾼 사회에서 국가권력은 '형사사법국가', '형벌국가', '개인안전국가'라고 규정될 수 있는 치안 중심적 통치의 성격을 띤다는 사실을 강조했다(바우만, 2008: 127). 신자유주의 경제 질서와 이 질서의 보장자인 신자유주의 국가의 이 같은 억압적 성격은 오늘날 대중의 일상적 삶을 규정하는 또 다른 조건이라고 할 수 있다.

## 3. 일상적 질서의 중지와 사건으로서의 민주주의

### 1) 민주주의, 중지의 사건

이렇게 보자면 1990년대 이후 시작된 문화와 욕망의 시대에서 모색된 일상의 정치·문화적 실천을 통해 욕망의 해방을 모색하고 일상의 질서를 새롭게 구성함으로써 실질적 민주주의의 새로운 조건을 만들려 했던 새로운 급진정치의 기획은 실패한 것으로 보인다. 자본과 권력에 맞서는 정치의 장소로 인식되었던 일상이 자본과 권력에 장악되어버린 것이다. 물론 이는 회고적 평가이며, 당시 급진정치의 문제의식 자체를 오류로 기각하

---

2 "자의적 권력을 막을 수 있는 최후의 안전장치인 민주주의는 후퇴하고 있다. 민주주의는 중단되었다. 이 시대는 예외적인 상황이다. 위기는 진짜이다. 우리는 '법과 질서' 중심인 사회의 내부에 들어와 있다." 스튜어트 홀, 『대처리즘의 문화정치』, 임영호 옮김(한나래, 2008), 87~88쪽.

는 것은 분명 온당하지 못하다. 하지만 일상을 급진정치의 장소이자 저항의 거점으로 만들려 했던 문화혁명의 기획이 성공적이지 못했던 것 역시 분명한 사실이다.

일상적 삶의 민주적 재구성과 급진적인 문화 실천을 통해 아래로부터의 민주주의의 토대를 구축하고 새로운 해방정치의 주체를 구성하려는 시도가 좌절된 이후 급진정치는 이제 일상의 질서를 재구성하려는 기획이 아니라 오히려 일상의 질서를 중지시키는 기획으로 변화된 것 같다. 일상적 실천을 다른 방식으로 구성하고 일상적 관계를 새롭게 조직함으로써 민주주의와 해방의 정치를 수행하는 일상성의 정치에서 일상의 흐름을 중지시키고 그 질서를 단절시키는 반(反)일상성의 정치 또는 일상성의 종말이 민주주의를 위한 또 다른 돌파구로 제시되고 있는 것이다. 이제 민주주의 정치 또는 해방의 정치는 일상의 규정력, 자본과 권력에 의해 구조회된 일상의 틀을 뚫고 나타나는 사건의 힘으로 사고되기 시작한다. 이러한 사고의 흐름을 잘 보여주는 것이 바로 메시아적 시간성에 대한 일련의 논의이다. 가령 벤야민은 진보라는 관념에서 벗어난 진정한 의미에서 유물론적 시간 개념, 즉 "경과하는 시간이 아니라 그 속에서 시간이 멈춰서 정지해버린 현재라는 개념"을 사유함으로써 "역사의 연속체를 폭파"(벤야민, 2008: 347)하는 작업을 시도하면서 일상의 동질적 시간의 정지로서 메시아의 도래를 사유한 바 있다.

벤야민과의 직접적인 연관성은 부정하지만 자크 데리다(Jacques Derrida) 역시 메시아 없는 메시아주의라는 개념을 통해 시간의 연속적 계열에서 탈궤한 시간 개념을 사유한다. 즉, "이접되고 일그러져 '이음매가 어긋난' 지금, 확실하게 연결된 맥락이나 여전히 규정 가능한 경계들을 지닌 맥락 속에서 더 이상 함께 유지될 수 없을지도 모르는 이음매가 떨어져나간 지금"(데리다, 2007: 19)을 포착하려 한다. 데리다는 '이음매가 어긋난' 시간을 사유함으로써 기존의 질서만 지속될 뿐인 시간을 파열하고 이질적인 것, 사건과 장래(avenir)의 도래 가능성을 찾아내려 시도하는 것이다. 데리다의 이러한 기획 역시 일상적 질서의 중지로서 민주주의라는 문제의식을 함축하고 있다.

주권적 예외상태에 대립하는 메시아적 예외상태를 사유하는 벤야민의 작업은 어떠한가? 그가 말하는 주권적 예외상태란 법이 중지되는 사태임은 분명하다. 그러나 조르조 아감벤(Giorgio Agamben)은 이때 법의 중지는 단지 내용적 규정만 중지되는 것일 뿐, 법의 효력은 여전히 작동하는 상태라고 말한다. 주권적 예외상태는 법이 지배하는 일상적 질서 자체를 수호하기 위해 법의 규범적 내용은 중지하지만 법의 효력 자체는 지속적으로 작동하는 상태라는 것이다. 반면 메시아적 예외상태란 법의 효력마저 중지시킴으로써 법 자체를 세속화하는 '진정한 예외상태'이다. 그리고 '진정한 예외상태'라는 주권이 지배하는 시간의 질서가 중지되고 변용되는 사태를 말한다. 메시아적 예외상태는 메시아적 시간의 도래와 다른 것이 아니다.

벤야민과 데리다, 그리고 아감벤 같은 이들의 논의는 일상을 지배하는 연속적 시간의 흐름을 중단시키고 기존의 시간성을 지배하던 원리가 더 이상 작동하지 못하게 하는 어떤 사건의 출현과 도래로부터 해방적 정치 또는 민주주의의 가능성을 모색한다. 이는 민주주의를 통치 형태로 보는 시각에 반대할 뿐만 아니라 법률이나 제도, 또는 일상적으로 굳어진 관행이나 습속과 같이 고정적인 것으로 보려는 시각에도 반대하며 민주주의의 사건적 차원을 강조하는 관점이다. 그리고 오늘날 민주주의에 대한 사유에서는 이러한 사건으로서의 민주주의라는 경향이 하나의 중요한 흐름이 되고 있다.

동질적 시간의 흐름을 중단시키는 정치적 기획, 즉 시간론적 정치적 기획은 아니지만 랑시에르 또한 민주주의를 사건의 차원에서 사고하고 있다. 그는 정치를 치안의 질서, 즉 자격 있는 자와 자격 없는 자를 나누는 감각의 질서를 해체하는 데모스의 "불법침입"으로 규정한다(랑시에르, 2013: 158~159). 랑시에르에 따르면 민주주의는 "헌정의 한 형태도 아니며, 사회의 한 형태도 아니다"(랑시에르, 2011: 106). 민주주의는 "공공영역에 대한 과두적 정부의 독점을 지속적으로 파괴하는 '행위'이며, 생활 전반에 대한 유산계급의 강력한 영향력을 끈질기게 뿌리 뽑는 '행동'인 것이다"(랑시에르, 2011: 195). 헌정 형태나 사회 형태로 응고되고 고착될 수 없는 행위와 행동의 직접성이 바로 민주주의의 핵심이다.

사건으로서의 민주주의란 지배 권력이 부여한 정체성과 삶의 방식, 교류와 협업의 방식, 권리의 배분체제를 전복하는 집단적 봉기의 힘을 말한다. 민주주의(demokratia)의 본령을 구성하는 데모스(demos)의 힘(kratos)이란 바로 데모스의 힘을 억압하고 통제하는 권력을 분쇄하는 힘이다. 평등과 자유를 제한하고 연합과 결사를 통제하는 지배질서를 해체하는 데모스의 직접 행동이야말로 민주주의의 본원적(radical)인 차원인 것이다. 민주주의는 지배질서가 위협당하고 통치 권력이 와해되는 대중의 집단적 행동의 순간에 가장 극명하게 자신의 모습을 드러낸다. 민주주의의 직접성은 하나의 통치 형태이거나 정치체제와 같은 상태가 아니라 봉기와 같은 사건을 통해 출현한다. 이때 사건으로서의 민주주의란 현재의 지배적 질서에 균열을 내고 지배적 질서의 작동을 중지시키는 사건, 데모스의 힘이 직접적으로 표현되는 사건이라고 할 수 있다.

### 2) 사건적 역량의 공동성

그런데 여기서 데모스의 힘은 언제나 이질적 다수가 함께 형성하는 공동성의 산물이라는 점 또한 강조되어야 한다. 민주주의가 본원적 차원에서 데모스가 가진 힘의 직접적인 표현으로 규정된다고 할 때, 그리고 그 힘이 권력에 대항해 권력의 지배 형태를 전복하고 권력에 변형을 가하는 힘이라고 할 때 그 힘이란 다수의 개인이 서로 힘을 합쳐 형성하는 공동의 역량이다. 권력이 부여하는 질서로 인해 동질화된 시간의 연속체에 파열의 지점과 변화의 시점을 '기입'하기 위해서는 지배질서가 가진 힘을 넘어서는 다수의 결집된 힘이 필요함은 너무나 당연하다. 봉기와 같은 민주주의의 사건적 차원은 언제나 데모스라는 집합적 주체의 결집된 역량과 결부되어 있다.

그런데 민주주의의 주체인 데모스는 권력에 각자 저항하는 개인들의 산술적 집합이 아니며, 데모스의 힘 역시 이러한 개인들의 힘을 산술적으로 합산한 것이 아니라는 점이 중요하다. 랑시에르는 민주주의를 구현하는 행위로서의 정치란 언제나 정치적 주체인 데모스의 출현과 더불어 발생한다는 사실을 잘 보여준다. 이때 랑시에르가 말하는 데모스란 특정한 사회학적 인구집단, 즉 억압받는 자들이나 가난한 자들, 또는 노동하는 계급을 말하지 않는다. 랑시에르에 따르면 데모스란 기존의 지배체제가 부여한 자리와 자격의 체계, 즉 정체성으로부터 벗어나는 과정인 탈정체화를 통해 출현하는 어떤 사건적 존재이다. 데모스는 정치적·경제적 지위나 사회적 공통요소로 정의되는 정치적 주체가 아니라 정치적 주체화라는 사건의 결과이다. 랑시에르는 정치적 주체화란 자신이 치안(police)이라고 말하는 지배질서에 소속된 자가 그 질서가 부과하는 위치와 정체성을 거부하고 그로부터 이탈하는 사건이라고 말한다. 그리고 이러한 이탈은 바로 배제되고 압제 당하는 타자와 자신을 동일시하는 어떤 불가능성에 의해 개시된다. 동일시할 수 없는 타자와 자신을 동일시하는 것, '그것을 언술하는 그들 또는 그녀들이 구현할 수 없는 동일시', 즉 '불가능한 동일시'가 바로 정치적 주체화가 시작되는 지점이다(랑시에르, 2013: 141).

불가능한 동일시란 자신과 동일시할 수 있는 아무런 근거도, 조건도, 동일성도 갖지 않은 타자와 자신을 동일시하는 것이라 할 수 있다. 그렇기 때문에 이 동일시는 결코 달성될 수 없다. 하지만 이렇게 동일시가 불가능한 대상과의 동일시를 통해 나는 나 자신의 정체성을 규정하던 기존의 관계들에서, 다시 말해 치안이 내게 배분하고 할당한 자리에서 벗어날 수 있다. 이처럼 치안이 부여한 자리에서 벗어난 내가 위치하는 곳은 어떤 '틈새' 또는 '사이'이다. 그래서 랑시에르는 "주체는 사이에 있는 것(un in-between), 둘 사이에 있는 것(un entre-deux)이다"(랑시에르, 2013: 141)라고 말한다. 정치적 주체들이란 "그들이 **사이에**(entre) ― 여러 이름, 지위, 또는 정체성 사이에, 인간성과 비인간성, 시민성과 그것의 부인 사이에, 도구로서의 인간의 지위와 말하고 사유하는 인간의 지위 사이에 ― 있는 한 **함께**(ensemble) 있기도 한 사람들"(랑시에르, 2013: 141)이다.

그런데 이때 주체(subject)란 개인적 또는 개체적 차원을 일컫는 것이 아니다. 알다시피 개체(individuality)란 더 이상 나눌 수 없는 최소 단위로서 다른 개체와 명확하게 구별되는 독립적인 존재를 뜻한다. 그래서 개체가 사회적 존재로서 인간을 의미할 경우 이는 개인이라고 불린다. 이러한 개인 역시 사회를 구성하는 최소단위라는 의미와 함께 다른 개인과 구별되는 독립적인 존재라는 뜻을 함축하고 있다. 분해불가능성, 개별성, 독립성, 단독성 등이 개체성의 특징이다.

하지만 정치적 주체화가 '사이에 있음으로서 **함께 있음**'을 의미하는 한 정치적 주체화는 언제나 집단성 속에서 발생하며 복수성의 차원을 담지한다. 나는 이 지점에서 랑시에르의 정치적 주체화 개념에 내재된 '함께-있음'의 의미를 더욱 강조할 필요가 있다고 생각한다. 정치적 주체화에서 타자와 뚜렷하게 구별되는 주체, 또는 단독적이고 독립적으로 존재하는 개체로서의 주체란 존재하지 않는다. 정치적 주체란 정체성으로부터 벗어난 개인들의 단순한 산술적 집합이 아니다. '사이에 있음'이 기존 정체성의 경계 밖에 있다는 의미라면 '함께 있음'은 이러한 개체적 수준에서의 탈정체화만으로는 정치적 주체화가 불가능하다는 것, 다시 말해 정치적 주체화란 정체성으로부터 벗어난 이들이 개체성마저 넘어 서로 혼합되고 서로가 서로에게 휘말려 들어가야만 비로소 가능하다는 것을 뜻한다.

정치적 주체는 항상-이미 개인성과 개별성을 가로지르는 혼합적 집단성의 구성으로서만 발생하며 존재할 수 있다. 그러므로 정치적 주체화에는 어떤 공동성의 계기가 포함될 수밖에 없다. 즉, 특정한 이해관계의 근접성과 특수한 정체성의 연대가 아니라 이러한 이해관계와 정체성을 넘어서고 가로지르는 것, 불가능한 동일시를 통해 발생하는 이런 혼합-되기야말로 정치적 주체화의 핵심인 것이다.

민주주의 사건성을 구성하는 대중의 힘은 결코 개인적 힘을 물리적으로 더한 것이 아니다. 대중의 힘은 개인들이 조성하는 어떤 관계성, 개인들을 가로지르는 관계성의 차원에 귀속되는 힘이다. 이러한 관계성을 호혜성의 원리라고 부르기도 하고 '사이에 있음으로서 함께 있음'이라고 특징짓기도 하지만, 한편으로는 이질적 개체들이 함께(共) 작동함(動)으로써 만들어진다는 점에서 공동성(共動性)이라고 부를 수도 있다. 결코 하나의 동일성으로 환원될 수 없는 이질적이고 다양한 개인들이 공동성을 형성함으로써 창출하는 역량이 바로 데모스의 힘이며, 이 데모스의 힘이 어떠한 매개나 초월적 명령 없이 직접적인 방식으로 정치적으로 표현되는 것이 바로 민주주의의 사건성이라고 할 수 있다.

결국 대중의 힘이 직접적으로 표현되는 봉기적 사건은 언제나 그 힘이 공동성이라는 관계 속에서만 가능하다는 것을 의미하며, 민주주의 사건성은 사건을 일으키는 힘의 공동성을 의미한다. 개인들이 형성하는 협력적 관계 속에서 만들어지는 공동의 역량이 바로 데모스의 힘이며 이 힘이 직접적으로 표현되는 봉기의 정치가 민주주의를 규정한다.

## 4. 코뮌, 공동역량의 능동적 산출 형식

사건으로서, 좀 더 정확히 말하자면 이러한 사건을 가능하게 하는 힘으로서 민주주의를 파악하려는 시도는 민주주의를 국가의 통치 형태나 주권적 질서의 일종으로 만들려는 시도에 저항하면서 민주주의의 봉기적 차원과 데모스적 기초를 분명히 한다는 장점이 있다. 이는 민주주의를 혁명적 전통 속에서 사유할 수 있는 관점을 제공해준다. 하지만 민주주의는 오직 사건으로서만 의미를 가지는 것일까? 그렇다면 민주주의는 사람들의 정치적 관계를 능동적으로 만들어가는 구성적 원리일 수는 없는 것일까? 이는 다시 민주주의 정치에서 우발적 계기만 강조하는 것이 되지 않을까? 이러한 관점은 민주주의의 또 다른 함의인 데모스 자신에 대한 자신의 지배, 즉 자기통치라는 계기를 사유하는 데 어떤 맹목을 가지지 않을까? 신자유주의 질서가 지배하는 오늘날의 일상 속에서 민주주의는 단지 일상의 전복을 의미하는 것일 뿐일까? 그러나 정치가 종교와 다른 이상 일상의 질서를 중지시키는 사건의 도래를 오로지 우연의 영역에만 또는 예기치 않은 도래의 차원에만 귀속시킬 수는 없다. 오히려 민주주의 정치학에서 중요한 것은 일상의 지배질서를 중지시키는 데모스의 힘을 우연적 생성의 계기에서뿐만 아니라 필연적 구성의 계기에서도 사고하는 것이 아닐까?

### 1) 공동의 역량으로서의 자연권

그렇다면 자기통치로서 민주주의에서 데모스의 역량이란 무엇일까? 다시 말해 일상을 민주적으로 구성해가는 일상의 정치학과 공동의 역량은 어떤 관계를 갖는 것일까? 이제부터 우리는 일상의 정치학과 데모스의 공동역량의 관계를 규명하는 첫 작업으로서 역량의 공동성과 그것의 능동적 구성의 원리라는 문제를 검토해보려 한다. 누차 반복적으로 강조한 바와 같이 데모스의 힘이란 공동성의 산물이다. 민주주의의 근간인 데모스의 역량은 항상-이미 데모스를 구성하는 자들의 공동-역량이다. 민주주의의 구성적 계기, 환원하자면 데모스의 자기통치의 질서로서의 민주주의에서도 데모스의 공동-역량은 관건적이다. 이 문제를 논하기 위해서는 데모스의 공동-역량이 만들어지는 과정을 더욱 명확하게 규명할 필요가 있다.

역량의 공동성을 통해 민주주의의 절대성을 사유하는 스피노자의 입론은 데모스의 공동-역량이 어떻게 구성되며 이렇게 구성된 공동의 힘이 통치자와 피통치자의 일치를 이루는 질서의 구축에서 어떻게 작용하는지를 매우 잘 보여준다. 스피노자는 개체의 본질은 자신을 보존하려는 힘의 충동, 즉 코나투스(conatus)라고 말한다. 코나투스는 개체가 자신의 실존과 활동을 지속하려는 근본적인 충동이다. "각각의 사물은 자신 안에 실존하는 한에서 자신의 실존 안에 남아 있으려 한다"(스피노자, 1990). 그리고 "각 사물이 자신의 실존 안에서 지속하려는 경향은 그 사물의 현행적인 본질이다".[3] '자신의 실존 안에 지속하려는 경향'이 바로 코나투스이다.

스피노자에게 코나투스는 철저하게 역량의 문제이다. 자신의 실존과 활동을 지속하기 위해서는 힘이 필요하기 때문이다. 인간을 포함해 모든 자연적 개체들이 자신의 실존을 유지하고 활동을 계속하기 위해 필요한 상태와 대상들을 확보할 수 있는 역량이란 곧 자연 안에 존재하는 모든 개체들의 권리이기도 하다. 권리와 역량은 동일한 것이다. 다시 말해 "모든

---

[3]  바뤼흐 스피노자, 『에티카』, 강영계 옮김(서광사, 1990), 3부 정리7.

자연물은 선천적으로 그것이 실존하고 활동하도록 하는 힘을 가지고 있는 것만큼 권리를 가지고 있다고 말할 수 있다"(스피노자, 2008: 34).

스피노자는 이렇게 역량과 동일시된 권리를 자연권(jus naturale 또는 natural right)이라고 부른다. 사실 자연권이라는 권리 개념은 자연의 질서에서 권리의 원천을 찾는 입장이다. 이는 고대 그리스 로마의 자연법(lex naturalis) 사상, 즉 국가제도에 의해 성립된 실정법보다 먼저 존재하는 이성적으로 정당한 보편적 질서와 법칙이라는 관념에서 시작되어 스피노자가 살던 17세기까지 이어져왔고 이후 로크와 같은 초기 자유주의자들 역시 신봉하던 권리 개념이다.

그러나 스피노자는 자연권이라는 용어를 사용하고 있지만 그가 이 용어로 뜻하려는 바는 이전 시대나 동시대의 정치 사상가들의 그것과는 전혀 달랐다. 가령 홉스에게 자연권이란 단자적 개인의 소유물과 같은 것이다. 그런데 역설적이게도 자연권은 제일 중요한 자연법인 자기 생명의 보존법칙, 즉 코나투스를 위협하는 권리이기도 하다.[4] 모두 동등하게 자연권을 소유하고 있다면 타자는 자신의 자연권에 입각해 나의 자연권을 침해할 수 있으며 그 침해대상에는 나의 생명 역시 포함될 수 있기 때문이다.

반면 스피노자에게 자연권은 결코 단자적 개인의 배타적 소유물과 같을 수 없었으며 오히려 자신의 생명을 더 잘 보존해주고 더 많은 권리를 보장

---

4 "만인은 만물에 대한 권리를 가지며, 심지어는 다른 사람의 신체에 대해서까지도 권리를 갖는다. 이처럼 만인이 만물에 대해 자연적 권리를 갖는 상황이 지속되는 한 어느 누구도 천수를 안전하게 누릴 수 있는 보장이 없다. 여기에는 강한 자이든 약한 자이든 예외가 없다. 따라서 다음과 같은 이성의 계율 또는 일반적 원칙이 등장한다. '모든 사람은, 달성할 가망이 있는 한, 평화를 얻기 위해 노력해야 한다. 평화를 달성하는 일이 불가능할 경우에는 전쟁에서 승리하기 위한 어떤 수단이라도 사용해도 좋다.' 이 원칙의 앞부분은 자연법의 기본을 나타내는 것으로 '평화를 추구하라'는 것이고, 뒷부분은 자연권의 요지를 나타내는 것으로 '모든 수단을 동원해 자신을 방어하라'는 것이다." 토머스 홉스, 『리바이어던』, 진석용 옮김(나남, 2008), 177쪽.

해주는 권리였다. 스피노자는 타인에게서 독립해 자기충족적이고 자기완 결적으로 존재하는 개인에게 자연권이란 사실상 무의미하다고 말한다.

이제 (2장의 9절에 따라) 자연상태에 있는 각각의 사람은 그가 다른 사람 에게 억압당하지 않을 수 있는 동안에만 자신의 권리 아래에 있기 때문에, 그리고 한 사람 혼자서 모든 사람에게서 자신을 보호하려 한다는 것은 부질 없는 일이기 때문에 사람들의 자연권은 각자의 역량에 의해 규정되고 각자 의 것으로 남아 있는 한에서는 아무것도 아니라는 사실이 따라 나온다. 그 것은 실제로 존재하는 것이라기보다 공상 속에서만 존재할 뿐인데, 왜냐하 면 이를 유지할 수 있게 해주는 아무런 확실한 방도도 존재하지 않기 때문이 다(진태원, 2005: 17에서 재인용).[5]

자연상태에서 각 개인은 오로지 '자신의 권리 아래' 있을 수 있을 때만, 다시 말해 다른 누군가에게 자신의 권리를 억압당하지 않을 때에만 자연 권을 실질적으로 누릴 수 있다. 그런데 현실에서 이러한 일은 일어날 수 없다. 모든 개인이 각자의 자연권을 소유하고 있고 그 자연권으로 타인의 권리를 침해할 수 있다면 홉스의 말대로 각 개인은 결코 자신의 권리를 누 릴 수 없게 된다. 한 개인이 자신의 권리를 침해하려는 다른 개인의 공격 으로부터 우연히 자신의 권리를 방어할 수는 있을 것이다. 하지만 다른 모 든 개인으로부터 항상 자신의 권리를 보호한다는 것은 현실에서 일어날 수 없는 일이다. 이렇게 되면 자연권은 "실제로 존재하는 것이 아니라 공 상 속에서만 존재할 뿐"이게 된다. 그러므로 자연물을 자신의 생존과 생활

---

5  Benedict De Spinoza, *Tractatus Politicus*, 2.15. 앞에서 인용한 베네딕트 데 스피노자, 『정 치론』, 김호경 옮김(갈무리, 2008), 51쪽에서도 이 글에 대한 번역을 확인할 수 있다.

을 위해 마음대로 할 수 있는 자연권은 무의미한 개념이다.

스피노자는 자연권을 이해하는 다른 방식을 제안한다. 바로 자연권을 자립적 개인에게 소유되는 것으로 규정하는 것이 아니라 "항상 이미 다른 사람들, 타자들과의 매개 관계를 통해서만 비로소 성립할 수 있는 권리"(진태원, 2005: 17)로 이해하는 것이다. 다시 말해 스피노자가 말하는 개인의 자연권은 '소유적 개인주의'로 보장될 수 없다. 자연권은 오로지 다른 개인과 함께 형성하는 호혜적인 관계성에 의해서만 확보될 수 있는 권리이다.

이 때문에 우리는, 인간에게 고유한 자연권은 인간들이 공동의 법률을 갖고 있고 그들이 거주하고 경작할 수 있는 공동의 토지를 갖고 있는 곳, 그들이 스스로를 방어하고 모든 공격을 물리치고 모두의 공통된 판단에 따라 살아갈 수 있는 곳이 아니라면 거의 생각될 수 없다는 결론을 내린다. 왜냐하면 (2장 13절에 따라) 서로 연합하기 위해 더 많은 사람들이 모일수록 그들은 모두 함께 더 많은 권리를 갖기 때문이다(진태원, 2005: 17~18에서 재인용)[6](강조는 필자).

스피노자는 인간의 자연권이란 오로지 개인들의 연합 속에서만 실재할 수 있다고 말한다. 이러한 연합은 "모두 함께 더 많은 권리"를 확보하도록 하는 필수적 조건이다. 개인들이 구성하는 국가를 비롯한 모든 연합체는 오로지 그 개인들의 권리 보장 및 확장을 위해서만 존재해야 한다. 이것이 연합체를 구성하는 목적이자 연합체가 존속할 수 있는 원리이다.

그러나 이 목적과 원리는 도덕적 명령과 같은 것이 결코 아니다. 이는 오히려 자연의 필연적 질서에 속하는 것이다. 스피노자는 연합의 구성원

---

6  스피노자, 『정치론』에서는 52쪽에 이 내용이 나온다.

리를 우선 '역량의 합성'이라는 관점에서 제시한다.

> 만약 두 사람이 함께 해서 그들의 세력을 합친다면 그들은 연합해서 더욱
> 더 많은 세력을 갖고 결과적으로 그들이 서로 따로 떨어져 있을 때보다 자연
> 에 대해 더 많은 권리를 가진다. 그리고 그들이 연합하면 할수록 그들 모두는
> 전체적으로 더 많은 권리를 가진다(스피노자, 2008: 49)(강조는 필자).

스피노자에 따르면 각 개인은 자신의 역량만큼 권리를 가진다. 그런데
각 개인의 역량은 다른 개인과 얼마만큼 연합할 수 있는가에 따라 달라진
다. 한 사람의 역량보다는 연합한 두 사람의 역량이 더 크다는 것은 우선
산술적으로도 분명하다. 하지만 역량의 합성이란 단지 각 개인의 역량을
산술적으로 합산하는 것만 뜻하지는 않는다. 역량의 합성은 개인적 역량
의 산술적 합산이라기보다는 개인적 역량 사이의 연합이다.

스피노자에게 연합이란 복수의 개인이 마치 하나의 신체처럼 움직이는
공동관계를 구성하는 것을 의미한다. "만일 많은 개체가 모두 동시에 하나
의 결과의 원인이 되게끔 활동으로 협동한다면 나는 그러한 한에서 그 모
두를 하나의 개체로 여긴다"[7]라는 스피노자의 개체 개념이 이를 잘 보여준
다. 복수의 개체가 모여서 산출하는 결과에 각 개체가 원인으로 함께 작용
할 때 개체들이 맺는 관계가 바로 연합이다. 개체는 복수의 개체가 공동
작용하는 관계의 조성을 통해 존재할 수 있는 것이기에 개체란 언제나 개
체화의 산물이라 할 수 있다. 이 개체화의 원리가 바로 연합이다. 다시 말
해 상위 개체를 구성하는 과정에서 모든 하위 개체가 원인이 되어 능동적
으로 참여하는 관계의 조성이 바로 연합인 것이다. 자연권은 연합을 통해

---

7  스피노자, 『에티카』, 2부 정의7.

확보되며 실효화될 수 있다.

## 2) 코뮌의 조성과 공동역량의 구축

스피노자는 한 개체가 기쁨의 감응(affect)을 느낄 때 개체의 역량이 증대된다고 말한다.[8] 그리고 기쁨의 감응은 서로 다른 개체들이 서로 합치되는 관계를 조성할 때 발생한다. 각 개체가 갖는 독특성이란 그 개체를 형성하는 하위 개체들이 서로 맺고 있는 관계의 독특함에 의해 규정된다. 하나의 개체가 다른 개체와 합치되는 관계를 조성한다는 것은 각각의 개체가 갖는 독특성이 서로 조화를 이룰 수 있음을, 즉 공동으로 작용할 수 있음을 뜻한다.

이러한 복수의 개체가 능동적이고 의식적으로 연합의 관세를 형성해서 구성한 상위의 개체를 나는 코뮌이라고 부르려 한다. 자연 안에 존재하는 모든 개체의 개체화 방식이 연합이라면, 코뮌은 개인들이 능동적이고 의식적으로 상위의 개체인 코뮌을 구성함으로써 공동의 역량을 증대하고 이를 통해 공동의 권리를 확대하는 방식이다. 권리와 역량은 코뮌적인 것(res communis)이다.

이러한 연합체의 다른 이름인 코뮌을 일상적 관계로 조직하는 것이 지금과 같은 시대에 필요한 일상적 민주주의의 실천 방식일 것이다. 국가와 같은 환상의 공동체가 아니라 연합을 구성하는 모든 개인이 활동의 원인이 되는 능동적인 공동역량이 구성될 때 각 개인은 코뮌 속에서 자유의 가능성을 발견할 수 있다.

---

8   같은 책, 3부 정리57의 증명.

지금까지 개인들이 그것을 위해 단결했던 바의 겉보기만의 공동체는 항상 그 개인들에 대해 자립적인 것으로 되었고 동시에 또한 그 겉보기만의 공동체는 한 계급의 다른 계급에 대항한 단결이었기 때문에 피지배 계급에 대해서는 완전히 환상적인 공동체였을 뿐만 아니라 하나의 새로운 족쇄였다. 진정한 공동체 속에서는 개인들이 그들의 연합 속에서 그리고 그들의 연합을 통하여 동시에 자신들의 자유를 획득한다(마르크스·엥겔스, 1991: 247).

공동체 속에서 연합하는 모든 개인이 자유를 획득하는 것, 이것이 바로 데모스의 자기통치 형태이다. 마르크스의 말대로 공산주의가 "조성되어야 할 하나의 상태, 현실이 이에 의거해 배열되는 하나의 이상이 아니"라 "현재의 상태를 지양해나가는 현실적 운동"이라면(마르크스·엥겔스, 1991: 215) 그 지양은 지금 여기의 일상 속에서 코뮌, 즉 연합체를 구성해가는 것이다. 마르크스의 말대로 결사체란 '자유로운 개인들의 연합'으로 형성된 일상의 구체적인 교류 형태이다. 연합의 원리에 따라 의식적이고 능동적으로 상호호혜적인 관계성을 구성할 때, 다시 말해 결사체를 조직할 때 우리는 우리 역량의 주인이 될 수 있다. 결사체의 구성을 통한 역량 증대의 원인이 우연에 의한 것이 아니라 바로 우리 자신의 의식성과 능동성에 있기 때문이다.

결국 코뮌이란 복수의 개체가 서로 합치될 수 있는 공동의 관계성을 의식적으로 구성할 수 있을 때 가능한 것이다. 그리고 이와 같은 공동의 관계성 속에서 비로소 각 개인은 자신의 자연권을 실제적으로 확보하고 실행할 수 있게 된다. 그렇다면 스피노자가 말하는 자연권 및 자연권의 근거인 역량은 결코 단자적 개인의 배타적 소유물과 같은 것이 될 수 없다. 권리 = 역량은 오로지 타자와 함께 구성하는 연합체라는 공동의 관계성 속에서만 실재할 수 있는 것이다. 이런 의미에서 자연권은 항상-이미 공동의 권리이며 공동의 역량이다. 자기통치의 형태로서 민주주의는 공동의 역량을 능동적이고 의식적으로 조직하는 코뮌의 형태 속에서 구현될 수 있다. 일상의 코뮌적 조직화를 모색하는 것이 지금 우리 시대에 필요한 일상에서의 민주적 정치가 아닐까?

## 5. 보론: 두 가지 민주화의 정치

민주주의란 그 근본에서 데모스의 힘을 기초로 한 정치 형태를 뜻한다. 데모스의 힘이란 이질적 개인들이 함께 구성하는 공동역량이며 그 역량의 직접적 표현이 민주주의의 원리이다. 이 역량은 평등과 자유라는 근본적 권리를 제한하고 억압하는 모든 권력 형태에 맞서 직접적인 행동, 즉 봉기로 표현되기도 하며, 일상적 교류와 소통의 형태를 연합의 원리에 따라 의식적으로 조직하는 코뮌의 형태로 표출되기도 한다. 봉기적 사건과 코뮌의 구성은 그 근원에서 공동의 역량에 바탕을 두고 있다. 이 공동역량의 직접적 표현이 바로 민주주의에 특유한 직접성이다. 이러한 의미에서 민주주의는 언제나 '직접-민주주의'이다.

민주주의를 이렇게 이해한다면 적어도 이론적으로는 민주주의에 국민이라는 동일성, 대표라는 매개형식, 그리고 주권이라는 초월적 결정권력으로 구성된 국가의 자리는 존재할 수 없다.[9] 국민도, 대표도, 주권도 민주주의의 원리에는 낯선 것이다. 국가권력의 이와 같은 근본 요소는 민주주의의 원리를 제한하고 변질시킬 수밖에 없기 때문이다.

---

9  주권, 국민, 대표의 상호 연관관계 및 이 세 가지 항목과 근대국민국가의 정치질서 간의 상관관계에 관해서는 고병권(2011)을 참조할 것.

그렇다면 이른바 국가권력의 형태로서의 '민주적 정치제도'나 '민주적 정부'와 같은 것은 민주주의에서 어떠한 실질적 의미도 가지지 못하는 권력의 수사에 불과할까? 국가권력의 작동 방식이나 통치의 형태에는 아무런 차별점도 없는 것일까? 민주주의의 원리가 대중의 힘이 표현되는 봉기적 사건이나 결사체의 능동적 구성 및 운영이라면 국가권력의 형태는 일인 독재이건 입헌주의이건, 귀족정이건 공화정이건 간에 아무런 차이가 없다는 말일까?

나는 그렇지 않다고 생각한다. 우리 모두는 오늘날 국가 속에서 살아가고 있다. 국가의 원리가 민주주의의 원리와 상충되는 것은 사실이지만 양자는 현실에서 서로에게 간섭할 수밖에 없으며 역관계를 형성할 수밖에 없다. 봉기라는 사건은 항상-이미 국가라는 권력의 배치 안에서 발생하며, 권력의 배치에 중요한 영향을 미친다. 국가 역시 봉기라는 사건을 그저 목도하고 있지 않는다. 코뮌의 구성에서도 이는 마찬가지이다. 오늘날 우리가 우리의 일상을 연합의 원리에 따라 코뮌이라는 형태로 능동적으로 구성한다고 할 때 그 구성행위는 자연상태에서 이루어지는 것이 아니다. 지금 여기에서 코뮌을 구성하는 민주주의의 실천은 늘 국가체제 안에 이루어질 수밖에 없다. 국가는 코뮌이 국가체제에 위협이 된다고 파악하면 이를 파괴하려 하며 코뮌을 국가의 법과 제도의 한계 안에서 통제하려 한다.

코뮌의 민주주의는 국가체제라는 엄연한 현실적 조건 위에서 구현되어야 한다. 그렇기 때문에 국가가 마치 존재하지 않는 듯이 국가 외부를 상정하고 코뮌적 민주주의의 일상적 실천을 단 하나의 가능한 민주적 대안으로 제시하는 것에는 한계가 있다. 궁극적 지향점으로 국가 없는 코뮌 네트워크 사회를 지향할 수는 있지만 이러한 지향을 실천할 때 우리는 현실의 조건을 전제해야만 한다. 다시 말해 우리는 국가 안에서 국가를 넘어서는 민주주의를 고민해야 한다. 이러한 한에서 국가의 권력 형태에 민주적 벡터를 부여하는 것 또는 민주적 계기를 기입하는 것은 중요한 과제이다.

권력의 작동 방식에는 저항의 힘이나 자유의 계기가 더 깊이 각인된 것과 그렇지 않은 것이 있다. 권력기술이나 통치 방식은 지배집단의 일방적인 기획하에 변형되는 것이 아니라 대중의 저항, 자유의 실천에 대한 반응 속에서 이루어지는 것이기 때문이다. 그렇다면 민주적 계기가 더 많이 기입된 통치 형태가 있다고 할 수 있다. 다시 말해 국가권력의 통치체제가 민주주의와 결코 일치할 수 없지만 민주주의는 통치체제에 자신의 흔적을 새겨놓을 수 있는 것이다. 이런 맥락에서 정치제도로서의 민주주의란 데모스의 힘으로서 민주주의, 민주주의의 직접성이 통치체제에 강제된 결과로 형성된 정치 형태이다. 국가의 통치체제에 민주적 성격 또는 계기가 있다면 이는 어디까지나 데모스의 힘이 그 체제에 기입되었기에 가능한 것이다.

민주주의는 주권이나 통치의 형태가 아니다. 그러나 그것은 현실의 지배적 질서를 장악하고 있는 국가의 통치나 주권적 체제와 상관없는 고립된 유토피아를 건설하는 것과는 무관하다. 일상을 코뮌적으로 조직하고 이러한 일상의 코뮌에서 아래로부터의 민주주의를 실천해가는 운동의 과정은 결코 단 한 번의 코뮌의 구성으로 종료되는 것이 아닐 것이다. 코뮌의 구성 자체가 항상 진행되는 과정일 수밖에 없다. 일상에서 끝나지 않는 코뮌의 구성을 반복하는 정치를 우리는 '민주화의 정치'라고 생각한다. 그리고 바로 이러한 민주화의 정치가 일차적인 정치이다. 하지만 동시에 국가의 제도에 민주주의의 흔적과 코뮌적 힘의 계기를 기입하는 정치, 그것이 사건과 봉기라는 형태를 통해서이건 조직화된 정치적 실천을 통해서이건 간에 국가와 제도에 민주적 벡터를 부여하는 영속적인 정치 또한 방기할 수 없는 '민주화의 정치'의 또 다른 의미이다.

# 참고문헌

고병권. 2011. 『민주주의란 무엇인가』. 그린비.

데리다, 자크(Jacques Derrida). 2007. 『마르크스의 유령들』. 진태원 옮김. 이제이북스.

랑시에르, 자크(Jacques Rancière). 2011. 『민주주의는 왜 증오의 대상인가?』. 허경 옮김. 인간사랑.

_____. 2013. 『정치적인 것의 가장자리에서』. 양창렬 옮김. 도서출판 길.

마르크스(Karl Marx)·엥겔스(Friedrich Engels). 1991. 『칼 맑스-프리드리히 엥겔스 저작 선집 1권』. 김세균 감수. 박종철출판사.

바우만, 지그문트(Zygmunt Bauman). 2008. 『쓰레기가 되는 삶들』. 정일준 옮김. 새물결.

_____. 2010. 『모두스 비벤디』. 한상석 옮김. 후마니타스.

벤야민, 발터(Walter Benjamin). 2008. 『발터 벤야민 선집 5권』. 최성만 옮김. 도서출판 길.

스피노자, 바뤼흐(Baruch Spinoza). 1990. 『에티카』. 강영계 옮김. 서광사.

스피노자, 베네딕트 데(Benedictus de Spinoza). 2008. 『정치론』. 김호경 옮김. 갈무리.

진태원. 2005. 「대중들의 역량이란 무엇인가?」. 박종철출판사. ≪트랜스토리아≫, 제5호.

푸코, 미셸(Michel Foucault). 1998. 『사회를 보호해야 한다』. 박정자 옮김. 동문선.

_____. 2011. 『안전, 영토, 인구』. 오트르망 옮김. 난장.

_____. 2012. 『생명관리정치의 탄생』. 오트르망 옮김. 난장.

하비, 데이비드(David Harvey). 2009. 『신자유주의: 간략한 역사』. 최병두 옮김. 한울.

홀, 스튜어트(Stuart Hall). 2008. 『대처리즘의 문화정치』. 임영호 옮김. 한나래.

# 사회적 재생산을
# 중심으로 한 일상의 재편

# 재생산 조건으로서의 일상에 나타난
# 여성빈곤의 세 가지 측면[*]

낸시 프레이저의 정의론을 중심으로

이현재 | 여성문화이론연구소

## 1. 들어가며

앙리 르페브르(Henri Lefebvre)는 일상을 생산관계뿐 아니라 문화나 이데올로기까지 포함하는 재생산 조건의 장으로 보았다. 그에 따르면 일상은 "그 사소한 것들 속에서의 반복"이며, 따라서 일상을 분석하는 과정에서 우리는 생산이 어떤 조건 속에서 재생산되는지를 답사할 수 있기 때문이다. 르페브르에게 일상을 분석한다는 것은 단순히 도시적 삶에서 반복되는 생산관계를 분석하는 것이 아니라 "물건이나 작품의 생산 활동이 스스로 재생산되고, 다시 시작되고, 그 구성적 관계를 다시 취하거나 또는

---

[*] 이 글은 ≪한국여성철학≫ 21권(2014), 39~66쪽에 실린 필자의 글 「여성빈곤의 세 가지 측면: 문화적·정치적·경제적 빈곤 – 낸시 프레이저의 정의론을 중심으로」를 일부 수정한 것이다.

정반대로 도약이나 점진적 수정에 따라 변형되는 조건들"(르페브르, 2005: 68~69)을 분석하는 것이다. 이런 점에서 볼 때 일상과 재생산의 조건에 대한 관심은 페미니스트들의 관심을 발전시키기에 매우 적절한 시작점으로 보인다. 생산이 반복되는 재생산의 조건은 바로 페미니스트들이 오랫동안 강조해온 출산, 돌봄, 교육, 가사노동 등의 재생산 노동의 조건을 포함하기 때문이다.

그렇다면 생산관계뿐 아니라 문화나 이데올로기까지 포함하는 재생산의 조건으로서의 여성의 일상은 어떠한가? 필자의 견해로 여성의 일상, 특히 우리 사회 여성의 일상은 빈곤으로 점철되어 있다. 여성의 수입은 남성 수입의 60% 정도밖에 되지 않으며, 아이의 양육이나 가사노동 등 가정의 일에 속박되는 경우가 남성보다 많기 때문에 공적인 자리에서 자신의 의견을 피력할 기회조차 상대적으로 적다. 그뿐만 아니라 어머니나 처녀성을 찬양하는 것을 제외하면 여성의 노동과 존재 가치, 여성성의 사회문화적 가치는 제대로 부각되지 못하고 있다. 이런 점에서 볼 때 일상에서 여성은 다층적인 빈곤에 시달리고 있다는 진단이 가능하다.

따라서 이 글에서 필자는 일상의 여성빈곤이 경제적인 빈곤뿐 아니라 문화적·정치적 빈곤과도 얽혀 있음을 보여주려 한다. 다시 말해 필자는 경제적인 측면만 부각시키는 협소한 사전적 정의를 넘어 빈곤을 좀 더 광의의 사회학적 의미로 읽으려 하며, 이를 상세히 분석하기 위해 낸시 프레이저(Nancy Fraser)의 정의론을 도입하려 한다. 사전적 의미에 따르면 빈곤은 경제적 양상을 나타내는 단어로서 "수입이나 재산이 적어서 살림살이가 넉넉지 못하고 어려움"[1]을 의미한다. 그러나 사회학의 일반적인 정

---

1  다음국어사전, "빈곤". http://dic.daum.net/word/view.do?wordid=kkw000123016&q=%EB%B9%88%EA%B3%A4

의에 따르면 빈곤은 "기본 욕구를 충족시킬 수 있는 생활수단이 부족한 상태"[2]로, 여기에는 빈곤의 다양한 양상이 포함된다. 그렇다면 일상에서는 여성빈곤을 어떻게 이해해야 할까?

이 질문에 대답하기 위해 필자는 우선 프레이저의 이론을 발전시키는 가운데 여성을 문화적·경제적·정치적 차원의 세 가지 집단으로 이해하려 한다. 그리고 이 세 가지 차원에 따라 여성의 빈곤이 세 가지 양식, 즉 문화적 빈곤(무시), 경제적 빈곤(잘못된 분배), 정치적 빈곤(대표 불능) 등으로 나타남을 밝힐 것이다. 아울러 이 과정에서 필자는 세 가지 차원이 서로 얽혀 있지만 세 가지 차원 중 어느 하나로 나머지가 환원될 수 없음을 분명히 밝히려 한다. 그렇다면 이러한 여성의 복합적 빈곤은 어떤 치유책으로 해결할 수 있을까? 복합적 빈곤을 퇴치하기 위한 술책을 마련하려면 어떤 개념적 장치가 필요할까? 이 문제에 대답하기 위해 다음 단계에서 필자는 프레이저와 함께 안티테제와 환원주의의 개념틀을 비판하고 이에 대한 프레이저의 대안적 개념틀인 위상 모델과 변혁적 개선책을 대안으로 검토할 것이다. 마지막으로 필자는 프레이저의 대안적 개념틀이 가진 취약점을 비판적으로 살펴보고 이에 대한 보완책의 방향을 간단히 제시할 것이다.

## 2. 문화적·정치적·경제적 복합체로서의 여성

여성빈곤의 문제를 분석하기 전에 우선 여성을 어떤 집단으로 이해해야 하는지를 살펴볼 필요가 있다. 여성을 생물학적 또는 해부학적 특징에 따

---

2  다음백과사전(브리태니커), "빈곤". http://100.daum.net/encyclopedia/view.do?docid=b10b 3731b

른 섹스가 아니라 사회적 성 역할에 따른 젠더로 이해하는 것은 이제 일반적이라고 해도 과언이 아니다. 그렇다면 여기서 젠더가 사회적이라는 것은 무엇을 뜻하는가? 1960년대까지만 해도 서구의 마르크스주의 또는 사회주의 페미니스트는 젠더를 경제적 계급으로 이해하는 경향이 강했다. 가령 마르크스주의 페미니스트는 여성을 경제적 생산수단이 결여된 프롤레타리아트 계급으로 보고 경제의 재구조화를 통해 여성 해방을 이뤄야 한다고 주장했다. 그러나 1970~1980년대부터 뤼스 이리가레(Luce Irigaray), 줄리아 크리스테바(Julia Kristeva), 주디스 버틀러(Judith Butler) 등 프로이트와 자크 라캉(Jacques Lacan)의 정신분석을 참고했던 여성철학자들은 사회의 상징적 또는 문화적 구조가 주체의 젠더와 섹슈얼리티를 형성한다고 보고 여성의 문제를 풀기 위해서는 상징적 또는 문화적 구조를 변화시켜야 한다고 주장하기 시작했다.[3]

그러나 필자는 젠더로서의 여성을 경제적 계급이나 문화적 정체성의 한 축으로만 이해해서는 안 된다고 주장하려 한다. 젠더적인 것은 문화나 경제의 문제 중 하나가 아니라 이런 측면이 복합적으로 얽혀 이루어진 복합체이기 때문이다. 게일 러빈(Gayle Rubin)의 섹스/젠더 체계론, 이리가레의 남성 경제 이론, 프레이저의 정의론, 그리고 국내 페미니스트 고정갑희의 성체계론(고정갑희, 2011) 역시 성 문화와 정치경제가 하나의 복합체계를 이루고 있으며 이를 통해 성정체성뿐 아니라 성계급 체계가 유지되

---

3  국내의 페미니즘 역시 이와 비슷한 궤적을 밟았다. 1980년대 학생운동과 더불어 부상한 사회주의 페미니즘은 여성을 경제적 계급으로 파악하는 경향이 강했으며 이러한 경향은 '동일 노동, 동일 임금'이라는 캐치프레이즈와 함께 시작된 경제적 평등의 주장 속에 녹아들었다. 그러나 1990년대 이후 국내 페미니스트들은 여성의 정체성을 분석하고 재구성하려는 기획에 급격히 관심을 기울이게 되었다. 나아가 정신분석이나 포스트구조주의의 영향하에 남성과 다른 여성의 차이 또는 여성의 내적 차이를 분석하는 일에 몰두하는 경향을 보여주었다.

고 있음을 분명하게 보여주려 했던 시도들이라 할 수 있다. 이들은 모두 여성을 경제적인 존재로 또는 문화적인 존재로 환원해서 생각하는 태도에 문제를 제기했으며 양자 모두를 고려하는 가운데 여성이론을 만들어야 함을 강조했다.

필자는 이 중에서도 프레이저의 정의론을 발전시키는 가운데 여성 집단을 이론화하려 한다. 그 이유는 첫째, 그녀가 여성을 정의론의 관점에서 복합적 부정의에 시달리는 집단으로 분석하기 때문에 부정의의 양상으로서의 여성빈곤의 문제를 다루려는 이 글의 목적에 매우 적절하기 때문이다. 프레이저는 물론 오늘날 순수하게 경제적인 정의에만 관련되거나 순수하게 문화적인 정의에만 관련된 집단은 거의 없다는 것을 인정한다. 그러나 양쪽을 극단으로 놓는 스펙트럼에서 보면 섹슈얼리티 집단은 가장 문화적인 것에 근접하고, 계급은 가장 경제적인 것에 근접한다고 분석할 수 있다고 본다. 가령 마르크스주의에서 계급은 정치·경제적 사회구조에 뿌리 내리고 있는 사회적 분화의 양식이다. 따라서 이러한 질서에서 나타나는 부정의는 본질적으로 재분배의 문제이며, 문화적 문제가 나타난다고 해도 이것은 분배의 문제에서 파생한 것으로 간주된다. 반면 섹슈얼리티 집단은 사회의 문화평가적 구조와 관련된 다른 극단에 위치한다. 가령 동성애자들은 계급 전반에 골고루 퍼져 있고 노동분업상 구분되는 위치를 점하지도 않는다. 오직 이들을 괴롭히는 것은 사회의 문화평가적 구조이다. 그러나 프레이저에 따르면 이러한 집단과 달리 여성은 "2가적(二價的) 집단(bivalent collectivities)"(Fraser, 2008a: 18)이다.

개념적 스펙트럼의 중간에 위치하는 집단을 고려하는 경우 우리는 착취된 계급의 특징과 경멸된 섹슈얼리티의 특징이 조합된 혼종양식을 마주하게 된다. 이러한 집단은 '2가적'이다. 이 집단이 집단적으로 차별화되는 원인은 사회의 정치·경제 구조와 문화평가적 구조 양자와 연관되어 있다(Fraser, 2008a: 22~23)(강조는 필자).

프레이저의 설명에 따르면 여성은 우선 경제적 부정의와 관련된 집단이다. 여성은 사회적 성별분업을 통해 가사와 같은 부불노동에 할당되거나 "핑크 노동"과 같은 저임금노동에 종사하는 경우가 많다. 그러나 다른 한편으로 여성은 문화적으로도 경시된다. 성적 대상화, 왜소화, 성적 비난 등 남성 중심적 문화에서는 여성으로 코드화된 것들을 평가절하하고 경시하는 현상이 광범위하게 나타난다는 것이다. 여성에게는 이러한 부정의의 두 가지 양상이 복합되어 있다. 여성은 여성에 대한 특정한 문화적 의미부여 때문에 경제적으로 빈곤하며, 경제적으로 빈곤하기 때문에 문화적 가치의 평가절하를 경험한다. 이런 의미에서 여성은 2가적 사회집단이다.

필자가 프레이저의 이론을 참고하려는 둘째 이유는, 그녀의 정의론은 경제적·문화적 차원뿐 아니라 정치적 차원의 부정의까지 포함하고 있어 여성빈곤의 복합성을 더욱 잘 드러낼 수 있기 때문이다. 물론 프레이저는 정치적 차원을 이해하는 방식에서 변화를 보인다. 가령 「정체성 정치의 시대의 사회 정의(Social Justice in the Age of Identity Politics)」에서 프레이저는 문화적·경제적 차원의 정의를 "참여 동격"이라는 정치적 정의의 차원을 실현하기 위한 "두 개의 조건"으로 설정한다. 물질적 자원의 분배는 정치적 정의로서의 참여 동격을 실현하기 위한 "객관적인 조건"이며, 문화적 가치에 대한 동등한 존중은 "상호주관적인 조건"(Fraser, 2003: 36)이다. 이에 따르면 정치적인 것은 나머지 두 차원을 매개하는 차원으로 보인다. 그러나 2008년에 출간된 『지구화시대의 정의(Scales of Justice)』에서 프레이저는 정치적인 차원을 단순히 두 차원을 매개하는 것을 넘어서 자체의 독자적인 논리를 갖는 "세 번째 차원"(프레이저, 2010: 38)으로 명시화했다.

정의의 세 번째 차원은 정치적인 것이다. 물론 이들이 논란의 대상이 되고 권력과 연관되어 있다는 의미에서는 분배와 인정 문제 자체도 정치적이다. …… 그러나 나는 정치적이라는 표현을 좀 더 특수하고 구성적인 의미로 사용하려 하며, 이는 국가의 사법권의 범위 그리고 국가가 논쟁들을 구조화할 수 있게 해주는 의사결정 규칙들과 관련되어 있다. …… 정치적 차원은 정당한 분배와 상호인정을 받을 자격이 있는 **사람들의 범위** 안에 누가 포함되고 누가 배제되는지를 우리에게 말해준다. 마찬가지로 정치적 차원은 의사결정 규칙을 확립함으로써 경제적 차원과 문화적 차원 모두에서 문제를 제기하고 그 문제를 해소하기 위한 **절차들**을 설정한다(프레이저, 2010: 38~39)(강조는 필자).

여기서 중요한 것은 정치적인 차원이 경제적·문화적 정의를 매개하거나 포괄하기도 하지만 이와 다른 자체의 논리도 갖고 있다는 점이다. 누가 동등한 상호작용에 참여할 것인가, 그들의 목소리를 내는 절차를 어떻게 마련할 것인가는 바로 정치적 차원의 문제이다. 따라서 정치적 차원을 도입하면 목소리를 낼 기회가 박탈되었던 여성의 문제나, 목소리를 내더라도 그 목소리가 제기되고 판결되는 방식과 유리되어 있곤 했던 여성의 문제가 시야에 들어오게 된다.

그러나 프레이저는 정의의 세 번째 차원을 명시하는 것을 넘어 여성을 3가적(三價的, trivalent) 집단으로 명시하는 데까지 나아가지는 않았다. 따라서 필자는 프레이저의 이론을 발전시키는 가운데 여성을 3가적 집단으로 이해하려 한다. 3가적 집단으로서의 여성은 물질적 재화의 결핍을 의미하는 경제적 빈곤이나 여성 정체성의 가치를 확인받지 못하는 문화적 빈곤에만 시달리는 것이 아니라 상호작용에서 자신의 목소리를 내지 못하는 정치적 빈곤에도 시달리고 있다.

여성 집단에 내재하는 이 세 가지 차원은 서로 연관되어 있으나 그렇다고 어느 한 차원으로 환원될 수 있는 것도 아니다. 경제적 빈곤이 해결된다고 문화적·정치적 빈곤이 해결될 수 있는 것은 아니다. 정치적 참여권을 가졌다고 해서 자신의 정체성을 인정받는 것도, 경제적 재분배를 받는 것도 아니다. 마찬가지로 문화적 빈곤을 해결한다고 정치적·경제적 빈곤이 자동적으로 해소되는 것은 아니다. 그럼에도 세 가지 차원은 서로 물고 물리는 관계를 맺고 있다. 경제적·문화적으로 빈곤하기에 여성은 정치적 상호작용에서 자신의 목소리를 낼 기회를 박탈당한다. 정치적 참여를 하지 못하기에 여성은 자신의 경제적·문화적 지위를 상승시킬 기회도 잃는다. 이것이 바로 여성을 3가적으로 이해하는 방식이다.

### 3. 문화적 빈곤(무시), 경제적 빈곤(잘못된 분배), 정치적 빈곤(대표 불능)

그렇다면 이러한 복합적 집단 정체성 속에서 여성은 어떠한 빈곤의 양상에 처하게 되는가? 먼저 여성의 경제적 빈곤을 생각해보자. 우리나라에서 가사노동은 여전히 여성의 몫으로 간주된다. 김종숙 한국여성개발원 연구위원에 따르면 2005년 기준 20대 이상 전업주부의 가사노동 가치는 219조 원으로 GDP의 28.2%인데, 이는 전업주부 한 명이 연 1,337만 원, 월 111만 원의 가치에 해당하는 가사노동을 하고 있다는 의미이다.[4] 그러나 이것은 부불노동이다. 따라서 전업주부는 남성의 임금에 의존할 수밖에

---

4  http://media.daum.net/society/affair/newsview?newsid=20051228090017627. 물론 물가상승률 및 평균 임금 상승 등을 고려하면 현재 시점에서는 가사노동의 가치가 훨씬 더 높을 것으로 예상된다.

없다. 그뿐만 아니라 여성이 공적인 영역에서 노동한다고 해도 여성의 일이라고 여겨지는 노동에는 매우 낮은 임금이 책정되거나 낮은 임금의 노동에만 여성이 배치된다. 2014년 3월에 제출된 국내 10대 대기업의 기업보고서에 따르면 남녀 평균 임금 격차가 가장 큰 기업은 남성 평균 연봉이 9,600여만 원, 여성 평균 임금이 4,900여만 원으로 임금 격차가 무려 4,700만 원에 이르렀다.[5] 2012년 OECD 발표에 따르면 우리나라 남녀 임금 격차는 OECD 국가 평균 15.8%의 2.6배에 달하는 39.8%로 28개 회원국 중 가장 크다.[6] 이러한 사실은 국내 여성의 경제적 빈곤이 자명한 사실임을 증명한다. 이러한 경제적 빈곤은 프레이저에 따르면 성별 분업과 관련된 잘못된 분배(maldistribution)의 문제이다.

프레이저에 따르면 사회의 정치·경제적 구조에 뿌리내리고 있는 잘못된 분배 부정의의 사례로는 "착취(다른 사람의 이익을 위해 전유되는 한 사람의 노동 결과물을 소유하는 것), 경제적 주변화(바람직하지 않은 또는 형편없이 낮은 임금이 지불되는 노동에 갇혀 있는 것 또는 수입을 발생시키는 노동 전반에 대한 접근이 거부되는 것), 그리고 박탈(deprivation, 생활을 위해 필요한 적절한 물질적 수준이 거부되는 것)"(Fraser, 2008a: 14)을 들 수 있다. 여성의 부불가사노동은 가족에 의한 노동 착취이며, 저임금 직종으로의 여성 배치는 여성의 경제적 주변화를 초래한다. 이러한 착취와 주변화로 인해 여성에게는 적절한 생활의 필요가 충족되지 않는 경제적 빈곤상태가 나타나는 것이다.

다음으로 여성의 문화적 빈곤은 어떤지 생각해보자. 남근중심적 상징체계 및 가부장적 문화가 지배하는 사회에서 여성은 여성성을 긍정적으로

---

5   http://media.daum.net/economic/industry/newsview?newsid=20140403191706819
6   http://blog.daum.net/myman/1208793

재현하거나 해석하지 못한 채 남성에게 지배당하거나 종속되는 경우가 많다. 서양 철학에서도 여성 정체성은 오랫동안 인간됨의 '결핍'이나 이성의 '부재'로 그려져 왔다. 캐롤 길리건(Carol Gilligan)에 따르면 여성이 가진 보살핌의 윤리는 남성의 정의로운 도덕보다 낮은 단계의 윤리로 평가되곤 했다. 우리나라에도 여성을 성적인 대상으로만 축소시키거나 이성이 없는 매우 '감정적인' 존재로 보는 태도가 만연하며 여성을 재생산을 위한 '자연'으로만 제한하는 문화가 팽배하다. 나약한 여성을 대신해 남성이 가부장이 되어야 한다는 유교의 전통은 아직도 우리 사회에 지배적이다. 여성이 어머니로 칭송되는 것도 어디까지나 여성이 가정의 영역 안에 존재할 때에 한해서이다.

프레이저는 이러한 문화적 빈곤을 무시(misrecognition)라는 개념으로 포괄하는데, 문화적 빈곤의 가장 큰 문제는 남성중심 문화에서 경험하는 여성 정체성의 비하, 왜곡, 무시, 경멸, 종속 등이 여성의 자기존중에 치명적인 해를 입힌다는 점이다. 헤겔의 인정이론을 계승해 발전시키고 있는 악셀 호네트(Axel Honneth)에 따르면 "인간은 성공적인 자기관계에 도달하기 위해 자신의 능력과 행동에 대한 상호주관적인 인정에 의존하고 있다". 따라서 여성을 상호주관적으로 인정하지 않는 경우, 다시 말해 여성의 정체성이 무시되거나 모욕당하는 경우 "이는 동시에 그(그녀 – 필자)의 개인성에 심리적 균열을 만든다"(호네트, 2011: 258). 다시 말해 정체성이 무시되는 문화적 빈곤에 당면한 여성은 긍정적인 자기이해에 도달할 수 없다.

마지막으로 여성은 이러한 두 가지의 빈곤상태와 더불어 정치적 빈곤의 상태에 처하게 된다. 남성이 대표가 되고 남성의 언어와 절차가 중심이 되는 정치적 상호작용 체계에서 여성의 목소리는 가시화되기 힘들다는 것이다. 필자가 보기에 프레이저가 "대표 불능(misrepresentation)"이라고 표현한 이러한 정치적 빈곤의 상태는 두 가지로 나누어 설명할 필요가 있다.

첫째, 경제적 빈곤이나 정체성 무시로 인해 자신감을 상실한 여성은 자율적 주체로 자신의 목소리를 내는 정치적 과정의 주체로 참여할 수 없다. 둘째, 정치적 상호작용의 절차 자체가 남성의 목소리를 위한 형식이기 때문에 여성이 자신의 목소리를 낸다고 해도 그 목소리는 그 형식에 담기지 않을 수 있다. 여성적·감성적 상호작용의 형식이 이성중심의 의사소통 형식에서 외면당하고 있음을 생각해보라. 요약하자면 첫째는 정치적 상호작용의 주체와 관련된 것이고, 둘째는 절차 및 형식과 관련된 것이다.

이러한 정치적 빈곤의 상태로 인해 여성의 정치 참여율은 매우 저조하다. 국제의원연맹(IPU)에 따르면, 여성의 정치 참여율이 가장 높다고 조사되는 핀란드, 아이슬란드, 노르웨이 등 북유럽국가들의 경우 30~40% 정도이며, 우리나라의 경우 의회의 여성 참여 비율은 국회의원 15.7%, 광역의회 14.8%, 기초의회 21.7%에 불과하다.[7] 경제적·문화적 빈곤으로 인해 자신을 상호작용의 동등한 주체로 내세울 수 있는 기회와 자신감을 잃었기 때문에 여성은 정치 참여를 피할 뿐 아니라, 상호작용 형식 자체가 남성의 말하기 방식을 따르고 있기 때문에 여성은 정치적 냉소주의에 빠진다. 따라서 여성은 사회적 상호작용 참여의 주체가 되는 일이나 상호작용의 절차 또는 형식을 바꾸는 일에서 소외된다.

결국 이러한 논의를 통해 필자가 이끌어내려는 것은 여성은 남성중심적인 문화·정치·경제 복합체 안에서 경제적 빈곤뿐 아니라 문화적 빈곤, 나아가 정치적 빈곤에도 함께 처해 있다는 것이다. 그리고 이 세 가지 차원의 빈곤은 서로 독립적이면서도 얽혀 있기에 한 가지 빈곤을 해결하는 것만으로는 다른 차원의 빈곤을 해결할 수 없다는 것이다. 따라서 여성빈

---

7  http://mbn.mk.co.kr/pages/news/newsView.php?category=mbn00009&news_seq_no = 1692038

재생산 조건으로서의 일상에 나타난 여성빈곤의 세 가지 측면  287

곤의 문제는 무시, 잘못된 분배, 대표 불능 등 세 가지 차원을 함께 고려할 때 적절한 해결책을 마련할 수 있을 것이다.


## 4. 빈곤 치유의 잘못된 개념틀: 안티테제와 환원주의

그렇다면 이러한 여성의 복합적 빈곤을 어떻게 해결할 것인가? 여성빈곤의 복합성을 고려하기 위해서는 세 가지 차원의 빈곤이 맺고 있는 관계를 개념적으로 잘 설정할 필요가 있다. 그러나 기존의 개념틀은 이러한 차원을 복합적으로 포용하기가 매우 힘들어 보인다. 기존의 개념틀에서 서로 다른 차원은 하나가 다른 것을 배제시키는 방식으로 또는 하나가 다른 것을 대체하는 방식으로 설정되어 있다. 따라서 이 절에서 필자는 프레이저와 함께 세 가지 차원의 관계를 잘못 설정하고 있는 두 가지의 개념 틀거리를 비판하려 한다.

우선 프레이저는 경제적 차원과 문화적 인정을 안티테제로 개념화하는 방식은 복합적 부정의를 해결할 수 있는 방식이 아님을 분명히 한다. 왜냐하면 이러한 개념틀은 둘 중 하나를 궁극적으로 배제할 수밖에 없기 때문이다. 그녀에 따르면 경제를 정치투쟁의 온전한 대상으로 본 리처드 로티(Richard Rorty), 브라이언 배리(Brian Barry), 토드 기틀린(Todd Gitlin) 등은 경제와 문화의 차원을 대립적인 것으로 파악했기에 정체성 정치를 배척한다. 반대로 문화적 변형 투쟁을 제안했던 아이리스 매리언 영(Iris Marion Young) 역시 이러한 대립적 개념틀을 갖고 있었기에 분배의 정치가 차이에 맹목적일 수 있다고 비판한다(Fraser, 2003: 15). 이들은 경제와 문화를 서로 대립되는 것으로만 보기 때문에 정의의 다차원성에 관심을 기울이지 못하는 것이다. 그러나 프레이저에게 여성은 두 차원이 결부된 2가적 집단이다. 여성이 경제적으로 빈곤한 이유는 그들이 여성이라는 젠더정체성과 관련된 일을 하고 있기 때문이기도 하며, 여성이 자신의 정체성을 무시당하는 것은 그들이 역사에서 늘 가난했기 때문이기도 하다. 따라서 프레이저는 안티테제는 복합적인 여성빈곤을 다루기에 적합한 개념틀이 아니라고 주장한다.

나아가 프레이저는 환원주의 역시 비판한다. 안티테제의 틀과 달리 환원주의의 틀은 둘 중 하나를 해결하면 나머지 하나는 자동적으로 해결될 수 있다고 간주하게 만든다. 프레이저에 따르면 로널드 드워킨(Ronald Dworkin), 존 롤스(John Rawls) 등의 분배 이론가들은 인정의 문제를 분배의 이론틀 안에서 화해시키려 하지만 그 결과는 매우 불만족스럽다. 그들은 "정당한 자원과 권리의 분배가 충분히 무시를 막아줄 것"이라고 가정하지만 실제로 모든 무시가 잘못된 분배의 부산물인 것은 아니다(Fraser, 2003: 34).

프레이저의 이러한 비판에 동의하며 잉그리드 로베인스(Ingrid Robeyns) 역시 드워킨와 롤스의 작업을 기반으로 하는 필립 반 파리스(Philippe Van Parijs)의 기본소득 제안을 환원주의로 비판한다. 파리스는 "단지 경제적 불평등만 관찰하기에 결국 자신의 재분배 제안이 갖는 인정효과를 분석하는 데 실패"했다는 것이다(Robeyns, 2008: 182). 로베인스는 한발 더 나아가 다음과 같이 주장한다. "자신의 소득이 없는 많은 여성은 무조건적인 기본소득이 시행된다면 경제적 관점에서 더 나아질 수 있으나 가족 내 의사결정의 젠더적 속성으로 인해 일부 고용된 여성의 노동공급은 감소될 것이다. 그뿐만 아니라 기본소득은 전통적인 노동의 젠더분업을 약화시키는 데 전혀 도움이 되지 않을 것이다."

프레이저에 따르면 환원주의적 개념틀은 인정투쟁을 필두로 하는 이론가들에게서도 나타난다. 가령 "호네트는 모든 경제부정의가 특정 노동을 다른 것에 비해 특권화하는 문화질서에 뿌리내리고 있음을 가정하면서 문화질서를 변화시킴으로써 충분히 잘못된 분배를 막을 수 있다고 믿는다"(Fraser, 2003: 34~35). 그러나 프레이저의 논리에 따르면 한 여성이 사랑하는 사람에게서 정서적으로 개별성을 인정받고 사회의 구성원에게서 인지적으로 동등한 법적 권리를 인정받으며 공동체의 구성원에게서 정서적·인지적인 연대를 획득한다고 해서 경제적 빈곤이 해결되는 것은 아니다. 즉, 가정 공동체에서 여성이 자신이 수행하는 역할의 가치를 인정받는다고 해서 그녀가 동등한 경제적 지위를 갖게 되는 것은 아니다. 왜냐하면 경제는 인정의 논리가 아니라 "이윤 축적"(Fraser, 2003: 35)의 논리를 따르기 때문이다.

이렇게 볼 때 안티테제와 환원주의의 개념틀은 복합적인 빈곤의 양상에 제대로 대처할 수 없다. 앞서 살펴보았듯이 세 가지 차원에서 일어나는 여성의 빈곤은 어느 하나만 중요한 것도 아니고 그 중 어느 하나만 해결한다고 해서 나머지가 해결되는 것도 아니다. 따라서 이 두 가지 개념틀은 3가적 집단으로서의 여성이 당면한 복합적 빈곤을 제대로 다룰 수 없다.


## 5. 복합적인 빈곤 치유를 위한 개념틀 다시 짜기: 위상 모델과 변혁적 개선책

정치적·경제적·문화적 빈곤이 서로 독립된 차원이면서도 동시에 서로 얽혀 있다면 우리는 이를 해결하기 위한 방안을 어떻게 마련할 수 있을까? 앞서 살펴보았듯이 어느 하나가 다른 것을 배제하거나 대체하면 빈곤의 복합성은 제대로 고려될 수 없다. 그렇다면 어떻게 하면 빈곤의 복합성을 다각적으로 고려할 수 있을까? 어떻게 하면 세 가지 차원을 모두 고려하는 개념적 틀을 만들 수 있을까? 이에 필자는 프레이저의 정체성 모델에서 위상 모델로의 전회, 긍정적 개선책에서 변혁적 개선책으로의 전회를 살펴보고, 이러한 개념틀 다시 짜기(reframing)를 통해 여성의 빈곤이 어떻게 복합적으로 고려될 수 있는지를 논하려 한다.

먼저, 프레이저가 왜 위상 모델로의 전회를 주장하는지 살펴보자. 그녀는 무시라는 문화적 빈곤을 정체성 모델(identity model)이 아니라 위상 모델(status model)의 틀 안에서 이해할 필요가 있다고 주장한다. 왜냐하면 정체성 모델에서는 무시의 치유책으로서의 정체성 인정이 오히려 정체성을 물화(reification)하거나 물질적 분배 문제마저도 정체성의 문제로 대체(displacement)해버릴 위험을 안고 있기 때문이다.

프레이저에 따르면 인정이론가 찰스 테일러(Charles Taylor)와 호네트에게 "인정받지 못한다는 것 — 또는 무시된다는 것 — 은 자기 자신과의 관계가 왜곡(distortion)되고 자신의 정체성이 손상되는 고통을 겪는다는 것이다"(Fraser, 2008b: 131). 무시는 개인에게는 궁극적으로 자신의 정체성 실현을 방해하며, 집단에게는 자신의 정체성이 좋게 평가되지 못하도록 한다. 따라서 무시의 치유책은 정체성의 인정을 통해 자신에 대한 긍정적인 이해를 획득하는 것이다. 이것이 바로 우리에게 잘 알려진 무시에 대한 정체성 이론적 해석이다.

그러나 프레이저에 따르면 정체성 모델은 물화의 위험을 안고 있다. "진정한, 자기긍정적인, 그리고 자기창출적인 집단 정체성을 승화하고 전시할 필요를 강조하는 가운데 정체성 정치 모델은 개별 구성원에게 주어진 집단문화에 순응해야 한다는 도덕적 압력을 행사한다"(Fraser, 2008b: 133)는 것이다. 여기서 정체성은 '진정한(authentic)' 것으로 간주되고, 따라서 구성원들은 집단 정체성에 문제를 제기할 수도, 외부에서 자신의 정체성을 반추할 수도 없게 된다. 여기서 특정한 집단 정체성의 변화나 다양한 정체성을 위한 자원은 깨끗이 제거된다. "즉, 정체성 모델은 인간 삶의 복합성, 동일시의 다층성, 그리고 인간들의 다양한 제휴에서 발생하는 횡단적 끌림 등을 부정하게 되는 것이다. …… 집단 정체성을 물화함으로써 이 모델은 결국 문화적 동일시의 정치를 뒤흔드는 투쟁, 문화 정체성을 대표하는 권위집단 – 그리고 권력집단 – 내에서 발생하는 투쟁을 이해할 수 없게 된다"(Fraser, 2008b: 133~134)(강조는 필자). 가령 특정 문화집단에서 주장하는 여성 할례나 히잡의 문화를 생각해보라. 이 집단적 정체성을 '진정한' 것으로 인정하는 순간 구성원들은 이 집단 정체성 내의 가부장성 및 전체성을 비판할 수 없게 된다.

뿐만 아니라 이러한 정체성 모델에 따르면 무시를 극복하기 위한 인정투쟁은 분배투쟁을 '대체'하는 경향으로 나아간다. 무시를 정체성 왜곡의 문제로 보는 개념틀은 정체성에 강조점을 찍는 가운데 분배의 문제를 아예 망각하거나 경제적인 것을 문화적인 것의 부수적인 결과로 보면서 문화투쟁으로 분배투쟁을 대신할 수 있는 것처럼 생각하게 된다는 것이다. "이러한 견해에 따르면 모든 잘못된 분배는 인정의 정치를 통해 간접적으로 개선될 수 있다. 즉, 부당하게 평가절하된 정체성에 가치를 재부여함으로써 바로 경제 불평등의 심층자원을 공격하게 되는 것이다. 따라서 재분배 정치가 따로 필요한 것은 아니다"(Fraser, 2008b: 132~133). 이것은 정체성 모델에 따르는 인정투쟁이 바로 앞에서 논의했던 환원주의의 경향을 갖는다는 것을 의미한다.

결과적으로 물화와 대체의 경향으로 인해 정체성 모델은 무시의 문제와 잘못된 분배의 문제를 함께 풀 수 있는 개념적 장치를 제공하지 못한다. 그러나 문제는 여기서 끝나는 것이 아니다. 물론 프레이저는 분명한 이론적 개념을 통해 이를 논의하고 있지는 않지만 무시를 정체성 이론에 따라 파악하는 방식은 정체성 무시가 정치적 빈곤과 어떤 연관을 맺고 있는지도 보여주지 못한다. 가령 여성성의 왜곡에 저항하는 인정투쟁은 여성성을 재가치화하는 투쟁으로 이어질 수는 있지만 이것이 여성의 정치 참여 저조와 어떤 연관성이 있는지를 밝히는 것으로 나아가지는 않는다.

따라서 필자는 프레이저와 함께 위상 모델로의 전회를 시도하려 한다. 그녀가 제시하는 위상 모델에 따르면 무시는 정체성의 왜곡이 아니라 '위상 종속(status subordination)'으로 해석해야 한다. 위상 모델에서 무시란 단순히 특수한 집단 정체성이 왜곡되는 것이 아니라 정체성의 왜곡으로 인해 "집단 구성원 개별의 위상, 즉 사회적 상호작용의 온전한 파트너로서의 위상"(Fraser, 2008b: 134)이 종속되는 것이다. 이로써 정체성 모델에서 좋음과 관련되었던 정체성 인정의 문제는 위상 모델에서 옳음, 즉 정의의 문제가 된다. 만약 어떤 문화적 가치 패턴이 잘못된 것이라면 이는 개인이 온전하게 사회적 상호작용에 참여할 수 없도록 만드는 위상 종속과 연관되어 있기 때문이다. 따라서 어떤 문화적 가치 패턴을 정당화할 수 있느냐의 문제는 그 문화적 가치 패턴이 개인의 '참여 동격(participation parity)'(Fraser, 2008b: 139)의 위상을 가능하게 하느냐에 따라 판단된다. 가령 가부장제가 여성성을 가치폄하함으로써 여성의 위상을 종속시켜 여성이 온전히 사회적 상호작용에 참여하지 못한다면 그 가치 패턴은 참여 동격을 장려하는 방향으로 해체적으로 재구성되어야 한다. 예를 들어 여성 할례가 여성의 위상 종속을 전제로 이루어진다면 여성 할례는 참여 동격을 촉진하는 방향으로 해체되어야 하는 것이다.

다시 한 번 핵심을 말하자면, 위상 모델에서 인정 정치는 정체성에 머물지 않고 제도화된 손상을 치유하는 제도적 개선책을 찾으려 한다는 것에 있다. 이러한 인정 정치는 (토대 없이 부유하는 것이 아니라) 사회적으로 토대를 갖는 문화형식에 초점을 맞추는 가운데 상호작용을 규제하는 가치를 변형시키고, 사회적 삶에서의 참여 동등을 촉진시키는 새로운 가치 패턴을 단단히 자리 잡게 함으로써 위상 종속을 극복하려 한다(Fraser, 2008b: 137).

정치적 차원을 매개의 차원으로 설정하는 위상 모델에서는 무시뿐 아니라 잘못된 분배 역시 위상 종속의 문제가 된다. 위상 모델 내에서는 제도화된 문화 패턴뿐 아니라 자원의 결핍도 동등한 상호작용에의 참여를 방해하는 요소로 이해될 수 있다는 것이다. 경제적으로 빈곤한 여성이 자신의 목소리를 낼 수 없는 경우가 많은 이유는 결국 경제적 빈곤이 위상 종속을 가져오기 때문이다.

결국 참여 동격을 정당화 방식으로 삼는 위상 모델, 즉 정치적 빈곤의 시각하에서는 문화적 빈곤과 경제적 빈곤을 개념적 모순 없이 함께 고려할 수 있다. 이 두 빈곤은 모두 정치적 위상 종속을 가져오는 부정의의 두 가지 측면이다. 여성의 위상 종속을 가져오는 가부장적 상징질서와 제도화된 가치패턴은 해체되어야 하며, 여성의 위상 종속을 가져오는 성별 분업의 경제는 재구조화되어야 한다. 이는 곧 여성의 경제적·문화적 빈곤이 결국 정치적 빈곤과 연결되어 있으며, 따라서 정치적 관점에 설 때 여성의 다양한 빈곤은 모순 없이 복합적으로 고려될 수 있다는 것이다. 위상 모델 내에서 여성의 경제적·문화적 빈곤은 정치적 빈곤의 틀로 번역될 수 있으며 따라서 세 가지 빈곤의 문제는 서로 연관적으로 고려될 수 있다.

그렇다면 다음으로는 프레이저가 시도한 긍정적(affirmative) 개선책에서 변혁적(transformative) 개선책으로의 전회를 살펴보자. 이러한 개념틀의 전회는 젠더가 2가적 집단이기에 부닥치는 딜레마를 피하기 위한 것이다. 가령 여성은 2가적 집단이기에 잘못된 분배와 무시에 당면해 있다. 그런데 이 두 가지의 부정의 개선책은 반대의 방향으로 서로를 끌어당긴다. 재분배는 여성의 집단적 분화를 철폐함으로써 문제를 개선하려 하는 반면, 인정은 — 앞에서 비판한 인정 모델 내에서는 — 여성의 집단적 분화를 인

**표 7-1. 긍정적 개선책 vs. 변혁적 개선책**

| | 긍정 | 변혁 |
|---|---|---|
| 재분배 | • 자유주의적 복지국가<br>- 기존 집단에 존재하는 재화를 표면적으로 재할당<br>- 집단 분화 유지<br>- 무시를 창출할 가능성 있음 | • 사회주의<br>- 생산관계의 심층적 재구조화<br>- 집단 분화의 희석화<br>- 몇 가지 무시 형식을 치유하도록 도울 수 있음 |
| 인정 | • 주류 다문화주의<br>- 기존 집단의 기존 정체성에 존중을 표면적으로 재할당<br>- 집단 분화 유지 | • 해체주의<br>- 인정관계의 심층적 재구조화<br>- 집단 분화를 해체 |

자료: Fraser(2008a: 34).

정하고 이를 긍정적으로 평가함으로써 문제를 개선하려 한다는 것이다. "재분배의 논리가 젠더를 폐기시키는 데 있다면 인정의 논리는 젠더 특수성의 가치를 인정하는 데 있다"(Fraser, 2008a: 25). 이것이 바로 2가적 집단이 부닥치는 딜레마이다. 프레이저는 이러한 딜레마를 해소하기 위해 다음과 같이 긍정적 개선책과 변혁적 개선책을 구분한다.

부정의에 대한 긍정적 개선책이라는 말은 사회질서의 불공정한 결과를 창출하는 근저의 틀거리는 손대지 않은 채 그 틀거리가 만들어내는 결과를 교정하려는 것을 의미한다. 변혁적 치유책이란 이와는 반대로 근저에서 이를 발생시키는 틀거리를 재구조화함으로써 불공정한 결과를 교정하려는 것을 의미한다(Fraser, 2008a: 28).

그리고 이 두 가지 개선책을 재분배와 인정에 각각 적용시켜 〈표 7-1〉과 같은 매트릭스를 도출했다. 프레이저에 따르면 여기서 딜레마를 불러일으키는 첫 번째 조합은 대각선에 놓인 두 항의 조합, 즉 계급 철폐를 주장하는 사회주의적 경제 재구조화와 집단 분화를 유지하려는 다문화주의적 문화 인정이다. 이와 다른 대각선의 조합, 즉 심층 경제구조를 그대로 두려는 복지국가의 경제 재분배와 집단 분화를 해체하려는 해체주의적 인정 역시 딜레마를 불러일으킨다. 그렇다면 딜레마를 불러일으키지 않는 조합은 긍정적 재분배와 인정의 조합, 변혁적 재분배와 인정의 조합이다. 그런데 첫 번째 긍정적 조합은 문제가 있다. 앞서 지적했듯이 다문화주의의 긍정적 인정의 전략은 정체성 모델에 따르는 것으로, 젠더의 경우 젠더 이분법의 강화 또는 앞서 집단의 물화로 칭했던 결과를 가져올 수 있으며, 자유주의적 복지국가의 긍정적 분배의 전략은 젠더 분할에 따른 경제구조는 그대로 둔 채 표면적 할당에만 신경을 쓸 수 있기 때문이다. 따라서 프레이저는 사회주의적 경제 재구조화와 해체주의적 인정이라는 변혁적 조합만이 딜레마 없이 부정의의 두 가지 차원을 동시에 고려하면서 물화의 위험을 피할 수 있는 술책이라고 본다.

프레이저에 따르면 마지막 변혁적 조합은 집단의 정체성을 물화시키지 않는다. 남성중심주의적 문화 패턴 자체를 해체하려는 문화주의적 페미니스트들의 해체전략은 가부장 문화의 여성 무시를 지위종속으로 읽고 이를 산출하는 가치 패턴의 해체를 목적으로 하는 위상 모델의 개념과도 상통한다. 성별 분업, 직업의 종류 및 수 등을 총체적으로 재구조화하려는 사회주의 역시 지위를 종속시키는 잘못된 집단 분화를 철폐시킨다. 따라서 변혁적 조합은 딜레마를 발생시키지 않는다. 따라서 변혁적 치유책의 조합은 딜레마 없이, 물화 없이, 대체의 오류 없이 잘못된 분배와 무시를 동시에 고려하는 개념적 전략이 될 수 있다.

## 6. 프레이저에 대한 보완책: 형식주의와 해체를 넘어 재구성으로

앞서 살펴보았듯이 프레이저는 위상 모델로 전환함으로써 경제적·문화적 차원의 부정의를 정치적인 차원에서 매개하려 한다. 다시 말해 무시와 잘못된 분배는 상호작용에 동등하게 참여하지 못하도록 방해하는 위상 종속을 가져오기 때문에 부정의한 것이다. 그뿐만 아니라 프레이저는 변혁적 치유책으로 전회함으로써 집단의 분화냐 해체냐의 딜레마에 부닥치지 않고 경제적·문화적 부정의를 복합적으로 해소할 수 있는 개념틀을 마련하려 했다. 즉, 변혁적 부정의의 치유책은 심층의 경제구조를 재구조화하고 물화와 강제를 가져오는 가치 패턴을 탈제도화함으로써 집단의 분화를 해체하는 방향으로 나아가기 때문에 복합적인 부정의를 함께 고려할 수 있는 개념적 장치가 될 수 있다는 것이다.

그러나 필자는 이러한 개념적 전환이 갖는 취약점을 지적하고 이를 보완하는 장치가 필요함을 주장하려 한다. 먼저 위상 모델로의 전환이 담고 있는 취약점이 무엇인지를 살펴보는 데서 시작해보자. 프레이저는 위상 모델을 잘못된 분배와 무시를 매개하는 차원으로 설정하는 데 그치지 않고 참여 동격의 정치적 차원을 다른 두 차원에 우선하는 것으로 이해하자고 주장한다. 그녀에 따르면 무시를 치유하기 위해 위상 모델을 도입하면 우리는 참여 동격의 형식적 정의를 방해하지 않는 또는 촉진하는 '좋은' 인정과 참여 동격을 방해하는 '나쁜' 인정을 구분할 수 있으며(Fraser, 2008c: 330), 전자의 "정의 – 연관적 국면들의 개념적 우선성(conceptual priority of the justice-related aspect)"(Fraser, 2008c: 331)을 주장할 수 있다. 그런데 필자가 보기에 이러한 테제로 인해 프레이저의 정의론은 형식적 민주주의의 위험을 그대로 안는다.

첫째, 참여 동격이라는 정치적 형식의 우선성은 인정의 내용을 소홀하게 만들 위험이 있다. 물론 위상 모델을 통해 정체성 무시를 정의 이론적으로 재구성하면 개인으로서의 각 여성은 자신이 속한 집단의 정체성 때문에 상호작용에서 배제되는 일 없이 공정한 조건하에 참여할 수 있는 형식적 권리를 쟁취하기 위해 투쟁할 수 있다. 그러나 프레이저 역시 스스로 고백하고 있듯이 그 과정에서 인정의 내용은 열려 있다. 인정의 민주적 형식에 우선성을 두는 위상 모델은 인정의 내용을 소홀하게 만들 수 있다는 것이다. 물론 프레이저는 참여 동격이라는 민주주의 형식에 우선성을 부여함으로써 "문화가치의 위계적 패턴을 탈제도화하고 이를 참여 동격을 장려하는 패턴으로 교체할 필요성을 지시"(Fraser, 2008c: 330)하려 했지만, 형식적 동등성에 대한 강조는 서로 경쟁하는 다양한 인정의 내용을 어떻게 재조직할 것인가에 대한 적극적인 관심으로 이어지지 않는다. 이는 그녀가 궁극적으로는 집단 분화를 해체하는 방향으로 나아가는 변혁적 치유책인 해체주의를 옹호하고 있다는 점에서도 잘 드러난다. 그녀는 기본적으로 특정한 정체성을 인정하는 방향의 인정운동이 내부의 구성원에게 강제로 작동할 수 있음을 염려하면서 집단 분화의 해체로 나아가는 헤체주의를 바람직한 치유책으로 제시했다. 따라서 그녀의 위상 모델은 정체성의 재구성 작업에 매우 소홀할 수밖에 없다.

따라서 필자는 형식과 내용 모두에서 정치적 상호작용을 고려할 필요가 있음을 주장하려 한다. 형식과 내용 중 어떤 일이 우선이냐를 물으면 물론 이 두 가지가 서로 충돌하는 상황에서는 형식적 동등성이 우선이겠지만 정체성의 내용이 무엇인가를 불문하고 형식적으로 동등성을 부여받았다고 해서 자신의 정체성에 대한 부정적인 이해의 상태, 즉 문화적 빈곤이 해결되는 것은 아님을 주지해야 한다는 것이다. 상호작용을 통해 자신의 문화적 정체성의 내용을 재구성하는 것으로까지 투쟁이 이어지려면 프레이저의 위상 모델은 정치적으로 동등한 참여의 과정에서 구성원들이 자신의 정체성의 내용을 타자와 공존할 수 있는 긍정적인 내용으로 재구성하는 작업을 포함하도록 보완될 필요가 있다.

둘째, 참여 동격의 우선성 주장은 정치적 상호작용의 형식이 젠더 중립적임을 전제로 한다. 참여 동등의 형식성은 사실상 남성중심적인 공적 이성을 바탕으로 하고 있음에도 성적으로 중립적인 민주주의 이념으로 여겨진다. 유색인 페미니스트 리넷 우탈(Lynet Uttal)이나 이에 영향을 받은 페미니스트 조디 딘(Jodi Dean)은 상호작용 또는 의사소통의 형식 자체가 남성중심적일 수 있음을 비판해왔다(Uttal, 1996). 이들에 따르면 타자성과 감정을 드러내는 방식으로 소통하는 여성의 말하기 방식은 절차적 이성의 동일성의 원리에 따르는 남성중심적 의사소통 방식과 다르다.

우리 사회에서도 감정적 표현이 풍부한 여성의 말하기 방식은 감성을 배제한 절차적 상호작용의 장에서 매우 천박하게 여겨지는 것이 다반사이다. 이 때문에 여성은 공적인 상호작용에서 침묵하는 경우가 많다. 따라서 참여 동격을 주장함과 동시에 여성은 참여 동격의 상호성과 상호작용의 방식이 여성의 목소리를 대변할 수 있도록 구성해야 한다. 즉, 참여 동격은 여성적인 목소리가 들릴 수 있는 내용이 담긴 상호작용의 형식을 함께 고민할 때 비로소 정의로워질 수 있다. 이는 참여 동격의 형식성이 결국 정체성 연관적인 인정의 내용과 다시금 연결될 수밖에 없음을 보여주는 지점이다.

다음으로는 변혁적 치유책이 갖는 취약점을 살펴보고 이 치유책이 어떤 방식으로 보충되어야 하는가를 생각해보자. 프레이저 스스로도 고백하고 있듯이 현실적으로 특정한 정체성에 밀착된 집단의 구성원은 현실과 매우 동떨어진 것으로 보이는 변혁적 치유책을 원하지 않는 경우가 많다. 인종집단을 사례로 들면서 프레이저는 "다시 말하지만, 원리적 결점이 있다면 그 결점은 해체주의적·반인종적 문화정치와 사회주의적·반인종적 경제정치가, 현재 문화적으로 구성된 정치가 그러하듯이, 유색인 대부분의 직접적인 관심과 정체성에서 멀리 떨어져 있다는 것이다"(Fraser, 2008a: 38~39)라고 고백한다. 정작 해당 집단은 기존의 경제구조와 가치 패턴에

간혀 있기 때문에 이에 대한 대대적인 변혁을 아예 원하지 않는다는 것이다. 특히 사회주의적 치유책은 "너무 해체적이어서" 기존의 경제구조에 익숙해져 있는 사람들에게 영감을 불러일으키지 못한다. 따라서 그녀는 "이러한 시나리오를 심리적으로 그리고 정치적으로 실현 가능한 것으로 만들기 위해서는 모든 사람이 현재의 문화적 구성과 결부된 자신의 관심과 정체성에서 벗어날 필요가 있다"(Fraser, 2008a: 39)[8]라고 주장한다. 그러나 이는 현실적으로 매우 힘든 일이다.

　따라서 필자는 변혁이 먼 미래의 유토피아가 아닌, 지금, 여기서, 해당 개인이 또는 해당 집단이 이미 어느 정도 수행하고 있는 일임을 개념적으로 밝혀주는 작업이 변혁적 치유책에 스며들 필요가 있다고 본다. 다시 말해 변혁의 치유책을 논리적으로는 필연적이지만 현실적으로는 매우 비현실적으로 느끼게 만드는 개념적 사유 방식을 변화시킬 필요가 있다는 것이다. 필자는 가령 경제적 변혁을 이해하는 데 J. K. 깁슨-그레엄(J. K. Gibson-Graham)의 정치경제학을 빌려올 필요가 있다고 본다. 깁슨-그레엄에 따르면 비자본주의는 사회주의라는 대대적인 변혁을 통해 미래의 어느 순간에 이루어지는 것으로, 지금의 우리 사회와 동떨어진 것이 아니다. 그녀들에 따르면 비자본주의적 경제는 지금, 여기, 우리 안에 있다. 가령 여성이 일상에서 수행하는 가사노동은 임금노동도 아니고 시장에서 거래되는 것도 아니며 이윤을 자본가가 갖는 기업의 형태를 띠는 것도 아니라는 점에서 비자본주의적 경제이다. 여성이 주로 참여하는 협동조합이나 마을공동체의 대안화폐 경제는 자본주의적 노동가치 평가기준과는 다른 가치체계로 움직이며 수익을 나누는 방법도 다르다.

　깁슨-그레엄에게는 심지어 기업도 우리가 생각하듯 그렇게 순수하게

---

8　같은 책 각주 46번도 참고.

자본주의적이기만 한 것이 아니다. 사회적 기업이나 자영업은 이미 자본주의를 비자본주의와 혼종시키는 형식의 경제이다(깁슨-그레엄, 2013). 필자는 이런 방식으로 우리가 일상에서 경제 재구조화를 위한 변혁적 관심을 조금씩이라도 실천하고 있음을 보여주면 해당 집단이 변혁을 자신이 실현할 수 있는 프로젝트로, 또는 자신이 이미 실현하고 있으나 더욱 촉진할 필요가 있는 프로젝트로 이해할 것이라고 본다.


## 7. 글을 나가며

프레이저의 이론을 발전시키는 가운데 필자는 여성을 3가적 집단으로 설명하면서 여성의 빈곤 역시 경제적·문화적·정치적 빈곤 등 복합적으로 고찰할 필요가 있음을 주장했다. 다음으로 필자는 3가적 집단이 당면한 3가적 빈곤을 복합적으로 고려하는 치유책을 제시하려면 안티테제와 환원주의의 개념틀을 벗어나 위상 모델과 변혁 모델로 전환해야 한다는 것을 보여주었다. 그러나 위상 모델과 변혁적 치유책 역시 약점을 갖고 있다. 위상 모델은 참여 동격의 형식성을 강조함으로써 타자와의 공존을 고려하는 포괄적 정체성이나 새로운 가치 패턴의 내용을 재구성하는 작업을 소홀히 할 수 있으며, 상호작용의 젠더 중립성을 전제함으로써 이 형식에 내재한 남성중심성을 비판하지 못하는 어려움에 처할 수도 있다. 그뿐만 아니라 변혁적 치유책은 매우 비현실적이어서 해당 집단의 운동성을 이끌어내지 못할 위험이 있다. 따라서 이러한 비판을 모면하기 위해서는 정치적 차원의 형식성을 강조하는 한편 내용을 재구성하는 작업을 병행해야 하며, 일상에서부터 시작하는 변혁이 가능하다는 것을 개념적으로 보여주는 작업을 보충해야 한다.

물론 이러한 비판과 보완책을 더욱 상세히 논의하려면 다른 지면을 빌려야 할 것이다. 그러나 이러한 방향으로 나아갈 때 우리는 재생산의 조건으로서의 일상에서 나타나는 여성의 복합적 빈곤을 치유하는 개념틀의 완성도를 높일 수 있을 것이다.

# 참고문헌

고정갑희. 2011. 『성이론: 성관계, 성노동, 성장치』. 도서출판 여이연.

깁슨-그레엄, J. K.(J. K. Gibson-Graham). 2013. 『그따위 자본주의는 벌써 끝났다』. 이현재·엄은희 옮김. 알트.

르페브르, 앙리(Henri Lefebvre). 2005. 『현대세계의 일상성』. 박정자 옮김. 기피랑 에크리.

프레이저, 낸시(Nancy Fraser). 2010. 『지구화시대의 정의』. 김원식 옮김. 그린비.

호네트, 악셀(Axel Honneth). 2011. 『인정투쟁』. 문성훈·이현재 옮김. 사월의 책.


Dean, Jodi. 1996. *Solidarity of Strangers: Feminism after Identity Politics*. London: University of California Press.

Fraser, Nancy. 2003. "Social Justice in the Age of Identity Politics." in Nancy Fraser & Axel Honneth. *Redistribution or Recognition? a Political-Philosophical Exchange*. London: Verso.

_____. 2008a. "From Redistribution to Recognition?" in Nancy Fraser & Kevin Olson(ed.). *Adding Insult to Injury*. London: Verso.

_____. 2008b. "Rethinking Recognition: Overcoming Displacement and Reification in Cultural Politics." in Nancy Fraser & Kevin Olson(ed.). *Adding Insult to Injury*. London: Verso.

_____. 2008c. "Prioritizing Justice as Participatory Parity: a Reply to Kompridis and Forst." in Nancy Fraser & Kevin Olson(ed.). *Adding Insult to Injury*. London: Verso.

Gibson-Graham, J. K. 1996. *The End of Capitalism, A Feminist Critique of Political Economy*. Minneapolis: Minnesota.

Robeyns, Ingrid. 2008. "Is Nancy Fraser's Critique of Theories of Distributive Justice Justified?" in Nancy Fraser & Kevin Olson(ed.). *Adding Insult to Injury*. London: Verso.

Uttal, Lynet. 1990. "Nods That Silence." in Gloria E. Anzaldúa(ed.). *Making Face, Making Soul: Haciendo Caras-Creative and Critical Perspectives by Feminist of Color*. San Francisco.

http://blog.daum.net/myman/1208793

http://dic.daum.net/word/view.do?wordid=kkw000123016&q=%EB%B9%88%EA%B3%A4

http://mbn.mk.co.kr/pages/news/newsView.php?category=mbn00009&news_seq_no=1692038

http://100.daum.net/encyclopedia/view.do?docid=b10b3731b

http://media.daum.net/society/affair/newsview?newsid=20051228090017627

http://media.daum.net/economic/industry/newsview?newsid=20140403191706819

# 여성주의와 협동조합의 만남<sup>*</sup>

추혜인(무영)<sup>**</sup> | 살림의료복지사회적협동조합

## 1. 들어가며

의대 학생들이 견학을 나왔던 날, 살림의원과 조합사무실, 운동센터 다짐(Da-gym)을 둘러본 학생들은 궁금한 게 많았다. 질의응답을 하는데, 한학생이 물었다.

"그럼 살림의원에서 선생님이 받으시는 급여는 어떻게 되나요? 정확한 액수까지는 아니어도 전공의 때와 비교해서 많은지 적은지 정도라도요."

학생들이 와르르 웃었다. 나도 씩 웃었다. 학생들은 이런 것도 궁금하구나.

"물론 전공의 때보다 많이 받아요. 전공의 때는 사실 당직수당으로 먹

---

\* 이 글은 ≪오마이뉴스≫ '여/성이론'에 기고한 필자의 글을 재구성한 것이다.
\*\* 무영은 추혜인이 여성주의 활동을 할 때 쓰는 필명이다.

고 살았는데, 살림의원에는 당직이 없지요. 그래도 전공의 때보다는 많이 받지요. 음, 다른 병원에서 일하는 것보다는 조금 적을 수도 있지만요, 돈으로 환산할 수 없는 보상들이 진짜 많아요. 예를 들어, 동네 미용실에 가면 돈을 반밖에 안 받으세요. 머리만 자르러 가도 이것저것 서비스를 해주시죠. 우리 주치의샘 머릿결이 상했다며 영양제, 클리닉 해주시고. 김치, 김치 얘기도 있어요. 살림의원에서 일한 후로는 김치를 담가본 적이 없어요. 집에 김치가 떨어져갈 때쯤 되면 어떻게들 아셨는지 조합원들이 김치를 가져다주세요, 집에서 먹으라고. 내 이마에 쓰여 있나 봐요, '집에 김치 떨어져감' 이렇게."

또 와르르 웃었다.

"살림의원에서 일하시면서 제일 힘들었던 때가 언제예요?"

제일 힘들었던 때라……. 어떤 날이 떠올랐다. 제일 힘들었다기보다는 제일 민망했던 날.


## 2. 동네 주치의로 산다는 것의 실상

친구와 함께 아무 생각 없이 동네 목욕탕에 갔던 날, 뜨끈한 욕조에 몸을 담그자마자 뿌연 수증기 사이로 아는 얼굴들이 보였다. 아뿔싸, 동네 목욕탕에 오면 이런 일이 생길 줄 알아야 했건만, 너무 아무런 마음의 준비 없이 왔다. 그녀도 나를 알아보았다. 다만 내가 누구인지까지는 알아채지 못한 표정. 어디서 봤더라 싶어 하는 그녀와 목례를 주고받았다. 병원 유니폼이나 의사 가운을 벗으면 사람들이 잘 알아보지 못하는 것이 천만다행이라고 안심하고 있을 즈음, 사우나실 앞에서 조합원의 어머니 한 분과 마주쳤다.

"아이고, 안녕하세요, 원장님?"

나를 정확히 알아봤다. 어딘가를 가리고 싶었지만 어디를 가려야 할지 정말 모르겠는 상황이었다. 가슴을 가려야 할까, 아랫도리를 가려야 할까? 하다못해 그녀의 눈이라도 가리고 싶었다.

"이 동네 사세요, 원장님?"

"아니요, 요 아랫동네에 살아요. 참, 무릎은 요즘 괜찮으세요?"

"좀 좋아지는 것 같기는 한데, 아직 그래요. 이렇게 만날 사우나해야지, 안 그러면 뻣뻣해서 걷기 힘들어요."

"네, 미끄러지지 않게 조심하셔야겠어요. 여기 바닥이 꽤 미끄럽네요."

사우나를 하는 둥 마는 둥 얼른 이 목욕탕에서 탈출하기 위해 평소 목욕 시간의 반의 반도 채우지 못하고 분주하게 몸을 씻고 있는 순간, 멀리서 수증기를 뚫고 누군가가 뛰어왔다.

"아유, 선생님 맞네! ○○언니한테 선생님 계시다는 말 듣고 물어보고 싶은 거 있어서 왔어요."

고혈압과 협심증으로 진료를 받고 계시는 한 할머니 조합원이었다. 갑상선 얘기와 췌장암에 대한 걱정, 그리고 최근의 우울증에 대한 이야기까지 한참이나 의료상담을 했다. 나는 어딘가 가리고 싶다는 마음을 이미 포기한 지 오래였다. 동네 주치의가 된다는 건, 이런 걸 각오하는 일이다.

"에고, 내 정신이야. 이제 가볼게요. 선생님, 잘 씻고 들어가세요. 이 목욕탕 감식초 참 맛있어요, 시원하고."

발가벗었지만 우리는 최대한의 예의를 갖춰 서로에게 인사를 했다. 그리고 잠시 후에 나와 친구는 목욕탕 매점 아주머니가 가져다준 감식초를 받았다. "○○할머니가 쏘신 거"라면서 눈웃음을 날리고 매점 아주머니는 사라졌다.

학교 선생님들이 학부모와 마주칠까봐 동네 목욕탕에 못 온다는 얘기를 들었을 때 그러려니 했다. 나도 이제 목욕탕에 못 오는 거야? 아, 학교 선생님들과 다를 바 없는 운명이 되고 만 거야? 그래도 설마 학교 선생님을 목욕탕에서 마주쳤을 때 아이의 학교생활에 대해 상담하고 싶어 하는 학부모는 없겠지? 이런 생각을 하면서 달고 시원한 감식초를 마시다가 푸하하 한참을 웃었다.

동네 주치의가 되겠다고 마음먹은 건 처음부터 이런 의미가 아니었을까? 병원에 있든 없든, 의사 가운을 입었든 안 입었든 동네 사람들이 편하게 상담할 수 있는 의사. 미용실에서든, 목욕탕에서든, 슈퍼에서 장을 보다가든 언제든 마주칠 수 있는 의사. 발가벗은 게 문제겠어?

이 민망하면서도 은근히 맛있었던 하루를 친구들에게 얘기하자 우리 집 욕실에 욕조가 없다는 것을 아는 한 조합원 친구는 우리 집 근처로 이사 오면서 자기 집 욕실에 큰 욕조를 마련해 넣었다. 가끔 목욕을 하고 싶으면 부담 없이 오라는 말과 함께.

## 3. 나는 왜 의료협동조합에 꽂혔을까

이렇게 주민들과 친구들의 사랑을 듬뿍 받고 있는 나는 살림의료복지사회적협동조합(이하 살림의료협동조합)이라는 긴 이름의 의료협동조합에서 운영하는 '살림의원'에서 일하는 협동조합 의사이다. 얼마 전 새로운 의사선생님이 합류하면서 나는 의료협동조합에서 일하는 나의 길이 충분히 대중적인 길, 의사로서 선택할 만한 길이라는 확신이 들기 시작했다. 그나저나 나는 왜 이렇게 의료협동조합에 꽂혔던가.

내가 의료협동조합을 알게 된 것은 의대 본과 1학년 때였다. 의료협동조합이라는 설명을 듣자마자 단박에 꽂히고 말았는데, 첫 번째 이유는 내가 의예과를 다니던 2000년에 의약분업과 의사파업이 있었기 때문이 아닐까 싶다.

그 시기 의사, 의료인, 병원에 대한 국민들의 극단적인 불신과 혐오를 경험하면서 이건 뭔가 아닌데 싶었고 많이 힘들었다. 내가 아는 친구, 동료, 선배들은 돈만 밝히는 의사, 집단이기주의자, 인술이라고는 모르는 쓰레기들이 아니었으니까.

나는 시스템이 문제라는 생각이 들었다. 현재 한국의 의료 시스템은 환자에게 더 많은 검사와 치료 행위를 할수록 의사와 병원이 돈을 버는 행위별수가제에 기반을 두고 있다. 환자의 바람은 건강해지는 것이지만 의사는 환자가 아프거나 불안해할수록 더 많은 행위를 하고 또 이것이 수익으로 직결되니 환자와 의사의 이해관계가 일치하기 어려운 게 아닐까?

소신 있게 진료하는 의사도 많다. 하지만 환자의 입장에서는 더 많은 검사, 더 비싼 치료가 의사의 수익과 연결된다는 것을 알고 있기 때문에 일방적으로 이를 믿기가 어렵다.

환자들은 큰 비용을 의료비로 지출하면서도 이 치료와 검사가 꼭 필요한지, 자신의 건강에 최선인지, 비용 대비 가장 합리적인 결정인지 확신하기 어려우므로 진료를 받을수록 신뢰가 쌓이는 것이 아니라 긴가민가하는 불신이 쌓이고, 이렇게 의사에 대한 불신이 팽배할수록 의료소송도 증가하게 된다. 그리고 의료소송이 증가할수록 환자에 대한 의사의 불신도 높아져 소송에서 문제가 되는 것을 막기 위해 더 많은 검사를 하는 방어적인 진료를 하게 된다. 이는 의료비 상승, 젊은 의사들의 특정 전공과목 수련에 대한 기피, 결국에는 더 많은 의료사고로 이어진다. 서로가 서로를 믿지 못하는 상황은 누구에게도 득이 될 것 없는 악순환의 고리이다.

나는 그저 신뢰받는 의사가 되고 싶었는데. 누구나 자신이 맡은 일을 성실하게 수행하면 사회적으로 신뢰받는 사람이 될 수 있는 그런 사회가 옳은 게 아닌가? 신뢰받는 의사가 되려면 이제는 정녕 TV에 출연하는 유명 대학병원 교수가 되는 방법 말고는 없는 것일까? 아니, 나는 동네 주치의가 되고 싶은데?

신뢰받는 의사가 되고 싶다는 소박한 목표가 사실은 소박하지 않은 어마어마한 목표라는 것을 깨달았다. 또한 나 혼자의 노력만으로는 힘들다는 것도 깨달았다. 왜냐하면 이것은 시스템의 문제이니까.

나는 세상에 좋은 의사가 많다고 믿는다. 당장 나와 함께 수련을 받았던 친구들은 다들 좋은 의사였다. 그러나 그 의사들이 의료기관을 개원할라치면 많게는 4억~5억 원에 가까운 돈을 마련해야 가능한데, 이걸 다 은행 빚으로 마련하다 보면 빚을 갚느라 허덕이게 된다.

사실 그 이전부터도 이들은 이미 허덕이고 있었다. 비싼 의대 학비를 알아서 마련하고, 강도 높은 노동의 시기인 수련의와 전공의 기간을 알아서 보내고, 의원을 개원해 각자 알아서 살아남으라는 것이 지금 국가의 정책이다. 의원이 망하면? 그건 의사 각자의 책임이다. 의원이 망하면 그 의원에 다니던 환자의 기록과 진료의 연속성이 눈 녹듯 사라지는데도 누구 하나 공식적으로 책임지지 않는다. 의원이 망하면 환자들의 진료기록이 보건소에 보존된다고는 하지만, 의원이 망했을 때 해당 의원이 하던 역할을 지역사회에서 진정으로 책임지는 곳은 없다.

책임은 질 수 없으니 알아서 살아남으라는 이곳에서 많은 좋은 의사 선배들이 좌절감을 겪지 않았을까. 은행 빚을 갚기 위해 자연히 좀 더 수익이 높은 치료방법을 권하거나 비보험 시장을 찾아 헤매는 모습을 어렵지 않게 상상할 수 있다. 결국 시스템이 문제이다.

환자의 불건강이 의사와 병원의 수익으로 연결되는 시스템, 공공적 역할이 기대되는 일차의료에 공적자원이 전혀 투입되지 않는 시스템하에서 어떻게 신뢰받는 동네 주치의로 살아남을 수 있을까? 나는 이 고민의 해답을 의료협동조합에서 찾으려 했다.

만약 환자가 건강할수록 의사에게 보상이 돌아가는 구조라면(그 보상이 금전적인 보상이든, 심리적인 보상이든, 관계적인 보상이든 간에), 시민들이 건강할수록 의사가 더 행복해지는 구조라면 상황은 다르지 않을까? 그런 구조라면 환자는 의사를 불신하기보다는 건강의 안내자나 동지로 받아들이지 않을까?

의사가 의원을 개원하기 위해 목돈을 은행에서 빌려서 허덕이는 대신 주민들이 개원에 필요한 자금을 공동으로 모아서 마련하는 구조라면 어떨까? 주민들이 의원의 경영을 함께 고민하고 책임지는 구조라면 어떨까? 이런 구조하에서라면 평균적인 의사라도 주민들에게서 신뢰를 받고 주민들도 의사를 자기 건강의 동반자로 여기며 기분 좋게 진료를 받을 수 있지 않을까 싶었다.

의대 본과 4학년 '지역사회 의학 실습' 시간에 의료협동조합을 방문하고 싶다고 말씀드렸다. 교수님들은 흔쾌히 연결해주었고, 나는 인천평화의료협동조합을 방문할 수 있었다. 1주일 동안 인천평화의료협동조합으로 등교하면서 철거촌 골리앗으로 왕진가는 선배 의사선생님들의 진료를 참관하고, 진료 대기실의 조합원들과 얘기를 나누고, 할머니 에어로빅 교실에 가서 같이 춤을 추고, 뇌졸중 환자 데이케어센터에 나가 몸으로 놀 수 있는 프로그램을 진행하고, 요양보호사들과 함께 치매 노인들을 목욕시켜드리러 나갔다. 아이에서부터 노인까지, 철거촌 주민에서부터 치매 노인의 가족까지 살뜰히 챙기는 의료협동조합의 모습은 나뿐 아니라 같이 실습을 나갔던 다섯 명의 의대 친구들에게도 매우 큰 감동이었다. 그 이후 나는 한국의료복지사회적협동조합연합회와 연결되어 그해에 일본의료협동조합으로 가는 학생연수에도 참가할 기회를 얻었다.

나보다 먼저 의료협동조합을 만들고 그 안에서 동네 주치의로 일하고 있는 선배 의사선생님들과 실제 운영되고 있는 의료협동조합을 한국과 일본에서 접하면서 시스템을 혁명적으로 바꾸지 못하는 상황이라면 의료협동조합이야말로 지금 해볼 수 있는 최대한의 실험이자 최선의 선택이라는 믿음이 점점 커져갔다.

내가 의료협동조합에 꽂힌 두 번째 이유는 아마도 내가 여성주의자, 즉 페미니스트라서일 것이다. 처음에는 공대를 다녔던 나는 인연이 닿아 한국성폭력상담소에서 자원 활동을 시작했는데, 당시는 '성폭력특별법'이 제정된 지 얼마 되지 않은 터여서 성폭력 피해 여성을 위한 의료지원이 쉽지 않았다. 상담소 선생님들은 넋두리처럼 "피해 여성의 입장에서 증언해 줄 수 있는 의사 한 명만 있으면 좋겠다"라고 되뇌었다. 그게 무슨 주문이 되었는지 나는 그 해 가을 수능을 다시 치고 있었다.

그렇게 진학한 의대에서 나는 여성이 편하게 방문할 수 있는 의료기관, 여성의 입장에서 의료지식을 재구성할 수 있는 의료기관을 만들고 싶다는 바람을 키워가고 있었다. 그때 건강세상네트워크라는 단체의 한 선배가 의료협동조합을 소개해주었다.

"그냥 여성을 위한 병원이 아니라 여성이 직접 만들고 운영하는 병원이 더 좋지 않겠어요?"

선배의 말 한 마디에 뭔가 머리가 울린 듯한 느낌을 받았고, 여성주의적으로 운영되는 의료협동조합을 만들어야겠다고 결심했다. 그리고 본과 4학년 때 언니네트워크라는 여성단체 활동가들과 만나면서 본격적으로 의료협동조합을 꿈꾸었다.

당시 언니네트워크는 비혼 여성 운동을 열심히 벌이고 있었다. 아직 결혼하지 않은 상태인 미혼이 아닌, 결혼을 거부한다는 반혼도 아닌 비혼은 현재 결혼하지 않은 상태임을 뜻하는 말이다. 여성정책이라고 이름 붙인 많은 정책들이 사실은 여성정책이라기보다는 육아·아동·가족 정책이고 주무부처가 여성부가 아닌 여성가족부인 관계로 결혼을 하지 않은 사람은 나이 들어 돌봄을 받을 수 없을 것이라는 불안이 조성되는 현실하에 우리의 만남은 이루어졌다.

나를 비롯한 의료인들은 여성주의적으로 운영하는 병원을 꿈꿨고 비혼 여성 활동가들은 비혼으로 노후까지 건강하게 지내기 위해 서로 돌보는 관계와 아프지 않도록 예방하는 활동이 필요했다. 그리하여 '우리'는 여성주의 의료협동조합을 본격적으로 준비하기 시작했다. 그것이 2009년 여성주의 의료생협(준)의 시작이었다.

의료협동조합의 기본 취지는 '건강할 때 건강을 지키자'이다. 그것도 혼자 지키는 것이 아니라 함께 지키자는 것이고, 내 건강뿐만 아니라 다른 사람의 건강, 지역사회의 건강까지 지키자는 것이다. 좁은 의미의 건강뿐 아니라 육체적·정신적·사회적·정치적 건강까지 지키자는 것이니, 좀 더 오래 건강하게 여성운동을 하기 위해 꼭 만들어야겠다.

그러다 병이라도 걸리면 나는 여성의 품앗이 간병노동을 떠올릴 터이다. 얼마 전 친한 언니가 유방암 수술을 위해 입원한 적이 있어 나를 비롯한 언니의 친구들은 수술을 전후로 병실을 지켰다. 돌아가면서 하룻밤씩 병원에서 자고, 문병객들을 접대하고, 언니를 위안해주는 돌봄 서비스를 제공했다. 그때 밤늦은 병실에서 언니와 도란도란 이야기한 것이 '품앗이 간병'이었다. 비혼 여성이 공동체를 꾸려 나이 들어서까지 잘 살 수 있으려면 아플 때 서로서로 돌봐주는 계를 하면 좋겠다는 생각과 함께 그게 의료협동조합의 사업이 될 수 있겠다는 생각이 들었다. 그리고 병에 걸렸을 때 품앗이 간병 돌봄 노동을 받으려면 건강할 때 다른 여성에게 간병 노동을 좀 더 많이 제공해야겠다는 결심도 했다.

그리고 더 나이가 들면 치매맞이 학교 수업을 들어야지. 나를 포함한 많은 비혼 여성에게 가장 두려운 질환은 암이 아니라 치매이다. 정상적인 가족에게서 당당하고 험난하게 독립을 선언한 우리 비혼 여성들이 가장 두려워하는 질병이 치매였다는 사실 …… 나는 의료협동조합에서 치매맞이 학교를 만드는 상상을 한다.

인지능력이 서서히 떨어져가는 시기에 그 속도를 감소시킬 수 있는 교재와 여성 노인을 위한 동화책이 있으면 좋겠다. 그리고 그녀(나)의 생애사를 다양한 방식으로 구술하는 작업도 하고 싶다.[1]

2009년 일 년 동안 여성주의 의료를 열심히 공부한 후 그해 말 여성주의 의료생협(준)의 명운을 건 대토론을 벌였다. 의료생협의 기반이 될 지역사회를 가질 것이냐, 아니면 여성주의자를 기반으로 한 전국 조직을 만들 것이냐? 토론 결과 의료기관을 안정적으로 운영하기 위해서는 기반이 되어줄 지역사회가 반드시 필요하다는 데 우리는 동의했다. 그렇게 여성주의 의료생협(준)은 서울시 은평구에 터를 잡았다.

왜 은평이었는가? 많이 듣는 질문이다. 은평구에는 아파트가 많지 않고 오래된 주택가가 형성되어 있으며, 노인과 장애인, 독거 여성이 많이 살고 있다. 소득수준이 높지 않고 충족되지 않은 의료욕구가 높았기에 대안적인 의료기관이 할 일이 많을 거라 여겼다. 무엇보다 당시 여성재단의 고 박영숙 선생님께서 신생 여성단체를 위한 인큐베이팅 공간을 은평구에 열어 입주할 공간이 생겼기 때문이다. 그렇게 은평구에 사무실을 열고 나니 은평지역사회네트워크에서 우리가 은평에 눌러앉을 수 있도록 응원해주었다. 그렇게 2010년 3월 은평구로 들어갔다. 지역사회를 결정하고 나서

---

1  추혜인, 「병이라도 걸리면 어떻게 할래?」, 언니네트워크, 『언니들, 집을 나가다』(에쎄, 2009).

가장 처음 한 일은 핵심 활동가들이 은평구로 이사하는 것이었다.

우리가 지역으로 들어갈 당시 다른 의료협동조합의 선배들은 몇 가지 주의를 주었다. 그 선배들은 지역에서 제대로 지역운동을 하기 위해 결혼을 하고 아이를 낳았던 터였다. 결혼하지 않은 비혼 여성이 의료협동조합을 만드는 지역운동을 하려는 것이 선배들은 걱정스러웠나보다. 지역에 사는 기혼 여성과의 관계에서 너무 스트레스를 받지 말라고, 기혼 여성은 비혼 여성을 경쟁자로 여길 수도 있다고 조언하면서 그녀들의 남편과 너무 친하게 지내면 안 된다고도 당부했다. 그럴 수도 있겠구나.

그러나 정작 지역에 들어와서 몇 년 지내보니 긴장하는 것은 되레 남편들이었다. 기혼 여성들은 비혼의 자유로움과 책임감, 자신의 삶과 관계에 대한 진지한 고민, 여성주의자로 훈련된 감수성을 부러워했다.

"자기네들처럼 이렇게 사는 방법이 있는 줄 미리 알았으면 나도 절대 결혼 안 했어."

"후회하다 뿐이야, 지금이라도 물어내고 싶지. 여자들끼리 사는 게 백 배 천 배 낫다고!"

"나는 여성주의자들이 은평에 들어와서 진짜 좋아."

기혼 여성들만 비혼들에게 매력을 느낀 것은 아니었다. 사는 집이 어디인지 중요하지 않았던, 집이란 들어가서 휴식을 취하고 잠을 자는 장소일 뿐이므로 동네 주민들과 관계를 맺지 않고 부평초처럼 떠돌던 비혼 여성들 역시 동네에서 살아온 강인한 기혼 여성들에게 끌렸다. 그들에게는 내 아이와 내 가족만 생각하지 않고 지역 사회 전체를 아우르는 대범함과 지역정치를 똑바로 응시하는 결연함이 있었다. 그렇게 서로가 서로에게 묘한 끌림을 느끼며 여성주의 의료생협(준)은 2010년 살림의료협동조합을 창립했다.

## 4. 살림의원을 개원하고 운영하다

살림: 공동체를 이루어 살아가다
살림: 집안을 건사하고 생활을 영위해가는 활동
살림: 생명을 살리다, 건강을 살리다

서울 은평구에 들어온 지 5년이 지났다. 우리는 2012년 8월 '우리마을 주치의 살림의원'을 개원했다. 살림의원은 가정의학과 의원으로, 누구나 건강에 문제가 생겼을 때 쉽게 방문할 수 있는 문턱 낮은 의원이다. 다른 의원들과 뭐가 다른 걸까? 협동조합 의원이라 뭔가 다르긴 다른 걸까? 여성주의 협동조합이라면 여성주의적 진료를 하는 걸까?

살림의원은 개원하면서 전혀 은행 빚을 지지 않았다. 모두가 놀라워하는 이 전설 같은 이야기는 협동조합이기에 가능했다. 협동조합은 의사가 혼자 만들지 않은 의원, 주민들이 함께 힘을 모으고 돈을 모아서 만들고 같이 운영해가는 의원이다. 살림의원이 개원하는 과정은 협동의 과정이었다. 조합원들이 직접 개원과정에 참여할 수 있도록 일곱 번의 개원회의를 열었고, 클리닉준비팀·홍보팀·공간구성팀으로 나눠 조합원들이 활동에 참여했으며, 의원 이름을 짓기 위해 온라인·오프라인 주민투표를 실시한 데다, 개원의 분위기를 고양시키기 위해 마을운동회까지 마련했다. 의원 개원을 준비하면서 주민들에게 누누이 얘기했다.

"의사가 양심적이고 교과서적으로 진료할 수 있게 하려면 주민들이 그런 환경을 조성해주어야 합니다. 은행 빚 4억~5억 원씩 갚아나가면서 양심적으로 충분한 시간 동안 진료하기는 어렵습니다. 살림의원의 빚이 적을수록 한 환자를 오래 진료할 수 있고 고가의 검사를 권하지 않을 수 있습니다."

주민들이 힘을 모아 건강한 의료환경을 만들어가야 한다고 사람들을 설득한 것은 효과가 있었다. 50만 원, 100만 원씩 힘을 모아 은행 빚 0원으로 의원을 개원할 수 있었으니까 말이다. 이렇게 조합원들의 협동은 조금씩 시작되었다.

개원 직후 홍보를 하는데 조합원분들이 모여서 '아는 의사 있어? 나는 있어!'라든지 '의료협동조합 만나고 나서 건강해졌어요!'라고 적힌 피켓을 들고 8월의 무더위 속에서 역세권 사거리 동서남북 횡단보도를 종횡무진 다녔다. 어찌나 홍보를 열심히 했는지 2012년 말 은평구 동문회 모임에 나갔을 때 선배 의사선생님들이 살림의원을 모두 알고 계실 정도였다. 조합원들은 개원 기념품인 휴지를 나눠주거나 부채를 나눠줄 때도 "1,000명이 넘는 동네 주민들이 돈을 모아서 믿을 수 있는 병원을 만들었어요. 같이해요!"라는 인사를 잊지 않았다.

친구들을 데리고 와서 "내가 같이 만든 병원이야, 괜찮지?"라고 자랑하는 조합원도 있었고, 많이 아파보이는 낯선 환자나 아기 엄마에게 자신의 진료순서를 양보하는 조합원도 있었다. 조합원들은 이용홍보위원회를 만들어 의원을 홍보하고 경영하는 일을 담당할 뿐 아니라 '우리살림함'이라는 의견함에 들어온 제안사항을 논의하고 실천하는 일도 직접 맡고 있다. 이 같은 우리살림함의 활동으로 인해 살림의원에서는 환자나 조합원들의 불만사항이 그냥 불만사항에 그치는 것이 아니라 살림의원의 진료 프로세스를 개선하는 과정이 되곤 한다.

진료의 과정도 협동이다. 사실 진료실에서는 정말 많은 협동이 일어난다. 진료라는 과정 자체가 우선 환자와 의사가 협동하는 과정인데, 협동조합에서는 의사와 환자의 신뢰관계 및 주민 스스로가 건강의 주체라는 협동적 건강관에 힘입어 더 많은 협동이 일어난다.

지난 2년 간 내가 느끼던 막연한 불안을 용기로 바꿔준 것은 바로 조합원들의 협동이었다. 잘 안 낫는다고 환자가 여기저기 병원을 옮겨 다니면 의사는 환자를 지속적으로 추적관찰할 기회를 놓친다. 어쩌면 의사를 키우는 것은 이 추적관찰의 기회인데 말이다! 저번에 봤던 환자가 이 약을 썼더니 좋아졌는지, 그 질환의 경과가 어땠는지, 진단이 맞았는지 틀렸는지, 대학병원으로 의뢰했던 환자가 결국 어떤 진단을 받고 어떻게 치료받았는지 아는 것이 의사를 키운다. 하지만 살림의원에서는 낫지 않는다고 불평하거나 병원을 옮겨버리는 환자들이 없기에 언제 항생제를 써야 하고 언제 쓸 필요가 없는지를 자연스럽게 익히게 된다. 또한 다른 병원에 환자를 뺏길까봐 전전긍긍할 일이 없으니 항생제, 진통제, 주사제를 덜 쓰게 된다.

나는 지역사회 일차의료 의사를 목표로 노력해왔던 내 시간에 자부심을 갖고 있지만 그래도 진료실에서 나를 키우는 것은 믿고 찾아주는 조합원들, 그리고 조합원들의 피드백이다. 동료 의사들은 큰 병원에 보낸 환자들이 결국 어찌 되었는지 알 수 없는 것이 가장 답답하다고 말하는데, 나는 거의 모든 경우 조합원과 환자들의 피드백을 받을 수 있었다.

암인 것 같아서 대학병원에 의뢰했는데 실제로 암이었던 경우이든 아니면 암이 아니었던 경우이든 간에 나는 조합원과 환자들에게서 인사를 받았다. 누구도 "암이 아닌데 괜히 선생님 때문에 이것저것 검사해서 돈만 날렸어요!"라고 말하지 않았다. "암이 아니라 다행이에요. 그래도 이번 일을 계기로 건강에 좀 더 신경 쓰려고요. 큰 병원은 역시 자주 안 가는 게 좋은 것 같네요"라고 웃으면서 말해줄 때 '의사는 이렇게 크는구나'라는 생각에 울컥했다. 나는 내 진단이 맞는지 틀리는지도, 이런 치료를 하면 결과가 어떤지도, 어떻게 협동해 진료를 해나가야 하는지도 매일매일 조합원들을 통해 배우고 있다. 그리고 이것이 의료협동조합의 힘이다.

그렇다면 살림의원의 여성주의 진료는 어떻게 특징지을 수 있을까?

살림의원은 여성의 몸, 사람의 몸에 대해 함부로 말하지 않는다. 쉽게 살을 빼라거나 예뻐지라고 하지 않는다. 적절한 근육을 가진 여성이 건강하다는 믿음에 따라 항상 체지방과 근육량, 다른 대사중후군의 위험성을 가지고 의논한다. 그래서 살림의원의 대기실에는 미백주사니 다이어트 약이니 하며 여성을 유혹하는 의료광고가 없다.

또한 환자의 통증 호소를 무시하지 않는다. 많은 20~30대 여성은 자신이 심한 통증을 호소하더라도 의료인이 예사롭게 보아 넘겨 상처를 받은 경험을 한 번씩 가지고 있다. 젊은 여성은 통증에 민감하다고 의사들에게 알려져 있기 때문이다. 통증을 달래는 가장 좋은 방법이 위로와 공감이라는 것은 진료실에서도 마찬가지이므로 살림의원 진료실에서는 여성의 통증에 대해 별 것 아니라고 말하지 않는다. 실제로 특별한 원인이 없는 통증일 경우에는 통증을 느끼는 원리에 대해 설명함으로써 걱정할 필요가 없음을 알리는 인지치료를 시행한다.

또한 살림의원에서는 성정체성을 이유로 차별받지 않는다. 오히려 성소수자임을 밝히고 진료를 받을 때 더 양질의 진료를 받을 수 있다. 질염, 외음부염에 걸렸을 때 이성애자 여성과 동성애자 여성의 원인균은 같지 않을 수 있다. 동성애자 여성은 이성애자 여성을 가정하고 만들어진 불필요한 여러 가지 검사나 예방주사를 권유받을 필요가 없으며, 오히려 동성애자의 생애주기에 맞는 검진을 받을 권리가 있다.

살림의원에서는 트랜스젠더 호르몬 치료를 실시하고 있다. 비단 호르몬 치료뿐 아니라 이후의 삶까지 건강할 수 있도록 술, 담배, 사회적 관계, 대사중후군의 위험성까지 상담하고 있다. 많은 트랜스젠더 환자들은 살림의원의 호르몬 주사제 가격에 놀라워한다. 다른 의원에 비해 너무 싸다는 것이다. 이렇게 주사제가 싼 이유는 마진이 낮기 때문이다. 살림의원의 모든 비보험 진료와 주사제는 조합원 회의를 통해 가격을 결정하는데, 그 회의 자리에서 트랜스젠더 호르몬 주사제 가격이 너무 낮게 책정된 것에 대한 논란이 있었다. 그러나 회의 결과 낮은 마진을 유지하기로 했다. 일반인들이 간혹 맞는 영양제와 트랜스젠더 호르몬 주사제는 성격이 다르기 때문에 영양제에 붙이는 마진을 필수적인 호르몬 치료에 붙일 수 없다는 판단을 경영위원들이 함께 내려주었다.

살림의원은 장애인이 방문하기 쉬운 위치에 있고 휠체어와 유모차가 올라올 수 있도록 엘리베이터가 완비된 시설에 입주해 있다. 23평 공간 안에 가정의학과 의원을 넣으면서도 지상에서부터 진료실까지 휠체어가 움직이기에 장벽이 없어야 한다는 원칙을 지키기 위해 노력했다. 입지를 선정할 때부터 조합원들이 장애인 이동성에 대한 가점을 워낙 세게 붙여 놓았던 덕이다. 한편 지역 장애인 시설들과 협약을 체결해 지역 장애인들이 때때로 살림의원을 내원하기도 하고, 의사와 간호사가 시설을 방문하기도 한다.

살림의원에 내원하는 환자들은 질환을 가지고 있다는 이유로 본인이 차별받지 않을 거라는 사실을 잘 알기에 HIV 감염자들도 본인의 감염상태를 숨김없이 이야기하며, 직원들은 스스로를 잘 보호할 수 있어 환자에게 고마워한다.

살림의원의 진료실에서는 환자들, 특히 엄마들을 비난하지 않는다. "아니, 아이가 아픈데 왜 이제야 오셨어요?"와 같은 말은 하지 않는다. 진료실에서는 당연히 교육이 이루어져야 하고 병원에 와야 할 때는 언제인가라는 것이 교육의 핵심인 것도 사실이다. 그러나 상당수의 교육은 비난의 형태를 지니고 있고, 대개 여성을 향하고 있다. 살림의원에서는 이런 엄마나 여성을 향해 비난하지 않는다. 엄마가 자신의 잘못으로 아이가 아프다고 자책할 때도 엄마의 탓이 아니라고 강조한다. 엄마가 잘못하지 않아도 아이들은 아플 수 있다. 또한 환자가 아픈 것은 환자 본인의 탓이 아니다.

그리고 살림의원에서는 소아 환자를 진료할 때 엄마가 무엇을 해야 한다고 말하지 않는다. "아이가 열이 많이 날 때 보호자분들이 해줄 수 있는 일은요……" 이런 식으로 말한다. 비록 소아를 데리고 온 사람이 엄마일지라도 의도적으로 엄마 아빠라고 말하거나 보호자라고 말한다.

또한 살림의원에서는 아이들도 건강의 한 주체로 대우한다. 대화가 가능한 나이라면 아이들도 스스로 자신의 건강을 관리할 수 있도록 직접 교육하고 문진에 참여시킨다.

9살, 8살 두 아이를 키우는 아이엄마입니다. 큰아이 비염으로 한의원도 가보고 비염에 좋다는 여러 가지 건강식품도 먹어 보았습니다. 동네 병원을 가보아도 별 효과가 없어 답답함을 느꼈습니다. 그리고 특히 자주 찾는 동네 병원에서 불편한 감정을 느껴 아이가 아파도 병원 가는 것을 자꾸 미루고 싶었습니다. 그러던 중 지인의 소개로 살림의원을 갔습니다.

진료를 받고 나오면서 꿈인가 생시인가 했죠. 아! 이런 병원이 있을 수 있구나 하는……. 엄마도 의사선생님께 맘 편하게 질문을 할 수 있고, 아이들도 자연스럽게 선생님과 대화를 하고, 참 좋았습니다. 그러던 중 큰아이가 아주 어렸을 때부터 있었던 손톱, 발톱 물어뜯는 것에 대해 상담했죠. 실은 별 큰 기대 없이요.ㅎ

일단 선생님은 아이의 꿈이 뭔지를 물으셨고, 아이에게 어떻게 얘기를 해야 할지 그 방법을 구체적으로 제시해주셨습니다. 정확히 기억나지는 않지만 기억을 더듬어보자면 "○○의 꿈이 과학자이지? 그런데 ○○가 어른이 되어서도 손발톱을 물어뜯으며 연구를 한다면 어떨까? 너 생각은 어떠니? 지금 이 습관을 고치지 않으면 평생 갈 수가 있단다. 어떤 방법으로 이 습관을 고칠까? 손발톱에 매니큐어나 봉숭아물을 들여서 손발톱을 물어뜯고 싶을 때마다 기억할 수 있도록 할까? 아니면 본인이 어떤 메시지를 직접 적어서 집안 곳곳에 붙여둘까?" 이런 식의 내용이었어요. 선생님이 말씀해주신 대로 아이에게 잘 전달했고 아이도 습관을 고쳐야겠다는 결심을 굳혔습니다. 그리고 펜으로 쓰면 힘드니까 워드로 본인이 직접 문구를 작성해 여러 장을 프린트하겠다고 하더군요. 그리고 화장실, 식탁 위, 책장, 본인 방 등 집안 곳곳에 테이핑 처리를 했습니다. 그러더니 거짓말처럼 습관이 사라졌습니다. 아주 어렸을 때부터 가지고 있던 습관을 하루아침에 고치다니, 정말 신기했고 지금도 잘 믿어지지 않습니다. 간혹, 아주 간혹 손톱을 물어뜯으려다가도 "아, 나 자신과 약속했지!" 하며 손톱을 빼더군요. 그전에는 몇 년간 잔소리하고 혼을 내도 절대로 고쳐지지 않았던 습관이 말입니다. 선생님이 제시해주신 방법이 모든 아이에게 통하지는 않겠지만 손발톱 물어뜯는 습관으로 고민하고 계신 엄마들께 한번 권해보고 싶네요. 그리고 마지막으로 엄마의 강요, 잔소리, 위협은 아무 소용이 없다는 것, 본인이 스스로 판단해서 결정했을 때 진정으로 변한다는 것을 말씀드리고 싶습니다. 저희 가족의 질병만 치료해준 것이 아니라 그보다 더 큰 메시지를 준 살림의원에 감사드립니다.

— 이은경(조합원, 2012년 9월 살림의료협동조합 게시판 글 중에서)

## 5. 건강증진의 공간인 운동센터를 시작하다

다-Gym: 우리 모두 다의 운동공간(Gym)

다-Gym: 무엇이든 다 할 수 있는 운동공간(Gym)

다짐: 건강한 관계를 튼튼히 다지다

다짐: 함께 건강해지자고 다짐하다

이렇게 살림의원이 지역에서 사랑을 받으면서 점차 안정화되고 있던 2013년 여름, 우리는 또 하나의 도전을 시작했다. 도심지역에 이제 막 만든 데다 초반부터 비혼 여성이 중심이 되어 만든 의료협동조합의 특성상 아프지 않은 조합원들이 다수를 차지한다. 아플 때 갈 수 있는 의원 말고 건강할 때 건강을 지킬 수 있는 사업소도 만들어야 한다는 요구가 조합원들 사이에서 커졌고, 이로 인해 우리마을 건강활력소 다짐(운동센터)을 개관했다.

다짐을 개관한 바탕에는 '혼자서는 절대 건강해질 수 없다는 믿음'이 자리하고 있다. 내가 살고 있는 마을, 마시는 공기, 다니는 길, 일상적으로 만나는 사람들이 모두 나의 건강과 연결되어 있다는 믿음 말이다.

우리가 추구하는 건강은 신체적·정신적·사회적 건강(안녕)이다. 올바른 식생활과 더불어 건강을 지키는 데 가장 중요한 요소는 운동이고(신체적 건강), 역동적이고 리드미컬한 운동을 하면 건강을 지키는 것은 물론 해방감과 자유까지 느낄 수 있으며(정신적 건강), 함께 땀 흘리고 움직이는 기쁨을 나누는 동지가 생기면 이들과의 관계가 일상에 활력을 불어넣어준다(사회적 건강)는 의미를 담아 다짐을 개관했다.

다짐 역시 협동조합적이고 여성주의적으로 운영되는 공간이다. 다짐에는 체육시설이나 운동시설에 흔히 있는 위계적인 문화가 없다. 남성적인 으샤으샤 문화, 군대문화, 브라더후드에 대한 강조가 전혀 없다.

운동시설에서 흔히 볼 수 있는 '여자 S라인', '여러분의 건강을 전문가에게 맡기세요!', '5kg 감량 실패 시 환불', '어떤 옷이든 잘 어울리는 그녀는 일단 날씬합니다', '남자는 힘이다!', '젓가락 같은 몸으로 살 것인가? 남자다운 몸으로 살 것인가?' 등등 건강을 추구하기보다는 여성과 남성의 몸을 상품화하는 이미지를 생산하고 성별이분법에 우리를 가두는 광고가 다짐에는 없다. 대신 다짐의 벽에는 "성차별, 외모차별, 나이차별, 잘난 척이 없는 공간"이라고 쓰여 있다. 김연아의 몸은 아름답고 장미란의 몸은 그렇지 않은가? 식스팩과 S라인만이 건강하고 아름다운 몸의 기준인가?

다짐에는 특별한 헬스기구가 없다. 자신의 몸무게를 이용한 근력운동과 좁은 공간에서도 할 수 있는 유산소 운동이 다짐의 기본이다. 운동을 이렇게 구성한 이유는 대개의 헬스기구들이 여성과 어린이, 장애인, 노약자의 몸에 맞지 않거니와, 다짐에서 배운 운동을 집에서 꾸준히 실천하기 위해서는 별다른 준비물이 없어도 운동을 할 수 있어야 하기 때문이다.

또한 다짐은 운동만 하는 공간에 그치지 않고 어떤 날은 마을영화관이 되기도 하고, 어떤 날은 협동조합 학교나 여성주의 학교가 열리는 배움의 공간이 되기도 한다. 그래서 다짐의 벽에는 이렇게도 쓰여 있다. "기계가 아니라 관계를 통해 건강해집니다." 이처럼 다짐에서는 여럿이 신나게 몸을 움직이고 땀을 흘리면서 온몸으로 협동조합과 여성주의의 정신을 배우고 있으며, 소통을 통해 건강한 마을공동체를 만들어가고 있다.

이러한 다짐의 운영도 협동으로 가능하다. 조합원들은 건강다짐운영위원회를 만들어 다짐 운영에 필요한 사항들을 논의하고 실천하고 있다. 홍보 또한 조합원들의 몫이다. 살림의원을 홍보했던 역세권 사거리에는 꼭 1년이 지난 후 다짐을 홍보하는 피켓들이 출현했다.

살림의원의 의료인과 다짐 운동강사들은 협동해서 맞춤형 운동처방 프로그램인 '운동클리닉'도 운영하고 있다. 건강다짐의 강사진은 운동클리닉을 통해 수업을 듣는 조합원과 환자의 건강상태나 부상 이력을 파악한 후 개인별로 집중하거나 피해야 할 동작을 지도하는 등 맞춤형 운동처방을 하고 있다. 이렇게 운영되는 다짐에서 나온 수익은 건강한 마을을 위해, 또 다른 협동을 위해 다시 투자되고 있다. 살림의원과 마찬가지로 조합원과 가족들에게 건강지원비를 제공하기도 하고 취약계층이 운동을 등록할 수 있도록 지원하기도 한다.

또한 다짐에서는 다짐의 자랑인 노년층을 위한 운동수업 '흰머리 휘날리며'를 주 2회 무료로 운영하고 있다. 흰머리 휘날리며는 살림의원과 연계된 노년특화 운동수업인데, 만 55세 이상의 노인들과 함께 본격적인 근력운동을 실시하는 프로그램이다. 파킨슨병, 소아마비, 중풍(뇌경색, 뇌출혈) 등으로 움직임이 불편한 노인들도 자신이 할 수 있는 동작을 천천히 따라하면서 점점 할 수 있는 동작이 많아졌고, 예전에는 누군가 보조해주지 않으면 서 있는 것조차 버거웠던 노인이 이제는 스스로 서는 등 이 운동수업은 지역사회에서 재활운동으로서의 역할을 톡톡히 하고 있다. 또한 살림의 협동조합 및 여성주의 건강관을 바탕으로 몸을 다그치는 운동이 아니라 몸과 화해하며 소통하는 운동을 퍼뜨리고 있다. 2014년에는 이 할머니들과 지역의 젊은 여성들이 짝을 지어 소통하고 서로의 역사를 기록하는 '반세기 커플'이라는 세대공감 프로그램을 진행하기도 했다.

지난달에 있었던 일입니다. 수업을 마치고 어르신들께 안녕히 가시라고 인사를 하는데 한 할머니께서 자리에 그대로 앉아 "선생님!" 하고 저를 부르시더라고요. 어디가 불편하신가 하고 놀라서 갔더니 "나는, 그런 말을, 오늘 처음 들었어요……"라면서 울먹이시는 거예요. 낙상 예방을 위해 발목을 먼저 풀어주고 혈액순환을 돕기 위해 발바닥을 마사지하는 시간이 있었는데, 알고 보니 그때 제가 했던 말 때문이었습니다. "발이 제일 고생이 많죠? 수고가 많다고, 고맙다고 꾸욱꾸욱 두 손으로 잘 눌러주세요"라고 했던 것뿐인데, 발이 고생한다고 생각한 적은 한 번도 없다고, 잘 걷지도 못한다고 지금껏 구박만 했다고, 그게 너무 미안하다고 하시면서 눈물을 글썽이시는 바람에 저도 눈물이 핑 돌더라고요.

이제라도 당신의 몸을 긍정하고 감사할 계기가 생겼다는 게 정말 기뻤지만, 그동안 몸과 화해하지 못하고 살아오셨을 할머니의 세월을 생각하니 마

음이 먹먹했습니다. 그리고 여성이 자신의 몸을 아끼고 보듬어주지는 못할망
정 구박하고 미워하는 건 젊은 세대만의 문제가 아니라는 걸 깨달았습니다.

— 권이은정(다짐 운동강사, ≪은평시민신문≫ 기고글 중에서)


## 6. 살림의료협동조합의 조합원들

글이 너무 일관되게 자랑질이었나? 사실 내가 혼자 다 만들었다면 민망
해서라도 이렇게 덮어놓고 자랑은 못할 것 같다. 그러나 살림의원을 만들
어서 운영하고 다짐을 개관해 운동프로그램을 진행하는 과정에 속속들이
깃든 여성주의자와 지역주민 조합원들의 손길을 너무 잘 알기에 이런 자
랑도 가능한 게 아닐까 싶다. 진짜 중요한 자랑질 하나만 더 하자. 내가 정
말 자랑스러워하고 존경하는 그녀들, 건강하고 강하고 심지어 아름다운
그녀들, 바로 우리 조합원들이다. 그 중에서도 네 명의 이야기를 들려주려
한다.

첫 번째는 갑상선기능항진증을 앓고 있던 여성의 이야기이다. 그녀는
언제나 병원에 가서 약을 타 먹었지만 이 병이 왜 생긴 것인지, 언제까지
약을 먹어야 하는지 속 시원한 설명은 들어보지 못했다. 지인에게 살림의
원을 추천받고 다니기 시작하면서 조합원이 되었고 척추측만증을 치료하
기 위해 다짐에도 다니기 시작했다. 꾸준히 운동하면서 컨디션이 점점 좋
아지는 것을 느끼기 시작한 지 3개월째, 살림에서 주최하는 갑상선 질환
자들의 모임 '갑들의 모임'에 참석했다. 갑상선 질환을 가진 조합원들이
모여 다들 약은 먹고 다니냐며 자조 섞인 농담을 하면서도 서로 격려하고
다독여주던 첫 번째 모임이 너무 좋아 두 번째 모임에도 참석했다. 두 번
째 모임은 살림의원 주치의와 함께 갑상선 질환에 대해 알아보는 시간이

었다. 항상 무엇 때문에 자신이 갑상선 질환에 걸렸는지, 자신이 무슨 잘못을 한 건지, 앞으로 어떻게 관리해야 하는지 궁금했는데 많이 알 수 있었다. 갑상선 질환이 자신이 뭔가 잘못해서 생기는 질환이 아니라 여성에게 잘 생기는 자가면역질환이라는 사실, 방사능이 갑상선 질환을 일으킬 수 있다는 사실을 알게 되면서 뭔가 속이 시원했으며 후쿠시마 핵발전소 사고가 얼마나 무서운 것이었는지도 다시금 되새겼다. 운동도 많이 늘었다. 단 하나도 못하던 윗몸 말아 올리기는 30개를 거뜬히 넘기고, 체력장 매달리기에서는 1초 이상 버텨본 적이 없는데 이젠 1분 이상 버틸 수 있게 되었다. 그녀가 운동을 하고 난 후 느끼는 뿌듯함은 '잘 살아왔구나' 하고 스스로에게 주는 칭찬과도 같은 것이다.

두 번째 이야기의 주인공은 얼마 전까지만 해도 뒷자리가 1로 시작하는 주민등록번호를 가지고 있던 여성이다. 그녀는 여성호르몬 치료를 받고 태국에서 성전환을 위한 수술을 받았는데, 수술 부위에 염증이 생겨 살림의원을 처음 방문했다. 태국에서 수술했던 의사와 연락을 취하면서 살림의원에서 진료를 받아 수술 부위에 생긴 염증을 치료하고 난 후 그녀는 2로 시작하는 주민등록번호를 갖게 되었다. 그 뒤로도 그녀는 계속 살림의원을 다니고 있다. 호르몬 치료를 계속 받기 위해서이기도 하지만, 의원 청소를 하거나 조합에서 큰 행사를 개최할 때도 늘 와서 일손을 거든다. 그녀의 꿈은 지금 다니는 직장을 정리하고 간호사가 되기 위한 공부를 하는 것이다. 그리고는 살림의원에서 간호팀 직원으로 일하며 자신과 같은 트랜스젠더들에게 의료적으로 도움을 주는 사람이 되는 것이다. 그녀는 운동센터 다짐에 있는 화장실을 좋아한다. 화장실 두 개의 입구에는 남녀를 구분하는 표시가 없어 누구나 쓰지 않는 쪽 화장실에 들어갈 수 있다. 성별을 완전히 정정하기 전에는 어느 곳에서나 남녀 화장실 중 어디에 들어가야 할지 매번 고민했는데, 애매한 성별을 가진 이들이 안심하고 이용할 수 있다며 그녀는 좋아했다.

세 번째 조합원은 어깨가 아파 침을 맞고 보약을 지으러 한의원에 자주 다녔던 할머니이다. 그런데 얼마 전부터 주위 사람들에게서 얼굴이 부었다, 몸이 부었다는 소리를 자주 듣기 시작했다. 얼굴과 몸이 붓는 이유가 뭔지, 혹시 큰 병이라도 있는 건 아닌지 걱정되는 마음에 조합원인 딸과 며느리의 추천으로 살림의원을 방문했다. 살림의원에서는 검사 후 특별한 이상이 없다는 얘기를 들었다. 이상이 없는데 왜 얼굴이 붓는지 의아해하자 운동을 시작해보라는 처방을 받았다. 운동? 가끔 돌봐주는 손녀와 외손녀 덕에 요즘 어깨와 허리가 더 아파진다고 느끼던 차였는데 운동을 하라고? 그녀는 돈을 내고 운동을 한다는 것이 걸리기는 했지만 어차피 매일 침 맞고 보약 먹으니 병원비나 운동비나 비슷할 거라고 생각했다. 그런데 다짐에 등록하고 꾸준히 운동을 하면서 몸이 무거운 느낌, 뭔가 흐름이 막혀 있는 것 같던 느낌이 싹 사라졌다. 젊은 사람들과 함께 흠뻑 땀을 흘리고 돌아가면 그렇게 개운할 수가 없었다. 근력이 점점 붙고 허벅지가 탄탄해지는 것이 느껴지기 시작했다. 2014년 개최된 동계올림픽은 지금까지의 올림픽 중 최고로 신나게 시청했다. 가장 좋아하는 선수는 이상화. 이상화 선수의 허벅지는 몇 센티이고 종아리는 몇 센티라는 얘기를 들으면 흥분되었다. 얼음을 지치는 모습을 보면서, 그 탄탄한 허벅지를 보면서 저렇게 허벅지를 키우려면 이런 운동을 얼마나 열심히 해야 할까 싶었고, 그 후론 힘든 하체 근력운동을 할 때마다 이상화 선수를 생각했다. '이상화 선수도 이런 힘든 운동을 이겨냈겠지!'라면서 말이다. 4개월 동안 꾸준히 운동을 하다가 침 맞으러 한 번도 한의원에 가지 않았다는 사실을 문득 깨달았다.

마지막으로, 살림 조합원들과 함께 공동육아 소모임 '친구야 놀자'에 참여하고 있는 여성의 이야기이다. '친구야 놀자'에서는 품앗이 육아를 하고 있다. 육아에만 시달리는 엄마들이 서로서로 아이를 돌봐주며 운동도 하는 것이다. 그녀의 딸아이는 이제 갓 돌이 되어간다. 살림의원에서 임신을 진단받으면서 맺은 인연으로 딸을 낳자마자 예방접종하러 달려왔고, 감기며 장염이며 아이가 흔히 앓을 수 있는 질환들을 살림의원에서 진료를 받고 있다. 요즘 그녀는 다짐에서 수강하는 아프리칸 댄스에 꽂혔다. 아프리칸 댄스는 예쁘게 보이기 위한 춤이 아니다. 맨발로 흙과 바람과 하늘과 소통하며 영혼의 해방을 추구하는 춤으로, 그녀는 자유로이 추는 이 춤을 배우는 것을 좋아하고, 사람들이 가쁜 숨을 몰아쉬며 뿜어낸 입김으로 가득 찬 다짐 공간을 좋아하며, 흠뻑 땀 흘린 후에 동네에서 사람들과 기울이는 맥주 한 잔을 좋아한다. 술자리에서 초등학생 엄마를 둔 다른 조합원에게서 어떤 아저씨의 성희롱으로부터 딸을 지키기 위해 거리에서 소리 지르며 싸운 이야기를 들은 후 돌잡이 딸아이가 심하게 걱정되기 시작했다. 이래서 딸이라고 처음 들었을 때부터 걱정스러웠지. 그러나 그녀는 딸에게 조심하라고 얘기하기는 싫다. 딸에게 조심시키기 시작하면 누구와도 좋은 관계를 맺기가 힘들어진다. 게다가 만약 사고가 난다면 딸은 조심하지 않은 자신을 탓할 수도 있다. 어떻게 하면 좋을까 골똘히 생각하면서 맥주를 한 모금 들이키다가 건너편 조합원에게서 위로를 받았다. "살림이 있잖아! 다짐에서 자기방어훈련도 할 거래." 그래, 살림에서 같이 자라면 건강하고 강한 여성으로 자랄 거야. 안심되어서 다시 맥주 한 잔!

이러니 어떻게 그녀들을 사랑하고 자랑하고 또 존경하지 않을 수 있겠는가! 살림의원과 다짐, 살림의료협동조합에서 추구하는 여성주의는 그녀들처럼 건강하고 강한 여성이 많아지는 것이다. 여성이 건강해지고 강해지는 것, 그것이 바로 우리가 가장 잘할 수 있는 여성주의 실천이다.

## 7. 나가며

의사 친구들은 나에게 가끔 궁금해 한다.

"의료협동조합에서 일하는 의사에게는 경영 압박이 심하지 않아?"

경영압박을 왜 안 느끼겠는가? 나도 느낀다. 하지만 혼자 개원한 의사가 느끼는 것만큼 압박감이 크지는 않을 것이다. 적어도 나는, 우리는 망해도 1,500명이 함께 망하는 거니까. 그리고 협동조합이 빚을 지면 그 빚을 갚는 책임을 같이 지겠노라며 14명의 이사님이 인감도장까지 찍었으니까.

경영압박만이 아니다. 의료사고가 걱정될 때도 있다. 그러나 그럴 때도 역시 나 혼자서 책임져야 할 상황은 절대 오지 않을 것이라고 믿는다. 함께 하는 든든한 조합원들과 이사회가 있으니까.

또 친구들은 궁금해 한다.

"살림의원에서 번 돈이 다 조합으로 가면 의사가 너무 착취당하는 구조 아니야?"

협동조합 의료기관은 생각만큼 돈을 많이 벌지 않는다. 충분히 상담하고 과잉진료 안 하고 적정 가격으로 운영하다 보면 그렇게 돈을 많이 벌 수 없다. 도리어 조합원들이 바이럴 마케팅으로 소문을 내주는 것, 빚 없이 의원을 개원했으니 은행 이자나 리스 비용으로 나갈 돈이 줄어든 것, 조합사무국의 직원과 조합원들이 열심히 조직 활동을 해서 지역사회에 기여하는 것, 이처럼 비용으로 환산되지 않는 가치들을 생각한다면 소유주인 다른 원장보다 내 형편이 나을 듯하다.

"환자들이 조합원이라고 VIP 대우 같은 거 바라지는 않아?"

이에 대해서는 살림의원의 간호조무사가 얘기한 적이 있다.

"여기는 뭐랄까, 환자분들 수준이 높아요. 말씀도 점잖게 하시고, 대기실에서 기다려도 짜증도 많이 안 내시고, 직원들한테도 함부로 대하지 않으세요."

조합원들이 주인이기 때문이다. 주인이랍시고 와서 내가 주인이니깐 너희들은 하인입네 갑질하며 행패를 부리는 것이 아니다. 좋은 주인은 다른 손님들이 이곳을 편안하게 느끼려면 내가 무엇을 더 해야 할까, 직원들이 여기를 좋은 직장이라 여겨 오래오래 일하도록 하려면 무엇이 더 필요할까를 고민한다. 좋은 주인이 많은 곳, 건강한 주민들이 주인인 곳이 의료협동조합이기 때문이다.

"그래도 좀 큰 병원에 있는 게 많이 배우지 않을까?"

나는 전공의를 끝낸 후 내시경 수련을 다른 선배의 의료협동조합에서 다시 받았다. 앞서도 말했다시피 일상적인 진료실 안에서의 협동은 끊임없이 나를 성장시키고 있다. 또한 우리에겐 비장의 무기가 있다. 바로 진료실 안에서의 실시간 채팅이다. 여러 다른 의료협동조합 의사들이 모여있는 채팅방에서 모르는 것을 물어보고 다른 사람들이 물어본 것을 찾아서 대답해주면서 의사로서의 진료 실력을 키우고 새로운 의료지식도 교류한다. 물론 의료인들의 재교육을 위한 연수강좌 비용 또는 학회 참가비는 조합에서 예산으로 책정해 지원하고 있다.

저희는 아침 일찍 살림의원을 방문해 무영 원장님을 만나 의료협동조합과 의원에 대해 소개를 받았습니다. 그리고 원장님께서 진료하시는 모습을 잠깐 참관했어요. 한 명 한 명 충분한 시간을 들여 자세하게 설명해주시고 각자의 사정에 잘 맞춰 진료하시는 모습이 인상적이었습니다! 진짜 '주치의'라는 게 이런 거구나 하는 느낌이 확 들었지요. '사려 깊은 진료'라는 글자가 엄청 크게 쓰여 있는 의원의 따뜻한 벽과 한 권 한 권 생각하며 선정했다는 만화책들도 인상적이었어요. 나중에 조합 활동가 선생님에게서 이곳을 짓기 위해 많은 조합원들이 모여 계획했다는 설명을 듣고 나자 의원 구석구석에 많은 사람들의 고민과 생각이 묻어나는 것만 같아 곳곳을 다시 돌아보게 되더군요.

의원에서의 짧은 시간을 뒤로 한 채 저희는 참 많이 낯선 곳인 다짐을 방문했습니다. 저의 뻣뻣한 몸과 저질스러운 체력이 약간 부끄러웠지만, 그보다 이 색다른 공간에서 받은 인상이 더 컸어요. 개인적으로는 만성질환을 예방하고 관리하는 일에 관심이 많은데, 만성질환 예방과 관리에 가장 중요하다는 생활습관 개선이 실제로 어떻게 이루어질 수 있을까 항상 의문을 가지고 있었습니다. 의사들이 말로만 운동하란다고 해서 될까, 동네에 체육관이 많아지면 될까, 많이 걸을 수 있도록 산책로와 대중교통을 개선하면 될까……. 그런데 다짐은 그 의문에 지금까지 전혀 생각하지 못했던, 그러나 아주 좋은 답이 되어주었어요. 제 생각에 나심의 진짜 매력은 깔끔하고 멋진 외양이 아니라 할머니 할아버지처럼 운동에서조차 소외되기 쉬운 분들을 위해 마련한 '흰머리 휘날리며' 같은 운동수업이나, 스스로 또 같이 생활습관을 고쳐나가는 '건강실천단' 같은 소프트웨어에 있는 것 같습니다.

전체 직원학습회에서 보여주신 일본의 미나미의료생협도 참 인상적이었습니다. 특히 치매노인을 위한 그룹홈 '나모'가 가장 기억에 남습니다. 노인에게 익숙한 환경을 조성하기 위해 자기 물건과 가구를 사용하게 하고, 가족이나 친구는 시간에 관계없이 항상 방문할 수 있도록 하며, 1일 1회 반드시 외출할 수 있게 하는 것 등 우리의 현실에서는 낯설지만 책에서 배운 치매노인의 치료원칙에는 잘 맞는 이웃나라의 실재가 참 부러웠습니다. 또 살림의 나아갈 길을 보여주는 것 같다는 생각도 들었어요.

운 좋게도 살림의료협동조합의 꽤 많은 얼굴을 본 것 같아 참 감사한 하루였습니다. 그동안에는 사실 잘 몰랐는데 신선한 충격과도 같은 기회였어요. 감사합니다!

― 조석주(한림대 의대 학생, 2014년 1월 살림의료협동조합 게시판 글 중에서)

나는 의사라는 직업은 정말 좋은 직업이라고 생각한다. 하루 종일 열심히 맡은 바 일을 다 하기만 해도 결과적으로 다른 사람을 도울 수 있는 직업은 흔하지 않다. 그런 의사들 중에서도 나는 의료협동조합에서 일하는 의사여서 더 좋은 직업을 가졌다고 생각한다. 페이닥터(봉직의)로 일하는 사람 중 다른 친구에게 이 직장에 와서 일하자고 말할 수 있을 만큼 자신의 직장을 마음에 들어 하는 사람이 얼마나 있을까? 나는 좋아하는 친구들에게 의료협동조합에 와서 일하자고 제안할 수 있다. 그것이 그 친구들에게 얼마나 행운인지도 거리낌 없이 말할 수 있다.

사람들을 건강하게 하는 것을 본분으로 삼는 곳이 바로 의료협동조합이다. 그렇다면 건강한 사람들이 많아져서 병원 매출이 떨어지면? 그때는 건강한 사람을 대상으로 하는 사업소를 개발하면 된다. 다짐이라는 운동센터를 만들었던 것처럼 치과, 한의원, 심리상담센터도 함께 만들 준비를 할 것이다. 지역의 사회적 불이익계층을 지원하기 위한 자원활동센터를 만들 수도 있고, 좋은 먹거리를 공유하는 동네 부엌을 만들 수도 있다. 조합원들이 서서히 나이 들어가면 요양원과 요양보호센터를 만들 거고, 치매 노인을 위한 그룹홈을 만들면 나의 노후도 거기에 의탁할 셈이다. 나야말로 돌봐줄 자식이 없는 비혼 여성이잖은가!

의료협동조합은 건강한 사람이 주를 이루는 자발적인 조직이다. 아프기 전에 예방하고 아플 때는 신뢰받는 의사의 돌봄을 받을 수 있는 곳으로, 가족, 이웃, 친구들과 함께 지속적으로 건강을 챙기는 돌봄의 네트워크이자 돌봄의 지역사회이다. 세계보건기구는 이러한 커뮤니티 기반의 자발적인 건강조직이야말로 아플 때도 아프지 않을 때도 삶의 질을 유지할 수 있는 가장 효과적인 구조라고 제시했다.

당뇨를 진단 받은 사람이 건강하게 식사할 수 있는 먹거리를 동네에서 쉬이 구할 수 있고 건강을 돌볼 수 있도록 당뇨에 대한 교육을 적절히 받을 수 있다면, 적합한 약을 처방해주고 합병증을 조기에 발견할 수 있는 의료인과 약을 제때 먹도록 잊지 않고 챙겨주는 가족과 퇴근 후 같이 걷고 운동하자고 부르는 이웃이 있다면 당뇨 환자이더라도 충분히 '건강한 사람'으로 살 수 있지 않겠는가? 그 당뇨 환자를 돌보는 노동이 소중히 여겨지고 그 돌봄이 여성에게 일방적으로 전가되지 않는다면, 그 당뇨 환자를 지역사회가 함께 책임지는 시스템을 만들어간다면 그 당뇨 환자뿐 아니라 가족과 이웃까지도 '건강한 사람'으로 살 수 있지 않겠는가?

# 코뮤니즘 사회의
# 일상에 대한 상상

# 대안적 노동원리
노동에서의 해방과 노동을 통한 해방

장귀연 | 경상대학교 사회과학연구원

## 1. 들어가는 말

소비에트 연방을 비롯해 자본주의를 극복했다고 자처한 사회주의 국가들은 결국 실패했고 자본주의로 선회했다. 물론 이것이 자본주의의 대안이 존재할 수 없음을 의미하지는 않는다. 미래는 남아 있다. 또한 이제 역사 기록이 된 사회주의 국가들의 현실적인 실패 원인도 여러 가지로 분석할 수 있을 것이다. 그러나 여기에 앞서 역사적으로 실재했던 사회주의가 과연 자본주의의 대안을 구현했었는지부터 근본적으로 따져봐야 한다. 이른바 현실 사회주의 국가들은 많은 부분 자본주의의 병폐를 답습했고 이런 점에서 보면 자본주의의 대안 자체가 아니었다고 볼 수도 있다.

그중에서 가장 중요한 것이 생산 방식과 노동조직의 측면이다. 사회주의 국가에서는 생산조직의 소유권이 사적 자본의 손에 있지는 않았을지언정 실제로 생산조직 내에서 노동을 조직하고 생산을 하는 방법은 자본주의와 다를 바 없었다. 생산성과 효율성을 기준으로 노동분업 및 이를 위한 기술 및 관리감독 체계를 채택했고, 그리하여 노동자들의 노동과정은 자본주의와 크게 다르지 않았다.

레닌이 테일러주의의 도입을 지지했던 것에서 드러나듯이, 생산조직을 국유화해 사적 자본의 이윤이 아닌 노동자, 국가, 인민을 위해 생산하고 사용한다면 노동과정은 문제가 되지 않는 것으로 보았던 것 같다. 좀 더 나아가 현장조직이나 경영관리에 노동자들이 참여하는 자주관리 방식이 시도된 적도 있지만 이때도 노동과정 자체는 거의 문제시되지 않았다. 이에 관한 한은 자본주의나 역사 속에 존재했던 사회주의 사회나 마찬가지였다. 즉, 노동자들의 노동은 가능한 한 생산성과 효율성을 높이는 방식으로 조직되었고, 노동자들은 조직의 한 부속물일 뿐이었다.

그러나 마르크스가 갈파했듯이, 소외된 노동은 노동자의 삶을 비참하게 만드는 원천 가운데 하나이다. 우리의 사회적 생활에서 노동은 큰 몫을 차지하는데 그 노동이 고통스럽다면 행복한 삶이 되기란 쉽지 않다. 이는 단순히 자본의 노동 착취를 철폐하는 것만으로 해결될 수 없으며, 정치적·경제적 결정에 참여하는 것과도 다른 문제이다. 즉, "당신의 노동이 실험실의 뿌연 유리창 뒤편에서 밤새 혼자 머물며 유리창 저편을 지켜보는 일 이외에는 다른 할 일이 아무것도 없는 커다란 화학공장에서 …… 당신의 노동이 눈으로 계기판을 지켜보다 어떤 일이 생길 경우에 사전에 지시된 사항들을 글자 그대로 따라하는 핵발전소에서…… 현장의 노동이 모든 것이 정상적으로 확인하는 일로만 구성되고 기계 앞에서 느끼는 무력감에 고립감과 고독감이 동반하는 유리 제작 공장이나 플라스틱 제작 공장에서, 자주관리가 과연 무엇을 의미할까?"(고르, 2011: 208)

이러한 노동의 형태를 극복하는 것은 자본주의가 사람들의 삶에 야기한 고통을 제거하려는 대안을 마련하는 데 필수적인 부분이다. 그러므로 이 글에서는 노동의 대안적 원리에 대한 논거와 기초적인 구상을 제시하려 한다.

이 글에서 중요한 전거로 삼는 이론가는 마르크스이다. 노동을 중시했던 근대의 여러 이론가들 중에서 마르크스는 노동 개념 자체를 가장 파고들어 이론화한 사람일 뿐 아니라 이를 통해 자본주의를 넘어서는 대안을 제시하려 했기 때문이다. 그러므로 우선 마르크스의 노동과 노동소외의 개념을 추적하는 데에서 논의를 시작한다. 이를 통해 대안적인 노동원리의 필요성과 방향을 상기하고 이를 논의의 바탕으로 삼는다.

하지만 기존 노동 형태에 대한 비판은 마르크스의 이론에 그치는 것이 아니다. 노동의 고통은 말 그대로 현실이기 때문에 노동을 벗어나려는 노력은 계속 있어왔다. 따라서 그다음에서는 이러한 이론적·실제적 시도로 '탈노동주의'와 '노동의 인간화'를 검토한다. 이러한 시도들은 각각의 한계를 가지고 있지만 노동을 조직하는 대안적인 방법을 마련하는 데 실질적인 도움을 제공한다.

그런 다음 이러한 논의들을 종합해 대안적 노동원리를 구상하기 위해 다시 마르크스로 돌아간다. 지금까지의 시도가 지닌 한계를 넘어 대안적인 노동원리를 마련하기 위해서는 마르크스가 주창한 공산주의적 노동원리의 핵심이자 지금까지 유토피아적인 것으로 간주되어온 '분업의 폐지'를 다시 사고할 필요가 있다. 이를 바탕으로 노동 자체의 변화 및 사회적 조직화의 원리를 모색하고 제시할 것이다.


## 2. 마르크스의 노동과 노동소외

마르크스는 노동이 인간과 동물을 구별하는 근본적인 특성이라고 여겼다. 물론 동물도 활동을 한다. 그러나 동물의 활동은 본능적인 반면 인간의 노동은 의식을 갖고 행하는 활동이다. 1844년에 쓴 『경제학-철학 수고』에서 마르크스는 노동을 인간의 생명 활동이라고 규정하면서 다음과 같이 말했다. "동물은 자신의 생명 활동과 직접적으로 하나이다. 동물은 자신의 생명 활동과 구분되지 않는다. 동물은 생명 활동이다. [그러나] 인간은 자신의 생명 활동 자체를 자신의 의욕과 의식의 대상으로 삼는다. 인간은 의식된 생명 활동을 가진다. …… 의식된 생명 활동은 인간을 동물적인 생명 활동과 직접적으로 구별한다"(마르크스, 2006: 93~94).[1]

이렇게 보면 노동이 아니라 의식이 동물과 구별되는 지점인 것처럼 보이기도 하지만, 마르크스는 의식만으로는 아무것도 할 수 없고 의식이 노동을 통해 물질화되었을 때라야 인류 사회와 문명이 발생한다는 측면에서 말하고 있다. 말하자면 "인간이 그들 자신과 동물을 구별 짓기 시작한 것은 자신들의 생존수단을 생산하면서부터였다"(마르크스·엥겔스, 1988: 42).[2]

이는 인간의 노동이 동물의 활동과는 달리 근본적으로 사회적임을 의미하는 것이기도 하다. 그렇다고 생존수단을 생산하는 과정이 사회적인 협업과 분업으로 이루어지고 그 총 결과가 구성원들에게 분배된다는 의미만은 아니다. 이런 면에서는 개미나 늑대처럼 군집생활이나 무리생활을 하는 동물들도 비슷한 양태를 보인다고 할 수 있다. 그러나 의식적인 활동

---

1  또 『자본론』의 다음과 같은 구절도 이와 관련해 많이 인용된다. "거미는 직포공들이 하는 일과 비슷한 일을 하며, 꿀벌의 집은 많은 인간 건축가들을 부끄럽게 한다. 그러나 가장 서투른 건축가라도 가장 훌륭한 꿀벌보다 뛰어난 점은 건축가는 집을 짓기 전에 미리 자신의 머릿속에 집을 짓는다는 것이다. 노동과정의 끝으로 가면 애초에 이미 노동자의 머릿속에 존재하던 결과가 나온다. 노동자는 자연물의 형태를 변화시킬 뿐 아니라 자기가 의식하는 목적을 자연물에 실현시키기도 하는 것이다"(마르크스, 1991: 226).
2  『독일 이데올로기』는 이러한 규정을 바탕으로 인간 노동의 분업 및 협업 형태에 따른 역사적 변화과정을 구체적으로 전개하는 저작이다.

으로서 인간의 노동은 사회에서 행하는 노동 및 노동의 결과를 기반으로 다시 창조적인 노동 및 노동의 결과를 내놓을 수 있다. 따라서 설사 "내가 학문적인 활동에 종사해서 좀처럼 타인과 직접 공동으로 수행할 수 없는 어떤 활동을 하고 있더라도 내가 인간으로서 활동하기 때문에 사회적이다. 나의 활동의 재료가 — 사상가가 활동의 재료로 삼는 언어조차도 — 내게는 사회적 산물로서 주어져 있을 뿐 아니라 나 자신의 사회적 활동이다. 그러므로 내가 나에게서 만드는 것, 그것을 나는 사회를 위해, 사회적 존재로서 나의 의식을 가지고 나에게서 만든다"(마르크스, 2006: 131). 다시 말하자면, 노동을 통해 개인은 사회를 유지·발전시키는 데 기여한다. 그리고 인간이 사회 속에서 인간일 수 있는 한 노동은 개인이 사회 속에서 자리를 잡고 자신을 표현할 수 있는, 즉 자기를 실현하는 활동이라고 할 수 있다.

그런데 이처럼 인간을 동물과 구별해주는 본원적인 특성인 노동을 인간은 고통스러운 것으로 경험한다. 노동은 단지 생계를 꾸려가기 위해 어쩔 수 없이 해야 하는 것이며, 노동을 통해 얻는 소득으로 먹고 살아가는 것이 목표이다. 그래서 "인간은 자신의 가장 동물적인 기능들, 먹고 마시고 생식할 때, 그리고 기껏해야 자신의 거주와 의복에서만 자신이 자발적으로 활동한다고 느끼고, 자신의 가장 인간적인 기능들에서는 자신을 동물로 느낀다"(마르크스, 2006: 90)라는 역설이 발생한다.

이러한 역설을 마르크스는 '소외'라는 말로 개념화하는데, 『경제학-철학 수고』에서 이를 상세하게 논하고 있다. 소외란 인간의 활동인 노동이 자신에게 낯설고 억압적인 외부의 힘으로 느껴지는 과정을 의미한다. 마르크스는 노동 결과물에서의 소외와 노동 활동 자체에서의 소외, 두 가지 측면을 이야기한다. 즉, 노동의 결과물도 내 것이 아니고 노동을 하는 활동 자체도 내 것이 아닌 것이다(마르크스, 2006: 85~91).

이러한 소외를 노동자들은 구체적으로 어떻게 경험하는가? 우선, 자신이 선택하고 원해서 노동을 하는 것이 아니라 어쩔 수 없는 상황에서 노동을 한다. 노동은 사회 속에서 자기를 실현하는 것일진대, 대체로 우리는 노동의 종류나 노동의 양을 자발적으로 선택할 수 없다. 전 자본주의 사회에서는 노동의 양과 종류가 자신의 의사와 상관없이 타고난 신분에 따라 정해졌고, 자본주의에서는 노동력의 상품화를 통해 외부에서 정해지는 것이 보통이다. 이는 노동 결과물이 내 것이 아니라는 마르크스의 말과도 상통한다. 내 노동의 결과물을 수취하는 것은 내가 아닌 다른 사람이기 때문에 그 결과물을 만들어내는 노동의 종류와 양은 내가 아닌 다른 사람에 의해 결정되는 것이다.

이처럼 강제되어서 노동을 시작할 뿐 아니라 노동을 하는 중에도 자율성을 발휘할 여지가 별로 없다. 이는 특히 노동력이 상품화된 자본주의에서 강화된다. 주로 노동의 결과물을 수취했던 전 자본주의 생산양식과는 달리, 자본주의에서는 노동력 자체를 상품으로 구매하기 때문에 자본은 노동력을 사용할 수 있는 시간 동안 최대한 짜내려고 하며, 이에 따라 노동 강도가 강화되고 노동자의 행동이 직접 통제된다. 즉, 자본주의의 노동력 상품화란 먹고 살기 위해 노동력을 팔아야 한다는 의미이기도 하지만 내 노동력을 판매함으로써 노동이라는 나의 활동 자체가 노동력 구매자의 의사에 따라 행해진다는 의미이기도 하다. 마르크스의 말 그대로 노동과정에서의 내 활동도 내 것이 아닌 것이다.

노동과정이 분업되면 이러한 노동 활동에서의 소외가 더 심화된다. 노동력을 구매한 자본은 노동력에서 최대의 생산성과 효율성을 얻기 위해 노동과정에서 구상과 실행을 분리하고 노동을 실행하는 과정을 쪼개어 단순작업으로 분해한다. 현대의 테일러리즘은 이것의 가장 극단화된 형태라고 할 수 있다. 하루 종일 앉아서 컨베이어 벨트 위의 부속품에 30초당 하나씩 칩을 꽂는 일만 반복한 노동자가 완성된 컴퓨터 제품을 보았을 때 그는 컴퓨터를 자기노동의 성취로 간주하기도 어려울 뿐 아니라 자기노동의 결과물인 컴퓨터에 대해 알지도 못한다. 즉, 노동과정에서의 소외는 다시 노동 결과물에서의 소외를 가져오는 것이다.

결국 노동소외는 지배계급이 노동자의 결과물을 수취하고 노동과정을 통제하는 계급사회의 산물이다. 노동과 관련해 마르크스는 분업을 계급의 바탕으로 보았다(마르크스·엥겔스, 1988). 계급사회는 사회적 분업, 특히 정신노동과 육체노동의 분리와 더불어 시작된다. 근대 자본주의에 들어오면서 사회적 분업이, 더 나아가 노동과정의 분업까지 강화되면서 노동자의 소외는 더욱 깊어진다.[3] 그 결과 "물질적이거나 다른 어떤 강제가 없어지자마자 노동은 마치 페스트처럼 기피된다"(마르크스, 2006: 90).

그렇다면 계급이 없다면 노동소외도 존재하지 않는 것일까? 아마도 이것이 사회주의 국가들이 생각한 방식일 것이다. 즉, 사적 자본이 폐지된 무계급사회이자 생산수단이 노동자(더 정확히는 노동자 국가)의 손에 있으므로 노동소외는 사라졌다고 간주했을 것이다. 하지만 사회주의 국가들에서는 노동이 적극적으로 개인을 실현하는 방법이었다기보다는 자본주의 사회와 별 다를 바 없이 여전히 소외의 과정으로 기피되었다.

사실 마르크스가 말한 것처럼 노동분업이 계급사회의 바탕이라면, 역으로 이러한 소외를 가져오는 방식의 노동분업이 현존하는 한 계급은 폐지된 것이 아니라고 해석할 수 있다. 이는 단지 생산조직의 소유권 또는 노동자의 소득이나 물질적 생활수준과는 별개의 문제이다. 마치 미래 사회주의 국가들의 착각을 예견이라도 하듯이 마르크스는 노동과 노동소외를 다룬

---

3  『독일 이데올로기』에서는 계급사회의 바탕으로서 노동분업을 구체적으로 논한다. 노동 과정의 분업은 『자본론 1권』에서도 다룬다.

저술 『경제학-철학 수고』에서 다음과 같이 썼다. "…… 노동은 자기목적으로 나타나는 것이 아니라 임금의 하인으로 나타나기 때문[에] …… 노동임금의 강제 인상(다른 모든 어려운 점은 제쳐두더라도)은 노예의 보수 개선 이외의 아무것도 아니며 노동자에게도 노동에도 인간적 규정과 품위를 얻게 하지는 않을 것이다. 피에르 조제프 프루동(Pierre-Joseph Proudhon)이 주장하는 것과 같은 급료의 평등조차도 자신의 노동에 대한 오늘날의 노동자 관계를 노동에 대한 모든 인간의 관계로 전환시킬 뿐이다. 이 경우 사회는 추상적 자본가로 파악된다"(마르크스, 2006: 100~101). 즉, 사적 자본이 존재하지 않는다 할지라도 노동이 노동자에게 자기를 실현하기 위한 목적으로 존재하는 것이 아니라 소득을 벌어들이기 위한 수단에 불과하다면 이런 체제는 집합적인 자본주의나 다름없다. 20세기 사회주의를 표방한 국가들이 결국 이른바 국가자본주의라고까지 불리게 된 것을 예언한 듯한 글귀이다.[4]

이처럼 자본주의 사회에서는 물론이고 사회주의를 자처한 곳에서도 노동의 소외를 극복하지 못한 것이 현실이라면 노동의 소외를 벗어나기 위한 방법으로 두 가지를 생각할 수 있다. 하나는 노동 자체를 최소화하는 것이고, 다른 하나는 노동을 소외되지 않게 만드는 것이다. 지금까지 이런 방법이 논의되거나 시행되지 않았던 것은 아니다. 다음 절에서는 이를 살펴보기로 한다.

---

[4] 같은 책에서 마르크스는 이것을 '조야한 공산주의'라고 비판한다. 조야한 공산주의에서는 "노동자라는 규정은 지양되지 않고 모든 인간에게 확장"(마르크스, 2006: 124)되며, 이러한 공동체는 "노동의 공동체일 뿐이며, 공동체의 자본, 즉 보편적 자본가로서 공동체가 지불하는 봉급의 평등일 뿐"(마르크스, 2006: 125)이다. 즉, "사적 소유를 적극적으로 지양하는 조야한 공산주의란 자기 자신을 적극적인 공동체로서 정립하려는 사적 소유의 저열함을 보여주는 한 형태일 뿐이다"(마르크스, 2006: 127).

## 3. 두 가지 대안

### 1) 탈노동

탈노동(post-work)이란 말 그대로 노동에서 탈피하는 것을 의미한다. 이러한 생각은 고실업 시대를 배경으로 특히 설득력을 얻었다(Wheelock & Vail, 1998). 1970년대 이후 서구에서는 전후 자본주의 황금기가 끝나고 실업률이 급격히 상승하기 시작했던 것이다. 대량생산-대량고용의 포드주의 생산체제가 한계에 달해 여기에 바탕을 둔 완전고용의 시대는 끝났다는 인식이 확산되었다. 실제로 그 후로 지금까지 실업률의 등락은 있지만 완전고용의 시대로는 결코 돌아가지 못하고 있는 것이 사실이다.

탈노동은 기본적으로 기술이 발전함에 따라 고용 감소가 불가피하다는 점을 전제로 한다. 자동화와 정보화는 사무직, 생산직, 서비스직 모두에서 필요 인력을 급격히 감소시킬 뿐 아니라 노동의 질 자체를 단순하고 지루한 미숙련 노동으로 떨어뜨리고 있다. 낙관적으로 미래를 보는 측에서는 자동화·정보화 기술이 미숙련 노동을 없애는 대신 지적이고 전문적인 노동을 활성화시킬 것이며, 자동화로 없어지는 일자리만큼 새로운 신산업이 발달해 노동력을 흡수할 것이라고 주장한다. 그러나 현실을 보면 전혀 그렇지 않다. 탈노동주의자들은 기술 발전에 따라 기업들이 고용을 축소하는 다운사이징을 수시로 실시하고, 임시, 하청, 파견 등 불안정 노동을 확대하고 있는 것이 현실이라는 점을 지적한다(리프킨, 1995; Gorz, 1999).

또한 이들은 전통적인 좌파가 이러한 상황에 잘못 대응하고 있다고 비판한다(고르, 2011; Gorz, 1999; Cleaver, 2011). 전통적인 마르크스주의자들은 노동을 인간의 본성 및 자기실현으로서 신성시하는 경향이 있으며, 노동운동은 더 많은 일자리와 풀타임 정규직으로의 완전한 고용을 요구하고 있다. 하지만 이는 오히려 노동을 이윤 창출의 수단으로 이용하는 자본에 더욱 강하게 예속되도록 만들 따름이다(이진경, 2006; Cleaver, 2011).

그러나 발상을 전환하면 일자리 없는 시대는 달리 말해 노동이 필요 없는 시대, 즉 '노동에서의 해방'을 실현할 수 있는 기회라고 볼 수도 있다(리프킨, 1995; Aronowitz & Cutler, 1998). 자동화 정보화 등 노동절약 기술의 발전은 노동자의 빈곤과 불안정화로 이어질 수도 있고 현재의 상황 역시 그러하지만, 이는 반대로 더 적은 노동과 더 많은 여가로 삶을 풍요롭게 하는 데 기여할 수도 있다.

이를 위해서는 사회적 패러다임을 혁명적으로 바꾸는 일이 필요하다. 현재의 노동사회에서는 노동-일자리를 통해 개인의 정체성을 찾는다. 갑자기 "당신은 누구시오?"라는 질문을 받으면 흔히 교사라든가 택시 기사라든가 주로 자신의 직업을 댄다는 점만 보아도 한 개인이 하는 노동이 개인의 정체성을 얼마나 크게 규정하는지를 알 수 있다. 따라서 일을 하지 못하는 것, 즉 실업은 단지 생계의 어려움뿐 아니라 정체성과 자존감의 상실을 가져온다. 노동하지 않는 자는 사회 속에서 자신의 자리를 찾지 못하는 것이다. 그러나 이와 같이 노동을 중심으로 개인을 규정하는 것은 일자리 없는 시대에 더 이상 적합하지 않다. 만약 이러한 패러다임이 지속되면 일자리를 가질 수 없는 수많은 사람들을 사회에서 배제함으로써 불안과 갈등이 만연한 시한폭탄과 같은 사회가 될 것이다(리프킨, 1995).

탈노동주의자들은 이러한 노동 중심 패러다임에서 벗어날 것을 강조한다. 노동은 인간의 풍부한 여러 활동(multi activity) 중 하나일 뿐이다. 가장 중요하고 핵심적인 활동도 아니며, 대부분의 사람들은 노동에서 기쁨을 누리지도, 자기실현을 하지도 못하고 있다. 차라리 개인의 개성을 실현할 수 있는 다른 활동들이 개인의 정체성을 규정한다고 할 수 있다. 특히 정서적 유대감 및 안정감을 강화하는 관계적 활동이나 개인의 창조성을 실현할 수 있는 문화적 활동이 노동보다 개인의 인간됨을 발전시키고 발현하는 데 더 중요하다. 그러므로 노동이 아니라 사회문화적 활동이 개인을 규정하고 삶의 많은 부분을 차지하도록 중심을 옮겨야 한다(고르, 2011; 강내희, 1999).

물론 이러한 전환은 단지 사람들의 의식 변화만으로 실현될 수는 없으며 사회적 체계와 제도로 뒷받침되어야 한다. 탈노동을 위해 전제되어야 하는 조건으로는 대체로 다음과 같은 사항이 공통적으로 제시된다(리프킨, 1995; Aronowitz & Cutler; 1998; Gorz, 1999; 강내희, 1999). 우선, 당연히 무엇보다도 노동시간을 대폭 축소해야 한다. 지금 노동운동이 요구하는 것처럼 지속적이고 정규적인 전일제 고용이 반드시 바람직한 것은 아니다. 일 노동시간이나 주 노동시간의 축소와 더불어 생애 노동시간도 축소해야 하며 원할 때 일을 그만두거나 시작할 수 있어야 한다.

그런데 이러한 노동의 축소는 일하는 것과 상관없이 무조건 모든 사람에게 일정한 소득을 보장하는 기본소득 제도와 쌍을 이룬다. 지금 사람들이 어떻게든 일자리를 구하고 장시간 노동을 기꺼이 하는 이유는 그렇게 하지 않으면 생계를 유지할 수 없기 때문이다. 따라서 노동시간을 축소하기 위해서는 적게 일해도 충분히 살아갈 수 있도록 만들어야 한다. 특히 고용되어 일하지 않고도 살아갈 수 있을 만큼 기본소득이 충분히 보장되면 탈노동 사회가 실현될 수 있다. 이때 노동은 개인이 선택하는 여러 활동 중 하나가 될 것이기 때문이다.

마지막으로, 이른바 제3부문이나 문화예술부문을 활성화해야 한다. 노동하지 않는 시간을 그저 멍하니 보낸다면 의미가 없다. 탈노동이 지향하는 것은 개인의 삶이 노동을 중심으로 조직되는 것에서 탈피해 훨씬 더 다양하고 풍부하게 자기실현 활동을 할 수 있도록 만드는 것이다. 이를 위해서는 사회적 연대를 제공하는 시민사회적 활동부문이나 창조성을 발휘할 수 있는 문화예술부문을 적극적으로 활성화할 필요가 있다.

노동시간의 대폭적인 축소, 충분한 기본소득의 보장, 비시장적 제3부문과 문화예술부문의 활성화와 같은 정책은 자본의 힘이 지배하는 사회에서는 사실상 받아들여지기가 쉽지 않다. 그렇기 때문에 비록 리프킨처럼 자본주의 내에서의 개혁을 통해 탈노동이 가능하다(리프킨, 1995)고 생각하는 논자도 있지만, 어떤 이는 탈노동을 반자본주의 운동 전략으로 간주하기도 하고(Cleaver, 2011),[5] 어떤 이는 탈노동 사회를 자본주의를 극복한 대안적 사회의 모습으로 상정하기도 한다(고르, 2011; Gorz, 1999; 강내희, 2014). 즉, 탈노동주의는 전체적인 사회의 변화를 지향하는 것이다.

그러나 탈노동주의는 노동의 개념을 협소하게 정의한다는 점에서 문제를 가지고 있다. 자본주의적 임금노동만을 노동이라고 생각하거나 또는 자본주의를 벗어난 사회를 상정하더라도 노동은 여전히 자유와 대비되는 의무적이고 수고로운 것으로 간주한다. 즉, "인간의 활동을 크게 '사회적으로 필요한 노동'과 이와 분리된 '자유로운 활동'으로 구분"(강내희, 2014: 359)하는 것이다. 자본주의를 극복하더라도 전자는 필수불가결할 뿐 아니라 의무적이고 수고로운 성격을 잃지 않으며, 다만 대안사회에서는 전자를 최소화하고 후자를 최대화해야 한다고 본다(고르, 2011).

그러나 사회적 필요노동을 개인의 자유로운 활동과 확고하게 분리해 장벽을 칠 수는 없다. 개인의 자유로운 활동이 사회적 생산과 필요에 기여할 수도 있기 때문이다. 예를 들어 지금도 활발하게 이루어지는 프리 소프트웨어나 창작물의 공유는 직업으로서의 노동으로 행해진 것이 아니라 순전히 창조성을 발휘하는 즐거움을 만끽하기 위한 개인의 활동이 사회적인

---

5  특히 자율주의적 마르크스주의(autonomist Marxism)는 노동이라는 범주가 자본에 따라 규정된 것으로 간주하면서 '노동 거부'를 반자본주의 전략으로 내세운다.

생산물로 전환된 것이다.[6] 결국 가장 이상적인 상황은 개인의 자유로운 활동이 사회적 필요노동에 부합하거나 사회적 필요노동과 통합되는 것이다. 물론 이는 이상적인 상태이며 실제로 그렇게 통합되기란 쉽지 않을 것이다. 그러나 처음부터 이렇게 의무 대 자유로 이분화하면 개인의 자유로운 활동과 사회적으로 필요한 노동의 결합 가능성은 원천적으로 차단된다.

또한 탈노동주의는 노동을 수고로만 간주하기 때문에 노동을 최소화하는 것에만 집중할 뿐, 노동 자체의 성격을 변화시키는 방법에 대해서는 생각하지 않는다. 즉, '노동에서의 해방'만 얘기할 뿐 '노동을 통한 해방'은 도외시한다. 그러나 노동이 설사 사회적 필요에 따른 의무라 하더라도 노동과정을 재구성함으로써 더 즐겁고 자율적으로 만들 수도 있다. 이럴 때라야 개인이 노동에서 자기실현을 할 수 있는 가능성이 높아지고, 이에 따라 자유로운 활동과 사회적으로 필요한 노동이 연결될 가능성도 높아진다.

## 2) 노동의 인간화

탈노동에 대한 주장이 전체적인 사회 변화를 추구하는 대신 고역으로서의 노동의 성격을 보전하고 있다면, 노동의 인간화는 현재 사회의 한계 내에서 작업 현장의 구체적인 노동과정에 집중해 노동과정의 소외를 극복하려는 시도이다. 노동과정에서의 소외는 20세기 초반에 자리 잡기 시작한 테일러주의에서 정점에 달했다. 구상과 실행의 분리, 단순 동작으로 세분화된 분업, 기계에 대한 종속 등을 특징으로 하는 테일러주의하에서 노동자들은 창의성과 사고, 숙련을 박탈당하고 단순한 기계의 부속품으로

---

6  이와 같은 프리 소프트웨어 방식에서 비롯된 동료 생산(peer production)이 마르크스의 공산주의적 생산 개념을 현실화시킬 수 있다는 논의도 존재한다(Rigi, 2013).

전락했으며, 결국 노동자들의 불만과 의욕 상실이 커짐에 따라 사실상 노동의 효율성도 떨어졌다. 물론 테일러주의는 노동자들의 의욕이나 숙련, 개성에 영향을 받지 않고 생산 가능하도록 설계되었지만 테일러주의로 얻을 수 있는 효율성이 최대치에 이르러 더 이상 생산성을 증가시킬 수 없는 한계에 달했던 것이다.

이러한 상황이었기 때문에 노동의 인간화는 노동자 측의 요구뿐 아니라 자본이 원하는 생산성 향상이라는 목표도 가지고 있었다. 특히 일본의 린 생산(Lean production), 미국의 팀 생산(team production) 등은 노동과정에서의 다기능화, 일정한 권한과 자율성의 부여, 토론과 참여 등 몇 가지 노동의 인간화 프로젝트와 비슷한 성격을 공유하기 때문에 노동의 인간화라 불리기도 하지만, 이들 생산 방식은 기본적으로 기업 측의 생산성 향상에 대한 관심에서 시작되었다. 따라서 여기서는 노동소외를 벗어나려는 문제의식이 일본이나 미국보다 높은 유럽의 경우를 중심으로 살펴보도록 하겠다.

1970년대부터 스칸디나비아 국가들과 독일을 중심으로 본격화된 노동의 인간화 프로젝트는 일본이나 미국의 경우와는 달리 노동자 측의 요구에서 비롯되었다. 황금기라고 불리는 전후 시기 고도 경제성장과 복지 제도의 완비로 물질적 풍요를 획득한 유럽 노동자계급이 임금과 같은 직접적인 물질적 보상에서 노동생활의 질을 향상하는 데로 눈을 돌리기 시작한 것이다. 스웨덴, 노르웨이 등 스칸디나비아 국가들과 독일은 특히 노동조합이 강력했기 때문에 이러한 요구를 적극적으로 추진할 수 있었다. 그리하여 작업장의 노동생활과 관련해 두 가지 프로젝트가 진행되었는데, 하나는 공동결정제도를 비롯한 노동자의 경영 참여이며, 다른 하나는 소외를 지양해 노동과정을 재조직하는 노동의 인간화였다.

노동의 인간화를 위한 노동과정을 조직하는 데 바탕이 된 것은 사회기술체계론(sociotechnical systems theory)이다(Kelly, 1978; Susman & Chase, 1986).[7] 사회기술체계론은 노동과정이 기술체계와 사회체계 두 가지로 구성된다고 보는데, 여기서 사회체계란 노동자들 간의 분업관계를 의미한다. 이 이론에 따르면 기술체계와 사회체계는 다양하게 조합 가능하며 최적의 조합을 찾는 것이 중요하다. 이 이론은 한편으로는 이전의 인간관계론처럼 기술체계는 그대로 둔 채 노동자들 사이의 인간적인 관계를 형성시키려는 시도를 비판하면서 기술체계와 사회체계의 동시적 변화를 추구하고, 다른 한편으로는 기술에 의해 효율성이 결정된다는 기술결정론에 반대하면서 기술체계와 사회체계의 최적 조합으로 효율을 달성할 수 있다고 본다. 실천적인 관점에서 보면, 예를 들어 기존의 컨베이어 벨트-테일러주의적 분업의 조합이 최선은 아니며, 노동의 인간화를 실현하는 다른 기술 및 작업조직의 조합으로도 효율을 충분히 달성할 수 있다는 주장이기도 하다.

이에 근거해 노동의 인간화 프로젝트는 대체로 다음과 같은 조직원리를 수립했다(Ketchun & Trist, 1992; 박준식, 2002). 우선 무엇보다 분업을 약화시키는 것이 중요한데, 생산과정을 전반적으로 이해하지 못하고 특정한 일만 반복하는 분업은 노동소외의 주범이기 때문이다. 그러므로 노동자들이 생산과정을 전체적으로 이해하고 이를 바탕으로 한 가지 기능이 아닌 폭넓은 숙련을 갖도록 해야 한다. 이와 같은 조직원리와 다기능화의 차이점은, 다기능화는 이미 표준화되고 분업화된 여러 가지 기능을 할 수 있도록 만드는 것인 반면, 이는 최소 구체화의 원리에 따라 사전에 정해진 지

---

7  사회기술체계론은 원래 영국 타비스톡 연구소의 현장 연구로 개념화되었는데, 이 연구소의 연구들은 단순한 학술적 연구를 넘어서 노동과정의 인간화, 나아가 사회 개혁의 원리를 탐색하기 위한 '운동'의 성격을 띠고 있었다(박준식, 2002).

시표 없이 노동자들이 다양하게 자율적으로 일할 수 있게 만든다는 것이다. 그리하여 여기서 강조하는 것은 자율적 집단이다. 이 집단은 동질화된 분업 노동을 수행하는 것이 아니라 상당히 넓은 범위의 업무를 맡고 있는 팀으로서 내부에서 노동과정을 자율적으로 결정한다. 그리고 이 과정에서는 민주적 참여와 토론이 중시된다. 전통적인 위계적 조직과 달리 참여와 토론, 협의를 통해 노동의 내용과 방법을 만들어가는 것이다. 스웨덴의 비에른 구스타프센(Bjorn Gustavsen)은 하버마스의 의사소통이론에 근거해 이러한 프로젝트가 단순히 조직설계와 관련된 것이 아니라 민주적 담화를 노동생활로 확장시키는 과정이라고 보았다(Gustavsen, 1985; Gustavsen & Enjgeldtad, 1986).

이러한 노동의 인간화 프로젝트는 유연전문화나 신생산 개념에서 근거를 찾고 있다. 즉, 다품종 소량 생산 방식이나 컴퓨터화된 기술 채택으로 구상과 실행이 통합되고 장인적 생산(artisan production)이 가능해져 노동 소외를 극복할 수 있다는 것이다(Piore & Sable, 1984; Kern & Schumann, 1989). 이 프로젝트에서는 노동의 인간화가 추구하는 작업 모델과 컴퓨터화된 자동화 기술이 조합되면 인간중심적 기술체계를 가능케 하는 바탕이 될 수 있다고 본다(Badham, 1991).

노동의 인간화 시도로 유명한 사례는 스웨덴 볼보자동차의 우데발라 공장이다. 이 공장은 설계 단계에서부터 노동조합이 참여해서 생산라인을 없애고 일종의 장인적 생산 방식을 도입했다(이영희, 1994). 자동차 공장처럼 컨베이어 벨트로 대표되는 대공장에서의 테일러주의가 가장 악명 높기 때문에 이 분야에서의 노동의 인간화 사례가 많았지만, 서비스 부문이나 사무직 노동에서도 노동의 인간화 프로젝트 시도들이 있었다. 노동의 인간화는 궁극적으로는 판에 박힌 노동 대신 노동자들이 지식과 창의적 사고를 발휘해 일할 수 있도록 만드는 것을 목표로 한다(Purser & Pasmore,

1992).

노동의 인간화와 관련된 연구들은 이론적 구성물이라기보다 응용이론이기 때문에(박준식, 2002) 여기서 축적된 사례들은 노동소외를 극복하는 노동과정의 조직에 구체적으로 적용될 수 있다. 특히 첨단기술을 고용 축소와 탈숙련의 원인이라고 부정적으로 보기보다 오히려 이를 통해 노동과정에서의 인간화를 구현할 수 있는 방안을 숙고한 것은 이후 대안적인 노동과정을 조직하는 데 실제적인 도움을 주었다.

그러나 사실 노동의 인간화 프로젝트 자체는 실패했다고 볼 수 있다. 무엇보다도 자본주의에서의 노동의 인간화는 자본이 허용하는 한계 내에서만 가능했다는 점이 문제이다. 팀 작업이나 다기능화, 교육과 숙련 형성 등이 오히려 노동 강도를 강화하는 데 이용되었던 일본이나 미국은 물론이고, 노동조합이 적극적으로 나섰던 유럽도 자본과 타협을 해야 했기 때문에 생산성과 효율성을 중시하지 않을 수 없었다. 그 결과 스웨덴의 우데발라 공장처럼 프로젝트를 포기하든지 기업 측이 원하는 효율성 기준에 종속되어버리고 말았다.

이 글의 주제와 관련해서 더 근본적인 한계는 이 프로젝트는 작업 현장의 노동과정만 문제시할 뿐 노동의 사회적 분배체계는 염두에 두지 않았다는 점이다. 물론 이 프로젝트 자체가 노동과정을 주제로 한 것이기는 하지만 산업구조나 고용구조, 노동시간 등 사회적인 노동 분배체계도 노동과정의 조직에 큰 영향을 미친다. 이런 점을 고려하지 않고서는 노동과정의 인간화나 노동소외의 극복 자체에 한계가 있을 수밖에 없다. 이 역시 큰 틀에서의 사회 변화를 도외시한 채 노동과정의 변화만 추구했던 한계라고 할 수 있다. 그 결과 자본주의 내에서 노동의 인간화 프로젝트는 실패하고 말았다.

## 4. 대안적 노동원리

### 1) 분업의 폐지

앞서 살펴보았듯이 탈노동주의와 노동의 인간화는 나름대로 노동의 고통을 극복하기 위한 방법으로, 대안적인 노동조직화에 적용할 수 있는 아이디어를 제공한다. 그렇지만 대안적인 노동원리를 구성하기 전에 일단 근본적인 원칙과 방향성을 정립할 필요가 있다. 즉, 현재 노동 형태의 극복을 슬로건에서 표현하듯이 '노동 해방'이라고 한다면 이는 '노동에서의 해방'을 뜻할까, '노동을 통한 해방'을 뜻할까? 말하자면 대안사회에서는 노동의 최소화를 추구해야 할까, 노동을 사회 속의 자기실현으로 만드는 데 집중해야 할까? 탈노동주의는 전자, 노동의 인간화는 후자의 궤적에 있다고 할 수 있다. 그리고 앞서 보았듯이 이들은 각각의 한계를 지니고 있다.

다시 마르크스로 돌아가 보자. 사실 마르크스의 저작들을 보면 그가 무엇을 염두에 두었는지 모호한 측면이 있다. 노동을 인간이라는 유적 존재의 본질로 상정하고 이의 소외과정을 논한 『경제학-철학 수고』는 이후 루이 알튀세르(Louis Althusser)를 비롯해 많은 마르크스주의자들에게 아직 헤겔주의의 영향을 벗어나지 못한 미성숙한 시기의 저작으로 취급되기도 했다. 그러나 적어도 노동을 인간을 동물과 구별시켜주는 적극적이고 의식적인 삶의 활동으로 간주한 구절은 『경제학-철학 수고』뿐 아니라 『독일 이데올로기』, 『정치경제학 비판 요강』, 『자본론』, 「고타강령초안 비판」에서까지 일관되게 나타나고 있다. 또한 자본주의를 극복한 공산주의 사회에서는 노동이 '개개인의 완전한 발전'을 이루는 자기실현 활동인 것으로 묘사한다. 마르크스가 만년에 쓴 「고타강령초안 비판」에서는 "공산주의의 더 높은 단계에서는 개개인이 분업에 복종하는 예속적 상태가 사라지고 이와 함께 정신노동과 육체노동의 대립이 사라지며 노동이 생활을 위한 수단일 뿐 아니라 생명의 일차적인 욕구가 되고 개인들의 전면적인 발달"(마르크스, 1997: 377)이 이루어지는 것으로 표현하고 있다. 이를 보면 마르크스는 변함없이 '노동을 통한 해방'을 염두에 두고 있었던 것처럼 보인다.

반면 이와 다른 의미로 노동이라는 단어를 사용한 듯한 구절도 눈에 띄는데, 심지어 같은 저술에서도 서로 모순된 표현이 드러난다. 『독일 이데올로기』에서는 "이 단계(공산주의)에 와서야 자기실현이 물질적 생활과 합치된다. 이는 곧 개개인이 완전한 개인으로 발전하고 일체의 자연적 한계에서 탈피함을 의미한다. 즉, 노동의 자기활동으로의 변화"(마르크스·엥겔스, 1988: 124)라고 함으로써 자본주의를 극복한 사회에서 노동을 통한 개인의 발전을 이야기함과 동시에 "공산주의 혁명은 …… 노동을 없애"(마르크스·엥겔스, 1988: 71)는 것이라고 선언한다. 『정치경제학 비판 요강』이나 『자본론』에서 스미스가 노동을 저주라고 간주한 것을 지속적으로 비판하면서 "노동은 현실적 자유의 행동"(마르크스, 2000: 266)이고 "정상적인 생명 활동"(마르크스, 1991: 59)이라고 규정하지만, 다른 한편으로 자본주의를 극복한 사회에서 "자유의 영역을 …… 개화[하기 위해서] …… 기본적인 전제조건은 노동일의 단축"(마르크스, 1999: 999)이라거나 "이 사회에서 부의 척도는 노동시간이 아니라 자유롭게 처분할 수 있는 시간"(마르크스, 2000: 159)이라고 주장함으로써 노동과 자유를 확실히 대비시킨다. 후자의 구절들은 '노동에서의 해방'을 이야기하고 있는 것처럼 해석된다.

그리하여 "마르크스는 사상의 모든 단계에서 인간을 노동하는 동물로 정의한 다음 이 인간을 바로 자신의 가장 위대하고 가장 인간적인 힘을 더 이상 필요로 하지 않는 사회로 인도한다"(아렌트, 2011: 160)는 모순이 발생하는 것처럼 보인다. 이러한 모순 때문에 '노동의 폐지'를 마르크스 사상의 중요한 핵심이라고 보거나(Zilbersheid, 2004)[8] 반대로 마르크스는 자본

주의적 노동관에 갇혀 있는 것으로 보는(이진경, 2004)[9] 양극단의 해석이
발생하기도 한다.

그러나 때로는 가장 단순한 해석이 가장 정확할 수도 있다. 마르크스는
자본주의를 비롯한 계급사회의 소외된 노동은 폐지해야 하며 그 이후에는
개개인이 노동을 통해 사회 속에서 완전히 발현되리라고 생각했을 것이
다. 전자의 '노동'과 후자의 '노동'은 다른 의미로, 즉 현 사회의 노동 형태
와 공산주의의 노동 형태로 구분된다. 마르크스가 이렇게 생각했다고 가
정한다면, 노동 해방에 대한 그의 생각은 모순적이라기보다 오히려 처음
부터 끝까지 대체로 일관되었던 것으로 해석할 수 있다(김원태, 2009).[10]

관건이 되는 것은 분업의 폐지이다. 앞서 보았듯이 분업은 계급사회의
바탕이자 소외의 원인이다. "개인이란 언제나 자기 스스로에서 비롯되었
고 또한 늘 비롯된다. 그들 간의 관계란 곧 그들의 현실생활과정의 관계이
다. 그런데 이들 관계가 어째서 그들에게 대립되는 독자적인 존재가 될 수
있을까? 그들 자신의 생활의 힘들이 어떻게 해서 그들을 지배했을까? 간단
히 말해 노동분업 때문이다"(마르크스·엥겔스, 1988: 131). 그리하여 앞의 여

---

8  우리 질버스하이트(Uri Zilbersheid)는 마르크스가 『자본론』 등에서는 초기의 노동폐지사
   상에서 후퇴했다고 보는데, 사실 질버스하이트는 노동을 "효율성 중심의 도구적 행위"로
   규정하면서 계급사회에서 나타나는 소외된 노동을 노동으로 간주한다. 따라서 『경제학-
   철학 수고』, 『독일 이데올로기』를 비롯한 초기 저작들과 「고타강령초안 비판」에서 나타나
   는 소외된 노동의 극복을 '노동의 폐지'라는 말로 개념화한 것이다. 그러나 공산주의 사회
   의 자기실현적 생산 활동 또한 노동이라고 칭한다면 마르크스의 생각은 '(소외된) 노동의
   폐지'이자 '(자기실현적) 노동을 통한 해방'이라고 할 수 있다. 즉, 질버스하이트나 아렌트
   가 마르크스의 노동과 노동 해방에 대한 개념이 일관되지 않다고 생각한 것은 계급사회의
   소외된 노동과 공산주의 사회의 자기실현적 노동을 구별하지 않고 사용했기 때문이다.
9  이진경은 노동 개념 자체가 자본에 복속되어 (교환)가치를 생산하는 행위라고 규정한다.
10 김원태(2009) 역시 마르크스가 일관된 생각으로 노동에서의 해방과 노동을 통한 해방 이
   양자를 포괄하는 이중적 개념을 발전시켰다고 보면서, 이것은 임금노동을 노동으로 간주
   한 자본주의적 노동 개념을 고전 시대의 생계필연적 활동이라는 개념으로 되돌려놓은 것
   이라고 지적한다. 이것은 앞서 이진경(2004) 등의 이해를 반박하는 것이다.

러 저술의 인용문에서 보는 바처럼, 마르크스는 이른바 '개개인의 완전한 발현'을 위한 조건으로 분업의 폐지를 일관되게 주장하고 있는 것이다. 여기서 분업의 폐지는 노동과정의 분업뿐 아니라 사회적 분업까지 포함한다.

그런데 이 분업의 폐지야말로 마르크스의 사상 중 가장 유토피아적인 요소로 비판받는다. 인류사회가 발전하고 복잡해짐에 따라 분업의 확대가 불가피하다는 것은 19세기 근대 사회학의 발생 이래 당연한 상식처럼 간주되고 있다. 한 사람이 농부이자 국가 행정관료이자 컴퓨터 프로그래머가 되는 것은 불가능하다. 노동과정의 분업도 마찬가지이다. 노동과정의 세분화와 이에 부합하는 기계화 및 자동화는 생산성을 극도로 높였다. 이를 폐지하자는 것은 전 산업시대로 돌아가자는 얘기와 다름없이 느껴진다. 그래서 마르크스가 매우 강조한 부분임에도 대부분의 마르크스주의자들에게조차 분업의 폐지는 거의 논할 가치가 없는 대상으로 여겨져 왔다.[11]

노동에서의 해방과 노동을 통한 해방의 분리도 여기에 기인한다. 앞서 보았듯이 노동의 인간화는 노동과정에서 생산성을 떨어뜨리지 않는 범위 내에서 조심스럽게 탈분업화를 시도했지만 사회적인 노동의 분업이나 분배에 대해서는 생각하지 않았고, 탈노동주의는 노동을 줄이고 재분배하는 방식을 가정했지만 자유의 대립으로서의 노동관념을 고수하며 노동의 성격을 변화시키는 데에는 관심을 두지 않았다. 분업의 폐지는 그만큼 비현실적인 것처럼 보였다.

그러나 공장에서 일하는 사람과 공장을 경영·관리하는 사람이 나뉘고,

---

11 『독일 이데올로기』에서는 분업이 폐지된 이후를 "공산주의 사회에서 …… 개인은 아침에는 사냥하고, 오후에는 낚시하고, 저녁때는 소를 몰며, 저녁식사 후에는 비평을 하면서, 그러면서도 사냥꾼으로도, 어부로도, 목동으로도, 비평가로도 되지 않는 일이 가능하게 된다"(마르크스·엥겔스, 1988: 64)라고 묘사하고 있는데, 이 구절은 전(前) 산업 시대의 일들을 나열하고 있을 뿐이며 사실상 산업화된 근대사회에서는 불가결하게 분업화된 노동들이 어떻게 분업 폐지로 통합될 수 있는지는 보여주지 못한다고 비판받는다.

차를 설계하는 사람과 차를 조립하는 사람이 다르고, 디자인을 하고 싶지만 수요가 없어서 판매원을 하는 사람이 있다면 마르크스의 말대로 설사 이들의 소득과 물질적 생활수준이 똑같다 할지라도 계급과 노동소외가 사라진 것이 아니며 개인 개성의 풍부함을 완전히 발전시키고 발현함으로써 사회 속에서 행복을 향유하기가 어렵다. 자본주의까지의 계급사회를 넘어서려는 이유가 모든 사람의 행복을 위해서일진대, 물론 빈곤과 불평등을 제거하거나 축소하는 것으로도 고통이 상당히 경감하겠지만, 이것만으로는 완전치 않다. 사회주의 국가들의 경험에서 보듯이 노동분업과 소외가 지속되면 개인의 사회적 참여를 통해 사회가 발전하기가 어렵고 계급 분화와 사적 소유가 다시 출현할 가능성이 높다. 따라서 당장 실현하기 어렵더라도 대안사회의 청사진에서는 분업 폐지를 원칙적인 방향으로 정립할 필요가 있다. 다음에서는 이를 위한 노동의 성격 변화와 노동의 사회적 분배원리에 대해 논의하도록 하겠다.

## 2) 노동의 성격 변화

인간의 사회적 활동은 생산과 소통으로 나눌 수 있다.[12] 마르크스가 말했듯이 물질적 생활을 생산하는 것은 로빈슨 크루소처럼 개인의 일이 아니며 사회적 협업 속에서 이루어진다. 소통은 사람들이 모여 다양한 수준의 사회조직을 운영하고 이끌어나가는 과정을 가리키는 것으로, 넓은 의미에서의 정치적 활동이라고도 할 수 있다. 이 글에서 초점을 맞추는 것은 생산 행위, 즉 노동이다. 그런데 생산 행위를 노동이라고 지칭하지만 이 역시 성격이 다른 두 가지로 나눌 수 있다. 영어 단어로는 'labour'와 'work'의 구별

---

12  이러한 구분은 하버마스(2006)와 아렌트(2011)가 전개한 논의를 근거로 한다.

이라고 할 수 있는데, 사실상 같은 의미로 혼용되어 쓰이지만 이 두 행위의 차이는 언어의 흔적으로 남아 있다(아렌트, 2011: 134). 번역어를 만들기는 쉽지 않다. 일단 잠정적으로 노고(勞苦, labour)와 노작(勞作, work)이라고 해두자.[13] 즉, 우리가 노동이라고 부르는 활동을 두 개의 범주로 분리하는 것이다.[14] 노고의 행위는 필요에 의해 필연적으로 수행하는 것으로, 소비의 대상을 생산한다. 인간, 즉 개인과 인류를 유지하기 위해서는 물질적 생활의 대상을 끊임없이 생산하고 소비하고 재생산해야 하는데 이를 위한 활동이다. 반면 노작은 이미 존재하는 세계에 무언가를 덧붙이는 것이다. 노작은 기본적으로 독창성을 지니고 있으며 생산의 결과물은 쉽게 소비되어 사라지지 않는다.

노동의 성격은 어떠한가? 노고 활동이 어려운 이유는 육체적·정신적 에

---

13  이하 노고(labour)와 노작(work)의 구분 및 각각의 성격에 관한 설명은 아렌트(2011)에서 영감을 많이 얻었다. 다만, 우리나라에서 출간된 책에서는 각각 '노동'과 '작업'이라고 번역했는데, 이 단어들로는 그 차이를 쉽게 이해하기 어렵다. 노고와 노작 역시 적절한 단어는 아니라고 생각되지만, 인간의 노력을 의미하는 한자 노(勞)에 각각 고통스러울 고(苦)와 작품을 만든다는 의미에서의 작(作)자를 붙여 차이를 구분해보았다.

14  또는 보기에 따라서는 노작을 노고와 더불어 노동 개념에 포함시켜 확장한 것이라고도 할 수 있다. 예를 들어 김원태(2009)는 (마르크스가 생각한) 노동을 '생계필연적 활동'으로 규정하는데, 이 개념은 고대 그리스 철학에서 끌어온 것으로 아렌트가 정의한 노고 개념과 정확히 같다. 또한 이 개념은 탈노동주의자들이 상정한 '자유의 영역'에 대비되는 '필연의 영역'에 해당하는 것으로서 '효율성 기준'에 종속되는 '타율적 영역'의 활동에 속한다(고르, 2011; 강내희, 2014). 김원태는 탈노동주의자들이 노동 개념을 협소하게 정의하고 노동이 자기실현 활동이 될 수 있다는 점을 간과했다는 점을 올바르게 비판하고 있긴 하지만 막상 '생계필연적 활동'이라는 정의도 노동을 통한 해방을 구체화하기에는 협소한 면이 있다. 그래서 결국 노동은 필연의 영역에 속하는 것으로서 인간의 여러 활동 중 하나라는 탈노동주의자들의 주장을 인정하게 된다. 하지만 생산이 반드시 생계필연적인 것은 아니고 노작과 같이 새로운 것을 덧붙이는 창조일 수도 있어 실제로는 이 둘을 구분하기가 어렵다. 목수가 아름답고 기능적인 의자를 고안해 제작한다면 이는 생계필연적 행위인가, 예술적 창조 행위인가(아렌트의 구분에 따르면 이것은 노작에 해당한다). 무엇보다 노동의 개념을 넓혀 노작 활동을 포함시킴으로써 노동 자체의 성격 변화를 추구하는 것은 필연 대 자유 또는 사회적 필요 대 개인의 실현을 대립시키지 않을 수 있는 방법이다.

너지가 많이 소모되어서라기보다 오히려 지루하고 반복적이기 때문이다. 일의 '완성'이 없는 것이다. 오늘 청소를 했으면 내일도 청소를 해야 한다. 깨끗해진 공간을 보면서 보람을 느낄 수는 있겠지만 이 성취는 곧 무화되어버린다는 점에서 온전한 의미에서의 성취가 아니다. 또한 이 일은 어떤 개인이 맡더라도 결과가 크게 달라지지 않는다. 말하자면 일의 과정과 결과가 표준화되어 있고 개인의 개성을 발휘할 길이 없다. 노동과정 분업은 이 특성을 이용한 것이다. 컨베이어 벨트에서 칩을 꽂는 일은 어느 누가 와서 하더라도 똑같이 동질적이다. 결국 이와 같은 일에서 개인은 쉽게 대체될 수 있는 표준 부속품같이 취급된다.

한편, 노작 활동의 가장 전형적인 모델은 쉽게 짐작할 수 있듯이 예술이다. 예술적 생산의 결과물인 작품은 그 자체로 완성품이자 유일무이한 것으로, 다른 사람이 대신해 같은 결과를 내거나 심지어 자기 자신이 그대로 반복할 수도 없다. 노작 활동은 생산과 소비를 끊임없이 반복하는 과정이 아니라 세계에 새로운 것을 덧붙이는 활동이다. 따라서 인간생활의 유지라기보다는 오히려 인간생활의 확대 또는 발전이라고 말할 수 있다. 또한 예술은 마르크스의 말대로 개인의 개성을 가장 잘 발현하는 활동이다. 노동(이 글에서 말하는 노고)의 폐지를 마르크스의 사상으로 다룬 우리 질버스하이트(Uri Zilbersheid)는 "마르크스에게 이러한 새로운 생산의 모델은 더 이상 노동이 아니라 예술적(artistic) 활동이다"(Zilbersheid, 2004: 121)라고 말한다. 그러므로 결국 노동과정에서의 분업 폐지란 노동의 성격을 노고에서 노작 활동으로 바꾸는 일이 될 것이다. 물론 모든 노동이 예술 활동이 될 수는 없다. 그러나 가능한 한 예술적 활동의 속성을 띠도록 노동의 성격을 변화시키는 것을 원칙으로 삼아야 한다는 뜻이다. 이 속성이란 앞에서 서술한 것처럼 누가 하더라도 동일한 것이 아니라 개인의 특성이 발휘되는 것, 반복적인 것이 아니라 창의적이고 변화·발전 가능한 것 등이다.

이를 위해서는 기술과 작업조직의 문제가 핵심적이다. 노동의 인간화를 시도했던 경험은 유용하게 쓰일 수 있다. 그러나 이윤 추구를 위해 생산이 이루어지는 자본주의 사회가 아니라면 기술과 작업조직을 변화시킬 수 있는 한계는 훨씬 넓어진다. 노동과정을 노고가 아니라 노작 활동이 되도록 만들기 위해서는 생산성과 효율성을 어느 정도 희생할 수 있다. 단순노동은 자동화로 대체할 수 있는데, 자본주의에서처럼 자동화할 수 있어도 인간 노동력을 쓰는 것이 더 싸기 때문에 시장성이 없다는 이유로 자동화 기술을 개발·사용하지 않는 일은 없을 것이다. 그렇다고 단순하고 반복적인 노동이 완전히 없어지지는 않을 것이다. 자동화 기술이 발전하면 그 기술을 작동시키는 데 필요한 노동력과 노동시간은 줄어들겠지만 작동시키는 일 자체는 오히려 더욱 단순화될 가능성이 높다.

그러나 가능한 한 분업을 제거해 통합함으로써 단순한 노고를 노작 활동과 유사하게 변화시킬 수 있다. 공장의 예를 들어보자. 공장을 운영하고 생산을 하기 위해서는 개발설계, 생산, 경영사무 등의 활동이 필요하다. 현재는 이러한 각 분야의 업무와 이에 종사하는 사람들이 완전히 분리되어 있어 서로 영역을 교차해 일하는 경우도 없다. 게다가 각 분야 내에서도 노동과정은 잘게 쪼개져 있다. 이에 대해 분업을 가능한 한 제거한 대안적인 상황을 생각해보자. 시장과 이윤이 존재하지 않더라도 생산의 양과 종류, 기술이나 노동력 투입 등을 결정하는 경영 업무는 필요하다. 그러나 현재와 같이 경영자가 따로 있는 것은 아니다. 공장에서 일하는 사람들이 모두 참여하는 생산자평의회가 운영과 관련해 결정권을 가지며, 관련된 업무는 일종의 직무 순환처럼 돌아가면서 담당할 수 있다.[15] 생산 공

---

15 관련된 논의로는 앨버트(2003)를 참조. 일단 이 글에서는 대안적인 노동이 조직되는 과정을 앨버트의 참여계획경제 모델에 근거하고 있다.

정에는 사회적 기술체계가 적용될 것이다. 생산 공정의 팀들은 일정한 자율성을 갖고 있다. 단순한 작업들은 자동화되어 있지만, 모듈화와 같은 방식으로 작업자들의 토의와 합의를 거쳐 생산과정에서 다양한 방식으로 조립하거나 실험할 수도 있다. 그렇지만 큰 틀은 연구개발된 설계에 바탕을 둘 것이다. 이 연구·개발·설계 작업도 경영직, 사무직, 생산직의 직무 순환과 마찬가지로 돌아가면서 직무를 맡을 수 있다. 가장 전문적인 부분에는 일반적으로 참여할 수 없을지도 모른다. 그러나 사회적으로나 작업장에서나 충분한 교육이 보장된다면 이 분야에서도 상당 부분 참여가 가능하다. 생산 현장에서 획득하는 지식 및 경험과 연구개발과정은 단순히 소통을 강조하는 것보다 이와 같은 직무 순환을 통해 더 잘 교류될 수 있다. 이때의 생산물이 글자 그대로의 예술작품은 아니더라도, 이와 같은 과정을 거친다면 생산자들은 생산과정에서 자신의 창의성을 발휘할 수 있으며 생산 결과물을 자기노동의 완성으로 느낄 수 있을 것이다.

### 3) 노동의 사회적 분배

지금까지는 노동과정 또는 생산조직 내에서의 분업의 폐지와 이에 따른 노동의 성격 변화에 대해 살펴보았다. 개인의 인간성이 전면적으로 발달하기 위해서는 이와 더불어 더 넓은 사회적 차원에서 노동분업을 폐지할 필요도 있다. 물론 분업의 폐지가 한 사람이 지구상에 존재하는 모든 일을 다 해본다는 뜻은 아니다. 모든 개인에게 사회에서 하고 싶은 일을 해볼 수 있는 기회를 제한 없이 주어야 한다는 의미이다. 이러한 기회 제공은 노동 분배체계와 교육체계에 달려 있다. 여기서는 노동 분배체계에 초점을 맞춘다. 가장 기본적인 조건은 탈노동주의자들이 제시한 것처럼 제한 없는 충분한 기본소득과 노동시간의 대폭적인 단축이다. 충분한 기본소득이란 개인의 선택으로 노동을 하지 않을 수 있을 정도를 의미한다. 기본소득이 반드시 화폐로 지급될 필요는 없다. 이는 기본적인 삶을 보장할 만큼의 재화와 용역을 이용할 권리라고 규정할 수 있다.

필요노동시간은 적을수록 좋다. 아주 대략적으로 계산해 현재 한국 취업자의 총 노동시간을 생산 가능 인구로 나누면 주당 30시간 미만으로 줄어든다. 즉, 현재의 산업구조를 유지하더라도 모든 사람이 공평하게 나누어 일한다면 주당 27.5시간만 일하면 되는 것이다. 물론 이것은 매우 가변적이다. 시장자본주의가 아닌 사회라면 필요노동이 많이 줄어들 수 있다. 예를 들어 사업서비스 및 개인서비스의 상당수나 광고·예술·오락 산업 등은 크게 축소되거나 사라질 수 있다. 자동화 기술을 채택할 경우 역시 노동시간이 줄어든다. 반면 노동의 성격을 변화시키기 위해 일정 정도 효율성과 생산성을 희생하면 노동시간은 늘어날 것이다. 그러나 어쨌든 이윤을 추구할 필요가 없고 사회적 노력을 노동시간을 줄이는 데 집중하면 사회적 필요노동시간은 줄어들 가능성이 높다.

사회적 필요노동이란 사회를 재생산하는 데 필요한 기본적인 노동이다. 이윤을 추구하기 위해 과잉생산할 필요는 없다. 인간의 욕구는 발전·확대되지만 그 욕구가 반드시 물질적 생산물을 향할 필요도 없다. 사실 현재 수준의 물질적 생산만으로도 생태환경에 부담이 되고 있다. 끊임없는 소비의 욕구는 다른 방식으로 개인의 개성을 표현·실현할 수 없는 사회적 관계의 산물이므로 이러한 제한이 없어진다면 소비의 욕구가 축소될 가능성이 높다. 그리하여 이러한 기준으로 사회적인 생산과 필요노동의 양이 결정된다.

그리고 이에 따라 사회적으로 기준이 되는 노동시간을 산출할 수 있을 것이다. 이는 지금의 법정근로시간과 비슷한 역할을 한다고 생각하면 된다. 다만 노동시간 단축이 중요한 목표이기 때문에 현재보다 훨씬 더 엄격하게 초과근무를 규제할 필요가 있다. 즉, 아주 특수한 경우를 제외하고는 어떤 일에 종사하든 대부분 기준 노동시간을 초과해 일하지 않는 것이다.

앞에서 이야기한 것과 같이 노동과정의 분업을 폐지하면 직업의 종류가 줄어들 수도 있다. 하지만 그래도 사회를 유지하기 위해 필요한 노동의 종류는 다양하다. 노동을 통해 사회 속에서 자기실현을 하고 싶은 개인들의 욕구와 사회적으로 필요한 노동의 종류 및 양이 딱 맞아떨어지지는 않을 것이다. 따라서 사회적으로 필요한 일자리와 사회 구성원 개인이 원하는 일자리의 수가 정확히 균형을 이루지는 않을 것이다. 이때 특정한 일에서 개인들이 원하는 것보다 사회적 필요노동의 양, 즉 일자리가 모자란다면 개인은 다른 일을 선택하거나 기본소득을 받고 지내면서 다음 기회를 기다릴 수 있다.

이에 비해 특정한 일의 사회적 필요노동량에 비해 지원자가 부족한 것은 문제가 된다. 이러한 기피노동의 문제를 해결하기 위해서는 인센티브와 의무화 두 가지 방법을 생각할 수 있다.[16] 규정 노동시간보다 더 짧은 노동시간을 부여하는 방식, 즉 규정된 주당 노동시간이 25시간이라면 기피노동은 주당 20시간으로 규정하는 방식으로 인센티브를 줄 수 있다. 다른 한편 의무화는 기피노동을 시민의 의무로 지정해 모두 공평하게 특정한 양의 시간을 할애해 맡도록 하는 것이다. 현재 한국의 병역의무 시행 형태를 생각하면 이러한 시민의 의무를 부과하는 데 행정기술적으로 큰 어려움이 없어 보인다. 한국의 군복무처럼 생애의 특정한 기간 동안 기피노동에 종사하거나 예비군이나 민방위 참여처럼 1년에 얼마동안 종사하

---

16 앨버트(2003)의 참여계획경제 모델에서는 개인들의 노고를 서로 비슷한 수준으로 맞추기 위해 직무를 분석해 점수를 매기고 이에 따라 순환하는 방식을 고안했다. 그러나 직무 분석을 통해 객관적으로 노고 수준을 수치화하는 것은 쉽지 않은 일이다. 오히려 사람들의 선호와 기피 정도에 따라 분류하는 것이 더 현실적일 것이다.

도록 하는 등 기피노동의 성격과 개인의 의사에 따라 다양한 방식으로 의무를 이행하도록 할 수 있다.

기피노동에 대한 인센티브와 의무화는 혼합해서 시행할 수도 있다. 의무화가 좀 더 많은 장점을 가진 듯하다. 우선, 지원자가 부족한 일에 대해 인센티브로 노동시간을 더 줄이면 인센티브로 유입되는 사람이 있는 반면 노동시간을 줄이는 만큼 더 많은 지원자가 필요하다는 문제가 발생한다. 그리고 아무래도 기피노동은 노동을 통해 보람을 느끼기 어려운 단순한 노고 활동일 가능성이 높은데, 인센티브 때문에 기피노동을 자신의 주요한 사회적 노동으로 삼는 사람들이 많아지면 분업 폐지를 통한 개인의 발전이라는 사회적 목표에 걸맞지 않을 수 있다. 마지막으로 모든 구성원에게 기피노동을 일정하게 나누도록 의무화하면 누구나 손해를 입으므로 기술 개발이나 노동과정의 재조직화를 통해 이 노동의 성격을 긍정적으로 변화시키려는 노력이 커질 것이다. 이를 통해 단순한 노고 활동이 노작 활동으로 변해갈 가능성이 높아진다.

이와 같은 발전과정의 최종적인 그림은 노동과 자유가 대립하지 않는 사회이다. 개인은 노동을 통해 사회 속에서 자신을 실현시킨다. 자신의 개성을 발전시키고 실현하는 기쁨을 누리다보면 이는 노동이 된다. 사실 그러다 보면 노동, 취미, 예술의 경계가 없어진다. 오직 풍부한 인간의 활동 자체가 되고 그것이 사회를 만든다.

## 5. 나가는 말

지금까지의 논의를 살펴보면, 분업을 폐지하고 노동을 소득을 위한 수단이 아니라 개인을 표현하는 활동으로 바꾸는 것은 결코 유토피아에서나 가능한 일이 아니라 매우 현실적인 일임을 알 수 있다. 이 과정에서는 노동의 인간화 시도와 탈노동주의자들의 아이디어가 많은 부분에서 적용될 수 있으며, 현재의 생산력 수준과 과학기술, 행정기술로도 이 글에서 이야기한 내용들은 실제로 현실화될 수 있다. 이것이 꿈같은 얘기로 들리는 이유는 단지 지금이 자본주의 사회이기 때문이다. 이것을 가로막는 것은 시장에서 이윤을 추구하는 자본이며, 마르크스의 말대로 원래는 사회적 관계인 자본의 힘이 우리를 지배하는 외부의 자연법칙처럼 느껴지기 때문에 대안적 노동원리를 실현하는 일이 불가능해 보이는 것이다. 다른 말로 하면 자본주의가 폐지된다면 이 글에서 이야기한 것과 같은 노동 활동의 변화는 매우 실현 가능해진다. 따라서 자본주의의 폐지는 이러한 노동원리를 가능케 하는 전제조건이다.

하지만 반대로 자본주의 폐지가 대안적 노동원리를 실현하는 충분조건은 아니다. 현실 사회주의 국가들의 경험만 보더라도 알 수 있다. 마르크스와 엥겔스는 『독일 이데올로기』에서 "공산주의란 우리에게 조성해야 할 하나의 '상태'가 아니며, 또는 현실이 따라가야 할 '이상'도 아니다. 우리는 공산주의를 현재의 상태를 폐기해나가는 '현실의 운동'이다"라고 썼다(마르크스·엥겔스, 1988: 67). 물론 대안사회에 대해 어떤 정해진 설계도를 그려놓고 거기에 끼워 맞추는 방식은 바람직하지도 않고 성공 가능성도 적다. 그러나 대안원리에 대한 방향과 원칙을 가지고 있지 않다면 이 또한 실패할 가능성이 높다. 사적 자본을 제거하는 것만으로 자연스럽게 사회주의가 실현되고 공산주의로 발전할 수 있을 것이라고 생각했지만, 우리는 이미 결국 집합적인 자본주의로 타락한 사회주의 국가들에서 역사적인 교훈을 얻은 바 있다. 이런 의미에서 대안적 원리를 모색하고 정립하는 일은 중요하며, 이 글은 여기에 기여하기 위해 쓰였다.

일단 이 글은 노동, 즉 노동과정의 조직과 노동의 사회적 분배원리에 집중했다. 그러나 이 글은 아직 추상적인 수준이다. 각 개인의 노동 선택, 기피노동에 대한 의무화나 인센티브 방식, 노동시간의 배분, 산업구조와 직업의 종류 등 좀 더 구체적인 윤곽을 그리지 못하고 원리만 제시했다. 이러한 구체화는 앞으로 더 수행해야 할 과제이지만, 이를 수행하기에 앞서 적어도 세 가지의 사회적 제도를 다뤄야 한다.

첫째, 의사결정 방식이다. 자본주의에서 노동의 배분과 노동과정의 조직은 시장원리와 이윤 추구의 동기에 따라 정해지지만 시장자본주의가 아닌 사회에서는 사회 공동체와 생산조직 내 성원들의 의식적인 결정에 따른다. 따라서 인간의 사회적 활동 중 생산뿐 아니라 소통의 행위가 조직되는 방식, 즉 넓은 의미에서의 정치적 제도 및 과정은 노동의 배분과 조직에도 결정적인 영향을 미칠 것이다. 둘째, 교육제도이다. 여기서 이야기한 노동의 대안적 원리는 교육제도와 밀접한 관련하에 함께 체계화되고 병행됨으로써 실현되어야 한다. 셋째, 가족제도이다. 가족은 인간 자체를 재생산하는 곳이자 근대사회에서는 기본적으로 사적 영역으로 간주되어왔다. 하지만 대안사회에서는 가족이 어떤 형태를 띨까? 양육과 가사를 위한 활동이 사회적 노동으로 행해질까, 아니면 사적인 가정의 영역에서 행해질까? 이러한 질문의 답에 따라 노동의 배분 및 조직화의 구체적인 양태가 많이 달라질 것이다.

이처럼 노동의 분배와 조직에서 시작해 이와 연결될 수밖에 없는 다른 제도들에까지 확장해나가면 대안적인 사회의 원리와 방향성이 좀 더 명확해질 뿐 아니라 노동의 분배와 조직원리도 좀 더 구체화될 수 있다. 이 하나의 글에서 많은 것을 다룰 수는 없다. 하지만 이 글은 계속 수행할 연구과제의 한 부분이 될 것이다.

# 참고문헌

강내희. 1999. 「노동거부와 문화사회의 건설」. ≪문화/과학≫, 20호.

_____. 2014. 『신자유주의 금융화와 문화정치경제』. 문화과학사.

고르, 앙드레(Andre Gorz). 2011. 『프롤레타리아여 안녕』. 이현웅 옮김. 생각의 나무.

김원태. 2009. 「마르크스 노동 패러다임의 재구성」. ≪마르크스주의 연구≫, 6(3).

리프킨, 제레미(Jeremy Rifkin). 2005. 『노동의 종말』. 이영호 옮김. 민음사.

마르크스(Karl Marx)·엥겔스(Friedrich Engels). 1988. 『독일 이데올로기』. 박재희 옮김.
청년사.

마르크스, 카를(Karl Marx). 1991. 『자본론 I(상)』. 김수행 옮김. 비봉출판사.

_____. 1992. 『자본론 III』. 김수행 옮김. 비봉출판사.

_____. 1997. 「고타강령초안 비판」. 『칼 맑스-프리드리히 엥겔스 저작선집 4권』. 박종
철출판사.

_____. 2000. 『정치경제학 비판 요강 1』. 김호균 옮김. 백의.

_____. 2006. 『경제학-철학 수고』. 강유원 옮김. 이론과 실천.

박준식. 2002. 『경제발전과 산업민주주의』. 소화.

아렌트, 한나(Hanah Arendt). 2011. 『인간의 조건』. 이진우·태정호 옮김. 한길사.

앨버트, 마이클(Michael Albert). 2003. 『파레콘』. 김익희 옮김. 북로드.

이영희. 1994. 『포드주의와 포스트포드주의』. 한울.

이진경. 2006. 『미-래의 맑스주의』. 그린비.

하버마스, 위르겐(Jurgen Habermas). 2006. 『의사소통 행위이론』. 장춘익 옮김. 나남.


Aronowitz, S. & J. Cutler(eds.). 1998. *Post-Work: The Wages of Cybernation*. Routledge.

Badham, R. 1991. "The social dimension of computer-integrated Manufacturing."
*International Labour Review*, 130.

Cleaver, H. 2011. "Work Refusal and Self-organization." in Nelson & Timmerman(eds.).
*Life Without Money: Building Fair and Sustainable Economies*. Pluto Press.

Gorz, A. 1999. *Reclaiming Work: Beyond the Wage-Based Society*. Cambridge: Polity
Press.

Gustavsen, B & P. H. Enjgeldtad. 1986. "The design of conference and the evolving role of democratic dialogue in changing working life." *Human Relations*, 39(2).

Gustavsen, B. 1985. "Workplace reform and democratic Dialogue." *Economic and Industrial Democracy*, 6(4).

Kelly, J. E. 1978. "A reproposal of sociotechnical systems theory." *Human Relations*, 31.

Kern, H. & Schumann. 1989. "New concepts of production in West German plants." in P. J. Katazenstein(ed.). *Industry and Politics in West Germany*. Cornell Univ. Press.

Ketchun, L. D. & E. L. Trist. 1992. *All Teams Are Not Created Equal: How Employee Empowerment Really Works*. Sage.

Piore, M. & C. Sable. 1984. *The Second Industrial Divide*. Basic Books.

Purser, R. E. & W. A. Pasmore. 1991. *Organizing for Learning*. Loyola Univ.

Rigi, J. 2013. "Peer Production and Marxian Communism: Contours of a New Emerging Mode of Production." *Capital and Class*, 37(3).

Susman, G. I & R. B. Chase. 1986. "A sociotechnial analysis of the integrated factory." *The Journal of Applied Behavioral Science*, 22.

Wheelock, J. & J. Vail(eds.). 1998. *Work and Idleness*. Kluwer Academic Publishers.

Zilbersheid, U. 2004. "The Vicissitudes of the Idea of the Abolition of Labour in Marx's Teachings-Can the Idea be Revived?" *Critique*, 35.

# 코뮤니즘 사회에서 문화와 일상의 의미 및 위상 변화에 관한 시론[*]

심광현 | 한국예술종합학교 영상이론과

## 1. 들어가며

코뮤니즘 사회 – 마르크스의 용법에 따르면 자유로운 개인들의 연합에 의해 자본주의 생산양식이 폐지된 새로운 사회 – 에서 문화와 일상의 의미 및 그 사회적 위상이 지금과 어떻게 다르게 변할 것인지를 살피기란 쉽지 않다. 어려움은 먼저 문화의 개념적 스펙트럼이 너무 넓고 이와 맞물려 일상의 의미가 복잡 모호해지고 있다는 데서 비롯된다. 우선, 문화의 외연적 의미는 좁게는 고급예술과 대중문화와 같은 특수한 문화콘텐츠(산업)에서부터 넓게는 언어기호적 체계 일반, 인문사회과학 및 과학기술을 포함하는 제

---

[*] 이 글은 ≪시대와 철학≫ 제25권 4호(2014)에 실린 필자의 글 「대안사회에서 노동과 문화의 의미와 기능 변화: 문화의 내포적 의미의 정식화와 참여계획경제」를 부분적으로 수정하고 마지막 절에 일상의 변화에 관한 내용을 추가로 보완해 재구성한 것이다.

반 학술문화, 출판언론방송과 같은 커뮤니케이션 시스템, 가사·여가·놀이를 포함하는 다양한 유형의 생활문화, 종교와 사회적 의례 등을 포함하는 삶의 방식 전반에까지 걸쳐 있기 때문이다. 이 넓은 스펙트럼 중에서 무엇을 지칭하는가에 따라 현재 상황에서 문화를 이해하는 방식이 달라지기 때문에 미래 사회에서 무엇이 변하고 변하지 않을지를 판단하기는 더욱 어려워진다. 일상의 경우도 과거에는 범위가 매우 제한되었던 여가와 자유시간 활용 방식이 오늘날에는 대부분 광범위해진 문화(관광스포츠)산업과 서비스산업에 의해 상품화되고 있어 일상과 문화와 경제의 구분이 뒤섞이고 있다. 이런 까닭에 자본주의 사회의 문화 및 일상과 이를 넘어선 코뮤니즘 사회의 문화 및 일상을 비교하기 위해서는 양자를 비교할 수 있는 기준이 될 문화의 개념적 틀을 세우는 일부터 필요하다고 할 수 있다.

또 문화와 노동 간의 관계가 어떻게 변화할지를 살피는 일도 추가로 필요하다. 일례로 주당 40시간의 노동시간이 주당 20시간 이하로 줄어들 경우 일반 대중에게 문화의 의미와 기능이 크게 달라질 수밖에 없다. 이런 차이는 주당 노동시간이 50시간이 넘었던 과거의 문화(및 예술)의 의미와 기능이 지금과 얼마나 달랐는지를 비교하면 쉽게 가늠할 수 있을 것이다. 그러나 단지 노동시간의 감소와 자유시간의 증대라는 시간 할당의 양적인 변화를 넘어 각자의 재능과 희망에 따라 자유롭게 직업을 선택할 수 있고 어떤 형태의 직업에서도 착취가 폐지되며 노동과정 내에서 노동자들의 자율적 통제가 크게 증대할 경우 현재 우리가 생각하는 노동 및 문화와 일상 간의 관계 자체도 근본적으로 변화할 것이다.

그러나 이런 변화를 문화와 일상의 의미 및 위상이 경제제도의 변화에 따라 일방적으로 결정된다는 것, 다시 말해 토대가 상부구조를 결정한다는 것으로 이해해서는 안 된다. 코뮤니즘 사회에서 자유시간이 대폭 늘어난다면 그 시간을 비생산적인 소비나 여가에 사용할 것인가 아니면 창조적인 활동에 사용할 것인가를 결정하는 것, 또는 어떤 활동이 창조적인가를 결정하는 일 자체가 바로 문화적인 문제이기 때문이다. 이런 이유에서 코뮤니즘 사회에서 문화와 일상의 의미 및 그 사회적 위상을 살피기 위해서는 문화(적 또는 문화정치적 상부구조)와 노동(경제적 토대) 사이의 내적인 상관관계의 변화를 분석하는 작업과 더불어 문화와 노동의 의미 및 기능의 변화를 분석하는 작업도 동시에 필요하다.

이 글에서는 먼저 토대와 상부구조의 관계에 대한 마르크스의 설명을 살펴본 이후 마르크스주의에서는 양자의 관계를 어떻게 바라보았는지를 비판적으로 검토한다. 그다음으로는 자본주의 사회의 문화와 대안사회의 문화를 비교 평가하는 준거틀로 마르크스의 노동 개념과 윌리엄스의 내포적 문화 개념('자연적 성장의 육성'이라는 문화 개념)을 제안한다. 이후에는 앙드레 고르(Andre Gorz)가 제안한 '시간해방정책' 사례와 마이클 앨버트(Michael Albert)의 '참여계획경제' 모델을 참조해 대안사회에서의 문화의 의미와 기능 변화 방식을 '참여계획문화'라는 모델로 제시하고, 이 모델이 실현될 경우 일상의 의미와 사회적 위상이 어떻게 변화할 것인지를 탐구하려 한다.

## 2. 토대(노동)와 상부구조(문화)의 관계

토대와 상부구조 간의 관계는 마르크스주의 이론에서 여전히 해결하지 못한 가장 중요한 아포리아 가운데 하나이다. 그 관계는 결정(경제주의), 반영[게오르크 루카치(György Lukács)], 표현(벤야민), 중층결정과 재생산(알튀세르)과 같은 방식으로 다양하게 이해되어왔다. 그러나 어떤 개념도 토대와 상부구조를 아우르는 사회적 과정 전체의 역동적인 성격을 포착하는 데에는 한계가 있어 보인다. 이런 문제점 때문에 윌리엄스는 토대와 상부구조라는 개념이 본래는 관계를 보여주기 위한 하나의 비유적인 표현일 뿐이었다는 점을 환기시키면서 이를 추상적인 범주나 영역으로 고정시키는 방식을 비판한 바 있다.

당초의 논의에 쓰였던 어휘들의 주된 의미는 관계적이었으나 이 어휘들은 대중성을 띠면서 a) 비교적 폐쇄된 범주나 b) 비교적 폐쇄된 활동영역을 지칭하는 경향을 갖게 되었다. 그리고 이 어휘들은 시간적 연관관계를 갖는 것이나 더 나아가 공간적인 것에까지 비유의 범위를 확장했다. 하지만 토대와 상부구조라는 식으로 추상화하는 것은 마르크스가 공격했던 사고유형이다(윌리엄스, 2009: 97~98).

이런 논지를 받아들인다면 토대와 상부구조라는 2차원적인 비유를 추상적 범주로 고정시키는 대신 역동적인 전체로 복잡하게 연결된 4차원적인 사회적 과정의 흐름을 포착하기 위한 관계적인 의미로 되돌려 해석할 필요가 있다. 이런 관점에서 토대와 상부구조의 비유가 명시된 마르크스의 글 「정치경제학 비판을 위하여 서문」(1859)의 관련 내용 중 양자의 관계를 기술한 부분을 주목하면 다음과 같다.

인간은 자신의 생활을 사회적으로 생산하는 가운데 자신의 의지에서 독립되어 있는 일정한 필연적 관계, 즉 자신의 물질적 생산력의 일정한 발전단계에 조응하는 생산관계에 들어선다. 이러한 생산관계의 총체가 사회의 경제적 구조, 즉 그 위에 법률적 및 정치적 상부구조가 서며 일정한 사회적 의식 형태가 그에 조응하는 그러한 실재적 토대를 이룬다. 물질적 생활의 생산 방식이 사회적·정치적·정신적 생활과정 일반을 조건 짓는다. 인간의 의식이 자신의 존재를 규정하는 것이 아니라 거꾸로 인간의 사회적 존재가 자신의 의식을 규정한다(마르크스, 2005: 477~478)(강조는 필자).

이처럼 마르크스는 상부구조(의식 형태, 사회적-정치적-정신적 생활과정 일반, 의식)가 토대(경제적 구조, 물질적 생활방식, 사회적 존재)와 하나의 관계만 맺는 것이 아니라 세 가지 다소 차이가 있는 관계, 즉 ① 조응, ② 조건화, ③ 규정이라는 관계를 맺는다고 기술했다. 이 짧은 문장에서 토대와 상부구조의 관계가 각기 다른 의미를 갖는 용어로 기술된다는 것은 이 관계가 결코 일면적이 아니라 다면적이라는 점을 잘 보여준다. 다면적인 관계라는 것은 어느 하나로 환원되기 어려운 복잡한 관계라는 것을 뜻한다. 그렇다면 이 복잡한 관계를 어떤 방식으로 일관성 있게 해석할 수 있을까? 『자본론』에서 이에 대한 단서를 찾을 수 있다. 여기서 마르크스는 물질적 생활의 생산과정, 즉 노동과정을 "인간과 자연의 신진대사과정"이라는 관점에서 일관되게 설명한다.

노동과정은 사용가치를 생산하기 위한 합목적적 활동이며, 인간의 욕망을 충족시키기 위한 자연물의 취득이며, 인간과 자연 사이에 이루어지는 신진대사의 일반적인 조건이며, 인간생활의 영원한 자연적 조건이다. 따라서 이는 인간생활의 어떠한 형태에서도 독립되어 있을 뿐만 아니라 오히려 인간생활의 모든 사회적 형태에 공통된 것이다(마르크스, 1999: 233).

사회적·정신적 생활과정, 또는 의식 형태라는 의미를 함축하는 상부구조는 인간생활의 모든 사회적 형태에 공통된 노동과정과 결코 분리될 수 없으며, 오히려 노동과정은 모든 인간생활의 사회적 형태의 일부인 상부구조에도 공통된 것이라는 말이다. 이 말은 상부구조적 활동이 인간과 자연 간에 이루어지는 신진대사의 일반적 조건인 노동과정이라는 공통성에 뿌리를 내리고 있는 것으로 해석할 수 있다. 이렇게 볼 경우 상부구조는 토대에 '조응'하고 토대는 상부구조를 '조건화'하고 '규정'한다는 것은 인간의 삶이 지구라는 자연에 뿌리를 두고 있듯이 상부구조 역시 인간과 자연 간에 이루어지는 신진대사의 의식적인 조절인 노동과정에 뿌리를 내리고 있다는 것으로 이해할 수 있다. 여기서 주의해야 할 점은 이 노동과정이 의식이 없는 행위가 아니라 자신이 의식하는 목적을 자연물에 실현시키는 과정, 즉 합목적적인 의식적 활동이라는 것이다. 인간은 합목적적인 노동 과정을 통해 자기 자신의 뿌리인 자연에 영향을 미치고 자연을 변화시키 며, 이렇게 함으로써 인간 자신의 자연(천성)을 변화시킨다는 것이다.

노동은 무엇보다도 먼저 인간과 자연 사이에서 이루어지는 하나의 과정 이다. 이 과정에서 인간은 자신과 자연 사이의 신진대사를 자기 자신의 행 위에 의해 매개하고 규제하고 통제한다. 인간은 하나의 자연력으로서 자연 의 소재를 상대한다. 인간은 자연의 소재를 자기 자신의 생활에 적합한 형 태로 획득하기 위해 자기의 신체에 속하는 자연력인 팔과 다리, 머리와 손을 운동시킨다. 인간은 이 운동을 통해 외부의 자연에 영향을 미치고 자연을 변화시키며, 그렇게 함으로써 동시에 자기 자신의 자연[천성]을 변화시킨다. 인간은 자신의 잠재력을 개발하며 이 힘의 작용을 자신의 통제 밑에 둔다. ······ 가장 서투른 건축가라도 가장 훌륭한 꿀벌보다 뛰어난 점은 건축가는 집을 짓기 전에 미리 자신의 머릿속에 집을 짓는다는 것이다. ······ 노동자 는 자연물의 형태를 변화시킬 뿐만 아니라 자기가 의식하고 있는 목적을 자 연물에 실현시키기도 하는 것이다. 그 목적은 하나의 법처럼 그의 행동방식 을 규정하는데, 그는 자신의 의지를 이것에 복종시키지 않으면 안 된다. 그 리고 이 복종은 결코 순간적인 행위가 아니다. 노동하는 신체들의 긴장 이

외에도 주의력으로 나타나는 합목적적 의지가 노동이 지속되는 기간 전체에 걸쳐 필요하다. 더욱이 그 의지는 노동의 내용과 수행방식이 노동자의 흥미를 적게 끌수록, 따라서 노동자가 노동을 자신의 육체적 및 정신적 힘의 자유로운 발휘로 즐기는 일이 적으면 적을수록 더 필요해진다. 노동과정의 단순한 요소는 ① 인간의 합목적적 활동, 즉 노동 그 자체, ② 노동대상, ③ 노동수단이다(마르크스, 1999: 225~227).

여기서 "노동자는 자연물의 형태를 변화시킬 뿐만 아니라 자기가 의식하고 있는 목적을 자연물에 실현시키기도 하는 것이다"라는 구절과 "노동하는 신체들의 긴장 이외에도 주의력으로 나타나는 합목적적 의지가 …… 필요하다"라는 구절을 다시 한 번 주목하자. 이 말은 자연물을 변형시키는 물질적 생산과정에 언제나 노동자의 합목적적인 의식과 의지, 즉 정신적 활동이 반드시 결합됨을 강조하는 것과 다름없다. 그러나 노동의 분업이 제도화됨에 따라 물질적 생산과정과 정신적 생산과정이 분리되면서 "노동자가 노동을 자신의 육체적 및 정신적 힘의 자유로운 발휘로 즐기는 일이 적으면 적을수록"이라는 새로운 양상이 나타난다. 『독일 이데올로기 I』에서 마르크스와 엥겔스는 이 새로운 양상을 다음과 같이 기술한다.

노동분업이 그야말로 분업이 된 것은 육체적 노동과 정신적 노동의 분화가 나타나는 순간부터였다. 이 순간부터 의식은 자신을 현행 실천에 대한 의식이 아닌 별개의 것으로, 즉 뭔가 현실적인 것을 표현하지 않고서도 현실적으로 무언가를 표현할 수 있다면서 우쭐대기 시작했다. 이 순간부터 의식은 자기 자신을 현실세계에서 해방된 위치에 올려놓았으며, '순수' 이론, 신학, 철학, 도덕 등등을 계속 만들어냈다. …… 우리는 이 전체 쓰레기더미로부터 단 하나의 결론을 얻을 뿐이다. 즉, 생산력, 사회상태, 의식이라는 세 가지 계기는 서로 모순에 처할 수도 있고 또 처하지 않을 수도 있는데, 왜냐하면 노동분업의 출현과 함께 정신적 활동과 육체적 활동, 향락과 노동, 생산과 소비가 각기 다른 개인에게 맡겨질 가능성, 아니 현실성이 생겨나기 때문이라는 결론, 그리고 그것들이 서로 모순에 처하지 않을 유일한 가능성은 오직 노동분업이 폐지될 때뿐이라고 하는 결론 등이다(마르크스·엥겔스, 2007: 60~61).

육체노동과 정신노동의 분업으로 의식이 실천에 대한 의식이 아닌 별개의 것으로 나타나 현실세계에서 해방된 위치에 서서 우쭐댄다는 것은 곧 노동분업으로 하나의 사회적 과정이 토대와 상부구조라는 형태로 괴리되어 후자가 전자에 대해 우쭐대기 시작했다는 것을 의미한다. 본래 분리될 수 없는 하나의 사회적 과정의 계기인 생산력, 사회상태, 의식을 서로 모순에 처하게 만드는 토대와 상부구조 간의 이런 괴리로 인해 "노동자가 노동을 자신의 육체적 및 정신적 활동으로 즐기는 일이 적어"지며, 노동과정은 노동자에게 소외된 강압적 힘으로 나타난다. 마르크스는 이와 같은 모순, 괴리, 소외는 오직 공산주의적인 노동분업의 폐지로만 극복할 수 있다고 보았다.

노동분업은 우리에게 다음과 같은 사실들을 보여준다. …… 인간 자신의 활동은 그 인간에 대해 적대적인 하나의 소외된 힘이 되기 마련이며, 인간은 이 힘을 지배하지 못하고 오히려 그 힘의 노예가 된다는 사실이다. 이 활동은 그에게 강요되는 것이며 그는 여기에서 벗어날 수 없게 된다. 그는 한 사람의 사냥꾼이거나 한 사람의 어부, 한 사람의 목동, 한 사람의 비평가일 뿐이며, 생계수단을 잃지 않으려는 한 계속 그렇게 살아야 한다. 이에 비해 공산주의 사회에서는 아무도 하나의 배타적인 활동영역을 갖지 않으며, 모든 사람이 자신이 원하는 분야에서 자신을 수양할 수 있다. 그리고 사회가 생산 전반을 통제하므로 각 개인은 자신이 하고 싶은 대로 오늘은 이 일을, 내일은 저 일을 할 수 있다. 즉 아침에는 사냥하고, 오후에는 낚시하고, 저녁때는 소를 몰며, 저녁식사 후에는 비평을 하면서, 그러면서도 사냥꾼으로도, 어부로도, 목동으로도, 비평가로도 되지 않는 일이 가능하게 된다(마르크스·엥겔스, 2007: 63~64).

이렇게 보면 토대와 상부구조의 괴리 및 모순적인 관계는 노동분업이라는 특수한 단계에서 나타났다가 노동분업의 폐지와 더불어 사라지는 하나의 역사적 관계라고 할 수 있다. 이렇게 해서 모든 종류의 노동과정에서 정신적 활동과 육체적 활동의 분리가 사라지고 노동자가 노동을 자신의 정신적이자 육체적인 활동으로 즐기는 일이 늘어날수록 노동과 문화의 분리된 경계, 토대와 상부구조를 괴리시키는 경계도 소멸될 것이다. 하지만 이때 나타나는 변화는 단지 노동과 문화의 경계가 소멸된다는 것만이 아니다. 정신노동과 육체노동의 분리에 기초한 노동과정의 성격이 변화하면 여기에 뿌리를 내리고 있던 문화의 성격도 변할 수밖에 없기 때문이다. 마르크스는 『정치경제학 비판 요강 2』에서 이런 변화를 다음과 같이 설명한 바 있다.

노동은 더 이상 생산과정에 포함된 것으로 나타나지 않으며, 오히려 인간이 생산과정 자체에 감시자와 규율자로 관계한다. …… 그는 생산과정의 주 행위자가 아니라 생산과정 옆에 선다. 이러한 변환에서 생산과정의 커다란 지주로 나타나는 것은 인간 스스로 수행하는 직접적인 노동도 아니고 그가 노동하는 시간도 아니다. 바로 그의 일반적인 생산력의 점취, 그의 자연 이해, 사회적 형태로서의 그의 현존에 의한 자연 지배, 한 마디로 사회적 개인의 발전이다. …… 이에 따라 …… 개성의 자유로운 발전, 따라서 잉여노동을 정립하기 위한 필요노동시간의 단축이 아니라 사회의 필요노동시간의 최소한으로의 단축 일체, 그리고 여기에는 모든 개인을 위해 자유롭게 된 시간과 창출된 수단에 의한 개인들의 예술적·과학적 교양 등이 조응한다(마르크스, 2002: 380~381).

물론 이런 변화는 노동분업에 기초한 자본주의적 생산관계가 지속되는 한 저절로 이루어지지 않는다. 이런 변화가 가능하려면 과학기술의 발전에 따른 노동수단의 기계화 성과가 자본에 의해 점유되는 방식이 중단되고 사회적으로 공유되어야 하며, 노동분업은 사회적 협업으로 전환되어야 한다. 이것이 바로 마르크스가 『독일 이데올로기 I』에서 말한 "전반적인 상호 의존, 즉 각 사람들 간의 자연필연적인 '세계사적' 협동 형태"이다. 이런 형태의 새로운 사회적 협업 속에서 각 개인은 "아침에는 사냥하고, 오후에는 낚시하고, 저녁때는 소를 몰며, 저녁식사 후에는 비평을 하면서, 그러면서도 사냥꾼으로도, 어부로도, 목동으로도, 비평가로도 되지 않는 일이 가능"해질 뿐 아니라 "예술적·과학적 교양"까지도 자유롭고 즐겁게 향유할 수 있기 때문에 노동과 문화는 현재와 같은 고정된 직업의 형태로 분리되는 대신 각 개인의 생활과정에서 연속적인 계기로 통합될 것이다.
그러나 이렇게 전문화된 직업적 구분이 폐지된다면 과연 예술과 과학기술이 질적으로 높은 수준을 유지할 수 있을까라는 의문이 제기될 수 있다. 만일 생애 대부분의 시간을 전문 분야에서의 연구와 창작에 할애하지 않을 경우 아인슈타인이나 베토벤, 괴테 같은 천재적인 과학자와 예술가가 나올 수 있을까라는 의문이 그것이다. 그러나 이런 의문은 어려서 특정 분야에 뛰어난 재능을 보이는 소수에게만 특정한 절차(시험)와 방식(후원이나 상품화)으로 연구와 창작에 몰입할 수 있는 기회를 제공하는 자본주의 사회의 노동분업 조건을 전제로 한 것이다. 이와 달리 누구에게나 자신의 잠재력을 발휘할 기회가 '평생에 걸쳐' 다양한 절차와 방식으로 주어진다면 오히려 더 많은 아인슈타인과 베토벤과 괴테가 출현할 가능성이 커진다. 반대로 어느 누구도 한 가지 일에 집중하지 않게 됨으로써 문화의 다양한 영역과 층위가 파편화되고, 이로써 집합적인 문화의 수준 자체가 하향 평준화될 가능성도 원천적으로 배제할 수 없다. 이런 문제에 올바로 답하기 위해서는 자본주의 사회에서 통용되는 문화와, 문화의 의미 및 기능, 성격이 크게 달라질 대안사회의 문화를 서로 비교해 평가할 수 있는 공통의 준거틀이 될 문화의 개념을 새롭게 세울 필요가 있다. 과거의 문화로 미래의 문화를, 역으로 미래의 문화로 현재의 문화를 일방적으로 재단하는 것은 객관적으로 납득 가능한 적절한 비교가 될 수 없기 때문이다.

## 3. 문화의 내포적 의미: 자연적 성장의 육성

자본주의 이전의 문화, 자본주의의 문화, 그리고 코뮤니즘 사회의 문화를 장기적인 관점에서 비교할 수 있는 더욱 보편적인 문화의 개념은 무엇일까? 인류학에서 사용하는 삶의 방식으로서의 문화라는 개념은 시공의 차이를 넘어 인류가 살아 있는 한 드러날 수밖에 없는 삶의 다양한 방식을 모두 수용하기 때문에 가장 보편적인 문화의 개념이다. 하지만 이 개념은 외연이 너무 넓어서 인류가 아닌 동식물의 삶의 방식에도 공히 적용될 수 있기 때문에 인간 삶의 특수성을 드러내지 못한다는 단점이 있다. 반면, 예술이나 대중문화, 과학기술과 같은 좁은 의미의 문화는 역사 시대 이후 인류 삶의 특수한 성취를 구체화한다는 장점이 있지만, 인류 전체 삶의 다양성을 포괄하지 못한다는 단점도 있다. 이렇게 문화의 의미를 외연적으로 넓히거나 좁히려는 접근 방식은 너무 추상적이거나 반대로 너무 제한적이라는 한계를 갖는다. 이런 문제점에 갇히지 않는 다른 접근 방식은 문화의 외연적 의미를 관통하는 개념을 내포적 의미라는 관점에서 찾아내는 것이다.

현대 문화연구가 규정한 문화의 내포적 개념은 크게 두 가지이다. 하나가 20세기 후반의 대다수 연구자들이 공유한 '상징계'(언어기호체계 또는 상징적 의미화 체계)로서의 문화라는 개념이고, 다른 하나는 다수가 사용하지는 않지만 현대 영국문화연구의 창시자였던 윌리엄스가 제안한 '자연적 성장의 육성'이라는 문화 개념이다.

우선, 상징계라는 개념에 대해 살펴보면 에른스트 카시러(Ernst Cassirer)가 '상징형식'이라는 개념으로 제안하고[『상징형식의 철학』(1923)] 이후 라캉이 정교화한 '상징계'라는 개념으로, 최근 사회생물학자들이 말하는 '밈(meme)'과 같은 개념이 적합한 예가 될 수 있다. 이 개념은 집단적 차원에서 언어기호의 발명과 사용을 통해 후천적인 경험을 명시적 지식으로 전환해 세대를 건너 지식을 축적하고 계승할 수 있게 한다. 이러한 점에서 오직 유전자를 통해서만 경험을 계승할 수 있는 동물적 삶과 인간의 삶의 방식을 확연히 구별함으로써 인간 문화의 특수성을 명확히 하는 한편, 시공을 넘어 출현하는 모든 유형의 문화에 공통된 준거틀이 될 수 있다는 장점을 갖고 있다.

그러나 이 개념들은 언어기호체계의 특수성을 과도하게 강조함으로써 자연적 삶에서 얻는 경험과 언어기호를 사용한 문화적 경험 간의 경계를 단절적으로 강화한다. 이로써 자연과 문화 사이의 내재적이고 필연적인 연결과 매개과정을 망각하게 만드는 단점이 있다. 이렇게 자연과 문화 사이의 차이만 강조하고 양자 간의 내적 연결을 망각하는 현상은 앞서 마르크스가 비판했던 현상, 즉 육체노동과 정신노동이 분업화된 "순간부터 의식은 자신을 현행 실천에 대한 의식이 아닌 별개의 것으로, 즉 뭔가 현실적인 것을 표현하지 않고서도 현실적으로 무언가를 표현할 수 있다면서 우쭐대기 시작했다"라는 현상과 다름없다. "이 순간부터 의식은 자기 자신을 현실세계로부터 해방된 위치에 올려놓았으며, '순수' 이론, 신학, 철학, 도덕 등등을 계속 만들어냈다"라는 것은 바로 상징계가 토대에서 해방된 위치에 올라 우쭐대면서 자신이 토대에 대해 명령을 내리는 상부구조의 역할을 하기 시작했음을 의미하는 셈이다. 따라서 문화를 토대와 분리되어 상부구조적으로 자율성을 가지는 상징계로 이해한다는 것은 노동분업에서 연유한 관념론이 스스로를 자립적인 체계로 착각하는 것과 같다. 이런 형태의 문화 개념은 계급사회를 관통해온 관념론적 문화 개념을 극단화한 것이라고 할 수 있다. 따라서 자율적 상부구조로서의 상징계라는 방식으로 문화의 내포적 의미를 파악하려는 관점은 노동분업에 기초한 계급사회에서 현실적으로 작동하는 문화 현상을 설명하는 데에는 일정한 타당성을 가질 수 있지만 노동분업에 기초한 계급 자체를 폐지한 대안사회에서의 문화를 설명하는 데에는 한계가 있다. 그렇다고 코뮤니즘 사회에서는 언어와 기호의 체계로서의 상징계가 필요 없다는 말은 아니다. 다만, 자연과정과 노동과정에서 독립된 것으로서가 아니라 자연 및 노동과 선순환할 수 있는 새로운 형태와 기능을 가진 상징계로서의 문화라는 개념으로 조정이 필요하다는 것이다. 그리고 이런 조정을 위해서는 다른 의미에서의 문화 개념이 필요하다. 이에 윌리엄스는 다른 의미의 문화 개념을 제안한 바 있다.

이렇게 자연과 문화를 단절적으로 인식하는 상징계라는 개념과 달리 윌리엄스가 제시한 자연적 성장의 육성이라는 문화 개념에서는 자연과의 연속성과 차이가 동시에 강조된다. 상징기호체계는 '육성'의 결과로 획득되지만 허공에서 자연과 무관하게 인공적으로 발명되는 것이 아니라 '자연적 성장'의 진화과정 중 출현한 것이며, 상징계의 목적은 애초에 자연적 성장을 육성해서 촉진한다는 의미를 가지므로 언제나 자연적 성장이라는 과정과 피드백이 되어야 한다는 것이다. 이런 맥락에서 보면 문화는 자연과 차이를 가지면서도 자연적 성장을 촉진한다는 점에서 자연과 연속선상에 놓인 특수한 과정이라고 할 수 있다.

우리는 공동의 결정에 따라 계획할 수 있는 것은 계획해야 한다. 그러나 문화 이념의 강조는 하나의 문화란 본질적으로는 계획 불가능함을 상기시킬 때 정당성을 가질 수 있다. 우리는 생활 수단과 공동체의 수단을 확보해야만 한다. 그러나 이런 수단으로 어떤 삶을 살게 될 것인지는 알 수도 말할 수도 없다. 문화의 이념은 자연적 성장(natural growth)의 육성(tending)이라는 하나의 은유에 의존하고 있다. 그리고 은유적으로나 사실적으로나 궁극적으로 강조해야 하는 것은 바로 성장이다. 이것이야말로 바로 우리가 재해석할 필요가 가장 큰 영역이다. ······ 민주주의에는 아직도 중대한 물질적 장애들이 남아 있다. 그러나 우리의 마음속에는 미덕을 가장해 그 뒤에서 남을 조종하고 우리 자신의 입장에서 남의 갈 길을 정하려는 장애물 또한 남아 있다. 이러한 문화의 이념에 대항해 자연적 성장을 육성하는 것이라는 문화의 이념이 필요하다. 살아 있는 과정을 부분적으로나마 안다는 것은 그 과정의 비상한 다양성과 복합성을 이해하고 경이로워 하는 일이다. 인간의 삶을 부분적으로나마 안다는 것은 그 생의 비상한 다양성과 가치의 풍요로움을 이해하고 경이로워 하는 일이다. 우리는 자신의 집착에 따라 살아가지만 남의 집착도 인정하고 성장의 길을 열어주는 것을 공동의 사업으로 삼을 때에만 비로소 충족한 공동의 삶을 살 수 있다. ······ 공동의 문화 이념은 특정한 사회적 관계 속에서 자연적 성장의 이념과 자연적 성장을 육성하는 이념을 통합시킨다(Williams, 1982: 320~322).

이처럼 윌리엄스가 제안한 문화의 내포적 개념 속에는 자연과 인공적 문화가 분리되어 있는 것이 아니라 '자연적 성장＋인공적 육성'이라는 두 가지 계기가 통합되어 있다. 이런 형태의 문화에 대한 정의는 앞서 마르크스가 말한 내용과 적합하게 일치한다. "인간은 자신과 자연 사이의 신진대사를 자기 자신의 행위에 의해 매개하고 규제하고 통제한다"라는 마르크스의 구절은 인간은 문화적 과정을 통해 인간 자신의 자연적 성장을 육성한다는 윌리엄스의 정의로 수렴될 수 있다. 이런 과정을 통해 마르크스가 말했듯이, 인간은 "그것[자연]을 변화시키며, 그렇게 함으로써 동시에 자기 자신의 자연[천성]을 변화시킨다. 그는 자기 자신의 잠재력을 개발하며 이 힘의 작용을 자기 자신의 통제 밑에 둔다". 이런 의미에서 보면 노동과 분화는 생명체와 자연 환경 간에 이루어지는 신진대사의 인간적 형태라는 동일한 과정을 가리키는 다른 명칭에 불과하다고 할 수 있다. 달리 말해 마르크스의 '소외되지 않은 노동'은 윌리엄스의 '소외되지 않은 문화'와 같은 의미를 갖는다는 것이다. 마르크스에 따르면 이렇게 본원적으로 통합될 수밖에 없는 노동과 문화가 분리되는 이유는 계급지배와 함께 나타나는 노동분업 때문이다.

윌리엄스에 따르면 자연적 성장의 육성이라는 의미로서의 문화는 산업 자본주의의 등장과 함께 두 가지 형태로 분리된다. 자연과 결합된 문화는 낭만적 개인주의와 권위주의 이데올로기에 의해 자연과 문화로 분리된다. '자연적 성장'의 이념만 강조하는 것이 낭만적 개인주의의 전형이라면, '육성'의 이념만 강조하는 것은 권위주의의 전형이다. 윌리엄스는 이 두 가지 양상을 모두 비판하면서 개인과 사회 모두를 위해서는 양자택일이 아니라 양자가 동시에 필요하다고 주장한다.

공동의 문화라는 이념은 특정한 사회적 관계 속에서 자연적 성장의 이념과 그 육성의 이념을 하나로 통합시킨다. 전자는 낭만적 개인주의의 전형이 며 후자는 권위주의적 훈육의 전형이다. 그러나 각자는 전체적 관점에서 볼 때 필요한 강조점을 표시해준다. 민주주의를 위한 투쟁은 인간 존재의 평등 을 인식하기 위한 투쟁이며, 그것이 아니라면 아무것도 아닌 것이다. 그러 나 인간의 개성과 다양성을 인정해야만 비로소 현실적인 공동의 통치가 이 뤄질 수 있다. 우리가 자연적 성장을 강조하는 것은 지배양식이 편리하게 선별적으로 이용하는 힘이 아니라 전체적인 잠재적 에너지를 보이기 위함 이다. 그러나 동시에 우리는 사회적 현실인 육성도 강조한다. 어떤 문화도 전체적인 과정으로 볼 때에는 선별이요, 강조요, 특수한 형태의 육성이다. 어떤 공동문화의 탁월성은 그 선택이 자유로우면서도 공동으로 이루어지고 또 재선택이 이루어진다는 데 있다. 육성은 공동의 결정에 따른 공동의 과 정이며, 이 과정은 자체 내에 생의 실제적 다양성과 성장을 함께 포괄한다. 자연적 성장과 육성은 인간 존재의 평등이라는 근본원리로 보장해야 하는, 하나의 상보적 과정의 두 부분이다(Williams, 1982: 322~323).

이렇게 해서 '인간과 자연 간에 이루어지는 신진대사의 합목적적 조절 로서의 노동'(소외되지 않은 노동)이라는 마르크스의 개념이 자연적 성장의 육성이라는 윌리엄스의 문화(과정) 개념으로 번역될 수 있음을 살펴보았 다. 그런데 이들은 단순히 현상기술적인 개념이 아니라 평가적인 의미를 담고 있는 개념이다. 마르크스의 소외되지 않은 노동 개념은 ① 인간과 자 연이 지닌 연속성과 불연속성을 동시에 함축하고 있으면서, ② 계급사회 에서의 노동분업에 따른 육체노동과 정신노동의 분리가 인간과 자연의 분 리를 야기함으로써 어떻게 노동을 괴로운 일로 만드는지, 그리고 어떻게 문화를 현실 위에 우쭐거리며 군림하는 공허한 활동으로 만드는지를 비판 적으로 분석하게 해주며, ③ 자본주의를 넘어선 코뮤니즘 사회에서는 소외되지 않은 노동이 어떻게 공허하지 않은 문화를 가능하게 해줄지를 전망하게 해준다. 윌리엄스의 통합적 문화 개념은 산업자본주의의 등장과 함께 자연적 성장의 육성이라는 문화 개념이 어떻게 두 개의 상반된 양극으로 분해되면서 문화의 개념 자체를 양극 대립으로 해체했는지를 잘 보여주며, 이를 넘어서야 할 필요성을 제기한다.

이 양극을 잘 보여주는 것이 국가 및 자본의 독재에 반발해 자연으로 돌아가려는 장 자크 루소(Jean Jacques Rousseau) 류의 낭만적 개인주의의 저항과 이를 억압하려는 국가 및 자본의 권위주의적 통제 간의 대립이다. 19세기 이래 소외된 노동의 전 지구적 확산으로 이 대립은 예술 영역에서는 낭만주의 대 고전주의, 초현실주의/모더니즘/포스트모더니즘 대 여러 형태의 리얼리즘 간의 대립으로 반복되어왔으며, 사회·정치적 차원에서는 여러 형태의 자유주의/무정부주의 대 권위주의적 사회주의/민족주의/공동체주의 간의 대립으로 반복되어왔다. 이런 맥락에서 자연적 성장의 육성이라는 문화 개념은 지난 역사에서 나타난 이처럼 다양한 대립의 공허함을 비판함과 동시에 대안사회의 문화가 어떠해야 하는지를 보여주는 이념적 준거틀로 기능할 수 있다. 마르크스와 윌리엄스를 통해 얻은 이 같은 준거틀에 기초해서 보면 다음과 같은 전망을 세울 수 있다.

첫째, 계급사회의 노동분업에 의해 인간과 자연 간에 이루어지는 신진대사의 합목적적 조절과정을 토대와 상부구조로 강제적으로 분할하면 문화적 상부구조는 자립적인 형태를 띤 상징계로 나타나고, 인간의 다면적이고 복합적인 활동은 자연적 성장이라는 한 극과 인공적 육성이라는 다른 극으로 분할되어 파편화될 수 있다. 이 경우 강제적 노동분업과 계급구조가 폐지된 코뮤니즘 사회에서는 문화가 자연적 성장의 육성이라는 형태를 취하기 때문에 기존의 상징계 중에서 노동분업을 당연시하면서 자연적 성장과의 분리를 강화해 자립적 형태를 취하던 모든 형태의 문화가 토대를 상실해 소멸될 것이다. 이런 상징적 질서의 대표적인 사례가 종교(와 신학 및 이와 공생해온 형이상학)라고 할 수 있다. 인간과 자연 간에 이루어지는 신진대사의 합목적적인 조절과 촉진을 통해 모든 개개인의 잠재력을 발달시키는 것이 사회적 삶의 가장 중요한 가치로 전면 부각될 경우 이 가능성 자체를 저해해온 모든 형태의 이데올로기적인 상징계는 존립할 기반을 상실할 수밖에 없다. 물론 제도로서의 종교가 소멸한다고 해서 종교가 강조해온 경외심이나 사랑 같은 가치까지 소멸하는 것은 아니다. 코뮤니즘 사회에서는 모든 형태의 노동과 문화는 인간과 자연 간에 이루어지는 신진대사의 합목적적 조절을 통한 인간과 자연의 공진화 및 타자와의 협력이라는 점에서 의미와 가치를 갖는다는 사실이 강조된다. 따라서 기존 종교의 배타적인 경외심이나 재화에 얽매인 사랑의 좁은 경계를 뛰어넘어 인간적 자연의 전면적인 발달을 추구하는 가운데 자연스럽게 타자에 대한 폭넓은 존중심이 배양되고 생명에 대한 강렬한 사랑의 감정이 일반화될 것이다.[1]

둘째, 다른 한편으로는 이런 이데올로기적 상징체계가 군림하는 바람에 억압당하거나 주변화될 수밖에 없었던, 자연적 성장의 육성이라는 문화 개념에 부합하는 다양한 문화적 활동이 각종 검열과 억압 장치의 해체로 크게 활성화되고 증가할 것이다. 그 예로는 각자에게 내재한 잠재력을 전면적으로 발달시키기 위한 넓은 의미의 예술 활동(고급예술과 대중예술뿐만 아니라 다양한 형태의 생활예술과 스포츠 활동), 인간과 자연 간에 이루

---

[1] 윌리엄 모리스(William Morris)는 자본주의 이후의 대안사회를 '에코토피아'라고 명명하면서 꿈속에서 에코토피아를 탐방한 주인공과 에코토피아에 살고 있는 사람들 사이의 질의응답을 통해 에코토피아에서의 삶을 다음과 같이 기술한다. "우리는 자연과 무리 없는 싸움을 하면서 인생을 보내고 있고, 우리 자신의 일면만이 아니라 전면을 활동시켜 이 세계의 모든 생명 중에서 가장 강렬한 기쁨을 갖고 살아가고 있습니다. 그래서 우리에게는 자기본위가 아닌 것이 가장 영광스러운 것입니다"(모리스, 2004: 111).

어지는 신진대사에 대한 합목적적인 이해를 증진시키기 위한 다양한 형태의 과학적 연구와 교육 활동, 그리고 이런 활동을 기반으로 인간의 유적 성격[마르크스의 전인(全人, Ganze Menschen)]에 대한 자기이해를 새롭게 성찰하려는 철학적·역사적·인간학적 연구와 교육 활동을 들 수 있다. 이는 마르크스가 코뮌주의 사회에서는 모든 활동이 "한마디로 사회적 개인의 발전"을 위한 활동으로 전환된다고 말한 바에 상응한다.

> 한마디로 사회적 개인의 발전이다. …… 이에 따라 …… 개성의 자유로운 발전, 따라서 잉여노동을 정립하기 위한 필요노동시간의 단축이 아니라 사회의 필요노동시간의 최소한으로의 단축 일체, 그리고 여기에는 모든 개인들을 위해 자유롭게 된 시간과 창출된 수단에 의한 개인들의 예술적·과학적 교양 등이 조응한다(마르크스, 2002: 381).

셋째, 앞서 말한 두 가지 과정을 통합하면, 우리는 계급사회에서 분리되었던 육체노동과 정신노동, 자연과 문화, 개인과 사회가 어떻게 다시 만나 대안사회에서 '사회적 개인의 발전'의 조건을 만들어내는지를 명료하게 이해할 수 있다. 계급사회에서는 노동분업으로 다수가 육체노동에 종사하고 소수는 잉여노동의 성과를 토대로 정신노동을 수행하면서 자립적인 문화적 상부구조를 만들었다면, 계급 없는 코뮤니즘 사회에서는 노동분업이 노동협업으로 전환되므로 사회 구성원 모두가 문화적 상부구조(상징계) 및 노동과정과 긴밀하게 상호작용하며 순환하는 '자연적 성장으로서의 문화'라는 새로운 통합적·문화적 노동과정에 참여한다는 것이다. 이런 변화의 과정을 다이어그램으로 그려보면 〈그림 10-1〉과 같을 것이다.

계급사회의 상징계는 이처럼 육체노동과 정신노동의 분리를 기초로 하기 때문에 언제나 이분법적이며 환원주의적일 수밖에 없었다. 하지만 관

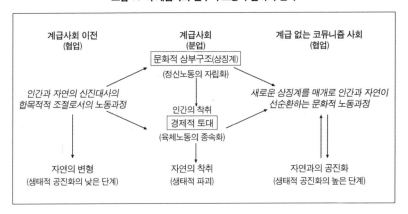

그림 10-1. 계급사회 전후의 노동과 문화의 변화

넘론이라고 해도 정신노동은 육체노동에 기초해야 하며 유물론이라고 해도 육체노동은 정신노동을 필요로 하기 때문에 양자는 서로 뒷문으로 상대방을 들여오지 않을 수 없었다. 고대의 형이상학적 관념론이나 중세의 기독교가 앞에서는 정신노동의 우위를 강조했어도 뒤에서는 노예노동과 농노제에 기초할 수밖에 없었던 사정이나, 근대 자본주의가 모든 것을 자본과 상품으로 계량화해 기계적 유물론이 활개를 치도록 했음에도 정신적 불안이나 저항을 잠재우기 위해 관념론적 형이상학이나 종교를 뒷문으로 들여올 수밖에 없었던 사정이 이 점을 입증한다. 그러나 육체노동과 정신노동의 분리라는 노동분업이 폐지될 경우 유물론과 관념론은 동시에 그 입지를 상실할 수밖에 없으며, 그 대신 인간과 자연 간에 이루어지는 신진대사의 합목적적 조절로서의 노동과정과 자연적 성장의 육성이라는 문화과정은 서로 연결되어 선순환의 고리를 이룰 것이다.

　이런 변화 속에서 존재론적 관심은 끈 떨어진 연과 같이 허공을 맴도는 형이상학 대신 인간과 자연 간에 이루어지는 (면역적-소화적-신경적) 신진대사의 역사적 변화라는 생태학적 과정 자체로 이동할 것이며, 인식론적 관심 역시 사회적 노동을 통해 확장된 자연과의 신진대사 성과에 기초해 인간 자신의 감성적-지성적-인성적 잠재력을 전면적으로 발달시킴과 동시에 그런 발달과정이 자연과의 신진대사를 지속 가능하게 하는 — 즉 자연의 착취가 아닌 자연과의 공진화 — 방식이 무엇인가를 탐구하는 쪽으로 이동할 것이다. 자본주의 사회에서는 문화적 과정이 앞서 말한 바와 같이 모순적인 형태를 취할 수밖에 없었기 때문에 봉건사회에서의 이행기(르네상스 시기)와 그 이후 초기(가령 프랑스혁명 전후)에는 발전하다가 중기에는 지체되고 후기에는 퇴행할 수밖에 없다면, 대안사회에서는 노동과정과 문화과정 각각의 내적 모순이 지양되고 양자 간의 관계도 모순 없이 선순환해 노동과 문화 모두가 질적으로 향상되고 발전할 것이라고 보는 이유가 여기에 있다.

　그동안 문화 활동은 두 가지 이유에서 억압당해왔다고 할 수 있다. 이제까지 언어기호를 사용해 자신의 경험과 지식을 명시화하려 했던 모든 문화적 활동은 자본주의 이전에는 종교적 검열이라는 족쇄에, 자본주의 사회에서는 상업적 목적과 구매자의 편협한 취향이라는 기준에 예속 당해왔다. 코뮤니즘 사회에서는 이 두 가지 족쇄가 해체되면서 모든 문화적 활동에 대한 가치가 동료들과 일반 대중 전체에 의해 자유롭게 평가되기 때문에 문화적 다양성과 풍요로움이 보장될 가능성이 훨씬 높아진다. 물론 이 경우에도 동료들과 일반 대중이 새로운 실험을 외면한다면 문제가 발생할 수 있다. 『파레콘』의 저자 앨버트는 이 가능성을 다음과 같이 기술한다.

　예컨대 탁월한 기량을 갖춘 어느 예술가가 동료 예술가들과 소비자들에게서 인정을 받지 못해 휴식 시간에만 창작 활동을 하고 있다면 과연 이것을 어떻게 생각하는 것이 좋을까? 그런 상황이 발생할 가능성은 없지만 발생하더라도 파레콘의 경우 최악의 상황에 해당하는 반면, 자본주의 사회 또는 위계적으로 조직된 다른 모든 사회의 경우에는 일반적인 현상에 속한다. ……
지금까지 우리가 예술가들에 관해 논의한 내용은 탁월한 수학자나 운동선수처럼 특별한 부류에 속하는 다른 많은 사람들에게도 그대로 적용된다. 파레콘은 노고에 대한 보상과 균형적 직군을 통해 우리 삶의 질을 향상시키고 정의를 증진한다. 또한 파레콘은 가장 풍부하고 가장 다채로운 예술을 창조하기 위해 다양한 재능을 최대한 개발하고 이용하도록 장려하며, 동시에 보상과 상황의 공평성을 보장하고 자율관리를 촉진한다. 그럼으로써 예술가들은 자신을 가장 잘 표현하게 되고 일반 대중은 그들의 노력을 가장 잘 이해하고 평가할 수 있게 될 것이다(앨버트, 2003: 404).

이런 가정하에 다음에서는 코뮤니즘 사회에서는 문화의 의미 및 기능이 현재와는 어떻게 다르게 변화하는지를 살펴보면서 이런 변화가 현재 사회의 문화보다 더 다채롭고 풍요로운 결과를 가져올 것이라는 주장의 타당성 여부를 구체적으로 검토하겠다.

## 4. 시간해방정책과 참여계획문화

코뮤니즘 사회의 문화가 가진 가장 큰 특징이 육체노동과 정신노동의 비분리 및 개인이 지닌 잠재력의 전면적인 발달을 자연적 성장의 육성이라는 관점에서 구현하는 데 있다면, 이런 특징이 구현된 형태를 구상하기 위한 좋은 방법 중 하나는 변화의 형태를 '시간해방'이라는 관점에서 파악하는 것이다. 자본주의가 수행한 문화혁명 중 하나가 사람들을 특정한 장소에 평생토록 묶어놓았던 봉건사회의 공간적 족쇄에서 사람들을 해방시킨 것이라면, 코뮤니즘 사회로의 이행에서 나타나는 문화혁명의 하나는

'자본주의적으로 편성된 노동시간의 감옥'에서의 해방이기 때문이다.

자본주의는 봉건사회의 공간적 감옥에서 탈출한 농노들이 상업도시라는 새로운 공간을 창출하고 그 공간을 발판으로 전 지구적인 교역을 활성화하는 과정에서 탄생했으며, 이후 500여 년이 경과하는 사이에 지구 전체를 자본주의적인 가치사슬로 연결하는 데 성공했다. 자본주의는 이처럼 인간을 전근대적인 공간적 예속에서 해방시켜 전 지구적 공간을 자유롭게 움직일 수 있게 해주었다는 점에서 사람들을 매료시켜왔다. 그러나 이와 같은 공간해방의 대가는 자본주의적으로 편성된 시간이라는 새로운 족쇄를 차는 것으로 상쇄되어버렸다는 점에 주목해야 한다. 아무리 좋은 공간에서 살고 다른 공간으로 자유롭게 이동한다고 해도 이런 공간에서 거의 모든 시간을 더 많은 자본을 축적하기 위한 임금노동에 사용해야 한다면 공간해방은 아무런 의미를 갖지 못할 수밖에 없다.

그렇다면 자본주의적으로 편성된 시간에서의 해방이란 구체적으로 어떤 형태를 띠게 될까? 앞서 마르크스가 말한 바와 같이 이는 "잉여노동을 정립하기 위한 필요노동시간의 단축이 아니라 사회의 필요노동시간의 최소한으로의 단축"으로 인해 "모든 개인들을 위해 자유롭게 된 시간과 창출된 수단에 의한 개인들의 예술적·과학적 교양 등"의 활동이 가능하게 된다는 것을 의미한다. 즉, 사회적 필요노동시간을 단축시켜 잉여노동(잉여가치)을 축적하는 자본주의 사회와는 달리 대안사회에서는 그 증가분을 개인들의 예술적·과학적 교양 활동을 위한 자유시간으로 전환시킨다는 것이 바로 자본주의적으로 편성된 시간의 족쇄 ― 필요노동시간이 줄어도 자유시간은 늘지 못하게 만드는 족쇄 ― 에서의 해방의 골자인 셈이다.

가령 노동시간이 주당 20시간 정도로 축소된다고 가정하면 이로 인해 늘어난 자유시간의 비중이 얼마나 클지 실감할 수 있을 것이다. 이 정도의 노동시간은 현재 대학의 전임교수들에게 책정된 노동시간과 유사한 규모

**표 10-1. 시간해방정책의 문화정치적 함의**

| 구분 | 항목 | 설명 | 비고 |
|------|------|------|------|
| 노동시간 감축 | 연간 1,000시간으로 노동시간 감축 (노동에서의 해방) | 1일 6시간, 주 4일 노동 (연간 12주 휴가) | 연간·평생 노동시간의 자율적 설계를 통한 시간해방 |
| 새로운 가치와 과업 | 노동 내의 해방 | 자주관리 | 노동과정 내의 민주주의 |
| | 새로운 책임 부여 | 윤리적·정치적 책임 부여 | 노동과정 외부에 대한 윤리적·정치생태학적 책임 부여 |
| | 비경제적 행동과 목표 설정 | 노조의 문화적 과제 설정 | 외부와 연대해 자율적 문화·생협 활동 등을 촉진할 장소와 네트워크 구성 |
| | | 다른 운동과의 연대 | 다른 운동에 대한 책무 확대 |
| 덜 일하고 잘 살기 | 자기 - 목적적 행위를 지속적으로 증대 | 미적·예술적·교육적 돌봄 활동 등이 삶의 목적이 되도록 함 | 자아실현과 사회적 연대 강화를 위한 자유시간 중심의 사회로 발전 |

자료: 심광현(2011: 184) 도표 재인용.

이다. 대학의 전임교수들은 주당 10시간 정도의 의무 강의시간과 이와 연관해 10시간 정도의 행정 활동, 입시 관련 회의 등에 시간을 할애하고 나면 나머지 시간을 개인의 자유시간으로 사용할 수 있으며, 게다가 7년마다 1년간의 유급 연구년(안식년)의 기회를 부여받고 있다. 이 자유시간은 연구 활동, 사회봉사 활동, 교양 및 여가 활동 등에 자유롭게 배당할 수 있으며, 이 시간들을 다양하게 조합해 평생의 시간설계를 할 수 있다. 이미 25년 전 고르는 주당 노동시간을 24시간으로 감축하면서도 노동소득은 줄이지 않는 변화를 가정할 경우 노동운동은 임금협상의 좁은 수준을 넘어서서 다양한 형태의 새로운 문화정치적 과업을 자신의 프로그램으로 삼을 수 있다고 제안한 바 있는데, 그 내용을 도표로 요약하면 〈표 10-1〉과 같다(Gorz, 1990: 219~242).

앨버트는 만일 1955년에 미국이 참여경제를 채택했다면 불필요하고 과다한 생산과 낭비적인 활동(군대, 광고, 사치)에 들어가는 지출이 감소되고 과학, 기술, 예술, 교양, 여타 분야의 발전을 위한 교육과 재능 개발에 대한 지출이 늘어나 1인당 생산성이 두 배로 증가하고, 공공재가 많아지고,

오염과 질병이 줄어들고, 노동자와 관리자 사이의 평등이 실현되고, 자원과 에너지를 위한 타국에 대한 지배가 사라지고, 인간 복지와 무관하던 비용이 복지에 사용되고, 성취감이 늘어나고, 분배가 공정해지고, 산출이 저하되거나 혁신이 지체되는 일 없이 주당 노동시간이 40시간에서 13시간으로 감소했을 것이라고 추정한다(앨버트, 2003: 396~397).

　실제로 이렇게 노동시간이 줄어들 경우에도 그렇지 않은 경우만큼 또는 그 이상으로 사회적 발전이 지속 가능할 것인가를 따지는 것은 경제학자들의 몫이므로 이 문제는 필자가 다룰 수 있는 범위를 벗어난다. 오히려 이는 코뮤니즘 사회의 실현 여부를 가늠하는 전제조건이기에 여기서는 적어도 주당 20시간 이하로 노동시간이 감소했다는 전제하에서 늘어난 자유시간을 어떻게 사용하면 문화의 의미와 기능이 변하게 될지를 살피려 한다. 모든 성인에게 주당 20시간 이하의 노동시간이 부여되면서도 평생에 걸쳐 기본적인 소득과 삶의 질이 현재의 대학 전임교수 수준으로 유지될 수 있다면 늘어난 자유시간으로 어떤 형태의 문화적 활동이 가능하고 이러한 문화 활동은 어떤 새로운 의미와 사회적 역할을 하게 될까?

　우선, 자신의 노동시간을 평생에 걸쳐 자유롭게 설계할 수 있기 때문에 자유시간 역시 평생에 걸쳐 자유롭게 설계할 수 있을 것이다. 물론 이 경우 수많은 사람들이 자유롭게 선택하는 시간의 설계는 수많은 교통편이 컴퓨터로 예약 관리되듯이 관리될 것이다. 각자는 자신에게 주어진 평생의 노동시간을 현재와 같은 한 가지 직무가 아니라 여러 형태, 가령 비행사, 항공역학연구자, 숲 해설가, 화가, 수의사, 축구선수 등 여러 가지 형태로 설정하고, 인생의 여러 국면에 이를 배분하는 방식으로 설계할 수 있을 것이다. 또 자유시간 역시 시 쓰고 낭독하기, 바이올린 연주, 연극, 영화, 등산, 탁구, 수영, 정원 가꾸기, 요리 등 여러 형태로 배분할 수 있을 것이다. 이렇게 유비쿼터스 네트워크를 이용한 시간의 설계와 배분은 매일

저녁 다음날의 활동 프로그램을 조정하기 위해 정념거래소를 설치할 필요를 제기했던 샤를 푸리에(Charles Fourier)의 구상을 더욱 효율적으로 대체할 수 있을 것이다.

그러나 모든 사람이 이와 같이 자유롭게 시간을 설계하려 하기 때문에 노동시간과 자유시간의 배분과 활동 내용, 그리고 이에 대한 평가 방식은 주기적으로 참여자들 간의 공개적인 토론과 평가를 통해 조정해야 한다. 앨버트의 파레콘 모델에서는 이런 민주적인 절차가 산업부문과 지역 단위의 생산자-소비자 평의회 및 계획촉진위원회를 통한 여러 차례의 협상 절차에 따라 효율적으로 이루어질 것으로 가정한다. 물론 이런 협의과정에서 계획촉진위원회가 새로운 관료집단으로 특권화될 위험이 있다는 비판도 있지만, 이런 위험은 모든 구성원을 계획촉진위원회에 — 연간 몇 시간 동안 의무적으로 배심원으로 활동하게 하는 무작위 추첨제도와 같은 방식으로 — 참여하게 함으로써 최소화할 수 있을 것이다.[2] 그리고 이 과정에 필요한 복잡한 데이터(양적·질적 정보)의 생산과 평가 방식은 유비쿼터스 컴퓨팅의 매개로 조정·지원되기 때문에 전문가가 아니더라도 내용을 이해하고 평가할 수 있다고 가정한다. 여기서 어떠한 유형의 생산과 소비 활동도 인간과 자연 간에 이루어지는 신진대사의 지속 가능한 발전에 기여하는 사용가치의 측면

---

2  참여계획경제 모델에는 앨버트와 로빈 하넬(Robin Hahnel)의 파레콘 모델, 윌리엄 폴 콕샷(William Paul Cockshott)과 앨린 코트렐(Allin Cottrell)의 노동시간모델, 팻 드바인(Pat Devine)의 협상조절모델, 데이비드 라이브먼(David Laibman)의 다층민주반복조정모델 등이 있다. 이 모델들은 사회경제의 구성단위, 민주적 또는 참여적으로 계획을 작성하는 방식, 계산단위 선정, 노동분업이나 관료제 대처방안 등에서 차이를 보이지만 대체로 스탈린주의적 명령경제나 시장사회주의가 아닌 참여계획경제 모델로 수렴하고 있다. 참여계획경제 모델을 간단히 정의하면, 자본, 임금노동, 계급, 국가, 사적 소유와 가치법칙을 폐기한 사회에서 아래로부터의 민주적 의사결정과 참여를 통해 계획을 수립 및 실행하는 여러 가지 정치적·사회적·경제적 제도를 구축하고 이를 통해 자유와 평등과 인간해방을 실현하는 자유로운 인간들의 연합체제라고 할 수 있다. 이는 마르크스가 「고타강령초안 비판」에서 말한 낮은 단계의 공산주의에 부합하는 모델이다(하태규, 2014: 1).

에서 평가될 것이며, 문화적 활동의 가치는 자유롭고 평등한 개인들의 사회적 연대를 지속 가능하게 함과 더불어 각 개인이 지닌 잠재력의 전면적인 발달에 기여하는 자연적 성장의 육성이라는 측면에서 평가될 것이다.

이렇게 코뮤니즘 사회에서는 노동시간과 자유시간이 서로 맞물려 순환하기 때문에 경제적인 차원에서뿐만 아니라 문화적인 차원에서도 아래로부터의 참여와 협의를 통한 참여계획이 이루어질 수 있다. 현재의 지방자치단체가 제한적으로 시행하고 있는 참여예산제도의 타당성과 문제점을 검토해 참여계획경제의 모델을 탄탄하게 만들어나갈 수 있는 것처럼 참여계획문화도 이와 유사한 실행 모델을 통해 타당성과 문제점을 타진해볼 수 있을 것이다.

경제가 아닌 문화의 차원에서 아래로부터의 참여계획을 고려할 수 있는 한 가지 사례는 작게는 주거설계에서 크게는 도시설계에 이르는 공간문화의 구성 방식이다. 자본주의 사회에서는 도시계획이 자본가, 관료, 관련 전문가들의 일방적인 기획과 설계에 따라 이루어져 왔기 때문에 시민들이 적극적으로 참여할 수 있는 도시계획 방식이나 공동주거설계 방식을 가늠하기가 쉽지 않다. 하지만 2010년 한국의 건축가 하태석이 제안한 쌍방향 도시생성 모델은 제한적이지만 이를 확장할 경우 참여계획문화가 실행 가능함을 시사한다.

그는 전시 현장은 물론 전 세계 어디에서든 사람들이 스마트폰 애플리케이션으로 이 프로그램에 접속해 ─ 세대와 라이프스타일에 따라 선택 가능한 방식으로 ─ 자신이 선호하는 주거 유닛을 선택하면 이 선택들을 취합하고 조정해 실시간으로 변화하면서 자기-조직적인 방식으로 작동하는 컴퓨터 시뮬레이션 프로그램을 만들어 2010년 베니스 비엔날레 한국관 전시에 출품했다.

시민참여가 늘어남에 따라 도시는 점점 더 개개 시민의 라이프스타일에 맞게 분화된 모습으로 변모하게 된다. 시민 참여 수의 합이 허용 한계밀도에 다다르면 도시는 최대 미분상태가 되며, 모든 유닛이 모든 시민의 라이프스타일에 맞춤화된 도시가 된다. 우리는 이런 도시를 적분도시라고 부른다. 본 전시는 이 도시의 생성·변화 과정을 실시간으로 중계한다. 곧 시민의 개별적 참여는 도시의 변화를 촉발한다(하태석, 2010: 158).

적분도시의 거주자는 자신의 라이프스타일에 따른 맞춤화된 주거를 제공받는다. 제공되는 정보는 세대와 라이프스타일에 대한 정보이다. 세대에 대한 정보는 세대를 구성하는 구성원에 대한 정보이고, 라이프스타일에 대한 정보는 세대를 구성하는 구성원의 성향에 대한 정보이다. 단순히 몇 가지 타입으로 모든 이의 라이프스타일을 규정하는 환원주의적 방법 대신 적분도시는 차이를 갖는 미분적 시스템을 제안한다. 이 미분 시스템은 라이프스타일의 여섯 가지 축을 기준으로 그 안에서 무수히 많은 다양성을 만들어낸다. 각각의 라이프스타일은 건축적 공간으로 정의된다. 즉, 엔터테인먼트, 일, 예술/음악, 실외생활, 교육, 파티와 같은 라이프스타일의 내부 지향적 공간 구성, 거주공간과 업무공간의 공통 공간 구성, 거실 안의 스튜디오 공간 구성, 파티션 공간과 오픈 스페이스 구성과 같이 건축적으로 정의되며, 이 각각의 정의는 라이프스타일의 입력 정도에 따라 차별적으로 차이를 가지며 적용된다(하태석, 2010: 149).

시민들의 다양한 라이프스타일을 반영하면서도 도시 전체가 효율적인 질서를 유지할 수 있도록 해주는 이와 같은 미분·적분 시스템이 현실적으로 의미를 가지려면 세대와 라이프스타일을 반영한 기본 정보유형을 어떻게 구획할 것인가에 대한 치밀한 조사연구 및 미분된 정보들을 효율적으로 적분할 수 있는 애플리케이션 프로그램의 적합성에 대한 연구를 사전에 수행하는 것이 중요하다. 기본유형의 다양화와 타당성에 대한 사전연구는 관객의 능동적 참여 및 효과적인 데이터베이스의 수집과 전시 기간 동안 도시가 증식하고 생성해가는 제반 과정을 볼 수 있게 만드는 전시회를 생산적으로 연결하는 고리가 된다. 이 전시는 작가-조사연구-관객 간의 쌍방향 대화를 살아나게 만든다는 점에서 도시연구-건축-미디어-공공예술이 상호작용하는 네트워크의 좋은 범례라고 할 수 있다.

이렇게 개인의 라이프스타일 맞춤형 주거공간의 미분적 설계를 통해 전체 도시의 질서를 적분해나가는 방식의 시민참여형 도시계획모델은 앨버트가 제안한 참여계획경제의 모델과 구성방식이 매우 흡사하다. 이는 컴퓨터 프로그램을 이용해 아래로부터 시민들 스스로 자신들의 일상생활과 도시에 필요한 재화의 수요를 작성하면 이것이 여러 조정과정을 거쳐 적분되어 전체 경제의 수요와 공급을 효과적으로 설계할 수 있도록 하자는 모델이다.

이런 도시계획이 현실에 더욱 밀착하기 위해서는 기본적인 세대유형과 라이프스타일 유형의 유닛을 건축가가 사전에 어떻게 유형화할 것인가가 중요하다. 건축가가 사전에 설정한 기본유형과 정보가 너무 제한적일 경우에는 아래로부터의 참여계획문화라는 취지가 상실될 것이다. 그러나 이런 방식의 참여계획을 한 사람의 개인 건축가가 모형화하는 대신 다양한 공간의 활용도 및 구성 방식에 대한 집단적 연구와 세대별·성별 문화적 취향에 대한 집단적 연구가 결합하는 방식으로 확대한다면 공간유형과 라이프스타일 유형을 더욱더 풍부하고 다양하게 미분하고 적분할 수 있을 것이다.

이런 유형의 입체적인 방식을 학제적으로 연구하면 도시공간을 지도상의 평면으로 보는 대신 개인과 집단의 차별화된 시간적 주기와 공간적 동선의 역동적인 망이 연결된 중층적인 네트워크의 유형으로 새롭게 파악할 수 있을 것이다. 최근의 생애사 연구에서는 그동안 분리되어 발전해온 인생행로 연구와 주거사회학을 결합해 개인들의 주거행로의 시공간적 이동 경로를 통합적으로 추적하고 있는데, 생애사 연구의 진전은 복잡한 라이프스타일의 중층적 유형화를 탐구하는 데 도움을 줄 것이다.

> 생애사적 여정은 공간 경험으로 구체화되는데, 이 공간은 사적 공간에서 공적 공간에까지 걸쳐 있다. 인생행로의 변화는 공간적인 이동에 반영된다. '지위경로는 동시에 공간경로'이다(남상희, 2001: 80).

현재는 전문 연구자들만 개인 생애사의 시공간 경로를 연구하고 있지만 대안사회에서는 이런 연구 자체도 원하는 이라면 누구나 참여 가능한 공동연구의 형태로 수행될 수 있다. 또한 이런 연구 방식은 도시와 주거설계뿐 아니라 모든 문화적 활동을 다면적으로 프로그램화하는 데에도 활용될 수 있을 것이다. 문화적 활동을 새로운 형태로 계획하고 실행하는 데 무엇보다 먼저 전제되어야 하는 시간과 공간의 집단적 조정이 유비쿼터스 네트워크를 매개로 효율적으로 실현될 수 있다면, 문화적 활동을 수행하는 데 필요한 도구(PC, 화구, 악기, 카메라, 편집기, 스포츠용구 등)는 물론 교육과 평가의 프로그램도 집단적으로 활용 및 평가할 수 있을 것이다. 이런 형태의 참여계획문화는 이미 마련되어 있는 문화 시설·도구와 프로그램의 낮은 활용도를 최대치로 높일 뿐만 아니라 구성원 각자가 새롭게 필요로 하는 문화 시설·도구와 프로그램의 도입 및 활용을 효율적으로 가능하게 해줄 것이다.

## 5. 시간경제와 일상생활의 변혁

이상에서 살펴본 바와 같이 코뮤니즘 사회에서는 문화가 사회적 필요 노동시간의 감소와 자유시간의 증대라는 시간해방에 의해 다양한 방식으로 개화할 것으로 예상된다. 이는 역으로 자본주의 사회에서는 문화가 시간의 족쇄에 갇혀 자체의 잠재력에서 소외되어 있다는 의미이기도 하다. 마르크스는 이런 이유에서 "모든 경제는 시간의 경제 문제"라고 말한 바 있다.

> 코뮌적 생산에 기초할 경우, 시간을 결정하는 일이 물론 핵심적이다. 밀, 가축 등을 생산하는 데 드는 시간이 적을수록 사회는 물질적이든 정신적이든 다른 생산을 위해 얻는 시간이 많아진다. 개인의 경우와 똑같이 사회의 발전, 향유, 활동의 다양성은 시간의 경제화(절약)에 의거한다. 시간의 경제, 모든 경제는 궁극적으로 여기로 환원된다. 사회는 마찬가지로 그 전반적 필요에 적합한 생산을 이루기 위해 자신의 시간을 합목적적으로 배분해야 한다. …… 따라서 다양한 생산 부문에서 계획된 노동시간의 배분과 더불어 시간의 경제는 코뮌적 생산에 기반을 둔 제일의 경제법칙으로 남게 된다. 그것은 거기서 더 고도의 법칙이 된다(Marx, 1986: 109).

이렇게 코뮤니즘 사회에서는 시간의 경제가 제1의 경제법칙이라고 할 때, 이 시간의 경제는 자본주의 사회가 요구하는 "노동시간에 의한 교환가치의 양적 측정"에 필요한 시간과는 다른, 양적 차이뿐 아니라 질적 차이까지 반영하는 시간이라는 점에 유의하자. 현 상황에서는 이렇게 질적 차이를 측정할 수 있는 시간이 어떤 시간인지를 구체적으로 확정할 수 없지만, 다양한 문화 활동의 질적 차이를 고려한 자유시간의 설계라는 측면에서 개략적으로 가늠할 수는 있다. 한 장의 그림이나 시 한 편을 만족스러울 때까지 그리거나 쓰는 데 필요한 자유시간, 즉 문화적 시간은 자동기술화 시스템으로 냉장고 한 대를 만드는 데 걸리는 기계적 시간과 다를 수밖에 없다. 자연적 성장의 육성이라는 의미를 지닌 문화적 과정에서는 양적 성장에 필요한 시간 외에 질적 성숙을 위한 시간도 필요하기 때문이다. 이런 의미에서 대안사회의 문화적 시간은 된장의 재료가 발효과정을 거치면서 질적으로 다른 차원으로 변화하는 데 필요한 숙성의 시간이라고도 비유할 수 있다.

자연적으로 성장한 좋은 재료라 하더라도 어떻게 숙성(즉, 육성)시키는가에 따라 맛이 달라지는 것이 진정한 요리의 비결이다. 시간의 경과와 함께 풍미나 세포조직이 화학적·물리적으로 변해 식품의 향기, 재질, 맛, 색깔 등이 총체적으로 조화되는 현상을 숙성이라고 한다. 숙성의 정점에 도달한 상태를 완숙, 이전 상태를 미숙, 정점을 지난 상태를 과숙이라 한다. 가령 쇠고기와 같이 좋은 재료라 해도 미숙하거나 과숙한 경우 요리는 최상의 맛을 내지 못하며, 오직 완숙한 경우에만 최상의 맛을 낼 수 있다. 물론 완숙에 필요한 숙성의 기간과 온도조건은 재료와 요리의 유형마다 다르다. 자연적 성장의 육성이라는 의미에서의 문화적 과정도 사정은 크게 다르지 않아 보인다. 충분히 성장한 성인의 경우에도 그의 인격이나 그가 하는 일은 숙성과정의 적합도에 따라 잠재력을 잘 발휘할 수도 아닐 수도 있다. 주제나 소재는 동일해도 미숙한 글쓰기와 완숙한 글쓰기는 설득력과 풍부함에서 큰 차이가 있다.

이런 의미에서 한 사람이 이룬 노동의 양적 성과를 평가할 때 성취라는 개념을 사용할 수 있다면, 작업의 질적 성과를 평가할 때에는 성숙(완숙)이라는 개념을 사용하는 것이 적합할 것이다. 따라서 질적인 의미에서의 문화적 발달이란 단지 '양적 성장/성취'로 평가하는 것이 아니라 '인격의 성숙도와 일의 완숙도'에 따라 평가해야 할 것이다. 전자에는 삶의 풍미나 향취가 부족하지만 후자에는 삶의 풍미나 향취가 총체적으로 조화되어 나타난다. 이런 사람의 경우 얼굴에서 빛이 나고 말과 몸짓에서 향기가 느껴지는 것이다. 인격을 구성하는 각 부분에서 전체가 드러나고 전체가 부분에 스며들기 때문이다. 따라서 성숙한 인격과 완숙한 일 처리능력을 가진다는 것은 구성 부분과 관계가 일정한 시간 동안 숙성된 결과 사람의 몸과 마음의 능력 전체가 멀티-프랙털한 구조를 갖게 된다는 것과 다름없다. 이와 같은 문화적 성숙이 바로 마르크스가 말한 "사회적 개인의 전면적 발달"의 진정한 의미가 아닐까 싶다.

이처럼 코뮤니즘 사회에서의 시간의 경제가 자본주의 사회에서의 시간의 경제와 크게 다른 이유 중 하나가 문화적 성숙에 필요한 질적 시간의 경제라고 한다면, 코뮤니즘 사회에서의 일상생활은 어떻게 달라질 것인가? 앞 절에서 우리는 코뮤니즘 사회의 중요한 변화 가운데 하나가 자유시간의 증대라는 점을 살펴보았는데, 이는 바로 코뮤니즘 사회에서 시간의 경제가 양적 측면에서 변화했기 때문이라 할 수 있다. 이제 살펴봐야 할 것은 자유시간이 증대된 일상생활에서 시간의 경제가 어떻게 질적으로 변화하는가 하는 문제이다.

레온 트로츠키(Leon Trotsky)는 1920년대 초중반에서 1930년대 사이에 집필한 글들을 모은 『일상생활의 문제들(Problems of Everyday Life)』에서 일상생활과 문화와 경제 간의 밀접한 상관관계를 다음과 같이 기술한 바 있다.

도덕들의 완전한 변화 — 즉, 노예적 가사노동에서의 여성의 해방, 아이들의 사회적 육성, 모든 경제적 강압에서의 결혼의 해방 — 는 오랜 기간의 발전에 따라 가능해질 것이며, 사회주의의 경제적 힘이 자본주의적 생산력을 능가하는 정도에 비례해 실현될 것임은 분명하지만, 그러나 현재의 경제적 상황에서조차도 우리는 우리가 실제로 할 수 있는 것보다 더 많이 우리의 도덕에 대해 비판과 이니셔티브와 이성을 도입할 수 있다. 그리고 도덕의 영역에서 가장 작은 성공조차도 일하는 남녀의 문화적 수준을 높임으로써 생산을 합리화하거나 사회주의적 축적을 고양시키는 데 필요한 우리의 능력을 신장시킬 수 있다. 이 능력은 다시 도덕의 영역에서 신선한 승리를 이룰 가능성을 제공해준다. 따라서 두 영역 사이에는 변증법적인 상호의존성이 존재한다. 경제적 조건은 역사의 근본적인 요소이지만 우리는 코뮤니스트 당으로서, 노동자 국가로서 노동계급의 도움을 통해서만 경제에 영향을 줄 수 있으며, 이 도움을 얻기 위해 우리는 노동계급의 각 개인이 지닌 기술적이고 문화적인 능력을 촉진시키는 일을 중단 없이 추진해야만 한다. 노동자 국가에서 문화는 사회주의에 기여하며, 사회주의는 다시 계급 차별을 모르는 문화, 인류를 위한 새로운 문화의 창조 가능성을 제공한다(Trotsky, 2013: 36~37).

8시간 노동, 8시간 수면, 8시간 놀이는 노동운동의 오랜 공식이다. 우리의 상황에서 이는 새로운 의미를 지닌다. 8시간 노동이 더 유익하게 사용되면 될수록 8시간 수면이 더 좋고 더 깨끗하고 더 건강에 이로워질 것이며, 8시간의 여가는 더 충만하고 더 교양 있어질 것이다(Trotsky, 2013: 39).

이 두 가지 설명은 코뮤니즘 사회에서는 일상과 문화와 경제가 선순환 구조를 취할 것이라는 점을 시사한다. 물론 트로츠키의 열망은 소비에트 러시아에서 실현되지 않았지만 이 선순환 구조는 코뮤니즘 사회에서 경제와 문화와 일상 간의 관계를 상상하는 데 중요한 가이드라인이 될 수 있다. 육체노동에 대한 지식노동의 지배, 여자에 대한 남자의 지배, 자연에 대한 인간의 지배를 가속화해온 자본주의 사회에서 일상과 문화와 경제는 분리된 형태로 위계화되어 있고, 이 모든 영역을 연결하는 것은 오직 화폐와 상품뿐이다. 그러나 육체노동과 지식노동의 분리, 가부장적 지배, 반생태적 지배가 극복된 코뮤니즘 사회에서는 일상과 문화와 경제에 위계가 없고, 남녀가 평등하고, 인간과 자연은 공생관계를 취하며, 이 모두가 선순환 관계를 이룰 수 있다. 이 선순환 관계가 가능한 이유는 앞서 살펴본 것처럼 입체적이고 자기조절적인 계획을 통해 참여계획경제와 참여계획문화 같은 집합적이고도 개별적인 요구를 충족시킬 수 있기 때문이다. 그리고 이런 기획의 성공적인 지속 여부는 앞서 트로츠키가 말한 바와 같이 개개인의 도덕적·기술적·문화적인 역량의 증진에 달려 있다고 할 수 있다.

그런데 여기서 한 가지 주의를 기울일 지점이 있다. 개인들의 이런 역량, 특히 도덕적인 역량은 집합적인 의미에서의 문화 발전이나 경제 발전과는 다른 속도와 방식으로 변화하는데, 그 이유는 개인의 역량이 가정생활에 속박되어 있기 때문이다. 트로츠키는 이 문제를 다음과 같이 기술하고 있다.

> 가정생활은 경제적 생활보다 더 보수적이다. 그 이유 중의 하나는 전자가 후자보다 덜 의식되기 때문이다. 정치와 경제에서 노동계급은 하나의 전체로서 행동하며 그 전위인 코뮤니스트 당을 전방으로 앞세우며 나가 이를 수단으로 프롤레타리아트의 역사적 목적을 성취한다. 그러나 가정생활에서 노동계급은 가족들에 의해 세포들로 분열되어 있다. 정치체제와 국가의 경제적 질서의 변화는 …… 가족의 조건에 일정한 영향을 분명히 미쳐왔다. 그러나 과거부터 전승된 가정생활의 전통적 형식을 건드리지 못한 채 단지 간접적이고 외부적으로만 영향을 미쳤을 뿐이다. …… 소비에트 국가에서 남자와 여자의 정치적 평등을 제도화하는 것은 하나의 문제이며 가장 간단

한 것이다. 더욱 더 어려운 것은 다음의 문제인데, 공장과 광산과 노동조합에서 남녀 노동자들의 산업적 평등을 제도화하는 것이다. …… 그러나 가족 내에서 남자와 여자의 실질적 평등을 성취하는 것은 무한히 더 힘든 문제이다. …… 가족 내에서 남편과 아내의 실질적 평등이, 정상적인 의미에서뿐만 아니라 삶의 조건에서도 평등이 없다면 우리는 사회적 일이나 심지어는 정치에서조차 그들의 평등에 대해 진지하게 말할 수 없게 된다. 여자가 가사노동에, 가족의 보살핌에, 요리와 바느질에 속박되어 있는 한 사회적이고 정치적인 생활에 참여할 수 있는 모든 기회가 심하게 박탈된다(Trotsky, 2013: 46~47).

코뮤니스트 사회에서는 바로 여기, 즉 실질적인 남녀평등이 실현된 형태로 가정생활이 변화하는 것에 일상생활 변화의 진정한 의미가 있다. 경제적 강압에서 해방된 결혼과 가정생활에서의 양성평등 실현은 앞서 말한 1/3의 수면시간과 1/3의 여가시간이 가진 성격을 진정한 의미에서 변화시킬 것이기 때문이다. 이렇게 되면 일상생활은 앞 절에서 고르가 제시했던 다양한 활동이 전개되고 연결되는 활발한 장이 될 것이다. 특히 결혼이 경제적 강압에서 해방되고 가사노동과 육아가 사회적 노동을 통해 공적으로 해결될 경우 모든 여성은 남성과 동일하게 1/3의 여가시간을 자유롭게 향유하며 성적 자기결정권을 갖게 될 것이다. 이 경우에야 비로소 소외된 노동, 소외된 여가, 소외된 가정생활이 사라지고, 탈소외된 노동, 탈소외된 여가, 탈소외된 가정생활이 서로 균형을 이루고 선순환하며 풍요를 만들어내는 새로운 일상생활을 향유하게 될 것이다. 이런 이유에서 모든 사회 구성원에게는 노동과 여가와 가정생활의 발전이 질적인 차원에서 선순환하는 방향으로 일상생활이 변화하는 것이야말로 코뮤니즘의 실현 여부를 판정하는 실질적인 척도가 될 것이다. 마르크스적 관점에서 일상생활의 혁명을 지속적으로 역설해온 르페브르가 "무슨 일이 벌어지든 일상생활의 변혁만이 변화의 기준이 될 것"(Lefebvre, 2008: 41)이라고 역설했던 이유도 여기에 있다.

일상생활에서 성(sexuality)과 여성성(femininity)은 기술이나 문화산업이나 가치의 잠식과 동일한 방식으로 다루어질 수 없다는 것이 명백하다. ……
일상생활은 어떤 거대 시스템 내의 하위 시스템으로 정의될 수 없다. 그와
반대로 일상생활은 생산양식이 바로 일상생활을 프로그래밍함으로써 스스
로를 하나의 시스템으로 구성하려고 노력하는 '토대'이다(Lefebvre, 2008:
41).

## 6. 나가며

하지만 현재까지 일상생활은 가장 낮은 하위 시스템 또는 주변적이고
하찮은 것으로 간주되고 있다. 이런 사고방식은 르페브르가 비판했듯이
일상생활을 지식과 지혜에서 배제시켜온 철학자들의 낡은 습성(Lefebvre,
2008: 3)에 뿌리를 두고 있기도 하지만, 정치혁명에 우선순위를 부여해온
낡은 혁명관에 기반을 둔 것이기도 하다. 이에 따라 트로츠키가 말했듯이
일상생활이 심각하게 훼손되고 있다는 사실도 잘 의식하지 못하고 있다.
일상생활 중에서도 트로츠키가 문제 중의 문제라고 칭했던 가족 문제(트
로츠키, 1995: 164)는 날이 갈수록 심각해지고 있는데, 이는 신자유주의적
위기가 심화되면서 모든 시스템의 토대 자체를 갉아먹고 있기 때문이지
만, 동시에 자본주의의 토대 자체가 해체되고 있음을 시사하는 것이기도
하다. 결혼 인구 감소와 출산 감소, 1인 가족의 증대, 이혼의 증대 같은 현

상은 점점 두드러지고 있는데,[3] 이런 경향은 여성의 부불노동에 노동력 재생산을 떠맡겨 온 자본주의적 착취의 가장 깊은 토대가 근본적으로 흔들리고 있음을 의미한다.

그런데 바로 이런 흐름 속에서 새로운 변화의 맹아가 배태되고 있다. 가족의 해체는 여성을 짓누르던 노동력 재생산의 굴레가 해체되는 것을 의미하기에 어떤 면에서는 여성 해방의 전조가 될 수 있기 때문이다. 특히 1인 가구가 중대하는 경향은 결혼이 자동적으로 제공했던 안정적인 가정생활이 이제는 낯선 것이 되었음을 의미하며, 다인 가구의 삶이 불안정하게 해체되고 있음을 의미한다. 가족은 해체되어서는 안 된다는 신념을 가진 사람들에게 이 상황은 비극적으로 느껴질 것이다. 또 가족애를 이타주의와 동일시하는 사람에게는 1인 가구의 증가가 자기중심주의의 증가로 느껴질 것이다. 하지만 이는 개인들이 자신의 삶의 양식을 선택할 수 있는 자유가 증가했음을 의미하는 것이지, 이타주의의 몰락을 의미하는 것은 결코 아니다(노명우, 2013: 52~53).

가령 스웨덴은 전체 가구의 47%가 1인 가구이고 수도 스톡홀름은 60%가 1인 가구로 거의 '가족 없는 사회'라고 할 수 있지만, 《이코노미스트》지가 세계 111개국을 상대로 소득, 건강, 자유, 실업, 가정생활, 기후, 정치적 안정, 삶의 만족도, 양성평등 등 다양한 요소를 고려해 세계에서 가장 살기 좋은 곳을 조사한 결과에 따르면 스웨덴은 다섯 번째로 살기 좋은 나라이다. 또 고등교육을 받은 사람과 그렇지 않은 사람의 만족도나 성별 만

---

3   1980년까지만 해도 한국 사람의 절반 정도는 5인 이상 가구의 구성원이었다. 자녀가 없는 2인 가구는 5인 이상 가구의 1/5에 불과했고 혼자 사는 1인 가구는 4.8%에 불과했다. 그러나 2012년 5인 이상 다인 가구는 전체 가구 중 7.2%로 축소되었고, 4인 가구는 20.9%로 25.3%로 1위를 차지한 1인 가구보다 비중이 줄어들었다. 2025년이 되면 다인 가구는 3.6%, 4인 가구는 13.2%, 1인 가구는 31.3%를 차지할 것으로 예상된다(통계청 자료. 노명우, 2013: 43에서 재인용).

족도에 차이가 없으며, 고독사의 경고음도 들리지 않는다.

그렇다면 어떻게 삶의 양식에 대한 개인적 선택의 자유가 크면서도 삶의 만족도가 높은 결과가 나타났을까? 이는 바로 개인의 자유를 존중하면서도 중장기적인 사회적 생산성을 강화하는 방향에서 해법을 찾으려 한 탈-상품화되고 탈-가족화된 사회정책 때문이다. 스웨덴은 군나르 뮈르달(Gunnar Myrdal)이 주장한 예방적 사회복지정책을 실시하고 있는데, 이 정책은 복지의 목표를 이미 발생한 문제를 해결하는 것이 아니라 사회 전체의 구조 개선을 통해 발생할 문제를 사전에 예방하는 방식을 통해 가족의 복지 부담을 덜고 개인의 복지에서 가족 의존도를 감소시키는 것이다. 개인의 자율성을 보장하기 위해 안전장치 보장을 목적으로 하는 사회제도를 갖춘 나라에서는 1인 가구가 늘어나도 사람들의 삶의 질이 결코 떨어지지 않는다는 것이다(노명우, 2013: 247~248). 가족 형태의 변화와 사회정책 간의 밀접한 관계에 대해서는 트로츠키도 다음과 같이 명확한 해법을 제시한 바 있다.

새로운 가족으로의 길은 이중적이다. 노동계급과 그 구성원인 개인들의 문화와 교육의 수준을 향상시키는 일과, 국가에 의해 조직된 계급의 물질적 조건을 향상시키는 일이 필요한데, 이 두 가지 과정은 서로 긴밀하게 연결되어 있다(Trotsky, 2013: 52).

한편 노명우는 이처럼 사회 구성원의 다수가 사회적 안전장치를 통해 개인의 자유를 존중하도록 개인과 사회의 관계를 변화시키는 형태를 '사회적 개인주의'라고 명명한다. 경제적 개인주의에서는 개인을 집단의 반사적 대당으로 생각하므로 개인과 사회가 양자택일적인 관계로 간주된다면, 사회적 개인주의는 개인과 사회가 양립할 수 있는 방법을 모색한다는 것이다.[4] 소비자본주의 사회를 지배하는 경제적 개인주의는 성공해서 독단적 개인주의자가 되든가 아니면 독거노인이 되어 무연사로 삶을 마감하는 비참한 존재로 전락할 것인가를 선택하도록 강요하는 데 반해(노명우, 2013: 258), 사회적 개인주의가 지배하는 사회는 "자기만의 방이 보이지 않는 네트워크로 이어진 사회"(노명우, 2013: 271)이며, "주거 공동체가 확장된 모습을 닮은 사회"(노명우, 2013: 269)라는 것이다. 이런 사회에서는 사회가 곧 가족이다.

친밀성은 인간이 포기할 수 없는 관계이다. 하지만 우리는 친밀성이라는 관계가 가족이라는 범주 안에 국한되어야 한다는 사고방식과 결별할 필요가 있다. 오히려 가족관계 안에서 친밀성을 강요할 경우 존속살인이라는 가장 끔찍한 일들이 일어나곤 한다. 가족 속에 있는 사람들은 가정 중심성 때문에 사회적 교제의 범위가 직장과 가정으로 양분되고 동질적 집단 속에서의 교류에 한정된다면, 혼자 사는 사람은 자기를 보호하기 위해서라도 이질적 집단과의 교류가 필수적이다. 이런 점에서 혼자 산다는 것은 현재 부정적으로 평가되는 독신의 좁은 틀에서 벗어난 새로운 문화의 징후가 될 수 있다(노명우, 2013: 268~269).

스웨덴과 같이 예방적 사회복지정책과 결합될 경우 이 새로운 문화는 르페브르가 사회생활의 실질적 토대라고 불렀던 일상생활을 가장 오랫동안 틀 지워온 가부장적 가족주의에서의 해방이자 트로츠키가 실질적 여성

---

4 트로츠키도 스탈린주의적 관료주의를 비판하면서 개인주의의 두 가지 유형을 구분해야 할 필요성을 강조한 바 있다. "관료집단 자신은 가장 극단적이고 때때로 통제되지 않는 부르주아 개인주의의 담지자가 되었다. 관료집단은 도급제, 토지의 개인적 소유, 생산 장려금, 훈장 수여 등을 통해 경제적 개인주의의 발전을 허용하고 권장하면서, 이와 동시에 정신문화의 영역에 존재하는 개인주의의 진보적인 측면을 가차 없이 억압하고 있다. 비판적 안목, 개인적 견해의 발전, 개인적 존엄의 배양 등은 개인주의의 진보적인 측면임에 틀림없는데 관료집단은 이것들을 여지없이 질식시키고 있다"(트로츠키, 1995: 191).

해방이라고 불렀던 바의 징후를 보여준다. 이 문화는 바로 마르크스가 코뮤니즘 사회를 정의했던 것처럼 "각인의 자유로운 발전이 만인의 자유로운 발전을 위한 조건이 되는 연합체"를 형성하는 동력이 될 것이다. 적녹보라 연대가 마르크스적 코뮤니즘을 실현하기 위한 이론적·실천적 전제가 되지 않으면 안 되는 이유도 여기에 있다.[5]

이상으로 코뮤니즘 사회에서는 노동과 문화, 노동시간과 자유시간 간의 관계가 어떻게 변화할 것인지, 이와 더불어 일상생활에 어떤 변화가 일어날 것인지에 대해 개략적인 밑그림을 그려보았다. 물론 이런 설명에 대해 코뮤니즘 사회에서는 노동과 문화, 자연과 인간 간의 관계가 너무 쉽게 조화로운 관계를 이루는 것이 아닌가 하는 의문을 제기할 수도 있다. 실제로 코뮤니즘 사회에서는 생산의 자동기술화가 크게 진전되어 노동시간이 최소화되더라도 노동시간은 양적으로 측정할 수밖에 없는 데 반해 자유시간은 질적으로 측정해야 한다면 노동시간과 자유시간 간의 배분에서 충돌이 야기될 수 있다.

나아가 자유시간의 활동과 그 결과물이 문화적 성숙이라는 관점에서 평가되고 소통된다면 평가 대상 및 방식의 상대성과 주관성 문제를 어떻게 해결할 것인가라는 문제가 추가로 발생할 것이다. 그리고 이런 문제들을 해결하는 것이 바로 미래에 도래할 시간경제학의 제1과제가 될 것이다.[6] 하지만 현재 상황에서는 이런 문제들이 앞으로 해결해야 할 중요한

---

5  적녹보라 연대는 2013년 5월 10~12일 서강대 다산관에서 개최된 제6회 맑스코뮤날레 대회 폐막식 때 공동대표단과 집행위원회가 공동명의로 발표한 선언문에서 '아래로부터의 사회주의'와 함께 향후 맑스코뮤날레의 이론적·실천적 운동의 새로운 기조로 채택된 바 있다. 이와 관련된 세부 내용은 제6회 맑스코뮤날레 본 행사 발표 원고를 모은 『세계 자본주의의 위기와 좌파의 대안』(한울, 2013)에 수록된 고정갑희의 글 「가부장체제와 적녹보라 패러다임」과 필자의 글 「적녹보라 연대의 이론적 쟁점과 과제」를 참조할 것.

6  강내희는 대안사회를 '코뮌주의적 문화사회'로 정의하면서 대안사회에서 시간경제가 운용

과제라는 점만 확인할 수 있을 뿐이며, 실제적인 해법을 찾는 일은 추후 과제로 미룰 수밖에 없다.

---

되는 원리를 다음과 같이 기술한다. "개인들의 자유시간 확보를 기본인권으로 인정하고 '최소 임금'에 버금가는 '최소 자유시간'을 확정할 필요가 있다. …… 노동시간의 최소화, 자유시간의 최대화, 그리고 사회적 필요노동시간의 민주적 배분이 코뮌주의적 문화사회를 위한 시간의 경제운영 원칙이 되어야 할 것이다"(강내희, 2014: 534~535). 또 이를 위해 그는 — 하비를 원용해 — 새로운 시간배치를 위한 "생체적·사회적·문화적 '시계' 수립"의 필요성을 강조한다(강내희, 2014: 548).

# 참고문헌

강내희. 2014. 『신자유주의 금융화와 문화정치경제』. 문화과학사.

남상희. 2001. 『공간과 시간을 통해 본 도시와 생애사 연구』. 한울.

노명우. 2013. 『혼자 산다는 것에 대하여』. 사월의 책.

마르크스(Karl Marx)·엥겔스(Friedrich Engels). 2007. 『독일 이데올로기 I』. 박재희 옮김. 청년사.

마르크스, 카를(Karl Marx). 1999. 『자본론 1권(상)』. 김수행 옮김. 비봉출판사.

_____. 2002. 『정치경제학 비판 요강 2』. 김호균 옮김. 백의.

_____. 2005. 「정치경제학 비판을 위하여 서문」. 『칼 맑스-프리드리히 엥겔스 저작선집 2권』. 김세균 감수. 최인호 외 옮김. 박종철출판사.

맑스코뮤날레 집행위원회 엮음. 2013. 『세계 자본주의의 위기와 좌파의 대안』. 한울.

모리스, 윌리엄(William Morris). 2004. 『에코토피아뉴스』. 박홍규 옮김. 필맥.

심광현. 2011. 「기본소득, 노동(운동)과 문화(운동)의 선순환의 고리」. 서울시립대학교 도시인문학연구소. 《도시인문학》, 제3권 1호.

앨버트, 마이클(Michael Albert). 2003. 『파레콘: 자본주의 이후, 인류의 삶』. 김익희 옮김. 북로드.

윌리엄스, 레이먼드(Raymond Williams). 2009. 『맑스주의와 문학』. 박만준 옮김. 지만지.

트로츠키, 레온(Leon Trotsky). 1995. 『배반당한 혁명』. 김성훈 옮김. 갈무리.

하태규. 2014. 『참여계획경제의 대외경제관계』. 경상대학교 대학원 정치경제학과 박사학위논문.

하태석. 2010. 「미분생활 적분도시: 집단지성 도시론」. 『RE.PLACE.ING: Documentary of Changing Metropolis Seoul』. 2010 베니스 비엔날레 한국관 카탈로그.

Gorz, André. 1990. *Critique of Economic Reason.* translated by Gillian Handyside & Chris Turner. Verso(©Editions Galiée. 1988).

Lefebvre, Henri. 2008. *Critique of Everyday Life vol. 3: From Modernity to Modernism(Towards a Metaphilosophy of Daily Life).* translated by Gregory Elliott. Verso.

Marx, Karl. 1986. "Outlines of the Critique of Political Economy." Karl Marx & Frederick

Engels. *Collected Works*, vol. 28. Karl Marx 1857~1961. Moscow, progress Publishers.

Trotsky, Leon. 2013. *Problems of Everyday Life: Creating the foundation for a new society in revolutionary Russia*. Pathfinder Press. First edition 1973. Thirteenth edition 2013.

Williams, Raymond. 1982. *Culture and Society 1780~1950*. Penguin Books.

# 저 자 소 개 (수록순)

홍훈
연세대학교 경제학과 및 뉴욕 사회과학대학 대학원 졸업
현재 연세대학교 경제학부 교수
저서 | 『마르크스와 오스트리아학파의 경제사상』, 『경제학의 역사』, 『신고전학파경제학과
행동경제학』

강내희
서강대학교 영문학과 학사, 미국 마켓 대학교 영문학과 박사
현재 중앙대학교 영어영문학과/문화연구학과 교수
저서 | 『신사유수의 금융화와 문화정치경제』, 『신자유주의 시대 한국문화와 코뮌주의』, 『문
학의 힘, 문학의 가치』, 『공간, 육체, 권력』, 『문화론의 문제설정』

서동진
연세대학교 사회학과 및 동대학원 박사과정 졸업
현재 계원예술대학교 융합예술학과 교수
저서 | 『자유의 의지 자기계발의 의지』, 『디자인 멜랑콜리아』, 『변증법의 낮잠』

이진경(본명 박태호)
서울대학교 대학원 사회학과 졸업
현재 서울과학기술대 기초교육학부 교수
저서 | 『마르크스는 이렇게 말하였다』, 『불온한 것들의 존재론』, 『노마디즘』, 『미 – 래의 맑
스주의』, 『자본을 넘어선 자본』, 『맑스주의와 근대성』

최진석
러시아인문학대학교 문화학 박사
현재 수유너머N 대표, 이화여대 연구교수
저서 | 『불온한 인문학』(공저), 『코뮨주의 선언』(공저)
역서 | 『누가 들뢰즈와 가타리를 두려워하는가?』, 『해체와 파괴』

정정훈
수유너머N 연구원
현재 서울과학기술대 강사, 계간 ≪문화/과학≫ 편집위원
저서 | 『인권과 인권들』, 『군주론, 운명을 넘어서는 역량의 정치학』, 『불온한 인문학』(공저)

이현재
이화여자대학교 철학석사 및 독일 프랑크푸르트 괴테 대학교 철학박사
현재 서울시립대학교 도시인문학연구소 HK교수
저서 | 『여성의 정체성: 어떤 여성이 될 것인가?』
역서 | 『그따위 자본주의는 벌써 끝났다』(공역)
논문 | 「로맨스 주체의 도덕성과 그 부도덕한 비체들」

추혜인
서울대학교 의과대학 졸업, 서울대병원 전문의 수료
현재 살림의료복지사회적협동조합 주치의
저서 | 『언니네 방 2』(공저), 『언니들 집을 나가다』(공저)

장귀연
서울대학교 사회학과 대학원 졸업
현재 경상대학교 사회과학연구원 연구교수
저서 | 『권리를 상실한 노동자 비정규직』, 『비정규직』, 『왕자와 거지의 비밀: 산업자본주의
    와 노동자계급의 형성』

심광현
서울대학교 대학원 미학과 졸업
현재 한국예술종합학교 영상이론과 교수
저서 | 『맑스와 마음의 정치학』, 『유비쿼터스 시대의 지식생산과 문화정치』, 『프랙탈』, 『문화
    사회와 문화정치』

한울아카데미 1789

**다른 삶은 가능한가**
마르크스주의와 일상의 혁명

© 맑스코뮤날레 집행위원회, 2015

**엮은이**　맑스코뮤날레 집행위원회
**펴낸이**　김종수
**펴낸곳**　도서출판 한울
**편집**　신순남

**초판 1쇄 인쇄**　2015년 4월 30일
**초판 1쇄 발행**　2015년 5월 15일

**주소**　413-120 경기도 파주시 광인사길 153 한울시소빌딩 3층
**전화**　031-955-0655
**팩스**　031-955-0656
**홈페이지**　www.hanulbooks.co.kr
**등록번호**　제406-2003-000051호

Printed in Korea.
ISBN 978-89-460-5789-0 93330(양장)
　　　978-89-460-6003-6 93330(반양장)

※ 책값은 겉표지에 표시되어 있습니다.
※ 이 책은 강의를 위한 학생판 교재를 따로 준비했습니다.
　강의 교재로 사용하실 때에는 본사로 연락해 주십시오.